甘肃省学习贯彻习近平法治思想研究基地
甘肃省依法推进社会治理研究中心
"2011计划"甘肃省司法科学与区域法治发展协同创新中心

检察案例研究（第5辑）

郑高键　张学军　赵德金
金　石　黄　涛　何青洲　编著

中国政法大学出版社

2025·北京

声　明　　1. 版权所有，侵权必究。

　　　　　2. 如有缺页、倒装问题，由出版社负责退换。

图书在版编目（CIP）数据

检察案例研究. 第5辑 / 郑高键等编著. -- 北京 : 中国政法大学出版社, 2025. 3. -- ISBN 978-7-5764-2025-8

Ⅰ. D926.32

中国国家版本馆CIP数据核字第2025CA3158号

出 版 者	中国政法大学出版社
地　　址	北京市海淀区西土城路25号
邮寄地址	北京100088 信箱8034 分箱　邮编100088
网　　址	http://www.cuplpress.com（网络实名：中国政法大学出版社）
电　　话	010-58908586(编辑部) 58908334(邮购部)
编辑邮箱	zhengfadch@126.com
承　　印	保定市中画美凯印刷有限公司
开　　本	880mm×1230mm　1/32
印　　张	13.75
字　　数	360千字
版　　次	2025年3月第1版
印　　次	2025年3月第1次印刷
定　　价	78.00元

作者简介

郑高键，男，汉族，中共党员，1971年6月出生，甘肃庄浪人，法学博士，二级教授，硕士研究生导师，现任校党委副书记、甘肃政法大学校长。历任甘肃政法学院科研处处长、教务处处长，甘肃政法大学副校长，甘肃警察职业学院党委书记。甘肃省第三批"飞天学者特聘计划"特聘教授，法学省级重点学科刑事法学理论与实务学科方向带头人，中国刑法学研究会理事、中国法学教育研究会理事，中华司法研究会中华民族共同体法治文化研究专业委员会常务理事。在中文社会科学引文索引（CSSCI）期刊发表法学类论文16篇，出版专著2部、教材2部，主持完成省部级以上教科研项目6项。2021年获甘肃省第十六次哲学社会科学优秀成果一等奖，2019年和2016年分别获得甘肃省第十四次、十五次哲学社会科学优秀成果二等奖，2015年获甘肃省高校社科成果一等奖，2012年获甘肃省高校社科成果三等奖。2014年和2012年两次获得甘肃省教学成果教育厅级奖，2010年获甘肃省教学成果二等奖。2017年获甘肃省"园丁奖"优秀教师荣誉称号，2013年获"甘肃省教学名师"称号，2009年获"甘肃青年五四奖章"。

张学军，甘肃白银人，1992年7月参加工作，大学学历，法律硕士。现任甘肃省人民检察院党组成员、副检察长、检委会委员、一级高级检察官。曾任甘肃省人民检察院办公室副主任，甘肃省人民检察院反贪局特侦处处长，甘肃省人民检察院办公室主任，甘肃省人民检察院党组成员、政治部主任、检委会委员，兰州市人民检察院党组书记、检察长。分管第九检察部、法律政策研究室、检务督察处（巡视办）。主持完成最高人民检察院检察应用理论课题5项，多篇研究成果刊发于《人民检察》《中国检察官》等期刊。

赵德金，1970年2月出生，研究生学历，法学博士。现任甘肃省检察院检委会专职委员。曾先后在法院，司法局，法制办，市政府办公室及检察院工作。2016年12月，任甘肃省人民检察院矿区分院检察长（副厅级）。2020年7月，在中央政法委队建局挂职任队建局副局长。2021年9月，任武威市检察院党组书记、检察长。

金　石，全国检察业务专家，二级高级检察官，甘肃省人民检察院检委会委员、法律政策研究室主任，吉林大学法学博士，甘肃省首席法律咨询专家，兰州大学法律咨询委员，工作19年来有90余篇文章被国家级知名期刊和全国性报刊采用，全程参与《甘肃省检察机关绩效考评办法》《关于在刑事执法活动中贯彻宽严相济刑事司法政策的若干规定》等210余件规范性文件的起草、修改工作，主持或参与完成中国法学会、最高检重点课题24项，撰写的80余篇调研报告被省委、省院领导作出重要批示。

黄　涛，男，生于1976年11月，中共党员，研究生学历，法律硕士，甘肃省检察业务专家，入选最高人民检察院理论研究人才库、公益诉讼检察人才库，法治甘肃智库专家，省委政法委执法监督人才库，曾作为最高人民检察院全国检察岗位素能核心研发组成员参与研发工作。现任甘肃省人民检察院法律政策研究室副主任（主持工作），三级高级检察官。在《人民检察》《中国检察官》等刊物发表各类文章20余篇。

何青洲，男，1979年12月出生，西南政法大学法学博士，教授，硕士生导师；现任甘肃省哲学社会科学重大研究基地·甘肃政法大学甘肃省依法推进社会治理研究中心主任，甘肃省学习贯彻习近平法治思想研究基地常务副主任，兼任中国法学会法治文化研究会常务理事，中国法学会立法学研究会理事，甘肃省法学会地方立法学研究会常务理事，甘肃省法学会红色法治文化研究会常务理事，

作者简介

中国社会科学院法学研究所访问学者,甘肃政法大学"文翰学者"。研究领域为全面依法治国理论、法治文化、法律社会学、立法学、司法制度等。参著《马克思主义法学理论的中国实践与发展研究(中国特色社会主义法学理论体系丛书)》;专著《"人民司法"在中国的实践路线》(中国政法大学出版社)等。代表性论文《深入推进社会主义核心价值观的司法运用》被人大复印报刊资料《法理学、法史学》全文转载,在《学习时报》《民主与法制时报》等中央级报纸发表智库论文。主持完成司法部国家法治与法学理论研究项目、甘肃省哲学社会科学规划项目;甘肃省法学会、甘肃省高级人民法院、甘肃省人民检察院、甘肃省教育厅等研究课题。

序 言
PREFACE

深入开展检察案例研究,旨在推动检察理论研究工作发展,促进理论研究与办案实践相结合,促进司法实践和法治人才培养相结合。案例是对法律规范最为直接、生动的演绎。案例能够对司法实践产生"蝴蝶效应"般的影响。因此,不论是理论界还是实务界都给予了案例高度的关注,这也在客观上使案例成为理论界与实务界进行对话交流的重要桥梁。

《检察案例研究(第5辑)》作为检校合作的成果,是甘肃省人民检察院与甘肃政法大学紧紧围绕最高人民检察院对检察理论研究工作的部署要求,全面深入推进检察理论研究向纵深发展,践行"优势互补、资源共享"检校合作理念的重要举措。本书突出了检察理论研究工作服务司法办案、服务基层一线的职能定位,坚持立足检察实践、突出需求导向、破解工作难题的要求,以借智引智用智育才为着力点,调动检察系统内外人员参与检察案例研究的积极性,促进法学理论与司法实践融合发展,实现了检察机关与高校的协同创新。

案例是法治建设的深刻印迹,是充满"烟火气"的社会生活的映射,蕴含着人民群众对美好生活和公平正义的无限向往。每一起案件都可以成为一个生动的法治实践,每一个办案过程都能够被塑造成一个精彩的法治故事,一个典型案例的指导教育意义胜过许多空洞的说教。本书将典型案例予以全面解剖、分析,总结办案中可以推广、复制的经验。案例评析以法学理论与具体的疑难案例相结合，进行深入思考和理论论证，层次清晰、重点突出、详略得当、简明扼要，写出了法治的"魂"和法律的温度，发挥了案例对检察办案的指导参考和对社会公众以案释法的作用。

回神凝光，《检察案例研究（第5辑）》出版在即，真诚地希望，各位专家和实务同志们心血所凝结成的成果能够对今后的检察实践、理论研究和高素质法治人才培养贡献一份力量。希望越来越多的学者、实务工作者不忘初心、与时俱进，期待这项工作在促进习近平法治思想更深融入、引领检察业务实践和法治人才培养中，释放出更强的生命力。

是为序。

目录

序　言 …………………………………………… 001
李某、郭某的行为是否构成敲诈勒索罪 / 金　石 …… 001
马某的行为是否构成非法行医罪 / 金　石 ………… 004
沈某某受贿款去向能否影响其受贿罪的
认定 / 金　石 …………………………………… 008
李某的行贿行为是单位行贿还是个人行贿 / 陈　晨 … 012
田某的行为是否构成贪污罪 / 陈　晨 …………… 014
《刑法》第88条"立案侦查""逃避侦查或者
审判"的认定问题 / 程　喆 …………………… 017
犯罪行为追诉期限的认定 / 程　喆 ……………… 019
对郝某的行为应如何定性 / 金文浩　陈　晨 …… 022
邓某某非法买卖、持有枪支案 / 夏纪红 ………… 025
对邵某涉嫌故意杀人是否报请核准追诉 / 张　哲 … 028

— 001 —

对杨某等受贿、滥用职权、故意销毁会计凭证罪
是否提请抗诉 / 张　哲 …………………………… 031
刘某的行为是否构成骗取贷款罪 / 郑　燕 ……… 034
杨某的行为是否构成合同诈骗罪 / 郑　燕 ……… 038
刘某某生产、销售不符合安全标准的食品案是否
应提起公益诉讼 / 王　萍 …………………………… 042
依法履行林地资源监管职责案 / 周　锐 ………… 045
宁某某、李某某等24人非法盗挖柏树根的行为
能否以盗窃罪定罪处罚 / 朱朝辉 ………………… 049
马某甲、马某乙涉嫌贩卖毒品罪案 / 马兰红 …… 052
鲍某某、王某甲、王某乙开设赌场案 / 张景荣　刘　珊 … 057
对涉嫌违法使用未经检验叉车行政行为的
检察监督案 / 李丹恺　皇甫惠芬 ………………… 061
以"公益""环保"之名公开募捐旧衣服行政
公益诉讼案 / 陆亚娟 ……………………………… 065
某公司、张某某非法经营罪不起诉案 / 张　宁 … 068
某区人力资源和社会保障局行政违法检察
监督案 / 张喜梅　寇馨予 ………………………… 072
余某危险驾驶申请行政检察监督案 / 陈春芳　张春玲 … 076
某集团有限公司与杨某某、某汽车有限责任公司
追索劳动报酬纠纷 / 刘　芳 ……………………… 081
周某与徐某某排除妨害纠纷抗诉案 / 刘　芳 …… 086

目 录

受偿钱款优先偿还患恶性肿瘤债权人债务及其他
到期合法债务是否构成拒不执行判决、
裁定罪 / 高承菊　高小青 ………………………… 091

王某某诉冯某某精神损害赔偿民事支持
起诉案 / 杨君臣　张彩彩　王华兴 ……………… 096

网吧未成年人网络消费民事公益
诉讼案 / 杨君臣　张彩彩　王华兴 ………………… 100

督促淘汰落后产能砖瓦轮窑企业行政公益诉讼检察
听证案 / 张　勇　彭　丹 ………………………… 105

某市市场监督管理局不当履职案 / 刘　欣　郭成华 …… 109

程某等3人过失以危险方法危害公共安全案 / 张廉妍 …… 113

史某某等4人国家司法救助案 / 张廉妍　袁　静 …… 119

虚假诉讼刑民交叉案 / 景　蕾 …………………… 122

苏某某猥亵儿童、强制猥亵案 / 叶春花　王亚琪 ……… 126

出租车司机运送嫖客是否构成介绍
卖淫罪 / 杨　玲　高艳霞 …………………………… 130

校园安全监管漏洞检察建议案 / 田　莉　陈文丽 …… 133

李某某、张某某等14人组织卖淫、协助组织
卖淫案 / 杨　玲 …………………………………… 137

怠于履行侵害未成年人案件强制报告职责案 / 赵治玲 …… 142

盛某某等人系列盗掘古文化遗址、
古墓葬案 / 谢梦迪　贺伟刚 ……………………… 146

如何认定高利转贷罪中的违法所得数额 / 王晓璇 …… 150

交通运输局怠于履行巡游出租行业规范经营
检察监督案／李　东　石晓蕾……………………… 155
督促保护草原生态环境行政公益
诉讼案／刘　昕　马志录　马金鱼…………………… 158
督促治理矿山地质环境行政公益
诉讼案／刘　昕　马震坤　李春媚　魏苗凤………… 162
督促集贸市场计量监督行政公益诉讼案／王云基…… 165
张某与某中学、慕某某、某保险公司支公司教育
机构责任纠纷提请抗诉案／刘　芳…………………… 169
工伤保险与意外伤害保险能否相互包容或
替代／赵丽娟……………………………………… 174
梁某某不服某县市场监督管理局行政答复
检察监督案／仇　琛……………………………… 179
督促整治食用油小作坊食品安全行政公益
诉讼案／程　睿　温袁森………………………… 183
某市某区民政局怠于履行低保监督管理
职责案／黎平生　李　瑾………………………… 186
非司法工作人员能否构成枉法类犯罪的共犯／王治强…… 190
杨某某故意伤害罪不起诉案／孙海生………………… 193
烈士散葬墓保护行政公益诉讼案／田红卫　杨丽娟…… 196
未成年人文身治理检察建议案／王向娟……………… 199
社区矫正法律监督案／胡利君…………………… 202
某乡人民政府依法整治农村人居环境监督案／王云龄…… 205

目 录

某县农业农村局未全面履行对辖区内兽药经营行为的
监督管理职责案／张珊珊 ………………………………… 209
李某甲、李某乙等9人销售假冒注册商标的
商品案／张　汝 …………………………………………… 213
张某的行为是否构成挪用资金罪／金文浩　陈　晨 …… 217
顾某赃款去向是否影响贪污罪的认定／马广年　冯　华 … 221
甘肃省危害食品药品安全刑事检察案件法律适用
问题研究／郑　燕　李　洁 ……………………………… 225
甘肃省轻罪治理检察实践／郑　燕 ……………………… 237
个人信息保护领域公益诉讼案例实证
分析／金　石　程　喆 …………………………………… 246
检察机关办理帮助信息网络犯罪活动罪的难点及
治理对策／金　石　王　萍 ……………………………… 255
甘肃省野生动植物保护公益诉讼检察监督／黄　涛 … 264
检察机关办理醉酒型危险驾驶案件的问题与
对策／石　淼　崔兴超 …………………………………… 271
未成年人附条件不起诉类案
研究／陶积联　师　慧　丁　伟 ………………………… 276
甘肃省古文化遗址保护公益诉讼检察监督
研究／黄　涛　王一婷 …………………………………… 282
民事检察支持起诉的制度检视与立法
完善／王　龙　赵　辉 …………………………………… 292

量刑建议适用问题研究／杜彦群　魏秀成　郭宝银 …… 306

我国民事虚假诉讼检察监督现状与

对策／赵恒渌　赵曼彤　何青洲 ………………… 314

检察提前介入监察机制研究／马广年　巩亚荣　何青洲 … 356

李某、郭某的行为是否构成敲诈勒索罪*

【基本案情】

2019年7月，李某与其朋友到某饭店吃饭后，李某要赊账，老板张某因与李某素不相识而拒绝，后李某的朋友结了账。李某认为张某"不给面子"，次日凌晨到该饭店要求张某"解决事情"，张某给了李某200元钱，李某要张某打5000元欠条，张某拒绝，后被人劝开。同月19日22时许，李某伙同郭某再次到该饭店吃饭，李某向郭某讲了上述事情，二人商定酒后"向老板要点钱花"。后李某又以"不给其面子"为由向张某要钱，张某称没钱，李某、郭某便操起饭店内的菜刀和圆凳威胁张某："不拿钱就砍了你。"张某仍称没钱，李某、郭某就逼迫张打了5000元的欠条。后二人被公安机关抓获。

【评析意见】

本案审查的要点在于正确认定李某、郭某二人行为的主观故意内容和其行为是否能够达到抢劫罪或敲诈勒索罪对"暴力"要求的程度，由此需准确把握抢劫罪和敲诈勒索罪的法律特征。

一般情况下，抢劫罪、敲诈勒索罪与寻衅滋事罪在犯罪的主观故意、犯罪对象等方面具有明显的不同，较易区分，但敲诈勒索罪与抢劫罪因在犯罪对象、实施手段上具有较多的相似性，在司法实践中正确认定具有一定的困难。尤其是当行为人当场实施了暴力且取得财物时，仅依据我国刑法理论和司法实践一般认为的、敲诈勒索罪不具备的而抢劫罪应具备的当场实施威胁和迫使被害人当场交出财物这两个"当场"条件，还无法区别行为人是构成抢劫罪还是

---

* 作者简介：金石，甘肃省人民检察院。

敲诈勒索罪，这时就需要根据主客观相统一原则来进一步认定，案件中被告人主观上是以抢劫还是以敲诈勒索为故意内容，实施的暴力是否达到了抢劫罪中足以抑制他人反抗的程度。

本案还涉及对行为人当场取得的欠条能否视为行为人当场取得财物的问题。欠条是债权债务关系成立的证明，不同于货币，也不同于最高人民法院《关于审理盗窃案件具体应用法律若干问题的解释》（已失效）规定的有即时兑现性的有价支付凭证、有价证券、有价票证等。据此，欠条直接认定为财物的障碍在于，一是其转化为货币要通过债权人行使债权，债务人履行债务，否则不能转化为现实的财产利益；二是在债务人不履行债务时，欠条所代表的债权要通过法律途径实现，必须具备合法的取得原因，如合同依据、法律依据等，如果欠条的取得被证明是非法的，不是当事人真实的意思表示，并不能获得法律的保护。因此，取得欠条不能视为当场取得财物，只能视为取得了一种可期待的财产权益，属于敲诈勒索犯罪实行阶段的条件准备，与抢劫罪要求的当场取得被害人财物所有权存在明显区别。

综上，本案中，李某、郭某的行为构成敲诈勒索罪（未遂）。理由如下：

首先，李某、郭某的行为不构成抢劫罪。我国《刑法》[1]第263条规定，抢劫罪是指以非法占有为目的，对财物所有人、保管人当场使用暴力、威胁或其他方法，立即抢走财物或迫使被害人立即交出财物的行为。抢劫罪具有两个"当场"的明显特征，且暴力程度达到了被害人不当场交出财物就会受到人身伤害的程度。本案中，李某、郭某当场实施了暴力威胁手段是不容置疑的，但由于欠条转化为财物必须经过一定的途径，经过一定的时间，且债权具有有因性，非法获得的欠条不一定能通过合法途径实现欠条所载明的财物价值，因此，李某、郭某的取财行为不具有当场实现性。从本案发

---

[1]《刑法》，即《中华人民共和国刑法》，为表述方便，本书涉及我国法律、法规直接使用简称，后不赘述。

案的原因来看，李某、郭某多次到张某的酒店滋扰，张某采取给现金的方法也无法平息李某、郭某对其酒店正常经营的干扰，李某又向张某以非暴力手段要过欠条，因此张某给李某、郭某打欠条，主观内容上更可能是为了平息李某、郭某的无理取闹，息事宁人，以保障酒店的正常经营，而不是出于对李某、郭某当场对其实施人身侵害的惧怕。事实上，李某、郭某也没有继续当场实施暴力，逼迫张某兑现现金财物价值，说明其也明知要张某兑现现金财物价值的可能性较小。李某、郭某的行为并未达到抢劫罪要求的足以压制一般人即本案中张某反抗的程度，因而其行为不构成抢劫罪。

其次，李某、郭某的行为也不构成寻衅滋事罪。我国《刑法》第293条第3项规定，寻衅滋事罪其特征是主观上以满足耍威风等不正常的精神刺激或其他不健康的心理需要为动因，以破坏社会公共秩序为目的，客观上表现为强拿硬要或者任意损毁、占用公私财物，情节严重的行为。本案中，从李某、郭某预谋"要点钱花"和此后逼迫张某打了高达5000元欠条的行为可以看出，二人以非法占有财物为直接和明确的目的，而绝非仅为了逞强、耍威风，因而在主观方面也并不具备寻衅滋事罪要求的故意内容，不能以寻衅滋事罪定罪处罚。

因此李某、郭某以丢了面子为由，使用了以暴力相威胁的手段，威逼张某立即交出现金未得逞后，又逼迫张某当场打了欠条，意图在实施胁迫行为的一定时间内实现其非法占有张某钱财的目的，其行为完全符合敲诈勒索罪的行为要件，故二人的行为构成敲诈勒索罪（未遂）。

马某的行为是否构成非法行医罪*

【基本案情】

被告人马某于 2018 年 5 月获得卫生部门颁发的《执业医师执业证书》（中医专业），并持有某市卫生行政部门颁发的"母婴保健证"，此证上载明其技术专科为妇产，技术职称为医师。2020 年 6 月，马某在未取得"医疗机构执业许可证"的情况下私自开设诊所。2020 年某日凌晨 3 时许，产妇刘某丈夫张某给马某打电话说产妇羊水破了。马某告诉他羊水破了有危险，应抓紧时间去医院，要不去医院就来诊所。到下午 2 点钟左右，产妇才来到诊所，照 B 超后发现胎音正常，遂对产妇和家属讲，要去医院就去，不去就在此做试产。产妇说不去医院了，就在这做试产。晚上 7 点 45 分左右，产妇生下一个男婴。清洗婴儿后，马某先后四次将手伸进产妇宫腔取胎盘，产妇开始大量出血，并说胃不舒服，在为产妇注射催产素后，产妇症状并未得到缓解，张某立即叫人将产妇送往医院。晚上 9 点 15 分刘某被送到医院时已是临终状态，经过 20 分钟的抢救，终因产妇子宫下段撕裂，失血性休克死亡。

【评析意见】

根据我国《刑法》第 336 条第 1 款的规定，非法行医罪是指未取得医生执业资格的人，擅自从事医疗活动，情节严重的行为。由于非法行医罪是《刑法》上的法定犯，而《刑法》条文又对非法行医罪的犯罪构成采用了空白罪状的表述方式，因此实践中对于"非法行医"形成了多种认识。

---

* 作者简介：金石，甘肃省人民检察院。

第一种观点认为,"医生执业资格"就是《医师法》中的"医师资格",只要具有医师资格行医的,就不属于非法行医(一证说);第二种观点认为,仅取得"医师资格",未取得卫生行政部门颁发的"医师执业证书"而从事诊疗活动的,就属于《刑法》所规定的非法行医(两证说);第三种观点认为,具有医师执业资格后,不仅要求行医人员必须具有卫生部门颁发的"医师执业证书",而且其执业的医疗机构还必须具有"医疗机构执业许可证",三者缺一不可(三证说);第四种观点认为,医务人员在正常的工作范围之外,擅自从事医疗活动,擅自离开其所在的医疗机构进行非法手术,或者超越执业许可证规定的业务范围进行诊疗活动的,就属于非法行医(环境限制说)。

笔者认为,首先,从《刑法》对非法行医罪的条文规定和最高人民法院《关于审理非法行医刑事案件具体应用法律若干问题的解释》的整体精神来看,认定是否取得"医生执业资格"更着重于是否取得执业医师或执业助理医师资格,只有"被依法吊销医师执业证书期间从事医疗活动""未取得乡村医生执业证书,从事乡村医疗活动的"这两种没有医师执业证书的情形才能被认定为"未取得医生执业资格",是"非法行医"。其次,从相关行政法规的规定看,取得执业医师或执业助理医师资格,是取得"医生执业资格""合法行医"的实质要件,到卫生部门履行注册手续,取得医师执业证书,并按照注册登记的执业地点、类别、范围,在经批准开办的医疗机构从事医师执业活动是取得"医生执业资格""合法行医"的形式要件。根据《医师法》的规定,通过执业医师资格考试或者执业助理医师资格考试的,向所在地县级以上人民政府卫生行政部门申请注册后,即授予医师执业证书,成为执业医师。就从事医师执业活动变更执业地点、类别、范围的,应当到准予注册的卫生行政部门办理变更注册手续。执业医师申请个体行医,须经注册后在医疗、预防、保健机构中执业满5年,并按照国家有关规定办理审批手续。可见,取得执业医师资格或执业助理医师资格,是为了保证患者能够得到保护其生命、健康等人身安全的专业医疗服务,而取得医师执业证书,并按照注册登记的执业地点、类别、范围,在经批准开办的医疗机构从事医师执业活动则主要是为了保障医疗活动的行政管理秩序。最后,从刑法的"第二次性质"来看,只有当其他法律不能充分保护法益时,才由刑法进行调整。据此,《刑法》第336条非法行医罪保护的根本法益是人身安全。维护医疗行政管理秩序虽然也是非法行医罪所保护的法益,但它只是一种形式上的合法性要素,根本上还是为了保护患者的人身安全,即只有当行为人违反医疗活动行政管理秩序的行为会威胁或侵害到患者的生命健康权益时,刑法才会对其进行制裁。因此,并非所有违反行政法上的非法行医行为都会受到刑法的规制。

综上,可以肯定的是,未取得执业医师或执业助理医师资格的人非法行医造成严重后果的,一定构成《刑法》上的非法行医罪,但对于取得执业医师或执业助理医师资格,但未履行行政法规规定的注册、审批手续行医的,则应根据案件情况具体分析其违反行政法规定的行为是否侵害了《刑法》中非法行医罪所保护的法益,是否与案件的危害结果有刑法上的因果关系,是否达到必须运用刑罚手段进行制裁的程度。

因此本案中,马某的行为应构成过失致人死亡罪。理由如下:

首先,马某具有执业医师资格,具备实施给被害人接产这一医疗活动的专业能力。从本案的证据上看,马某未至卫生部门注册取得医师执业证书,且其开办的诊所未经有关部门审批核准,明显违反了行政法的规定。但马某具有卫生部门于2018年5月颁发的《执业医师执业证书》(中医专业),而且还持"母婴保健证",此证上明确载明马某的技术专科为妇产,技术职称为医师,母婴保健技术考核项目是接生、结扎和终止妊娠。马某的《母婴保健证》虽然只是某市卫生行政部门颁发的,但它能够证明马某具备接生、结扎、终止妊娠的技术能力。上述两个证书充分证明马某不仅有资格从事医疗活动,而且具有一定的医疗知识和接生技术,因此其给被害人接产属于专业资格范围内的医疗行为,不在我国《刑法》关于非法行医罪规定的调整范围之内。

其次,马某未经批准擅自开办诊所的行为与被害人的死亡结果之间没有因果关系,不能认定为"非法行医"。最高人民法院《关于审理非法行医刑事案件具体应用法律若干问题的解释》第1条第1项明确规定,个人未取得医生执业资格从事医疗活动的",属于"未取得医生执业资格",但由于《医疗机构执业许可证》考量的是从事医疗服务的单位是否具有相关的医疗设施、人员配备等与提供医疗服务密切相关的硬件、软件配置,以保障患者接受诊疗时有必要的条件,而马某诊所具备满足患者医疗服务需要的医疗设备和条件,故马某违反行政法规定的医疗管理秩序行为不能认定与被害人死亡的后果存在因果关系,与刑法保护的患者人身安全这一法益并不冲突,因此不应由刑法规制。

最后,从行为结果上看,马某应承担过失致人死亡的刑事责任。经医院妇产科的医生证实,违反操作规程手取胎盘以及注射催产素造成宫缩过强都会导致产后大出血。被告人马某已从医数年,却违反接生操作规程,先后四次将手伸进宫腔取胎盘,后又为产妇注射催产素,造成产妇子宫下段撕裂,产后大出血,最终导致产妇失血性休克死亡。产妇刘某死亡的结果是马某轻信自己的医疗技术水平所致,主观上表现为过失,所以马某应承担过失致人死亡的法律责任。

沈某某受贿款去向能否影响其受贿罪的认定[*]

【基本案情】

沈某某在担任某县某局副局长期间,兼任某县五金交电公司破产清算组组长。沈某某在负责某县五金交电公司破产清算过程中,利用担任破产清算组组长的职务之便,使破产清算组把该五金交电公司欠某房地产有限公司董事长马某某的工程款纳入清算并优先清偿,并出谋划策让马某某整体购买了破产后的五金交电公司。2018年12月左右,马某某为感谢沈某某的帮忙,送给沈某某现金13万元。沈某某到案后陈述,部分受贿款交给了其妻,部分用于破产清算组的业务招待,但其妻否认沈某某交给其该13万元现金,并拒绝退赔。经侦查机关侦查,无证据证明破产清算组的业务招待费用来源于此款。

【评析意见】

在贪污、受贿案件中,赃款去向和赃款来源都是整个证据体系中的组成部分,对于揭露犯罪、证实犯罪起着十分重要的作用。本案中,沈某某陈述其将受贿款部分用于破产清算组招待费,意在证明其将所得受贿款部分用于本单位、本部门的集体利益而非私利,其主观上对这部分受贿款不具有非法占有的目的,故对这部分受贿款不应以受贿论。沈某某的这种辩解是否成立,关系到对沈某某受贿数额的认定,甚至影响到对沈某某行为性质的认定。因此,审查本案的关键在于厘清受贿款去向对于受贿犯罪定罪和量刑的意义。

---

[*] 作者简介:金石,甘肃省人民检察院。

（一）受贿犯罪赃款去向不影响受贿罪的认定

1. 赃款动向不是受贿犯罪的构成要件

我国刑法有关受贿犯罪的构成理论，只要求行为人主体资格适格，主观上有非法占有他人财物的目的，客观上有利用职务之便为他人谋取利益收受贿赂的行为，赃款去向并不是贿赂犯罪的构成要件。赃款去向与贿赂犯罪定性唯一的联系是赃款用于公务可能影响受贿犯罪的主观内容，但赃款去向不能认定为构成要件主观内容具有以下几点原因：一是赃款去向一般与犯罪动机相联系，而犯罪动机与犯罪目的并不相同，犯罪动机是推动行为人为某一行为的内心起因，不是犯罪构成的必备要件，而犯罪目的则是行为人实施行为达到危害结果的希望和追求，是故意犯罪构成的必要条件。不论行为人实施贪污、贿赂的动机是生活困难急需用钱，还是贪图享受用于挥霍，也不论行为人的主观动机是为公还是为私，都不影响犯罪的构成。把行为人的犯罪动机，即为什么去贪污受贿这种动因，与行为人在实施行为时所直接追求的非法占有财物的犯罪目的混为一谈，势必导致错误地适用法律。二是受贿犯罪构成所要求的主观故意，仅仅是对财物的"非法占有"（行为人使赃款脱离物主的实际控制而处于行为人的控制之下），而非"非法占为己有"（行为人自身将赃款赃物非法地实际占有、支配和处分）。当犯罪嫌疑人以受贿手段非法取得赃款，就已经反映出其主观上具有法律所要求的非法占有故意，即使其事后确实将这些赃款用于公务，也难以否认其事先的非法占有的故意。从行为人将非法所得用于公务，也并不能得出行为人主观上不具有非法占有财物目的的必然结论。大量的实践证明，行为人将贪污贿赂所得用于公务，大多是一种掩盖犯罪的行为，如果过度地强调赃款去向的证明效力，将会限制对职务犯罪的打击力度，影响贪污贿赂案件的正常办理。

2. 犯罪嫌疑人处分赃款是行为人完成犯罪之后的行为，并不能改变已完成的犯罪行为的性质和状态

就犯罪形态而言，受贿犯罪属于结果犯。结果犯要求行为人不仅实施了某种危害行为，而且必须发生法定的结果。这一法定结果

就是行为人追求的最终目的。贿赂犯罪者追求的最终目的就是获取不义之财，这一法定结果表现为他人财物已失去原所有人的控制，而转为犯罪者所有，即财产所有权已经转移。在这种情况下，行为人已经完成了受贿行为的全过程，他人财产所有权已转移至行为人手中，行为人的行为已经损害了国家公职人员职务的廉洁性，不管行为人如何处分自己取得的赃款，都是在犯罪行为已经结束，犯罪已经既遂的情况下发生的个人行为，都不能改变其非法占有他人财产的结果和侵害国家公职人员职务行为廉洁性的行为性质。那种强调赃款去向用于公务而不构成犯罪的观点，恰恰是以犯罪嫌疑人在事后对赃款的处分行为去改变其主行为性质及其所处的形态，按此处理显然是放纵犯罪，将产生严重的负面效应，从而使我们在执行法律时走入误区。

（二）受贿犯罪赃款去向影响受贿犯罪的量刑

我国《刑法》第5条确立了罪刑相适应原则，"刑罚的轻重，应当与犯罪分子所犯罪行和承担的刑事责任相适应"。即罪刑相当、罚当其罪；根据我国《刑法》第61条的规定，对于犯罪分子决定刑罚的时候，应当根据犯罪事实、犯罪的性质、情节和对于社会的危害程度，对犯罪分子决定刑罚。因此，虽然犯罪人受贿所得赃款使用和处理不能改变犯罪的性质，不影响犯罪行为定性，但这并不是说犯罪人受贿所得赃款的去向在法律上没有任何意义。

一般来说，查明赃款去向，可以查明犯罪分子的犯罪动机，从而确定其主观恶性程度和社会危害程度，所以在对受贿犯罪行为人进行刑罚处罚时，应根据行为人犯罪动机以及在不同动机支配下犯罪后对赃款的处置情况，予以区别对待。如有确凿证据证明行为人事后将赃款用于公务，可作为从轻、减轻处罚的依据，对情节轻微的可考虑免除处罚，而将赃款用于不正之风或违法行为的，如能查实，应作为从重、加重处罚的依据。行为人犯罪后积极主动退赃的，可当作行为人悔罪表现的依据，作为酌定量刑情节。另外，还可以从赃款去向中深挖窝串案，扩大战果，以更加准确地打击犯罪。当然，实践中也常常存在受贿赃款去向不明的情况，如行为人拒绝供述赃款去向导致赃款去向不明，则行为人的主观恶性相对较大；赃款去向不明造成的社会危害性也相对较大，在这种情况下，量刑应当从重。若行为人虽然供述了赃款去向，但客观上无法查实，且无法查实的原因不能归咎于行为人，这种情况下的赃款去向不明所造成的社会危害性虽然也较大，但并非行为人刻意隐瞒事实真相或者隐藏赃款所致，则此时行为人的主观恶意不明显，相对于前述情形，量刑应相对较轻。需要说明的是，刑罚的轻重只是根据情节而言的相对轻重，刑罚的判处始终要在法律规定的框架内严格进行，合理确定刑罚幅度。

综上，本案中，沈某某的供述和马某某的陈述以及某县五金公司的破产清算资料已证实沈某某的行为构成了受贿罪，虽然沈某某陈述其受贿款部分用于公务，但不影响对其行为的定性；其部分赃款用于"公务"的辩解，因不能提供相应证据，亦不能为侦查机关所证实，也不能作为对其从轻量刑的情节；相反，由于其受贿款去向不明，造成了实际损失，相应也应作为对其酌定从重情节在量刑中考虑。

李某的行贿行为是单位行贿还是个人行贿*

【基本案情】

李某任某建设公司分公司总经理期间,为承包某县物资储运站综合大楼工程,从本公司财务部门出借现金4万元,将其中的3万元送给县物资储运站站长孔某,1万元送给县物资储运站副站长周某。事后,李某用一张由县物资公司出具的面值为4万元的销售发票冲抵了上述4万元借款。

【评析意见】

认定李某的行为是单位行贿还是个人行贿的关键在于,李某所在的单位是不是我国《刑法》中单位行贿罪中的"单位",其谋取的利益是否是单位行贿罪要求的"不正当利益",由此须准确把握单位犯罪中的"单位"和"不正当利益"的内涵和特征。

对于我国《刑法》"单位犯罪"中规定的"单位"是否应具有独立的法人资格。实践中,由于个别公司财务管理制度不健全,分公司存在的"小金库"是产生行贿犯罪的物质基础;分公司为本"集团"谋取利益,是产生行贿犯罪的动因;为分公司谋取不正当利益,经分公司集体决定或由其负责人决定而实施行贿,以上行为要件符合单位行贿罪的犯罪特征,因而实质上仍属于单位行贿罪。我国《刑法》之所以规定单位犯罪却没有采用"法人犯罪"的称谓,正是考虑到目前我国不具有法人资格的非法人组织犯罪(包括行贿犯罪)的大量存在,而使用单位犯罪这一外延比较宽泛的概念可以防止犯罪主体的缺漏。因此,分公司作为单位内部机构也可以成为

---

* 作者简介:陈晨,甘肃省人民检察院。

单位行贿罪的犯罪主体。同时,"谋取不正当利益"包括两方面内涵:一是谋取违反法律、法规、国家政策和国务院各部门规章规定的利益。行为人追求的这种利益因具有违法性而受到国家工作人员的严格监控,行为人一旦实施追求这种利益的行为,必将受到依法履职的国家工作人员的查处和法律的制裁,因而行为人必须通过向国家工作人员行贿等手段获得违反职责要求的"许可"或"默认"才可能获得这种利益;二是指谋取要求国家工作人员或者有关单位提供违反法律、法规、国家政策和国务院各部门规章规定的帮助或者方便条件。这种情形下,行为人追求的利益没有违反国家法律的规定,但由于这种利益的取得具有竞争性或程序性,行为人最终能否取得这份利益具有不确定性。为了确定得到这份利益,行为人以向国家工作人员行贿的方式,要求国家工作人员违反法律、法规、国家政策和国务院各部门规章的规定为其提供帮助或者便利条件。

综上分析,李某的行为属于单位行贿行为,但因行贿数额只有4万元,不构成单位行贿罪。理由如下:第一,李某所在的分公司,属于单位行贿犯罪中的"单位",李某作为分公司的经理,是单位直接负责的主管人员,对单位的重大事项有决策权,并且,李某用于行贿的4万元现金是从本公司借支的,是以单位的名义,为本单位的利益而实施行贿的。因此李某的行为应认定为单位行为,而不能以个人行为论处。第二,本案中,李某为承包工程的目的向孔某、周某行贿,虽然其目的具有正当性,但通过赠送财物,谋取国家工作人员违反法律、法规、国家政策和国务院各部门规章规定为其提供的帮助来实现目的,其行为实质上已转化为"谋取不正当利益"。同时,按照《刑法》及相关司法解释规定,单位行贿数额在20万元以上的;单位为谋取不正当利益而行贿,数额在10万元以上不满20万元,但具有下列情形之一的:(1)为谋取非法利益而行贿的;(2)向3人以上行贿的;(3)向党政领导、司法工作人员、行政执法人员行贿的;(4)致使国家或者社会利益遭受重大损失的,对行为人应当予以追诉。本案中李某的行贿数额只有4万元,未达到单位行贿罪的追诉标准,故其行为不构成单位行贿罪。

田某的行为是否构成贪污罪*

【基本案情】

田某在 2015 年至 2018 年间任某乡卫生院院长，2018 年 5 月调某县妇幼保健站工作，2018 年 10 月被聘为站长。2017 年 4 月田某将侄子田某某聘为卫生院临时工，次年转正，2017 年 10 月田某某因患病回家后未再上班。2018 年 12 月田某在田某某不知情的情况下，利用职权将田某某的人事、工资关系从某乡卫生院转到县妇幼保健站，但田某并未通知田某某上班，对外谎称其外出学习，并将 2018 年 12 月至 2021 年 8 月财政拨付到县妇幼保健站田某某账户上的工资 88 905 元领取后，用于供自己的女儿上学。在其女儿上学期间，田某将女儿的名字改为田某某。2021 年 9 月田某又将田某某工作关系调到县中医院，同时让女儿顶替田某某到县中医院上班，该院发现被调人员性别、年龄与实际不符，致田某的目的未能实现。案发后田某退回案款 88 905 元。

【评析意见】

本案中认定田某行为性质的关键在于其侵吞的田某某的工资是田某某的合法收入，还是田某骗取组织而错误处分的国家财产，由此需要对行为人占有财产的性质是否属于贪污犯罪的对象进行正确界定。

根据我国《刑法》第 382 条第 1 款对贪污罪所下的定义，贪污罪的犯罪对象主要是公共财物。结合《刑法》第 91 条的规定，公共财物主要包括国有财产、劳动群众集体所有的财产、用于扶贫和其

---

* 作者简介：陈晨，甘肃省人民检察院。

他公益事业的社会捐助或者专项基金的财产和国家机关、国有公司、企业、集体企业、人民团体管理、使用或者运输中的私人财产（公民的合法收入、储蓄、房屋和其他生活资料、依法归个人、家庭所有的生产资料、个体户和私营企业的合法财产、依法归个人所有的股份、股票、债券和其他财产等）。这里强调，成为《刑法》所规定的贪污犯罪对象必须是在犯罪嫌疑人着手实施行为前归国家机关、国有公司、企业、集体企业和人民团体所有或管理、保管、运输的公共财物。其中，财物属国家机关、国有公司、企业、集体企业和人民团体所有，并不意味着该财物必须由国家机关、国有公司、企业、集体企业和人民团体占有，也可能由其他单位或个人基于职权或管理、委托等关系占有；因国家机关、国有公司、企业、集体企业和人民团体管理、保管、运输而成为公共财物的个人财产，也必须具有合法性，必须是公民个人的合法收入。由此，成为贪污罪对象的公共财物具有排他性，任何非权利人若取得该财物上国家机关、国有公司、企业、集体企业和人民团体对该财物的所有权或个人对该财物的合法所有权，必须有合法依据，禁止任何人以非法方式侵犯真正权利人对该财物的所有权。

　　本案中，田某作为国家工作人员，利用其作为单位一把手负责本单位人事管理、监督的职务之便，实施故意隐瞒不报田某某长期不在岗、并几次调动田某某工作以掩盖田某某离职情况等行为，就是为了使有权作出田某某人事、工资处理的部门不能发现事实真相，对不在岗又未履行法定手续的田某某作出错误处分行为，持续给田某某发工资，使国家财产以田某某工资的合法形式进入其掌控范围，达到非法占有国家财产的目的。同时，田某又将田某某的工作关系调到县中医院，并让其女儿顶替田某某上班，这一行为充分暴露了田某不是为田某某的利益着想，而是为了自己的私利。田某某在形式上取得国家拨付的工资是有关部门因田某的蒙骗行为作出错误处分的结果，并无合法依据，不能发生国家财产合法转归个人所有的法律后果。对此，根据我国民法的规定，应产生不当得利依法返还的法律后果。故田某某的工资性质仍属国家财产，不能因田某改变其被占有状态的行为而改变其权属性质。因此田某侵犯的是国家财产所有权而非田某某的个人财产所有权。

综上，田某主观上具有非法占有国家财产的故意，客观上实施了隐瞒事实真相，骗取国家机关错误处分国有财产的行为，并将国有财产非法占为己有，其行为符合贪污罪的主客观构成要件，应当以贪污罪论处。

《刑法》第 88 条"立案侦查""逃避侦查或者审判"的认定问题

——以王某故意伤害核准追诉案为例*

【基本案情】

1999 年 3 月，犯罪嫌疑人王某从某省某县来到某市闲游。3 月 23 日夜间王某因身无分文，沿国道步行至某县某镇某村社某商店内，以购买东西为由一边挑选货物，一边喝着店内啤酒和饮料，正欲趁店主取东西逃离时，被害人裴某某上前阻拦，王某随即掏出刀具将被害人裴某某戳伤后逃走。经鉴定，裴某某因被他人持刀刺破主动脉、胃肠、结肠系膜及大网膜血管及肺脏，造成大出血死亡。

【评析意见】

一、关于"立案侦查"

一种意见认为"立案侦查"应当以公安机关《立案决定书》为准，卷内没有《立案决定书》的就不能认为公安机关已经进行侦查工作。另一种意见认为，本案于 1999 年 3 月 24 日案发当日制作的《受理刑事案件登记表》中，领导批示意见为"立为重大案件查处"且已进行侦查，因此，根据 1997 年《刑法》相关规定，本案未超过追诉期。

笔者认为，实践中，对于时间久远的案件，应从立案的本质属性，即是否进行了实质性侦查进行考量。对于公安机关接到报案后

---

* 作者简介：程喆，甘肃省人民检察院。

就开展了侦查工作，进行了询问证人、尸体检验、现场勘验等实质性侦查行为，可视为已经立案。本案中，卷内仅有案发当时的《立案报告书》，而没有加盖公安机关印章的正式《立案决定书》。但是根据公安部1987年公布的《公安机关办理刑事案件程序规定》（已失效）最新为2020年修正，公安机关"认为有犯罪事实需要追究刑事责任应当立案的，填写《立案报告表》，由公安机关主管负责人审批"。由此，只要有案发当年公安机关主管负责人签批的《立案报告表》，就应当认为已经立案。

二、关于"逃避侦查或者审判"

"逃避侦查或者审判"是不受追诉期限限制的必要条件。对于"逃避侦查或者审判"，法律和司法解释没有明确规定，实践中，从犯罪嫌疑人主观上是否明知已经立案或受理和客观行为是否限于积极、明显的逃避行为这两个维度，存在不同观点。第一种观点认为，逃避侦查或者审判是指以逃避、隐藏的方法逃避刑事追究；第二种观点认为，逃避侦查或者审判，应限于积极的、明显的、致使侦查或审判工作无法进行的逃避行为，主要是指在司法机关已经告知其不得逃跑、藏匿甚至采取强制措施后逃跑或者藏匿的行为；第三种观点认为，逃避侦查或者审判是指逃跑或者藏匿，致使侦查或者审判无法进行的行为。

笔者认为，任何刑事侦查都不可能以犯罪嫌疑人完全配合为期待，我国法律并没有苛求犯罪嫌疑人在案发后一定要投案自首。延长犯罪嫌疑人追诉时效的原因是需罚性延长，只有犯罪嫌疑人直接导致对其的追诉程序无法继续时，才有可能延长需罚性。所以当且仅当犯罪嫌疑人干扰侦查的行为与其未归案有直接因果关系时，才有可能认定为"逃避侦查"。本案中，王某在某地作案后，因害怕逃跑回老家，后正常外出打工或者在老家工作，期间没有隐姓埋名，在案发前的居住地正常工作、生活，所以王某不属于"逃避侦查"。

犯罪行为追诉期限的认定*

【基本案情】

1997年9月,犯罪嫌疑人马某甲、马某乙、哈某某三人在某市某区某某乡某某村某社附近的小煤窑打工,因手头拮据,三人预谋前往某城区内抢劫出租车。1997年9月23日23时左右,马某甲携带一把手枪、马某乙携带雷管线与哈某某到某区长征火车站附近,拦停被害人殷某某驾驶的面包车,以去某矿为由,租乘殷某某的车辆沿某公路行驶至某某煤矿路口,指引殷某某开车到路边一个僻静地点。马某甲要求殷某某将车停下时,马某甲从后面用雷管线勒住殷某某的脖颈,马某乙和哈某某挥拳殴打殷某某。殷某某在反抗过程中顺手拿起一把改锥在马某甲额头部位戳了一下,马某甲遂拿出事先准备的手枪,用枪托砸殷某某头部。殷某某打开车门准备逃离,马某甲随即向殷某某开枪射击,由于枪膛卡壳未能击发。随后马某甲、马某乙、哈某某下车捡起路边砖块将殷某某打倒在地,直到认为殷某某死亡才停止殴打行为。马某甲从殷某某上衣口袋内掏出1000余元现金和一部传呼机。后三人将殷某某背至某区某某乡某某村附近一废弃矿井内丢弃。马某甲、马某乙、哈某某将劫取的1000余元进行分配后陆续离开某区返回家中。经公安局刑事技术鉴定中心鉴定,被害人殷某某系生前被他人用钝器物体多次击打头颅部,造成蛛网膜下广泛性出血,引起脑机能障碍死亡。

【分歧意见】

本案的分歧意见主要是1997年《刑法》施行以前实施的犯罪行

---

* 作者简介:程喆,甘肃省人民检察院。

为，1997年《刑法》施行后仍在追诉时效期限内，追诉期限该如何适用的问题。针对这个问题，目前形成两种意见：

第一种意见认为，本案案发于1997年9月23日，在追诉期限的判断上应当适用1997年《刑法》。主要理由是，2019年6月4日最高人民法院研究室《关于如何理解和适用1997年刑法第十二条第一款规定有关时效问题征求意见的复函》（法研〔2019〕52号）（以下简称《最高法解释》）规定："1997年刑法施行以前实施的犯罪行为，1997年刑法施行以后仍在追诉时效期限内，具有'在人民检察院、公安机关、国家安全机关立案侦查或者在人民法院受理案件以后，逃避侦查或者审判'或者'被害人在追诉期限内提出控告，人民法院、人民检察院、公安机关应当立案而不予立案'情形的，适用1997年刑法第八十八条的规定，不受追诉期限的限制。1997年刑法施行以前实施的犯罪行为，1997年刑法施行时已超过追诉期限的，是否追究行为人的刑事责任，应当适用1979年刑法第七十七条的规定。"该答复对于1997年《刑法》施行以前实施的犯罪行为的追诉期限问题进行了明确规定，其涵盖内容最为完整，意见也最为明确，进一步确认了在1997年《刑法》施行时未超过追诉时效的，其追诉时效适用1997年《刑法》。

第二种意见认为，本案发生在1997年9月24日，案发后公安机关于次日立案，但在追诉期限内未发现犯罪嫌疑人。根据《刑法》中从旧兼从轻原则，对于1997年9月30日以前实施的犯罪行为，追诉期限问题应当适用1979年《刑法》第77条的规定。

【评析意见】

笔者同意第二种意见。理由如下：

第一，《刑法》第12条关于溯及力的规定采取的是"从旧兼从轻"原则，并被规定在实体法中，所以追诉时效的认定当然也应符合"从旧兼从轻"原则。1979年《刑法》对追诉时效终止以"采取强制措施"为前提条件，而1997年《刑法》将这一条件修改为侦查机关"立案侦查"和人民法院"受理案件"。相比较，1979年《刑法》更有利于犯罪嫌疑人，从更有利于人权保障的角度出发，对发生在 1997 年 9 月 30 日以前的犯罪行为追诉时效的延长应适用 1979 年《刑法》的规定，以是否采取强制措施为标准。

第二，2000 年 10 月 25 日《公安部关于刑事追诉期限有关问题的批复》规定："根据从旧兼从轻原则，对 1997 年 9 月 30 日以前实施的犯罪行为，追诉期限问题应当适用 1979 年刑法第七十七条的规定，即在人民法院、人民检察院、公安机关采取强制措施以后逃避侦查或者审判的，不受追诉期限的限制。"该规定与《最高法解释》第 1 条一致。

第三，最高人民检察院发布第六批指导性案例中检例第 23 号蔡某星、陈某辉等（抢劫）不核准追诉案，明确了司法机关在追诉期限内未发现或者未采取强制措施的犯罪嫌疑人，应当受追诉期限限制；涉嫌犯罪应当适用的法定量刑幅度的最高刑为无期徒刑、死刑，犯罪行为发生 20 年以后认为必须追诉的，须报请最高人民检察院核准。2019 年最高人民检察院《关于案例指导工作的规定》，将指导案例从"可以适用"修改为"应当适用"，这意味着检例第 23 号蔡某星、陈某辉等（抢劫）不核准追诉案所确立的规则有效。

综上，1997 年《刑法》施行以前实施的犯罪行为，1997 年《刑法》施行后仍在追诉时效期限内的，应适用 1979 年《刑法》第 77 条的规定。本案犯罪嫌疑人马某甲、马某乙、哈某某采取暴力手段抢劫致人死亡，依据《刑法》第 12 条、1979 年《刑法》第 150 条规定，应当适用的法定量刑幅度的最高刑为死刑。本案发生在 1997 年 9 月 24 日，案发后公安机关于次日立案，但在追诉期限内未发现犯罪嫌疑人。根据《刑法》从旧兼从轻原则，对于 1997 年 9 月 30 日以前实施的犯罪行为，追诉期限问题应当适用 1979 年《刑法》第 77 条的规定。

对郝某的行为应如何定性[*]

【基本案情】

郝某被甲县保安服务总公司招聘为保安员,并被派往甲县烟草专卖局保安队工作。甲县烟草专卖局给郝某办了印有"公安特派员"字样的工作牌,其工作任务是协助查处假烟。2018年12月17日,郝某叫其朋友个体户魏某帮其查假烟。当晚,郝某身穿自己购买的警服上班,与魏某来到乙县客运站,由魏某联系到卖烟的刘某。当刘某携带1条"三五"烟、9盒"黑金刚"香烟与魏某商量价格时,郝某上前将刘某踢倒在地,亮出烟草专卖局公安特派员证件和自己制作的公安工作证,称自己是公安特派员,夺得香烟并把刘某带到公交车调度室,又踢打刘某,并指使魏某搜出刘某的现金1800元。随后郝某给甲县烟草专卖局稽查大队大队长陈某打电话,称在客运站收了两条假烟,陈某答复把烟收了,让人第二天来单位接受处理。郝某告知刘某第二天去乙县烟草局接受处理后让刘某回家,并给刘某写了收到押金1800元的纸条,让其签字后将押金条装进自己的口袋。次日,郝某一个人去找陈某,交给陈某1条"三五"烟、5盒"黑金刚"香烟,扣押1800元现金的事未向陈某汇报,后将该款私吞。

【评析意见】

本案中,郝某以公安人员身份私自查处假烟的行为超越了烟草专卖局赋予其以"公安特派员"身份协助查处假烟的职权范围,在一定程度上具有"冒充军警人员"的特征。"冒充军警人员"是冒

---

[*] 作者简介:金文浩,兰州大学。陈晨,甘肃省人民检察院。

充军警人员抢劫和冒充军警人员招摇撞骗犯罪的共同行为特征，同时也存在于以军警人员身份越权行使军警机关赋予一定执法权的违法职务行为中。本案需仔细鉴别"冒充军警人员"在抢劫犯罪和招摇撞骗犯罪以及越权履职的违法职务行为中的作用，从而对郝某行为的性质进行准确认定。根据我国《刑法》关于抢劫罪、招摇撞骗罪的规定，"军警人员"身份在抢劫罪和招摇撞骗罪中的作用均具有手段性质，是指不具有军警人员身份，但假冒或违法充当军警人员。判别两罪与越权履职的军警人员违法职务行为的关键在于"军警人员"的身份有无合法来源。在抢劫犯罪中，"冒充军警人员"是以"非法占有"他人财物为行为出发点，为了使受害人产生更大的心理恐惧，从而不敢反抗，不愿交出财物而不得不交出财物；招摇撞骗犯罪中，行为人则是以"军警人员"身份进行炫耀、欺骗，使受害人因其身份产生信任，从而形成错误认识，自愿为其提供职位、荣誉、资格，有时也包括财物。

综上，结合本案事实对郝某作出以下认定：

1. 郝某的行为不构成抢劫罪

本案中，郝某的行为与其平时的工作职责存在关联性。郝某在平时工作中是配合执法队陈某进行查处假烟工作。在私自查处假烟过程中，郝某向被害人出示过印有姓名、职务的证件，并立即向陈某汇报了查处情况，征求了处理意见，事后也向陈某上交了部分财物。虽然郝某在收缴假烟、钱款过程中对被害人刘某实施了暴力行为，但郝某查处假烟不是以非法占有财物为出发点，而是在查处假烟行为实施终了后产生了侵占钱物的故意，其主观动机的产生与暴力行为之间不具有抢劫犯罪的因果联系，不具有当场使用暴力、当场劫取财物的抢劫罪犯罪特征，因此郝某的行为不能认定为抢劫罪。

2. 郝某的行为不构成招摇撞骗罪

首先，招摇撞骗罪在客观方面表现为行为人具有冒充国家机关工作人员的身份或职称，进行招摇撞骗的行为。本案中，尽管郝某不具备警察身份，但郝某着警服到甲县烟草专卖局报到后，烟草专卖局使用其着警服的照片给郝某办理了"公安特派员"的工作牌。

因此，在郝某看来，其对外身份是明确的，即烟草执法"公安特派员"，其查处刘某贩卖假烟的行为，在郝某某的认识因素里，也是基于烟草专卖局赋予的以"公安特派员"身份协助查处假烟的"职责"，故郝某不具有"冒充警察"进行招摇撞骗的主观故意。其次，招摇撞骗通俗地讲就是到处行骗，因而构成本罪的行为一般都具有连续性、多次性的特点。如果行为人只有一次这种行为，原则上不宜以犯罪论处。本案中，郝某并不具有利用警察身份进行连续、多次招摇撞骗的行为，其行为不应以招摇撞骗罪论处。

3. 郝某的行为不构成犯罪

本案中，郝某的"执法行为"具有违法性：一是烟草专卖局虽赋予郝某"公安特派员"的身份，但赋予其职权的内容是在甲县协助查处假烟，故郝某在乙县私自查处假烟的行为超越了其职权范围；二是郝某某在查处假烟的过程中使用暴力，又将其中部分假烟和1800元现金据为己有。对于前者，郝某某以"公安特派员"的身份履行查处假烟"职责"是基于烟草公司的授权，其私自在乙县查处假烟虽然超越了职权范围，但其行为出发点仍是为了履行烟草专卖局赋予其的职责，且郝某某在事后向甲县烟草专卖局的陈某某电话进行了汇报，并得到了陈某的认可，故郝某超越职权范围执法的行为不应认定为违法，仍应认定为是职务行为。对于后者，郝某使用暴力执法的手段违反了行政执法人员履行职责手段的合法性要求，应由郝某自己承担相应违法后果，但并未造成法定之罪要求的后果；而其利用职务之便侵占的在扣押后性质已转为应由烟草专卖局保管的部分假烟和1800元，虽然违反了行政执法廉洁性的要求，但其行为尚未达到需要进行刑事处罚的标准，故其行为不构成犯罪。

邓某某非法买卖、持有枪支案*

【基本案情】

被告人邓某某,男,1965年12月14日出生。因涉嫌非法买卖、持有枪支罪被取保候审。

2015年2月,某县委、县政府联合发布《红军纪念馆文物征集》公告,面向社会公开征集反映红军在土地革命、抗日战争和解放战争时期的军械、生活用品及图片等文物、文献资料,征集方式为无偿捐赠和有偿征集。邓某某看到后认为有利可图,便先后以较低价格向他人购买了长、短枪支10只,地雷、马刀及影像资料等。期间,为了证明系为展馆征集文物,县党史办还为其开具了盖有党史办印章的空白介绍信。同年6月,该县旅游局、党史办负责人实地查看了邓某某收集的文物,现场进行拍照、登记,并向征集领导小组进行了汇报。后征集组经研究,决定优先征集了邻县的民间藏品。后为了争取让自己收购的物品被征集,邓某某将其所收集物品制作成"抢救文物图集"交给征集组及相关领导,并多次找相关部门要求对其收集的文物进行有偿征集,但由于布展活动结束且县上领导职位变动,该项工作被搁置。邓某某将所收集物品一直存放于自己单位宿舍内,直至2019年1月,其与他人发生矛盾被举报而案发。经鉴定,其中8只为以火药为发射动力,具有致伤力,认定为枪支。

【评析意见】

(一)本案的争议焦点

一是政府的行政行为能否成为邓某某构成犯罪的阻却事由。二

---

* 作者简介:夏纪红,甘肃省人民检察院。

是对于邓某某收购文物与持有枪械行为能否割裂开来看待。对于上述问题有两种不同观点。

一种观点认为：邓某某在收购枪支时，让县党史办为其开具了介绍信，说明其主观上对买卖、持有枪支的违法性是明知的，而在政府答复不征集其收集物品后一直私自持有经鉴定具有杀伤力的枪支，因而构成犯罪。

另一种观点认为：邓某某基于对政府公信力的信赖，买卖、持有枪支，具有违法性认识错误，其主观动机和主观故意区别于一般的非法买卖、持有枪支案件，具有明显的特殊性，不应当认定为犯罪。

（二）省人民检察院不支持抗诉的理由

本案要判断邓某某行为罪与非罪，需要明确以下两个问题：一是政府先期的行政行为与邓某某的买卖、持有枪支行为是否具有因果关系。二是对枪支的持有是否具有非法性以及其持有状态是否具有社会危害性。具体理由如下：

1. 政府的行政行为阻却被告人行为的违法性

第一，邓某某的购买、持有行为源于政府公开发布的征集公告，该公告属于具体行政行为，一旦向社会公开发布，就具有公信力和执行力，公民基于信赖保护原则实施的行为理应受法律保护。而公告的征集范围明确包括为"反映陕甘红军在土地革命、抗日战争和解放战争时期的军械、生活用品及图片等文献资料"，邓某某作为一名普通公民，没有理由怀疑政府公告的合法性，正是基于对公告的信任并觉得政府"有偿收购"有利可图，才开始收集，主观上不具有违法性认识。

第二，县委、县政府发布的征集公告自身存在缺陷。公告中征集范围包括"军械"，所谓军械就是武器弹药等装备，那么如果征集的武器弹药是具有杀伤力的，如何依法定程序处置、如何向有权管理机关进行报备等问题，在公告中均没有细化，征集工作是否由具有管控、处置权的机关参与更没有涉及。政府作为决策权威机构，发布公告尚且如此草率，怎么能要求一个普通公民能有更清楚的认知。

第三，邓某某所收集到的物品门类齐全，既有枪支弹药，还有大量的马刀、土炮、长矛及战争时期的地图、书籍等物品，为了向县政府征集办展示其收集文物，还自己制作了一本《抢救革命文物图集》，分送给了县委、县政府多名工作人员传阅，由此能看出其收集行为针对的是"文物"并不是"违禁品"，前期的收购和后期的持有是一个整体，不能将其割裂开来看待。

第四，邓某某正是基于政府公告中"有偿征集"的诱惑，觉得有利可图才进行收集的，后由于领导职位变动，征集政策调整，征集活动结束后，为了避免自身遭受损失，其还多次找相关部门反映，想将文物卖给政府而未能如愿，客观事实导致了其对枪械等物品的持有状态。"法不能强人所难"，我们不能要求一个普通公民达到无偿捐赠的高尚境界。

2. 邓某某的收集行为具有公开性、合法性

非法买卖枪支罪是指违反法律规定，未经国家有关部门批准，非法买卖枪支的行为。非法持有枪支罪是指不符合配备、配置强制条件的人员，违反枪支管理法规，擅自持有枪支的行为。本案中，县党史办为邓某某出具空白介绍信的行为，应当视为对其收集文物行为的委托和认可，同时，旅游局、党史办负责人实地查看了其收集的文物，并拍照、登记，向征集领导小组进行了汇报，政府相关部门开会对是否采用其收购的枪械等物品进行了研究，该行为应当视为已经报备，这与此类犯罪一般秘密交易有明显区别，邓某某无论购买还是持有枪支行为均具有公开性，缺乏违法性。

3. 邓某某的行为不具有法益侵害性

非法持有枪支罪侵犯的客体是公共安全和国家对枪支的管理制度，危害性在于可能导致枪支流入社会从而危及社会公共安全，而邓某某是基于合法依据购买枪支，一是其将散落在民间的枪支收集起来，避免了其他潜在的风险，二是其对收集到枪支作为文物进行了妥善保管，避免了流入社会的危险。当得知政府决定不征用其收藏物品后，邓某某并没有将收藏枪支等物品向他人转卖，而是始终在向政府相关部门负责人反映情况，期盼将其收藏物品予以征用，所以邓某某的行为并不具有法益侵害性。

对邵某涉嫌故意杀人是否报请核准追诉*

【基本案情】

1989年8月23日13时，邵某在家中与叔母张某因盖房砍伐树木问题再次发生争吵，邵某从自家厨房内取出一把菜刀，连续追砍张某、张某之子邵某甲、邵某乙，张某受伤后跑至院外昏迷倒地，张某之子邵某甲被送往医院经抢救无效死亡，张某另外一子邵某乙当场死亡。犯罪嫌疑人邵某在作案后畏罪潜逃，公安机关于1989年8月23日受理为刑事案件侦查，2002年4月1日对犯罪嫌疑人邵某上网追逃，2011年8月30日签发拘留证，2022年7月5日将其抓获，2022年7月21日执行逮捕。

【评析意见】

本案案发时间为1989年8月23日，截至目前已近36年，已经超过了20年追诉期。根据1997年《最高人民法院关于适用刑法时间效力规定若干问题的解释》第1条的规定，对于行为人1997年9月30日以前实施的犯罪行为，应当适用1979年《刑法》第77条的规定，即在人民法院、人民检察院、公安机关采取强制措施以后，逃避侦查或者审判的，不受追诉期限的限制。本案公安机关在1989年案发后对犯罪嫌疑人邵某未采取任何强制措施，故不符合上述不受追诉时效限制的法律规定。

犯罪嫌疑人邵某故意杀人，犯罪事实清楚，证据确实、充分，其法定最高刑为无期徒刑或者死刑，但犯罪手段残忍，性质特别严重，情节恶劣，虽然已过20年追诉期限，社会危害性和影响依然存

---

* 作者简介：张哲，甘肃省人民检察院。

在，必须追诉。理由如下：

1. 本案犯罪性质恶劣、后果严重

本案中犯罪嫌疑人邵某因家庭矛盾与叔母争吵，就持刀砍伤叔母，更是杀害两名无辜未成年堂弟；邵某多次砍击三名被害人头颈部要害，且在邻居和本村村民劝阻时，仍不罢手，还持刀威胁，在多名村民的众目睽睽之下，连续追砍16岁和14岁的两个堂弟，并当场杀死小堂弟，手段极其残忍，社会影响极大，造成两死一伤的社会危害后果极其严重。

2. 本案的社会影响并未完全消除，不追诉会造成社会影响不良

案发后犯罪嫌疑人即逃跑，潜逃期间更名（经公安机关补查，仍无法查询其违法犯罪记录）；其间对于死伤者及其家属未给予任何赔偿，未获得被害方谅解，犯罪造成的恶劣的社会影响没有消失。经过补查犯罪嫌疑人邵某及其家属虽有赔偿意愿，但无力赔偿，被害方也表示"两条人命，他们赔不起"，该案造成的社会矛盾无法有效化解、社会关系无法修复。

3. 被害人家属未谅解

被害人张某及其亲属认为邵某故意杀人行为给被害人本人及其家庭造成无法弥补的伤痛，造成了严重的经济损失和精神打击，请求对犯罪嫌疑人邵某从快从重严惩。当地村组织认为邵某持刀杀人后潜逃多年，其行为极其恶劣，社会影响力极大，受害人多年以来要求政府及公安机关将杀人凶手缉拿归案、严惩凶手，追究邵某杀害和伤害他人的刑事责任。

4. 指导性案例参考

根据最高人民检察院第六批指导性案例（检例第21号：丁某山等故意伤害核准追诉案），涉嫌犯罪情节恶劣、后果严重，并且犯罪后积极逃避侦查，经过20年追诉期限，犯罪嫌疑人没有明显悔罪表现，也未通过赔礼道歉、赔偿损失等方式获得被害方谅解，犯罪造成的社会影响没有消失，不追诉可能影响社会稳定或者产生其他严重后果的，对犯罪嫌疑人应当追诉。

综合全案考虑，虽然已过20年追诉期限，但社会危害性和社会

恶劣影响依然存在，不追诉会产生其他严重后果，存在引发舆情的风险。且两名无辜未成年人属于社会弱势群体，本应受到社会的特殊保护，却因为犯罪嫌疑人泄愤、报复就成为其肆意迁怒、杀害的目标，不追诉不足以警示世人。

对杨某等受贿、滥用职权、故意销毁会计凭证罪是否提请抗诉*

【基本案情】

2012年4月至2020年6月,被告人杨某在担任某林业总场党委书记、场长期间,利用职务便利,多次收受他人贿赂款人民币333万元,在建筑工程、林业项目招标、工程款拨付等方面为他人谋取利益。案发后,被告人杨某退缴了全部赃款。

2011年10月至2020年6月,被告人杨某主持某林场工作期间,伙同林场副场长薛某等人决定,在林场及下属分场实施各类林业项目的过程中,违反林业建设项目资金管理规定,指使财务人员和下属分场相关人员采取虚列支出等方式,套取各类林业建设项目工程资金282.5826万元在账外保管形成"小金库",除将其中的15.1111万元拨付下属分场用于林业生产和日常公用经费外,剩余的267.4715万元均被用于林场接待、购买烟酒、土特产等费用支出,致使国家利益遭受重大损失。

2012年至2019年12月期间,为防止账外资金违法使用情况被相关部门发现,被告人杨某指使被告人薛某、杨某、袁某、张某等人将271.652 118万元账外资金支出的会计凭证销毁。2012年7月至2013年10月,被告人杨某、薛某指使被告人杨某、张某,采取在林业总场树园内焚烧的方式销毁依法应当保存的账外资金支出会计凭证105.090 218万元;2013年10月至2017年4月,被告人杨某、薛某指使被告人袁某、张某,采取在林业总场树园内焚烧、手撕等方

---

* 作者简介:张哲,甘肃省人民检察院。

式销毁依法应当保存的账外资金支出会计凭证121.4042万元；2017年4月至2019年3月，被告人袁某经请示被告人杨某、薛某同意后，采取在林业总场院内焚烧、手撕等方式销毁依法应当保存的账外资金支出会计凭证45.1577万元。

【评析意见】

根据全案事实及证据，一审判决对被告人杨某受贿罪判处的罚金数额错误。杨某受贿333万元，应处10年以上有期徒刑或者无期徒刑。根据最高人民法院、最高人民检察院《关于办理贪污贿赂刑事案件适用法律若干问题的解释》（以下简称《贪贿解释》）第19条规定，对贪污、受贿罪判处10年以上有期徒刑或者无期徒刑的，应当并处50万元以上犯罪数额2倍以下的罚金或者没收财产。杨某具有自首、坦白情节，法院对其从轻处罚，以受贿罪判决杨某有期徒刑10年，并处罚金30万元，主刑量刑适当，罚金数额不当。《贪贿解释》对于罚金刑的从严规定，是根据贪污贿赂犯罪的特殊性，对被告人在经济上的惩罚，是硬性规定，不能违反，对杨某判处罚金数额应当在50万元至受贿犯罪数额的2倍以下范围内予以确定。

原审法院认定被告人杨某犯受贿罪、滥用职权罪、故意销毁会计凭证罪，认定被告人薛某、张某、袁某、杨某犯故意销毁会计凭证罪，事实清楚、证据确实充分、量刑情节认定自首、坦白正确。原审裁判对滥用职权罪、故意销毁会计凭证罪量刑适当，对受贿罪判处罚金刑30万元适用法律错误、量刑不当。

法院一审判决后，被告人上诉，二审法院审理时发现一审判决罚金数额错误。县人民检察院在一审判决后未认真审查，未发现罚金刑判处错误，错过二审抗诉期限，案件未能按照二审抗诉程序纠正。最高人民法院《关于适用〈中华人民共和国刑事诉讼法〉的解释》第401条规定，审理被告人或者其法定代理人、辩护人、近亲属提出上诉的案件，不得对被告人的刑罚作出实质不利的改判。原判判处的刑罚畸轻，必须依法改判的，应当在第二审判决、裁定生效后，依照审判监督程序重新审判。中级人民法院依据"上诉不加刑"原则，裁定驳回上诉、维持原判。

对杨某等受贿、滥用职权、故意销毁会计凭证罪是否提请抗诉

《刑事诉讼法》第 254 条第 1 款规定，各级人民法院院长对本院已经发生效力的判决、裁定，如果发现在认定事实上或者适用法律上确有错误，必须提交审委会处理。最高人民法院《关于适用〈中华人民共和国刑事诉讼法〉的解释》第 469 条规定，除人民检察院抗诉的以外，再审一般不得加重原审被告人的刑罚。再审决定书或者抗诉书只针对部分原审被告人的，不得加重其他同案原审被告人的刑罚。根据法律及司法解释规定，法院院长发现，法院自行启动再审程序的，一般不得加重被告人刑罚。中级人民法院建议市人民检察院提请省级检察院抗诉。

根据《刑事诉讼法》第 253 条第 3 项规定，对于原判决、裁定适用法律确有错误的，人民法院应当重新审判。《刑事诉讼法》第 254 条第 3 款规定，上级人民检察院对下级人民法院已经发生法律效力的判决和裁定，如果发现确有错误，有权按照审判监督程序向同级人民法院提出抗诉。根据上述规定，本案一审判决对罚金刑适用法律错误、量刑明显不当，应当以审判监督程序向省高级人民法院提出抗诉。

综上，为维护司法公正，准确惩治犯罪，依照《刑事诉讼法》第 253 条第 3 项、第 254 条第 3 款的规定，以审判监督程序向省高级人民法院提出抗诉。

刘某的行为是否构成骗取贷款罪*

【基本案情】

2013年1月11日至2015年2月期间,被告人刘某先后编造7人的虚假资产证明、货物购销合同以及借款用途等贷款资料,要求该7人在其编造的贷款资料上签字后,分别向某县农村信用社营业网点申请担保贷款。被告人刘某为自己编造虚假资产证明并为7笔贷款提供保证担保,先后从某县农村信用社营业网点取得贷款2990余万元,贷款实际均由被告人刘某支配使用。贷款到期后刘某只归还了少量本息,至案发时,仍有绝大部分本息未偿还。经查,该县农村信用社理事长马某对该7笔贷款向营业网点负责人进行了事先授意,该营业网点负责人在明知被告人刘某以他人名义贷款、提供资料虚假的情况下对贷款进行了违规发放。

【评析意见】

骗取贷款罪是2006年6月29日通过的《刑法修正案(六)》新增的罪名,《刑法修正案(十一)》对罪名进行了修订。根据我国《刑法》第175条之一的规定,以欺骗手段取得银行或者其他金融机构贷款,给银行或者其他金融机构造成重大损失的行为构成骗取贷款罪。在司法实践中,当金融机构工作人员明知借款人提供了虚假的贷款资料而通过审核、审批并发放贷款,此种情况下借款人的行为是否构成犯罪、构成何罪存在分歧。

第一种观点认为,基于骗取贷款罪与贷款诈骗罪之间的关系,因此本罪的构造与诈骗罪的构造一致:借款人实施欺骗行为→金融

---

* 作者简介:郑燕,甘肃省人民检察院。

机构工作人员产生借款人符合贷款条件的认识错误→基于认识错误发放贷款→借款人取得贷款。当金融机构工作人员明知借款人提供了虚假贷款资料而通过审批并发放贷款，因金融机构工作人员并没有陷入认识错误，也没有基于认识错误发放贷款，借款人的行为不符合骗取贷款罪的构造，其行为不构成骗取贷款罪，其行为亦不符合《刑法》其他条文规定的要件，按照罪刑法定原则，借款人的行为不应追究刑事责任。

第二种观点认为，当金融机构工作人员明知借款人实施欺骗行为而予以发放贷款时，客观上金融机构工作人员和借款人双方的行为互相配合，共同给金融机构造成重大损害结果，双方主观上有犯罪故意，应将金融机构工作人员与借款人视为一个整体进行考察，以共同犯罪追究刑事责任。基于此，存在以下几种情况：（1）这个整体行为同时触犯骗取贷款罪和违法发放贷款罪，属于想象竞合犯的情况，应按照重法优于轻法的原则，以违法发放贷款罪追究借款人的刑事责任。（2）由于双方是共同犯罪，虽然各自只是实施了部分行为，但按照部分行为全部责任的原则，双方仍然应当承担整个共同犯罪的责任，所以应当对双方以骗取贷款罪和违法发放贷款罪数罪并罚，即借款人构成骗取贷款罪和违法发放贷款罪。（3）金融机构工作人员与借款人的行为是一个整体，如果没有借款人的行为配合，违法发放贷款的行为不能实施；同样，如果没有金融机构工作人员的行为配合，骗取贷款不能成功，因此，只有将双方行为视为一个整体，才能对全案进行正确的评价。金融机构工作人员的行为同时构成违法发放贷款罪的实行犯和骗取贷款罪的帮助犯，这是一种想象竞合；借款人的行为同时构成骗取贷款罪的实行犯和违法发放贷款罪的帮助犯，这也是一种想象竞合，因此，对借款人应以其实行行为追究刑责，即其行为构成骗取贷款罪。

笔者认为，对于金融机构工作人员明知借款人实施欺骗行为而予以发放贷款的情形要具体问题具体分析。实践中，金融机构的工作人员既可能为金融机构本身的利益并得到金融机构同意而发放贷款，也可能是为了其他利益发放贷款，损害金融机构的利益。因此，当金融机构的工作人员明知借款人实施欺骗行为而予以发放贷款，对借款人如何定罪处罚，应分情况处理：第一，不具有决定权的金融机构工作人员明知借款人实施欺骗行为，但发放贷款最终决策者并不了解真相，决策者在陷入错误认识的情况下作出了放贷决定。此种情况下，实际上是借款人和金融机构的一般工作人员共同实施欺骗行为，通过欺骗具有决策权的银行工作人员而取得贷款，如果造成了实际损失，借款人和金融机构的一般工作人成立共同犯罪，共同行为触犯了违法发放贷款罪和骗取贷款罪，应择一重罪处罚，应对借款人以实行行为骗取贷款罪追责。第二，具有决策权的金融机构工作人员（负责人）明知借款人实施欺骗行为，为了金融机构的利益，以本单位的名义决定向借款人发放贷款，由于发放贷款不是基于认识错误，按照罪刑法定原则，借款人的行为不构成犯罪。第三，具有决策权的金融机构工作人员（负责人）明知借款人实施欺骗行为，为了其他非法利益，损害本单位的利益，向借款人发放贷款，此种情况下，按照《某省农村信用社信贷管理制度》规定，贷款审批委员会、风险管理委员会为信贷业务审批机构，如果未经贷款审批委员会、风险管理委员会成员表决，实质上金融机构工作人员（负责人）的意思不能代表金融机构的意思，应属于欺骗了金融机构的情形。对于借款人而言其实施了欺骗行为，取得了金融机构的贷款，应按骗取贷款罪定罪处罚。

具体到本案中，刘某的行为构成骗取贷款罪。第一，刘某向某农村信用社营业网点提供了7人的虚假资产证明、货物购销合同以及借款用途等贷款资料，这些虚假的贷款资料涉及企业经营状况、偿还能力、贷款用途等关键事实，足以对信贷资金的发放产生实质性、决定性的影响，其行为在客观上就是实施了隐瞒真相、虚构事实的欺骗手段。第二，本案中，该农村信用社负责人马某和营业网点负责人虽然明知刘某申请的7笔贷款是"假"而有意为之，损害银行利益为行为人发放贷款，则其行为构成了违规发放贷款，但不能以二人的明知来阻却刘某欺骗的事实，使其不为造成银行重大损失的后果承担刑责，这有违刑法适用平等原则。第三，该农村信用社负责人马某和营业网点负责人明知刘某以假文件贷款而依然放贷,其二人行为损害了该信用社的利益,此时该二人的意思不能代表本单位的意思,刘某的行为对该信用社信贷资金造成了重大损失,具有刑法上的社会危害性。因此,对刘某采取欺骗手段损害金融机构利益的行为,应该予以骗取贷款罪的否定评价。从刑法上讲,骗取贷款罪的设立不仅为了保障金融机构的信贷资金安全,还要维护正常的金融借贷管理秩序,所以该罪名中的"欺骗"不宜机械套用被害人基于错误认识而交付财物的法理解释,而应关注行为人手段的虚假性、违法性,金融机构非自然人的特殊性。

杨某的行为是否构成合同诈骗罪*

【基本案情】

杨某系某省某公司的负责人，杨某的公司系某快递公司在某省县的加盟商。

杨某以自己公司的名义于2016年9月取得某快递公司在某县的经营资格，并于2017年6月与快递公司补签加盟合同，成为该快递公司在当地的加盟商。加盟合同约定，杨某负责该快递公司在某片区的特许经营，其有权将区域内的配送业务再划片给他人承包。但对于杨某是否有权再发展下线加盟商，合同中没有明确约定。2016年9月至2019年2月，杨某以招收加盟商、承包商的名义，与本县城区、乡镇的十余名经营者签订加盟合同或承包合同，将其负责的区域再划片后交由他人经营，为此收取下线经营者加盟费、承包费、保证金等费用，合计64.8万元。下线经营者在电子业务系统中，实际取得的是快递员的身份，而非加盟商的身份，对此下线经营者在经营中予以默认，并按快递员的身份实际经营。在随后的经营过程中，有部分下线经营者反映，杨某随意提高费用标准、乱罚款并且不按合同约定进行结算，以致部分经营者辛苦从事一线收件、派送业务，最终不仅未能盈利反而倒欠杨某费用。为此，部分经营者持续投诉、控告，本案由此案发。

【评析意见】

根据我国《刑法》第224条的规定，合同诈骗罪，是指以非法占有为目的，在签订、履行合同过程中，具有本条规定的五种情形

---

* 作者简介：郑燕，甘肃省人民检察院。

之一,骗取对方当事人财物,数额较大的行为。司法实践中,在纷繁复杂而丰富多变的市场经济活动中,合同诈骗与诈骗、合同欺诈、合同纠纷混杂,如何准确划清它们的界限,是司法实践中经常遇到且难以认定的问题。

第一种观点认为,杨某以非法占有为目的,虚构事实、隐瞒真相,主观上明知无继续加盟权的情况下,骗取陈某某等11人的加盟费41.8万元,应当以诈骗罪追究刑事责任;第二种观点认为,杨某以招收加盟商合同的方式,骗取他人现金,构成合同诈骗犯罪;第三种观点认为,杨某某在与陈某某等人签订合同后,有按合同履行义务,没有捏造事实、冒用他人名义签订合同的行为,其行为可以理解为民事欺诈,不构成犯罪。

笔者认为,第一,应当依法准确界定合同诈骗罪和诈骗罪的界限。合同诈骗罪是普通诈骗罪中分离出来的一个独立罪名,准确理解和界定"合同",是合同诈骗罪司法认定的一个先决条件,也是区分合同诈骗和普通诈骗的决定性条件。合同诈骗罪的客观形式主要表现在利用合同诈骗,即在签订、履行合同的过程中,隐瞒事实、捏造真相,使他人产生错误认识,进而骗取财物的行为。有人认为,只要符合诈骗罪的构成要件,并使用了合同,就构成合同诈骗罪。事实上,这是对利用合同的错误理解。并不是所有的合同都可以认定为合同诈骗罪中的合同。合同是指当事人或者当事双方之间设立、变更、终止民事关系的协议。广义的合同是指所有法律规定中确定权利、义务关系的协议。狭义的合同指一切民事合同,最狭义的合同指债权合同。因法律对合同诈骗罪中的"合同"没有明确的定义,因此,在实务中对于"合同"的理解并不一致。结合合同诈骗罪的犯罪客体和司法实务,合同诈骗罪中的"合同"首先必须是不违反禁止性规定的合同,其次应当是平等的市场主体之间签订的合同,最后应该是体现经营活动、交易关系的双务合同。因此,合同要体现一定的市场秩序,如收养、婚姻等身份关系协议、赠与合同则排除在合同诈骗罪的"合同"之外。同时,基于以上条件,则合同诈骗罪中的"合同"也不限于典型的经济合同。第二,应当依法准确区分合同诈骗与合同纠纷。虽然二者在履行瑕疵、遭受损失等方面多有相似，但却有着质的区别。判断行为人实施虚构事实，隐瞒真相行为的直接目的是促进合同签订和履行，还是根本不愿、不会签订或者不履行真实有效合同。是否使用欺骗手段，应当根据合同约定的具体内容、双方合意与合同约定是否一致、行为人有无履行合同的可能性及能力、合同相对方对自己实际具有的权利义务是否明知等，进行全面分析。是否具有非法占有目的，可通过合同是否基本实际履行、合同纠纷有无明显的人为制造因素、行为人有无解决纠纷的诚意和具体行动、行为人其他同类合同的履约情况、行为人收取钱款后的财产处置等，予以综合认定。第三，办理合同诈骗案件应充分考虑行业特点。对于具有稳定市场、在正常情况下能够实际履行且前景较好的行业，如本案所涉快递行业，在非法占有目的和欺骗手段的具体认定上，应有别于明显属于骗局、没有实际履行内容、将来也不具有履行可能的情形。行业的规范程度、普遍做法、既往事例等，对于分析判断涉案合同是否具有履行的可能、合同价款的收取及数额是否合理、合同纠纷易发环节及常规解决途径等，都极具参考意义。

具体到本案中，杨某的行为不构成合同诈骗罪。杨某没有隐瞒真相、虚构事实的行为。理由如下：

首先，本案应当分清加盟合同的形式与实质。虽然杨某在合同中使用了加盟的字样，收取了加盟费，但实质为承包合同，收取的是承包或管理费用，合同相对方的运营模式不是加盟形式，而是区域分包。

其次，合同的签订、履行处于正常状态。杨某具有某快递业务在某地的特许经营权，且经营权在有效时限内。双方签订合同的意思表示真实有效。杨某允许合同相对方在承包区域从事该快递业务，给予运营权限，合同相对方事实开展了快递配送和揽件业务。双方都有实际履行合同行为。

在此，杨某自案发以来无证据表明有转移、隐匿财产、逃逸、偿还无关债务等情况。

最后，合同当事人亏损是因为杨某进行了过高罚款、风险分摊导致的，而非杨某未履约、无实际履约能力所致。案件中，杨某确实对合同另一方当事人随意提高罚款比例，不切实际抬高包仓费用，造成了当事人的亏损，但其是基于加盟的快递公司对其本人收取的罚款和包仓费进行的风险分摊，其目的还是经营，这与非法占有他人财物，侵犯他人财产所有权的目的不同。

综上，杨某与合同另一方签订的合同为有效合同，尽管杨某使用了加盟字样且收取加盟费，但根据合同成立生效的实质要件，实际为承包合同。收取的为承包或管理费用。同时，从事快递业务的事实真实存在，合同得到了正常履行。杨某在合同订立过程中无证据证明存在欺诈行为，也不具有非法占有目的，其行为不构成合同诈骗犯罪。合同另一方当事人的财产损失，来自合同约定的双方权利义务不对等，且杨某单方决定的进出比罚款及合同以外的罚款缺乏约定和法定依据，这属于经济纠纷，理应通过民事诉讼方式予以解决。

刘某某生产、销售不符合安全标准的食品案是否应提起公益诉讼[*]

【基本案情】

某市某县人民检察院在审查刘某某生产、销售不符合安全标准的食品罪一案时发现，2020年7月至10月间，刘某某在其经营的"小刘早餐店"制作油条时添加含铝泡打粉，销售金额2800元，导致所售卖油条的铝残留量严重超标，足以造成食物中毒或者其他严重食源性疾病。2021年11月，某县人民检察院将该案起诉至某县人民法院。2021年12月，某县人民法院以刘某某构成生产、销售不符合安全标准的食品罪，对其判处拘役4个月，缓刑6个月，并处罚金3000元，并判令禁止其在缓刑考验期内从事油条生产和销售活动。某县人民检察院审查后认为，刘某某的行为还可能损害社会公共利益，遂将该线索移送某市人民检察院审查。某市人民检察院审查后认为，应当对本案依法提起民事公益诉讼，遂立案并根据《民事诉讼法》第55条第2款、最高人民法院、最高人民检察院《关于检察公益诉讼案件适用法律若干问题的解释》第13条第1款的规定发出公告。公告期满，没有机关和社会组织反馈及提起诉讼。某市人民检察院遂将该案上报某省人民检察院审查。

【评析意见】

根据我国《刑法》第143条的规定，生产、销售不符合安全标准的食品罪是指生产、销售不符合食品安全标准的食品，足以造成严重食物中毒事故或者其他严重食源性疾病的行为。本案争议的焦

---

[*] 作者简介：王萍，甘肃省人民检察院。

点是：检察机关是否应对本案提起民事公益诉讼以及以何种诉讼请求提起民事公益诉讼。

第一种观点认为，不应当对本案提起民事公益诉讼；第二种观点认为，应当对本案提起民事公益诉讼，并请求人民法院判决刘某某在当地媒体上公开赔礼道歉；第三种观点认为，应当对本案提起民事公益诉讼，在请求人民法院在判决刘某某在当地媒体上公开赔礼道歉基础上，还应当请求人民法院判决刘某某承担销售金额10倍的赔偿。

笔者同意第一种观点。对刘某某是否提起民事公益诉讼，要综合考量其行为造成的危害结果、社会影响，厘清检察机关有无提起民事公益诉讼的必要性。

首先，本案刘某某售卖超过安全食品标准的油条，其行为侵犯了不特定多数消费者的健康权益，事实清楚、证据确实、充分；检察机关也履行了法定诉前程序，根据相关司法解释，检察机关提起民事公益诉讼，也能够胜诉。

其次，从本案案情看，刘某某售卖超标添加剂的油条，违法销售额具体多少不能完全明晰。本案刑事审判环节，人民法院依据刘某某供述确定销售额为2800元，但认定此事实仅有单一证据，且没有其他票据印证，提起公益诉讼后，法庭审理时这一数额能否被确认，并无确定把握。同时，刑事处罚时人民法院对刘某某已判处3000元罚金，刘某某已承担刑事责任，经公告也无消费者有意愿对此案提起诉讼，要求赔偿，在此情况下，对本案有无必要再提起公益诉讼，值得商榷。

最后，最高人民法院《关于审理食品药品纠纷案件适用法律若干问题的规定》第15条第1款关于"生产不符合安全标准的食品或者销售明知是不符合安全标准的食品，消费者除要求赔偿损失外，依据食品安全法等法律规定向生产者、销售者主张赔偿金的，人民法院应予支持"的规定，明确要求提起赔偿金主张的主体是消费者，检察机关是公益诉讼代表人，能否以消费者名义提起赔偿请求，值得商榷。

综上，虽然实践中已有检察机关惩治销售假冒、伪劣调味品犯罪维护群众食品安全案得到法院支持的案例，但我们认为，检察机关办案应紧扣法律规范，并结合具体案情，综合考量办案政治效果、社会效果、法律效果相统一，故建议对此案不提起民事公益诉讼。实践中，此类案件非常多，要从根源上防治，还需加强社会治理，加强行政监管，加大法治宣传力度。故为加强监督，检察机关可以对行政监管机关发出检察建议，建议堵塞管理漏洞，加大监管和法治宣传力度，减少此类案件的发生。

依法履行林地资源监管职责案

【基本案情】

本院第一检察部在履行审查起诉职责中发现,2018年至2019年,被告人杜某某、高某某等16人,时分时合,在某甲县盗掘古墓葬29座,盗得文物42件;2020年3月至2020年11月,被告人马某某、邵某某等24人,时分时合,在某甲县、某乙县、某区、某丙区盗掘古墓葬24座,盗得文物45件。以上两起刑事案件中破坏林地资源的行为致使国家利益受到侵害,遂将案件线索移送第二检察部进行审查。

经对该线索进行审查,承办人认为2018年至2020年11月,马某某、杜某某等人在某甲县某乙林场、某甲林场、某丙林场盗掘古墓葬,盗掘过程中在国有林区内挖掘宽约1米,长2米至3米,深约3米至十几米不等的盗洞142处,致使林地大面积遭受破坏,严重损害了林地资源,某省某林业管理局某分局作为该辖区内的林业行政主管部门,其主要职责是负责某林业及其生态建设的监督管理,对擅自破坏林地资源的,有权责令其限期恢复林地原状,对被破坏的森林资源和植被应及时督促违法行为人按规范要求整改修复和恢复植被,但在马某某、杜某某盗掘古墓葬破坏林地资源的犯罪行为发生后,该局未积极履行监管职责,也未对被破坏的林地进行恢复,致使国家利益持续受到侵害。遂于2022年3月15日立案,3月17日,本院与某省某林业管理局某分局就国家利益受侵害的后果和整改方案进行了磋商。4月15日对本案进行公开听证,受邀的三名听

---

* 作者简介:周锐,甘肃省子午岭林区人民检察院。

证员均同意本院向某省某林业管理局某分局制发行政公益诉讼诉前检察建议，随后本院于4月21日向该局送达检察建议并提出三项整改建议，要求该局两个月内依法履行职责，且书面回复本院。2022年6月19日，某省某林业管理局某分局就检察建议书面回复本院，全部采纳本院建议，已完成整改；2022年6月23日本院跟进核实查明，该局对检察建议中列明的142处盗洞进行了回填并栽植油松树苗，还自行对因历史原因形成的另外212处盗洞进行了回填并完成补植复绿。本院于2022年6月30日对本案终结审查。

【检察机关履职过程】

本院第二检察部受理线索后，于2022年2月24日、2月25日、3月10日、3月11日，前往某省某林业管理局某分局辖区国有某甲林场、某乙林场、某丙林场、某丁林场盗掘古墓葬现场进行核查，并邀请某市公安局森林分局工作人员、某甲林场护林员、某丁林场护林员、某乙林场副场长等人作为现场核查见证人，对核查过程进行见证。现场一位于某甲林场某林区苗圃地西侧平台，经过核查发现共有盗洞2处；现场二位于某甲林场某林区一队西坡某山，经过核查发现共有盗洞20处；现场三位于某甲林场某林区某庄半山处，经过核查发现共有盗洞10处；现场四位于某甲林场某林区某庄半山处，经核查发现盗洞10处；现场五位于某乙林场某村某沟半山处，经核查发现共有盗洞6处；现场六位于某丙林场某沟某庄，经核查发现场共有盗洞7处；现场七位于某丁林场某林队，经核查发现盗洞43处；现场八位于某乙林场某后山，经核查发现盗洞13处；现场九位于某甲林场某林区三队，经核查发现盗洞31处。九处现场共计发现宽约1米，长2米至3米，深约3米至十几米不等的盗洞142处，并对现场进行了照相。

承办案件的检察官认为，某省某林业管理局某分局未积极履行监管职责，也未对被破坏的林地进行恢复，致使国家利益持续受到侵害，符合行政公益诉讼的立案条件。本院于2022年3月15日对某省某林业管理局某分局未积极履行监管职责的线索进行立案审查。

3月17日，与某省某林业管理局某分局相关工作人员进行诉前磋商，承办人认为：经本院实地走访调查，该局未积极履行监管职责，致使多处国有林地遭受破坏；同时就国家利益受到侵害的后果、检察建议的内容、整改方案等问题同该局进行了意见交换。该局副局长认同本院提出的整改意见，并表示该局有管护和复绿责任，将在检察机关核查的基础上，进一步排查盗洞，按照要求对被破坏的林地进行补植复绿。

4月15日本院对本案进行公开听证，某省某林业管理局某分局对检察机关指出的问题全部认领，受邀的三名听证员认真听取与会人员的发言，围绕焦点问题进行了提问，就如何保护林地资源提出了针对性意见和建议，并发表了客观公正的评议意见，均同意本院向某省某林业管理局某分局制发行政公益诉讼诉前检察建议。

本院于4月21日向该局送达检察建议并提出三项整改建议：（1）依法履行监管职责，加强对辖区内林地资源监管；建立资源管理制度和奖惩措施，提高管护人员法治意识和保护理念。（2）依法对盗洞进行回填，对被破坏的林地植被进行补植复绿。（3）积极争取项目，协调资金，建立资源管护监控设施和信息化平台，早日实现技术巡防智慧林区建设。同时要求该局收到本检察建议书后两个月内依法履行职责，并书面回复本院。

检察机关发出检察建议后，某省某林业管理局某分局积极进行整改，制定工作方案，强化工作措施，进一步加强森林资源保护管理工作。2022年6月19日，某省某林业管理局某分局就检察建议书面回复本院，全部采纳本院建议，就整改落实情况进行了介绍，该局开展了辖区森林资源暨安全生产专项清查整治工作，对各类破坏森林资源问题进行了排查整治，召开了林长制暨森林资源管理工作推进会，对全体干部职工进行了法制宣传培训，对履行不到位的管护人员进行了批评教育，对相关林场主要负责人和分管领导进行了集体约谈，并进一步完善了资源保护管理等各项管理制度，有效加强了辖区森林资源监管，同时对被破坏林地全部进行了补植复绿。

本院于2022年6月23日跟进核实查明，某省某林业管理局某分局对检察建议中列明的142处盗洞进行了回填并栽植油松树苗，还自行对因历史原因形成的另外212处盗洞进行了回填并完成补植复绿工作，恢复林地2亩，栽植油松1000余株，被破坏的林地重披绿装，重回林地本貌，生态修复效果明显。

【评析意见】

公益诉讼部门充分运用法律监督手段，发挥检察机关公益诉讼的监督职能，督促林业行政主管部门履职尽责，有效保护脆弱的生态环境，体现检察机关作为公共利益守护者的责任担当。

某市地处黄土高原腹地，气候干旱，植被稀疏，风沙较大，水土流失严重，自然生态脆弱，多年来属国家绿化重点地区。某林区区位重要，是重要的水源涵养地，国有林地对区域内生态系统具有重要的调节作用，不仅能净化空气、防风固沙，还能涵养水源，是区域内最主要的生态屏障。坚持"在办案中监督，在监督中办案"，对办案中反映出的问题，以公益诉讼形式助力社会治理，通过向某省某林业管理局某分局发送检察建议，使森林资源得到有效保护，补植率满百，充分发挥了检察机关公益诉讼的监督职能，运用法律监督手段，督促林业行政主管部门履职尽责，使检察机关和行政机关形成公益诉讼合力，有效保护了脆弱的生态环境，切实维护国家利益和社会公共利益，体现了检察机关作为公共利益守护者的责任与担当，实现了"双赢、多赢、共赢"，有效地维护了"两益"，真正把检察建议做成刚性、做到刚性，实现"办理一案，治理一片"的效果。

宁某某、李某某等 24 人非法盗挖柏树根的行为能否以盗窃罪定罪处罚[*]

【基本案情】

2015 年初,被告人李某某与宁某某等人约定在国有某林区盗挖柏树根出售牟利。由宁某某寻找确定造型好、老化程度好的柏树根,确定后带领工人上山,组织盗挖,吊装拉运下山,并联系高栏大货车拉运柏树根。李某某负责联系挖树工人和拉运柏树根的农用三轮车,协调关系,确保安全。并约定每次大货车安全上高速运走后,宁某某按照 20 000 元/车~26 000 元/车不等的价格给李某某支付价款,宁某某将柏树根运往外地出售获利。自 2015 年春季开始至 2019 年 4、5 月份,宁某某与李某某等 24 人先后在国有某林区盗挖柏树根 10 次,盗伐柏树 30 余棵出售获利。经鉴定涉案柏树根价值为 386 760 元。后被公安机关在工作中发现,立案侦查。

分歧意见:本案存在两种不同意见:

第一种意见认为,宁某某、李某某等 24 人采伐的是柏树,数量较大,宁某某等人采伐林木的行为侵犯了国家对森林资源的管理活动,应以非法盗伐林木罪进行处理。

第二种意见认为,宁某某、李某某虽然盗伐的是国有林区的林木,但盗伐的柏树属某林区珍贵树种,其树木生长周期长、木质较硬,经济价值较高,行为人利用柏树根的经济价值,其主观目的是出售获利,应以盗窃罪进行处理。

公安机关采纳了第二种意见。认为:犯罪嫌疑人宁某某、李某

---

[*] 作者简介:朱朝辉,甘肃省子午岭林区人民检察院。

某等24人，先后10次结伙偷盗国有林区内柏树根出售获利，总价值达386 760元，数额巨大，其行为触犯了《刑法》第264条之规定，涉嫌盗窃罪。根据《刑事诉讼法》第162条之规定，遂移送审查起诉。

检察机关意见：根据最高人民法院《关于审理破坏森林资源刑事案件具体应用法律若干问题的解释》第15条的规定：非法实施采种、采脂、挖笋、掘根、剥树皮等行为，牟取经济利益数额较大的，依照《刑法》第264条的规定，以盗窃罪定罪处罚。本案中，被告人的行为是以牟取经济利益为目的，对整个柏树采取盗挖的行为，连根带干挖去，树木本身的绿色效益存在，其行为未造成林木的当场死亡，因此，从重处罚被告人，依据前条规定定盗窃罪是适宜的。

法院意见：被告人以非法牟利为目的，秘密窃取国有林场柏树根，数额巨大，24名被告人行为均已构成盗窃罪，公诉机关指控的犯罪事实清楚，证据确实充分，指控罪名成立。

【评析意见】

第一，按盗窃罪处理符合行为人的主观目的。盗伐林木罪保护森林资源，考量的是其环境价值，完全不考虑被伐树木在经济上价值几何；而盗窃罪重点考量经济价值。在该案中，宁某某、李某某等24人的行为虽然符合盗伐林木罪的基本构造，但其盗伐国有林区珍贵树种油柏树的树根是基于其较高的经济价值，其主观目的更符合盗窃罪的构成。根据最高人民法院《关于审理破坏森林资源刑事案件具体应用法律若干问题的解释》（已失效）第15条规定应以盗窃罪定罪处罚。

第二，按盗窃罪处理符合罪责刑相适应原则。本案中涉案金额达386 760元，其价值远远大于盗伐林木应获得的收益，倘若按照盗伐林木罪认定，法定最高刑只有15年有期徒刑，有罪刑不相适应之嫌。张明楷教授曾对盗伐林木罪和盗窃罪两罪刑罚的设置提出质疑，认为实践当中完全存在盗伐树木价值达到盗窃罪"数额特别巨大"情节的情形，但因适用盗伐林木罪的最高刑罚只能是有期徒刑15年，并处罚金；而若适用盗窃罪的规定，则行为人可能面临的刑罚

宁某某、李某某等24人非法盗挖柏树根的行为能否以盗窃罪定罪处罚

是无期徒刑。此时根据法条竞合中特别关系的处断原则"特别法条优先适用",则上述行为以盗伐林木罪定罪处罚,存在"罪刑不均衡"的适用问题。张明楷教授提出在此情况下应当优先适用处罚较重的法条,即适用盗窃罪来规制。

第三,盗伐林木罪和盗窃罪的竞合关系:想象竞合。对于法条竞合的判断,我国刑法理论一般认为,法条之间存在包容或交叉关系时便是法条竞合。但该判断标准仅仅是形式上的标准,除此之外,法条竞合还应当有实质上的标准:法益的同一性,即两者必须侵害的是同一法益,如果一个行为侵害了两个以上犯罪的保护法益时,就不可能是法条竞合,而只能认定为想象竞合。盗伐林木罪与盗窃罪的法益不属于同一法益,不具有法益同一性。在该案中,宁某某、李某某等24人盗挖柏树根的行为同时触犯了盗伐林木罪和盗窃罪,则应属想象竞合,处断原则为从一重罪处罚。

综上,检察机关最后以盗窃罪提起公诉的做法是恰当的。

马某甲、马某乙涉嫌贩卖毒品罪案[*]

【基本案情】

被告人马某甲,曾用名马伊某,男,1970年5月5日出生,无业。

被告人马某乙,男,1978年2月13日出生,无业,2019年6月25日因犯运输毒品罪、拒不执行判决、裁定罪,被某市中级人民法院判处无期徒刑,剥夺政治权利终身,在某监狱服刑。

2018年4月初,被告人马某甲与毒贩通过电话联系,欲购入毒品后运至某省境内进行贩卖,同时商议了毒品交接的方式、地点和运毒报酬。2018年4月6日,被告人马某甲电话联系被告人马某乙,安排马某乙筹集向运毒人员支付的2.6万元报酬和一双40码的鞋子,在某市接取毒品。同日16时45分许,运毒人员侯某某(已判刑)受他人指使,穿着藏有毒品的运动鞋乘坐飞机由某省某市到达某省某市,在某省国际机场准备前往某市交接毒品时被抓获,当场从其所穿的运动鞋内查获用黄色塑料包装的毒品可疑物2包,净重455克。经某市公安司法鉴定中心鉴定:查获的毒品中均检出海洛因成分。

2020年12月2日某市公安局某分局经由某市某区人民检察院以被告人马某甲涉嫌运输毒品罪报送某市人民检察院审查起诉。某市人民检察院经审查,因证据问题于2021年1月8日退回侦查机关补充侦查,于2021年3月17日决定逮捕同案犯马某乙,并要求侦查机关将其补充移送起诉。侦查机关补查重报后,某市人民检察院于

---

[*] 作者简介:马兰红,甘肃省兰州市人民检察院。

2021年3月22日以被告人马某甲、马某乙涉嫌贩卖毒品罪向某市中级人民法院提起公诉。2022年1月24日某市中级人民法院以贩卖毒品罪分别判处被告人马某甲无期徒刑，马某乙15年有期徒刑等刑罚（与前罪合并执行决定执行无期徒刑）。

二审上诉后，某省高级人民法院于2022年3月31日作出裁定，驳回上诉，维持原判。

【检察履职情况】

某市人民检察院受理马某甲运输毒品案后，认真梳理案件证据和事实，引导侦查取证，追加漏犯马某乙，同时补充了两名犯罪嫌疑人"为卖而买"的证据材料，改变公安机关移送审查起诉的罪名并以贩卖毒品罪提起公诉。诉前，检察机关积极发挥诉前主导作用，认真开展认罪认罚工作，促使犯罪嫌疑人马某乙自愿认罪认罚，并在此基础上依据被告人的犯罪事实、情节，提出了有期徒刑15年，没收个人财产3万元的精准量刑建议。一、二审法院均采纳了检察机关的定罪量刑意见。

一、依法履行法律监督职责，追加漏犯确保不枉不纵

在审查起诉过程中，通过认真审查案件事实，发现马某甲指使马某乙筹集毒资，准备接取毒品，但马某乙因另外一起运输毒品罪已被判刑，在监狱服刑而未被移送审查起诉。经仔细梳理相关证据，引导公安机关搜集通话记录、电子数据、打款凭证后，认为主观上两个行为人为了贩卖毒品而购买，客观上二者相互配合接洽，马某乙根据马某甲的指使前往目的地接取毒品系贩卖行为，二者为贩卖毒品罪的共犯，因此报请检察长决定，对马某乙以贩卖毒品罪逮捕并要求公安机关补充移送起诉。检察机关严格落实随案开展监督的要求，通过充分发挥自身诉讼职能准确认定法律事实，依法追加漏犯，使其依法被判处相应刑罚，实现了毒品犯罪的全链条打击。同时体现了检察机关依法履行法律监督职责，在办案过程中"监督—诉讼"的互动融合理念。

二、认真开展释法说理，促使犯罪嫌疑人认罪认罚

主动承担诉前主导责任，将漏犯马某乙逮捕到案后，充分保障当事人诉讼权利，委托法律援助中心为其指定了辩护人，及时向其告知认罪认罚的权利以及认罪认罚所产生的后果，送达了《认罪认罚从宽制度告知书》，并听取辩护人及被告人意见。经释法说理，原本不认罪的马某乙表示认罪认罚，并在辩护律师的见证下签署了认罪认罚具结书，承办人结合马某乙在整个贩卖毒品中的地位作用，以及认罪悔罪情况向法院提出了精准量刑，法院开庭审理后采纳了检察机关的定罪量刑意见。实现了重罪案件中认罪认罚制度的有效适用，同时对于同案中零口供的马某甲形成一定的震慑作用，有效节约了司法资源。

（三）坚持主客观相一致的原则，精准定性

本案中的二被告与毒品上线系毒品买家和卖家的关系，毒品买卖双方并非刑法意义上的共犯，且在此次毒品交易过程中，运输行为由贩毒者主导实施，购毒方原则上不应对毒品交付前由贩毒者实施的运输毒品行为或者交货行为承担刑事责任，不能将毒品交易双方认定为运输毒品的共犯。此外，结合案情以及现有证据，二被告人主观上具有贩卖盈利的目的，且在马某甲与云南毒贩通过商议毒品交易的价格、地点、交接方式等问题，已经达成交易的合意，同时毒品交付运毒马仔，运输已进入交易流通环节，虽因警察的侦查行为而未实现交易目的，但其以贩卖为目的而着手实施了购买毒品的行为，具备了贩卖毒品罪的全部客观要件，应属于贩卖毒品既遂。检察机关依法改变公安机关对被告人的定性，被一二审法院采纳。

【评析意见】

对于毒品犯罪要在始终保持从严打击的基础上，仔细甄别毒品犯罪上下家的关系，从证据入手仔细审查区分共犯和上下家关系，确保毒品犯罪的全链条打击。对于"为卖而买"的行为定性既要体现法律的严谨又要根据主客观相一致的原则综合认定行为人在整个环节中的作用。同时检察机关在办理毒品类重罪案件过程中要积极发挥诉前主导作用，积极履行释明义务，对于有自首、坦白等情节的犯罪嫌疑人要加大认罪认罚宣讲力度，在确保证据确实、充分的基础上，促使犯罪嫌疑人自愿认罪认罚，节约司法资源，提高办案质效。

一、运输行为由贩毒者主导实施，购毒方原则上不应对毒品交付前由贩毒者主导实施的运输毒品行为承担刑事责任

《全国部分法院审理毒品犯罪案件工作座谈会纪要》（已失效，下同）第9条关于毒品案件的共同犯罪问题中规定，"没有实施毒品犯罪的共同故意，仅在客观上为相互关联的毒品犯罪上下家，不构成通过犯罪，但为了诉讼便利可并案审理"。由此可知，毒品的买家和卖家虽处于毒品犯罪中的同一链条，但毒品犯罪上下家并非传统意义上的共犯，即便可以并案审理，也要厘清罪责，以行为人是否在一段时间内对毒品拥有过独立的占有和支配地位作为判断标准，进而分析系上下家还是共犯关系，对于上家主导实施、处于其控制之下毒品不能由下家承担共犯责任。另外，结合具体案情如下家是否支付毒资、是否有贩卖故意等来判断其是否构成贩卖毒品罪等进行认定。

二、"为卖而买"型贩卖毒品罪不要求买入后再卖出，只要进入交易环节就既遂

严厉打击毒品犯罪，既是我们国家法律的明确规定，也是我们国家的一项基本国策。《刑法》第347条第1款规定，贩卖毒品无论数量多少，都应当追究刑事责任，予以刑事处罚。之所以这样规定，就是体现了国家对毒品危害的认识以及打击的力度。在此法规和政策的指引下，《全国法院毒品犯罪审判工作座谈会纪要》（已失效）、《全国部分法院审理毒品犯罪案件工作座谈会纪要》等司法解释对毒品犯罪作出了很多突破法律规定的拟制。一般来说，"为卖而买"是贩卖毒品罪的预备行为，但买是卖出去的必经程序，因此，买的行为已经具备了卖出去的紧迫性和危险性，考虑到从严打击毒品犯罪的现实需要，亦即只要行为人联系上家购买毒品支付毒资进入交易环节后，不再考虑行为人是否联系好下家或者已经将毒品卖出去。

三、对于案件情况较为复杂的毒品类重罪案件，依法适用认罪认罚制度提高办案质效

在毒品类重罪案件办理过程中，特别是零口供案件，因在案证

据单一，同案犯如认罪认罚虽不能像轻罪案件一样，起到简化程序、优化资源配置的目的，但同案犯自愿认罪认罚对于案件顺利办理意义重大。检察机关认真开展释法说理，全面贯彻落实认罪认罚从宽制度，不仅为事实的查明和证据体系的完善提供帮助，而且在后续的诉讼阶段，随着庭审对抗压力的减弱，检察机关的指控难度、庭审压力都会减轻，从而加快庭审进程，及时惩罚犯罪，对社会公众形成警示教育。同时对于被追诉的人来说，在检察机关的教育下使其能更好地认识到自己的罪行，人身危险性降低，从而实现预防犯罪、防止再犯的刑罚目的，并为其更好地回归社会创造条件。因此，认罪认罚制度在毒品类重罪案件中的适用，能更好地提高办案质效。

鲍某某、王某甲、王某乙开设赌场案

【基本案情】

被告人鲍某某、王某甲、王某乙在参与网络赌博中相识。2022年3月,三人在某地见面,预谋通过做赌博网站代理、发展会员等从中牟取非法利益。王某甲让王某乙、鲍某某购买一次性手机号码,注册"纸飞机"软件账号,通过该软件将自己和"阿冲"(身份不详)"胜天"(身份不详)代理的赌博平台链接先后发送给鲍某某、王某乙,二人成为其及"胜天"的下级代理人。随后鲍某某、王某乙通过网络建立微信和QQ群,并在微信和QQ群多次以腾讯会议方式进行赌博直播及分享赌博视频,吸引肖某某、马某某(均另案处理)等多人点击赌博链接参与网络赌博。三名嫌疑人则从中以佣金返利获取非法收入。案发后已查实鲍某某非法获利71 000元,王某甲、"阿冲"非法获利4万余元,王某乙非法获利90 470.5元,该获利均被赌博挥霍。

【检察机关履职情况】

该案由某市公安局某分局在网络排查工作中发现,经审查立案侦查,2022年7月某市公安局某分局以鲍某某涉嫌开设赌场罪向某市某区人民检察院提请批准逮捕,某市某区人民检察院批准逮捕。2022年9月,侦查机关移送审查起诉,期间,因事实不清、证据不足,退回补充侦查2次,2023年2月某市某区人民检察院以鲍某某、王某甲、王某乙涉嫌开设赌场罪向某市某区人民法院提起公诉。

---

* 作者简介:张景荣、刘珊,甘肃省兰州市七里河区人民检察院。

一、正确引导侦查方向，补充完善证据

在审查逮捕阶段，某市某区人民检察院通过案件梳理以及讯问被告人鲍某某，认为虽然侦查机关对本案鲍某某发展的参赌人员落实不够详尽，对这些人的参赌数额未能有明确认定，但目前在卷证据来源合法，内容客观关联，被告人组织参赌人员参赌，从中牟取非法利益的事实清楚，可以批准逮捕。是否达到情节严重则需进一步补充证据，故检察机关承办人提出，重点要查证明确鲍某某利用网络开设赌场的起始时间、参赌人数、获利及违法所得数额。移送审查起诉后，为进一步细化证据，又引导侦查机关将银行流水、管理模式、运营模式、获利方式以及发展的下线——核查补证，并要求合并移送起诉与该案相关的王某甲、王某乙开设赌场案。办案人依托"捕诉一体"的制度优势，正确引导侦查取证，通过捕后侦查、退回补充侦查的"刚性"引导，确保证据链完整，能够有效优化诉讼结构，保证案件证据质量，保证案件顺利起诉。

二、加强沟通协作，充分保障辩护人权利

在本案中，三名被告人均由家人委托了辩护人，加之案件退查两次，办案期限也较长，辩护人多次提出辩护意见，办案人在收到辩护意见后，组织多次沟通会，邀请三名被告人的代理人共同探讨案件的定性、法律适用。案件受理之初，辩护人及委托人认为三名被告人仅仅是在网络赌博，向别人发送邀请注册码也只是找朋友共同参与网络游戏，且网络赌场并非三名被告人所开，故不构成开设赌场罪。办案人将案卷内容多次审查，对三名被告人及证人的笔录一一核对印证，认为三名被告人长期参与网络赌博，最终因无收入来源，自建微信群发送注册码组织人员参赌，为赌博网站担任代理，构成开设赌场罪，经与辩护人沟通，辩护人认可此观点，但提出三名被告人的行为虽构成开设赌场罪，但其行为不是代理并接受投注，应当是发展会员并收取服务费。最终，办案人根据《关于办理网络赌博犯罪案件适用法律若干问题的意见》第2条的规定，再次对三名被告的行为一一甄别，认同辩护人观点，在庭审中法院亦采纳此观点。相关法条的规定中，对代理并接受投注，情节严重的标准是

抽头渔利3万元，而发展会员并收取服务费，情节严重的标准是10万元，行为认定不同基准刑差异较大。办案人积极与辩护人沟通，对辩护人意见持谨慎的态度，既确保了量刑建议精准，做到罪责刑相适应，也让三名被告人认识到自己行为的违法性。

三、严格把握从宽情节、界定共同犯罪，确保庭审质效

案件办理过程中，三名被告人均对案件事实如实自愿供述，并向办案人员提供"纸飞机"软件及发展会员的详细情况，办案人认为，虽在案件办理过程中，三名被告人对自己的行为是否够罪没有清晰的认知，但从始至终均未隐瞒其犯罪的事实，对自己为赌博网站投放广告、发展会员的行为也供认不讳，故三名被告人行为符合坦白的规定，可以认定为坦白，从轻处罚；对三名被告人中的鲍某某、王某乙提出其为从犯的辩解，办案人认为虽二人最开始为王某甲的下线，但三人事先预谋获取非法利益，且二人独自建立QQ及微信群拉人参与赌博，在王某甲退出后又成为"胜天"的下线，三人的作用地位为相当，不宜区分主从犯，应当以共同犯罪论处。故在法庭质证和答辩过程中，办案人认可三名被告人坦白，但否认了主从犯的区分，使庭审顺利进行。认定从宽情节时需综合考虑被告人的犯罪行为、认罪态度等，应当将案卷证据逐一分析，仔细论证，准确把握量刑标准，对被告人负责，界定共同犯罪则要综合考虑各被告人在案件中的作用地位，不能以简单的某一时间段的行为定论。

四、诉讼结果

2023年5月19日某市某区人民法院结合被告人的认罪态度、律师辩护意见，依法采纳检察机关量刑建议，以开设赌场罪判处被告人鲍某某有期徒刑2年2个月，并处罚金10 000元；以开设赌场罪判处被告人王某甲有期徒刑1年6个月，并处罚金8000元；以开设赌场罪判处被告人王某乙有期徒刑2年，并处罚金10 000元。被告人鲍某某的违法所得71 000元、被告人王某甲违法所得20 000元、被告人王某乙违法所得50 470.5元及作案工具合法予以没收，上缴国库。三名被告人认罪服法，均未提起上诉。

【评析意见】

随着互联网的不断更新与发展，"网络娱乐"成为网络经济中的

重要环节，不法分子借助网络属性开设网上赌场，更容易隐藏身份，给案件侦查和准确定性带来诸多困难。对涉及网络的开设赌场案件行为人为赌博网站担任代理、发展会员的行为，要严格把握、全面分析，在罪与非罪、案件定性、量刑方面慎重考虑、仔细研判。在案件办理中要做到履职，紧扣证据细节，正确引导侦查方向，加强与律师、法院沟通，确保罚当其罪，实现维护国家经济安全、保障网络秩序稳定、准确打击犯罪。

传统赌博犯罪中的开设赌场较为容易辨别和认定，因为具体的场地、赌具、人员和赌客都现实存在，大多数时候可以人赃并获，而利用网络从事赌博、开设赌场等行为手段多样且形式隐蔽，其开设的赌场是虚拟的网络平台，开设者只需要吸引赌客，赌客往往也是管理人员。本案中，三名被告人起初均是赌客，在赌博过程中，为获取利益，邀请其他人参与网络赌博，并从中赚取服务费以及抽成，这种行为目前逐渐增多，故该案的定性也有助于实务中网络开设赌场罪案件的办理。

网络开设赌场的犯罪行为从单一到复杂，对侦查人员来说，犯罪行为和手段都更加复杂和隐蔽，因此检察机关应该打破思维定式，主动加强与公安、法院以及律师的沟通，使案件从侦查阶段就找准方向，补齐证据缺口，从审查起诉阶段就准确定性，提出精准的量刑建议。且大多为赌博网站发展会员的被告人，是从赌客转化而来，对发展赌博网站的会员赚取服务费的行为并没有清晰的认识，不认为自己构成开设赌场罪，进而不认罪，检察机关的办案人在讯问以及签署认罪认罚具结书的过程中，应当结合证据，通过释法说理消除其疑问和困惑，鼓励认罪认罚，真正做到使被告人内心信服，这样既能实现办案的三个效果统一，又是对案件的负责。

对涉嫌违法使用未经检验叉车行政行为的检察监督案[*]

【基本案情】

某地某区某局于 2022 年 5 月对辖区内场（厂）机动车辆开展专项整治工作。经检查，某区某市场 20 户商户擅自使用未经检验的叉车，无年检标志，存在严重安全隐患问题。某局依法向该 20 家商户下达了《特种设备安全监察指令》，责令立即停止使用未经检验的叉车。

【检察机关履职情况】

根据某区人民检察院、某区某局联合制定的《关于加强检行衔接工作的协作配合办法（试行）》《某省检察机关深化行政检察依法护航法治化营商环境小专项活动实施方案》的相关规定，某区人民检察院多次走访某局了解辖区内行政案件办理情况，交流研判行政处罚类案件并提出合理建议。2023 年 2 月，某区某局邀请某区人民检察院进行行政行为检察监督和实质性争议化解，某区人民检察院调取案件材料后迅速成立办案组，对案件情况进行交流研判。

2023 年 2 月 23 日，某区人民检察院与某局召开行政执法案件协商讨论会，案涉商户代表参会。案涉商户代表提出，某区大多数商户经济收入差，同时案发后商户积极配合调查，希望行政机关减轻行政处罚。某区人民检察院承办人综合考虑相关情况，与行政机关和商户代表沟通交流后提出两点建议：一是为避免"程序空转"问题，彻底化解争议焦点。行政机关的行政决定遭受质疑时，有必要

---

[*] 作者简介：李丹恺、皇甫惠芬，甘肃省兰州新区人民检察院。

在检察监督环节释法说理，引导行政相对人接受相关决定，促进行政争议化解；二是考虑到涉案商户确实存在实际经济困难的情况，有必要采取公开听证的形式，在纠正违法的同时救济权利，有效化解社会矛盾。

为监督行政机关依法办案、规范执法程序，解决企业提出减轻行政处罚的正当诉求，2023年3月，某区人民检察院召开行政案件听证会。考虑到行政相对人在案发后积极配合调查，立即整改违法事项，停止使用存在安全隐患的叉车，并向检验机构进行报检；未经检验的叉车在使用期间，未造成特种设备安全事故，且行政相对人确实存在实际经济困难，依据相关法律法规规定，本着处罚与教育相结合的原则，承办检察官建议某区某局减轻行政处罚，并现场对行政相对人进行释法说理。听证员针对检察机关提出的意见进行现场提问和深入交流，一致同意检察机关处理意见，针对行政机关办案超期、法律文书不完善等问题，希望某区人民检察院向某区某局发出社会治理类检察建议，规范行政机关执法程序。听证会后，某区某局对20户行政相对人作出责令停止使用未经检验的叉车，并处每行政相对人5000元的行政处罚决定。

某区人民检察院承办检察官通过调阅案卷、现场走访、公开听证、交流研讨后，发现行政案件存在超期、法律文书不完善等问题，决定向某区某局发出检察建议：一是加强对相关法律法规的学习，提升执法人员依法行政的水平；二是结合专项活动，持续提升办案效能，确保在法定审限内结案；三是建议某局继续加大查处力度，形成有效震慑，实现纠正违法、消除安全隐患、助推社会治理的积极作用。

某区人民检察院在检察监督环节对行政相对人进行释法说理，引导行政相对人接受相关决定，行政相对人对减轻行政处罚的决定没有异议，并积极配合缴纳罚款。某区某局采纳检察建议并及时整改，学习相关法律知识，规范办案流程，确保办理的行政立案案件严格按照程序和时限办理，严禁出现超期现象。按照国家、省、某区市场监管局关于特种设备安全检查工作的各项安排部署，持续加强专项行动对辖区特种设备安全检查工作力度，形成高压工作态势和有效监管震慑力度，提高辖区特种设备生产、经营、使用单位安全生产主体责任意识，切实营造特种设备良好生产、经营、使用氛围。至此，本案行政争议得到实质性化解。

【评析意见】

检察机关作为法律监督机关，依法护航法治化营商环境，通过调查督促履职、公开听证、会签工作机制、制发检察建议等方式开展行政检察监督，督促行政机关规范执法程序，为企业发展排忧解困，解决企业正当诉求，推动行业全链条的法治化、规范化、综合化治理。

检察机关要把促进涉市场主体行政争议实质性化解，贯穿于行政检察监督办案全程，综合运用检察建议、公开听证、会议研讨等方式，解决企业的实体利益诉求，并依法审慎地对在履行法律监督职责中发现的涉企行政违法行为开展监督。本案的办理具有以下典型意义：

1. 依托典型个案，促进类案监督

针对辖区内企业普遍存在的同类安全隐患问题，某区人民检察院把促进涉市场主体行政争议实质性化解，贯穿于行政检察监督办案全程，综合运用检察建议、公开听证、会议研讨、释法说理等方式，解决企业的实体利益诉求，并依法审慎对在履行法律监督职责中发现的涉企行政违法行为开展类案监督。

2. 通过类案监督，精准社会治理

本案中，某区人民检察院在调查核实过程中，发现某局的执法程序不规范，通过制发检察建议的方式，促进行政机关规范执法程序，加大专项活动查处力度，促进行政机关依法行政。在化解行政争议的同时，对监督过程中发现的社会治理方面的问题突出精准建议，做到监督刚性。

3. 紧密结合检察职能，促进行政争议实质性化解

某区人民检察院在履行行政检察监督职能中，平等对待民营企业、中小微企业、个体工商户等各类市场主体，依法平等保护各类

市场主体产权和合法权益，促进企业建章立制、消除安全隐患，防范化解风险和行政争议根源，体现了行政检察"办理一案、惠及一片、影响一片"的效果，有利于营造法制化营商环境，有效服务某区经济社会高质量发展。

以"公益""环保"之名公开募捐旧衣服行政公益诉讼案*

【基本案情】
本行政区域内的百某苑、百某源、海某邸、惠某苑、阳某苑等住宅小区内及马路街道两旁放置标有"公益"字样且没有标识和身份信息的旧衣物回收箱,以"公益"之名进行公开募捐旧衣物,但公开募捐的企业不具备公开募捐资格,也未履行公开募捐方案备案手续,属非法公开募捐行为,致使社会公共利益遭受侵害。

【检察机关履职情况】
一、检察监督程序启动
2021年12月7日,本院立案并进一步调查,办案人员通过现场勘察、拍照和摄像,以固定证据。

2021年12月14日,为规范"旧衣物"公益捐赠行为,本院组织召开了某省首例"打击以'公益''环保'"之名公开募捐旧衣物行政公益诉讼系列案件公开听证会,具体针对本辖区内各大住宅小区内放置以"公益""环保"名义的旧衣物回收箱,该行为实属非法公开募捐,有损社会公共利益。会议邀请了人大代表、人民监督员以及行政监管部门的负责人参加,由党组书记、检察长张某某主持。听证会上,3名听证员在充分听取检察机关与行政机关代表双方的陈述后,分别从检察机关的公益监督职责,行政机关的监管职责、公共利益受侵害的事实等方面进行了评析。经休会讨论,3名听证员形成了一致意见,同意并支持检察机关依法保护公共利益,向

---

* 作者简介:陆亚娟,甘肃省兰州市红古区人民检察院。

行政机关发出诉前检察建议。最终，人民监督员代表当场宣布了评议结果，某区人民检察院当场向相关行政部门当场公开宣告送达了3份检察建议书。

2021年12月14日，本院向某市某区民政局发出诉前检察建议书，建议：（1）联合区城市管理局、区住建局等相关部门，形成监督合力，共同依法查处涉案企业非法公开募捐旧衣物的行为；（2）加强监督检查，切实履行好监管职责，告知涉案企业及时申请公开募捐资格并履行公开募捐方案备案手续，若其不符合申请条件，依法予以取缔；（3）加大对相关法律法规和政策的宣传力度，做好信息公开，从严规范"旧衣物"回收箱设置行为，做好"旧衣物"公益捐赠管理工作。

同日，本院向某市某区城市管理局发出诉前检察建议书，建议：联合区民政局、区住建局等相关部门，形成监督合力，共同依法查处涉案企业以"垃圾之类"名义进行旧衣物回收的违法行为，从严规范"旧衣物"回收箱设置行为。

同日，本院向某市某区住房和城乡建设局发出诉前检察建议书，建议：积极配合区民政局、区城市管理局等相关部门，协助查处涉案企业非法公开募捐旧衣物的行为。

二、被监督主体回复和采纳情况

2022年2月14日，三家行政机关书面回复本院，称收到本院的检察建议书后单位领导高度重视积极采取了有效措施进行整改：一是及时召开专题工作会议，安排专人负责旧衣物回收箱清理整顿工作，对非法公开募捐的违法企业下发《某市某区民政局关于"旧衣物"回收箱限期撤除的通知》，要求违法企业停止违法活动、撤离"旧衣物"回收箱，责令立即停止募捐活动；二是联系区住建局、区城市管理局召开联席会议，研究探讨某区旧衣物回收箱设置管理工作现状及存在的问题，对下一步综合治理工作进行安排部署，经共同探讨，形成监督合力，决定迅速开展本区域旧衣物回收箱专项执法行动，严厉打击假借慈善名义或假冒慈善组织骗取社会公众、扰乱公开募捐活动秩序、欺骗社会公众爱心等违法乱象。对小区住宅内非法设置的旧衣物回收箱由区住建局负责进行清理，道路两侧非法设置的旧衣物回收箱由区城市管理局负责清理，由区民政局负责引进具有公开募捐资格、在备案期限内的慈善组织开展旧衣物捐赠工作；三是经调查了解，查验相关资格证书确认后，与"某某西藏润玉""某某环境科技有限公司"达成协商（该单位为中华慈善总会开展"一张纸、一件衣献爱心行动"项目的执行单位，公开募捐资格证书由中华人民共和国民政部颁发），由该机构在某区有序统一放置旧衣物回收箱。

2021年5月，本院公益诉讼办案组通过跟进监督，发现本辖区内各大住宅小区及街道两旁的不合规"旧衣物回收箱"已经由区住建局和区城市管理局全部清理完毕，现放置的黄色旧衣物回收箱均由区民政局引进的具有公开募捐资格的慈善组织统一投放，并在区民政局进行了备案，由区民政局日常监督该慈善组织对回收的旧衣物的处理。以上三家行政机关均根据本院检察建议进行了彻底的整改，且获得区委、区政府及本辖区居民的一致好评，并为某省地区今后开展打击以非法"公益""环保"之名公开募捐旧衣物活动提供了可供借鉴的成功经验。

【评析意见】

近年来，通过回收箱捐赠旧衣物，已成为公众处理旧衣物和捐献爱心的一种习惯。然而旧衣物回收在运行中存在假借公益之名牟利的情形，不仅损害捐赠人的合法权益，更直接影响慈善事业的形象，有损社会公共利益。检察机关作为公益诉讼"守护人"，应积极履行公益监督职责，依法打击假借"公益"之名，行非法之事的行为，以维护社会公益。

检察机关以公益诉讼诉前检察建议为引领，积极推动借"公益之名"行非法之事的典型个案办理，创新"等外"领域公益诉讼办案探索，切实担负起公共利益"守护人"的法律职责，促使相关职能部门形成监督合力，提升履职能力，切实改善监督效果，达到了"办理一案、治理一片"的效果，也实现了政治效果、法律效果和社会效果的有机统一。

某公司、张某某非法经营罪不起诉案*

【基本案情】

某市某局在日常特种设备检查中发现，某公司销售的十余台固定式压力容器系未经许可制造，遂对该公司立案调查。2021年6月，因涉嫌刑事犯罪，某市某局将案件移送公安机关立案侦查。经侦查，2016年5月至2020年11月间，犯罪嫌疑单位某公司及其法定代表人张某某，在未取得相关行政许可的情况下，为谋取利益，违反国家特种设备管理规定，在某市某区非法制造特种压力容器销售给8家企业，非法经营数额313万余元。案发后，某公司赔偿3家被害企业经济损失82万余元，并取得书面谅解，与5家被害企业就剩余赔偿数额达成赔偿合意。

【分歧意见】

关于某公司、张某某的行为是否构成非法经营罪问题。本案所涉非法经营物品为固定压力容器，根据公安机关调取的使用登记证、《压力容器监督检验报告》等材料，可以证实涉案的34台固定式压力容器（第一类、第二类）均属原国家质量监督检验检疫总局《特种设备目录》中特种设备。但该非法制造、销售特种设备是否构成非法经营罪，没有相关的司法解释予以明确规定，最高人民法院和最高人民检察院也没有出台相应的判例供办案参考。故对犯罪嫌疑单位及犯罪嫌疑人行为的定性产生了以下分歧意见：

第一种意见认为不构成非法经营罪。理由如下：对于特种设备是否属于《刑法》第225条第1项规定的"法律、行政法规规定的

---

* 作者简介：张宁，甘肃省兰州市西固区人民检察院。

专营、专卖物品或者其他限制买卖的物品",法律、司法解释没有明确的规定,将特种设备定性为"其他限制买卖的物品"争议较大;该条第4项为兜底性规定,如以此项入罪,必须以相关司法解释规定的范围来认定,目前经立法或者司法解释作出规定,属于"其他严重扰乱市场秩序的非法经营行为"主要有18种,特种设备并不在其列。同时根据最高人民法院《关于准确理解和适用刑法中"国家规定"的有关问题的通知》要求,有关司法解释未作明确规定的,应当作为法律适用问题,逐级向最高人民法院请示。

第二种意见认为构成非法经营罪。理由如下:根据相关行政法律规定,可以认定特种设备属于法律规定的"其他限制买卖物品",非法制造、销售特种设备的行为符合《刑法》第225条第1项规定的情形,构成非法经营罪。

【评析意见】

非法经营罪,是指自然人或者单位,违反国家规定,故意从事非法经营活动,扰乱市场秩序,情节严重的行为。本罪侵犯的客体是国家限制买卖物品和经营许可证的市场管理制度。《刑法》第225条"非法经营罪"规定:"违反国家规定,有下列非法经营行为之一,扰乱市场秩序,情节严重的……(一)未经许可经营法律、行政法规规定的专营、专卖物品或其他限制买卖的物品的;(二)买卖进出口许可证、进出口原产地证明以及其他法律、行政法规规定的经营许可证或者批准文件的;(三)未经国家有关主管部门批准非法经营证券、期货、保险业务的,或者非法从事资金支付结算业务的;(四)其他严重扰乱市场秩序的非法经营行为。"

笔者认为,本案符合《刑法》第225条非法经营罪规定的第1项情形,构成非法经营罪。理由如下:

1. 特种设备属于法律规定的其他限制买卖的物品

"未经许可"是指未经国家有关部门的批准。"其他限制买卖的物品"是指国家根据经济发展和维护国家、社会和人民群众利益的需要,规定在一定时期实行限制性经营的物品。本案中,犯罪嫌疑人实施了无证生产特种设备与销售特种设备两个行为。《特种设备安全法》（效力级别：法律）第18条规定："国家……对特种设备生产实行许可制度。……"该法第27条第3款同时规定，"禁止销售未取得许可生产的特种设备……"依据上述两条规定可以看出，法律虽未明确规定特种设备属专营、专卖物品，但对销售未取得许可生产的特种设备的行为做了禁止性规定。同时《特种设备安全监察条例》（效力级别：行政法规）第七章法律责任部分也规定了未经许可，擅自从事压力容器制造活动"触犯刑律的，依照刑法关于重大责任事故罪或者其他罪的规定，依法追究刑事责任"。

根据上述规定可以认定，特种设备属于法律规定的其他限制买卖物品。本案中犯罪嫌疑单位持伪造的行政许可生产、销售特种设备的行为属于无证经营，侵犯了国家限制买卖物品和经营许可证的市场管理秩序，符合《刑法》第225条非法经营罪规定的第1项情形。

2. 犯罪嫌疑单位的行为已达非法经营罪刑事立案追诉标准

特种设备是企业生产力的重要来源，但因其结构复杂、载荷多变，对人身财产具有较大的危险，这也是国家对其生产、销售进行严格管理的原因。犯罪嫌疑单位违反国家特种设备管理法律法规，在无特种设备制造许可证的情况下，非法制造、销售已达设备标准的压力容器，非法经营数额达300余万元，不仅扰乱了市场秩序，更给使用单位留下安全隐患。2022年修订的最高人民检察院、公安部《关于公安机关管辖的刑事案件立案追诉标准的规定（二）》第71条第12项规定，从事其他非法经营活动，单位非法经营数额在50万元以上或者违法所得数额在10万元以上的，应予立案追诉。某公司、张某某的行为已达刑事立案追诉标准，构成非法经营罪。

【处理结果】

某市某区人民检察院经审查认定，某公司、张某某的行为构成非法经营罪。但因某公司、张某某具有以下情节：其制造、销售的特种设备在实际使用中未造成生产安全事故，在扣除生产成本后获利较少，案发后积极与被害单位处理赔偿事宜，且自愿认罪认罚；

张某某主动到案并如实供述所犯罪行，有自首情节。某市某区人民检察院根据本案犯罪事实、危害后果、非法获利情况、认罪悔罪态度、司法办案效果等，依据《刑事诉讼法》第 177 条第 2 款的规定，对某公司、张某某作出不起诉决定。

某区人力资源和社会保障局
行政违法检察监督案*

【基本案情】

2020年1月,某城投公司(发包方)与某建设公司(承包方)签订合作协议书,约定了某改造工程的相关事宜。但某建设公司与某装饰公司签订《联营合作协议书》,该工程实际由某装饰公司负责。某装饰公司又与无劳务分包资质的个人张某签订劳务合同,由张某组织农民工在2020年3月至2021年1月期间进行施工。

2021年1月,农民工代表孙某向某区劳动保障监察大队投诉某装饰公司拖欠56名农民工工资共计835 770元,区劳动保障监察大队立案。而后,因某装饰公司未按《限期整改责令书》要求按期支付工资,区劳动保障监察大队以其涉嫌拒不支付劳动报酬罪将案件移送某市公安局某分局。某公安分局决定不予立案。

【检察机关履职过程】
一、程序启动

某区人民检察院在开展"全省检察机关深化行政检察监督,依法开展农民工讨薪专项活动"中发现该案件线索,遂依职权启动监督程序。

通过认真审阅案卷材料,多次向某区劳动保障监察大队和某公安分局的办案人员调查了解案情等一系列调查措施,检察机关查明:

(1)某区劳动保障监察大队在办理该案过程中存在超期办案、未依法移送案件线索、结案不符合规定、对工资保证金落实监管不

---

* 作者简介:张喜梅、寇馨予,甘肃省兰州市西固区人民检察院。

到位的执法不规范问题；某公安分局未向区劳动保障监察大队书面说明不予立案的理由。

（2）某建设公司在承包案涉项目前，已跟某装饰公司签订《联营合作协议书》，双方约定："乙方（某装饰公司）以甲方（某建设公司）名义对外承接工程，并负责工程前期的联系、投标等工作，甲方负责提供工程相关的企业营业执照、资质证书等投标所需的相关资料文件……"事实上，案涉工程项目一直由某装饰公司以某建设公司的名义负责施工，某建设公司收取一定管理费，但并未实际参与工程施工。而后某装饰公司与无劳务分包资质的个人张某签订《建筑装饰工程劳务合同》。某建设公司、某装饰公司、张某之间可能涉嫌转包、挂靠、违法分包等行为。

（3）案涉工程欠薪总额原为835 770元，经多方协调已支付546 904.8元，剩余欠薪金额为288 865.2元。

（4）欠薪问题一直未解决的主要原因，一是案涉工程未落实工资保证金制度；二是工程未按期完工，且已完成部分质量不达标，导致案涉各方一直未进行工程结算，进而相互推诿，不愿承担支付工资的责任。

二、化解争议

根据查明事实，鉴于案涉工资拖欠已近两年，且农民工多次上访投诉，潜在社会矛盾一触即发，为尽快解决欠薪问题，2022年5月26日，某区人民检察院与区劳动保障监察大队组织案涉各方召开案件协调会，促使各方消除芥蒂，转变心态，相互配合，尽快解决问题。5月31日，某区人民检察院召开公开听证会，听证会围绕案件事实和各方争议的工程量认定等焦点问题展开，进一步明确了欠薪金额，厘清了欠薪主体责任，并就如何解决欠薪问题进行协商。经过释法说理，某城投公司和某建设公司达成一致意见："尽快完成工程结算，完成后优先支付农民工工资。"农民工代表表示满意。

检察机关针对某区劳动保障监察大队在办理本案过程中存在的超期办案、未依法移送案件线索等执法不规范问题提出检察建议，建议其加强相关法律法规的学习，保障依法规范执法，加强监管力度，努力从源头上保障农民工工资支付；同时针对某公安分局未向行政机关书面说明不予立案理由的执法不规范问题口头提出建议。

检察建议发出后，某区人力资源和社会保障局高度重视，针对建议内容专门召开会议，制定整改落实方案：第一，尽快向相关部门移送"改造项目工程涉嫌违法分包转包"的线索；第二，今后严格按照法律规定办理案件，加强对建筑工程领域工资保证金等制度落实情况的日常监管；第三，加强与检察机关、公安机关的沟通配合，始终把保障农民工合法权益放在首位，努力做好农民工欠薪工作。某公安分局收到口头建议后当场表示接受并采纳建议。在各方共同努力下，2023年春节前，剩余拖欠薪资288 865.2元已全部讨回。

为进一步巩固监督成效，某区人民检察院以本案为抓手，延伸监督触角，主动联合某区劳动保障监察大队，对辖区在建工程落实《保障农民工工资支付条例》情况开展检查。检查发现，农民工实名制管理、农民工工资专用账户管理、总包单位代发工资等制度在某区在建工程中的落实情况参差不齐。为进一步贯彻落实《保障农民工工资支付条例》，维护农民工的合法权益，保障农民工能够按时足额获得劳动报酬，有效减少社会矛盾的发生，某区人民检察院针对检查中发现某区劳动保障监察大队存在的履职监管不规范、不到位等普遍性问题，制发了社会治理检察建议，督促其依法主动规范履职。

【评析意见】

检察机关立足行政检察职能，以个案监督为突破口，积极参与社会综合治理，通过公开听证方式，协调各方解决农民工欠薪问题，共同发力化解社会矛盾，维护社会大局稳定。

农民工是我国社会主义现代化建设的重要力量。为解决农民工欠薪问题提供司法保障，是行政检察服务党和国家工作大局，维护社会和谐稳定，助力打赢脱贫攻坚战的重要体现。

专项活动开展过程中，某区人民检察院积极履行行政检察职能，充分发挥司法专业优势，通过调阅执法案卷，发现行政机关执法违法问题，并敏锐察觉到案件中存在久拖未决的社会矛盾。鉴于工资拖欠已近两年，农民工多次上访投诉，潜在社会矛盾一触即发，为有效化解矛盾纠纷，维护社会和谐稳定，检察机关积极践行"枫桥经验"，先后多次牵头组织召开由相关职能部门和案件各方共同参加的案件协调会，以"我管"促"都管"，与行政机关共同发力，开展矛盾化解工作，促使各方消除宿怨，厘清责任。为推动案件遗留矛盾得到实质性解决，检察机关以公开听证为载体，以案释法，阐明欠薪主体将承担的法律后果，督促欠薪方明确解决欠薪时限，最终帮助农民工讨回薪资，得到了农民工的认同，有效化解了久拖未决的矛盾纠纷。

案件办结后，检察机关并未止步，而是积极参与社会治理，针对行政机关存在的对工程建设领域农民工工资保证金等制度落实监管不规范、不到位等问题提出社会治理检察建议，开展农民工欠薪问题溯源治理，进一步推动了《保障农民工工资支付条例》落地生根，为保障弱势群体合法权益、维护社会和谐稳定贡献了检察力量。

余某危险驾驶申请行政检察监督案[*]

【基本案情】

2021年4月15日,余某饮酒后驾驶机动车,被当场查获。经检验,余某血液中酒精含量为117毫克/100毫升,属于醉酒驾驶。

2021年5月29日,某县人民检察院决定对余某不起诉(相对不起诉)。2021年7月15日,某县公安局根据《道路交通安全法》第91条之规定,决定给予余某罚款2000元的行政处罚。

余某对某县公安局的行政处罚决定不服,历经行政复议、行政诉讼一审、行政诉讼二审、行政诉讼再审,均认定某县公安局给予余某的行政处罚决定合法有据。

余某对以上处理结果不服,向某市人民检察院申请监督。

余某申请监督的理由:一是某县人民检察院对其决定不起诉后,并未向某县公安局提出对其给予行政处罚的检察意见,故某县公安局无权对其给予行政处罚。二是某县人民检察院已决定对其不起诉,某县公安局再对其给予行政处罚,违反了"一事不再罚"原则。

【分歧意见】

一、争议焦点

余某申请监督的理由,也是本案的争议焦点所在。因此,本案的争议焦点具体如下:某县公安局能否再给予余某行政处罚,某县公安局给予余某行政处罚是否合法有据以及是否违反"一事不再罚"原则。

---

* 作者简介:陈春芳、张春玲,甘肃省庆阳市人民检察院。

二、法律意见

针对本案,实务中有两种分歧意见:

第一种意见认为,某县公安局不应再给予余某行政处罚。理由如下:一是某县人民检察院对余某决定不起诉后,只是向某县公安局送达了《不起诉决定书》,但并未提出需要给予余某行政处罚的检察意见,故某县公安局缺乏给予余某行政处罚的依据。二是某县人民检察院已决定对余某不起诉,某县公安局再给予余某行政处罚,违反"一事不再罚"原则。

第二种意见认为,某县公安局给予余某行政处罚合法有据。理由如下:一是《刑事诉讼法》第177条第3款规定,对被不起诉人需要给予行政处罚、处分或者需要没收其违法所得的,人民检察院应当提出检察意见,移送有关主管机关处理,其是对人民检察院作出不起诉决定案件的"后续工作"的规范,并不必然限制或者约束公安机关依法对相关违法行为作出行政处罚决定。余某因危险驾驶(醉酒驾驶机动车)被某县人民检察院决定不起诉,但根据《道路交通安全法》的规定,其醉酒驾驶机动车的违法行为理应受到相应的行政处罚。某县公安局在接到某县人民检察院《不起诉决定书》后,及时启动行政处罚程序,给予余某行政处罚,合法有据。二是余某同时受到刑事处罚(不起诉)和行政处罚(罚款2000元),未违反"一事不再罚"原则。三是检察机关决定对余某不起诉后,如果公安机关不给予余某行政处罚,则余某的醉驾行为实际上仅受到吊销机动车驾驶证的行政处罚,而这样的行政处罚明显低于对普通酒驾行为的行政处罚,由此就会导致刑事违法(醉驾行为)与行政违法(酒驾行为)的处罚不平衡。

【评析意见】

笔者同意第二种意见。理由如下:

1. 检察机关"对被不起诉人需要给予行政处罚,应当提出检察意见,移送有关主管机关处理",不是行政主管机关决定是否给予被不起诉人行政处罚的必要条件

第一,从检察机关与行政主管机关的权力关系来看,《刑事诉讼

法》赋予检察机关具有"对被不起诉人需要给予行政处罚,应当提出检察意见,移送有关主管机关处理"的决定权,而《行政处罚法》《道路交通安全法》等赋予行政主管机关具有是否给予被不起诉人行政处罚、给予何种行政处罚及具体处罚幅度的决定权。即《刑事诉讼法》第177条第3款是对检察机关作出不起诉决定案件的"后续工作"(逆向移送工作)的规范,而不是行政主管机关决定是否给予被不起诉人行政处罚的必要条件,其并不必然限制或者约束公安机关依法对相关违法行为作出行政处罚决定。即便《刑事诉讼法》第177条第3款明确规定"有关主管机关应当将处理结果及时通知人民检察院",但这里人民检察院收到的"有关主管机关的处理结果",也不是必然与"检察机关提出的检察意见"相一致的行政处罚结果,而是行政主管机关根据案件事实、证据及相关行政法律法规,依法独立作出的决定。

第二,根据《公安部关于公安机关办理醉酒驾驶机动车犯罪案件的指导意见》(公交管〔2011〕190号)(以下简称《指导意见》)第11条,"对检察机关决定不起诉或者法院判决无罪但醉酒驾驶机动车事实清楚,证据确实、充分的,应当依法给予行政处罚",可以看出,《指导意见》并没有将检察机关"对被不起诉人需要给予行政处罚,应当提出检察意见,移送有关主管机关处理"作为"公安机关应当依法给予被不起诉人行政处罚"的前置条件。

2. 某县公安局给予余某行政处罚合法有据

第一,醉驾是酒驾的严重情形,醉驾的违法性及危害性远远大于酒驾。"举轻以明重",所以对于醉驾行为,公安机关应当依照《道路交通安全法》第91条的规定,从重处罚。本案公安机关据此给予余某罚款2000元的行政处罚,符合法律规定。

第二,如果对余某不给予行政处罚,则会导致刑事违法(醉驾行为)与行政违法(酒驾行为)的处罚不平衡。根据《道路交通安全法》第91条第1款规定,"饮酒后驾驶机动车的,处暂扣六个月机动车驾驶证,并处一千元以上二千元以下罚款。因饮酒后驾驶机动车被处罚,再次饮酒后驾驶机动车的,处十日以下拘留,并处一千元以上二千元以下罚款，吊销机动车驾驶证"及第2款"醉酒驾驶机动车的，由公安机关交通管理机关约束至酒醒，吊销机动车驾驶证，依法追究刑事责任；五年内不得重新取得机动车驾驶证"，本案中余某因醉酒驾驶机动车被检察机关决定不起诉，其实质受到的不利后果仅仅是"吊销机动车驾驶证；五年内不得重新取得机动车驾驶证"。试设想，如果本案中的余某仅仅是酒驾或者再次酒驾，其实质受到的不利后果是"处暂扣六个月机动车驾驶证，并处一千元以上二千元以下罚款"或者"处十日以下拘留，并处一千元以上二千元以下罚款，吊销机动车驾驶证。"对比以上两种处理结果便知，如果检察机关决定对余某不起诉后，公安机关不对余某给予行政处罚，就会导致刑事违法（醉驾行为）与行政违法（酒驾行为）处罚的不平衡，也不符合常理。

3. 某县公安局给予余某行政处罚未违反"一事不再罚"原则

第一，从"一事不再罚"原则的含义角度分析。根据《行政处罚法》第29条的规定，"对当事人的同一个违法行为，不能给予两次以上罚款的行政处罚。同一个违法行为违反多个法律规范应当给予罚款处罚的，按照罚款数额高的规定处罚"，本案中余某同时受到刑事处罚（相对不起诉）和行政处罚（罚款2000元），未违反"一事不再罚"原则。

第二，从刑事处罚和行政处罚的不同法律性质角度分析。刑事处罚是由司法机关通过刑事诉讼程序作出，适用于违反《刑法》的犯罪行为；而行政处罚是由行政机关通过行政执法程序作出，适用于违反行政法律法规的相关行为。本案中，公安机关针对余某被检察机关在刑事诉讼中作出不起诉的醉驾行为，依法作出行政处罚（罚款2000元）的决定，不属于重复性处罚，没有违反"一事不再罚"原则。

综上，某县公安局对余某的行政处罚决定合法有据，余某申请检察机关监督的理由不成立。

【处理结果】

某市人民检察院审查后，依法决定不支持余某的监督申请。给余某送达不支持监督意见书时,办案人员向其耐心细致地讲解了上述不支持监督的理由及相关法律规定。余某听后,对检察机关不支持监督理由予以认可,表示会从此放下一直以来一再纠结的这件事,不再折腾,安心打工,好好生活。

某集团有限公司与杨某某、某汽车有限责任公司追索劳动报酬纠纷*

【基本案情】

2015年1月,杨某某与某集团有限公司签订《车辆挂靠协议》,将其所有车辆挂靠于某集团有限公司名下为某某2公司提供"配输"服务,某某公司收取11%的管理费。某某公司则与某某2公司签订《车辆运输服务合同》,约定某某公司与某某2公司结算服务费用。杨某某按照某某2公司要求办理完准驾手续后,便驾驶皮卡车为某某2公司作业区提供运输服务。2015年至2017年3月,某某公司欠杨某某"配输"服务费用共计149 126.29元,某某2公司已向某某公司付清,某某公司未向杨某某支付。杨某某索要未果后,向某县人民法院提起诉讼,请求某某公司与某某2公司连带给付拖欠他的车辆"配输"服务费149 126.29元。

【检察机关监督情况】

该案经某县人民检察院提请抗诉,承办人通过调阅原审诉讼卷宗、查询相关法律法规、检索案例、询问当事人、和法院沟通、向油田企业及相关行政机关调查后,认为某省某县人民法院[2017]1023民初703号民事判决适用法律确有错误。理由如下:

1. 终审法院将本案定性为追索劳动报酬纠纷,认定法律关系性质错误

所谓追索劳动报酬纠纷是指劳动者与用人单位在履行劳动合同期间,因劳动报酬所产生的争议。本案中,首先,杨某某与某某公

---

* 作者简介:刘芳,甘肃省庆阳市人民检察院。

司签订了《车辆挂靠协议》，协议中约定杨某某将其所有的车辆挂靠在某某公司名下，由某某公司以其名义与某某2公司签订《车辆运输服务合同》。且《挂靠协议》第2条约定："本挂靠合同不是劳动合同，乙方以及乙方所聘请、雇佣的人员，不属于甲方职工，不能享受甲方职工待遇，与甲方不存在劳动关系。"因此，杨某某与某某公司未建立劳动合同，仅是一般挂靠合同关系。其次，某某2公司与某某公司签订的《车辆运输服务合同》明确约定由某某公司向某某2公司提供车辆和驾驶员服务，某某2公司向某某公司支付车辆服务费用，故某某2公司并未向某某公司以外的任何个人支付过劳动报酬。终审法院将本案案由确定为追索劳动报酬纠纷显属不当。

2. 终审法院适用《劳动合同法》认定杨某某与某某2公司形成劳务关系，适用的法律与案件性质明显不符

劳务关系和劳动关系存在显著区别。所谓劳务关系是劳动者与用工者根据口头或书面约定，由劳动者向用工者提供劳动服务，用工者依约向劳动者支付劳务报酬的一种有偿服务法律关系，其受合同法律调整，而《劳动合同法》调整的是劳动者与用人单位之间形成的劳动关系。本案中，某某2公司仅与某某公司存在运输合同关系，某某2公司直接付款的对象也是某某公司，而并不针对杨某某个人。因此，杨某某与某某2公司不符合劳务关系的特征。终审法院适用针对劳动关系的《劳动合同法》和《关于确立劳动关系有关事项的通知》相关规定，来认定杨某某与某某2公司存在劳务关系，应支付"配输"服务费中的劳动报酬，适用的法律与案件性质明显不符。

3. 终审法院判决某某2公司对某某公司存在"管理不当的过错"，对已经支付过的费用承担连带责任无法律依据

连带责任作为惩罚性法律责任，是最为严格的责任形式，承担连带责任须由法律明确规定方可适用。本案中，某某公司与某某2公司签订的《运输服务合同》，杨某某与某某公司签订的《车辆挂靠协议》均合法有效。某某公司未按照挂靠合同约定，在扣除管理费后向杨某某支付运输费用，属违约行为，其应承担继续履行的违约

责任。而某某公司与某某 2 公司均为独立的法人，具有独立承担责任的能力，终审法院认定某某 2 公司作为接受服务的付款义务人，对"配输"费用兑付情况未尽到管理、督促义务，因管理不当致使某某公司挪用款项，判处某某 2 公司对某某公司挪用的部分承担连带责任片面加重了某某 2 公司的义务，无任何法律依据。

4. 同一地区不同法院出现"同案不同判"的情形，导致审判标准不统一，有违人民法院审判规范化精神

2017 年，某市某区人民法院相继作出的［2017］1002 民初 3567 号、［2017］1002 民初 3752 号、［2017］1002 民初 4512 号民事判决，在与本案完全相同的事实基础上，将案由确定为合同纠纷，判决某某 2 公司无支付义务。同属某市的两个基层人民法院之间出现了"同案不同判"，导致审判标准不统一，既有违人民法院审判规范化精神，又易激化群众矛盾。且在与本案事实完全相同的情形下，某县人民法院作出的与本案判处结果相同的［2017］1023 民初 824 号、［2017］1023 民初 825 号民事判决，经当事人上诉，某市中级人民法院以［2018］10 民终 8 号、［2018］10 民终 9 号判决撤销了一审判决，改判某某 2 公司不承担责任。综上，某省某县人民法院［2017］1023 民初 703 号民事判决适用法律确有错误。

2018 年 11 月 23 日，某市人民检察院以检民（行）监民事抗诉书向某市中级人民法院提出抗诉，某市中级人民法院 2018 年 12 月 21 日以［2018］10 民抗 2 号民事裁定书指令某县人民法院再审。某县人民法院 2019 年 7 月 17 日作出［2019］1023 民再 9 号民事判决，采纳检察机关全部抗诉意见，认定"原审判决适用法律不当"，判决撤销某县人民法院［2019］1023 民初 703 号民事判决，由某某公司支付杨某某"配输"服务费 149 126.29 元，某某 2 公司不承担任何费用。

【评析意见】

车辆"配输"服务，系多年来某市甚至多省（区）内众多企事业单位与个体车辆经营者之间形成的一种车辆经营管理模式，以油田单位居多。该模式表面上车辆所有人为用车单位提供运输服务，受用车单位管理，但实质上为挂靠和运输合同两个法律关系。终审

法院突破合同的相对性，将运输费用定性为"劳动报酬"，判决接受服务的用车单位对已履行的运输费用承担连带给付义务，适用法律确有错误。抗诉后，法院采纳了检察机关的全部抗诉意见，对案件全面改判。该案的成功办理，为多省（区）普遍存在的"配输"费用案件树立了典型，对区域内类似矛盾纠纷的化解亦起到一定的示范引领作用。

车辆"配输"服务，系多年来某市甚至多省（区）内众多企事业单位与个体车辆经营者之间形成的一种车辆经营管理模式，以油田企业居多。该模式表面上车辆所有人为用车单位提供运输服务，受用车单位考勤、管理，但实质上为两个法律关系。一是挂靠合同关系，即车辆实际所有人（个体车辆经营户）因所有车辆无法取得运营资质，便将车辆挂靠在有资质的运营企业名下，取得运营资质。二是运输服务合同关系，车辆运营企业与用车单位签订运输合同。随后，个人所有的车辆便以被挂靠企业的名义进入用车单位工作，车辆及驾驶员均由用车单位统一管理，服务期间的车辆燃油及维修费用由车辆实际所有人承担，用车单位按照行业惯例及与被挂靠运营企业签订的运输合同，根据出车考勤支付服务费，被挂靠的运营企业收到用车单位支付的服务费，扣除管理费后再向挂靠车辆实际所有人支付费用。

挂靠经营合同不属于我国现行法可以突破合同相对性的几种情形，该合同仅约束签订合同的双方当事人，车辆服务公司未按约定给付运输费用，已构成违约，应当承担继续履行的违约责任。用车单位作为车辆运输服务合同的接受服务方，按照约定已经履行了运输费用给付义务，承担连带责任，无法律依据。

本案中终审法院突破合同的相对性原理，适用《劳动合同法》认定车辆所有人与用车单位之间形成劳务关系，并将案件定性为追索劳动报酬纠纷，适用法律明显错误。同时判决用车单位对已向被挂靠企业支付过的运输费用因"管理不当"的过错承担连带责任无法律依据。此外，同一地区不同法院出现"同案不同判"的情形，容易导致审判标准不统一，既有违人民法院审判规范化精神，也极

某集团有限公司与杨某某、某汽车有限责任公司追索劳动报酬纠纷

易引发群体性事件，激化群众矛盾，不利于社会稳定。

本案争议焦点把握准确，释法说理严谨充分，适用法律恰当，文书制作标准，做到了认定事实清楚，适用法律正确，办案程序规范。抗诉后，法院采纳了检察机关的全部抗诉意见，对案件全面改判。该案的成功办理，为多省（区）普遍存在的"配输"费案件树立了典型，对区域内类似矛盾纠纷的化解亦起到了一定的示范引领作用。

周某与徐某某排除妨害纠纷抗诉案

【基本案情】

2012年8月,某村村民委员会与焦某签订《新农村建设开发施工协议》,约定由村民委员会提供土地,焦某自筹资金,自建自售开发楼房,优先考虑本村,不能消化时对外出售。后焦某将工程部分转包于周某,双方竣工结算工程款共计60万元,焦某支付部分款项后仍欠周某32.6万元并出具欠条,另有6万元债务未清偿。2018年8月,周某诉至某县人民法院,请求焦某清偿工程款及欠款共计38.6万元,该院判决支持周某诉讼请求。执行中双方达成以物抵债协议,约定焦某将某村新农村房屋两套作价49.6万元抵顶周某债权,差额部分由周某补足。

2018年11月,某村村委会与该村村民徐某某签订《某村新农村售房合同》(以下简称《售房合同》),徐某某以20万元价款购买已抵顶于周某的房屋其中一套,全额交纳购房款。2019年3月,徐某某欲装修入住时发现大门被周某焊封,并用面包车堵塞入口,致使其无法入住。协调无果后,徐某某诉至某县人民法院,请求判令周某排除妨害。

一审法院审理认为,宅基地使用权是农村集体经济组织成员享有的权利,徐某某作为某村经济组织成员,与村委会签订的《售房合同》合法有效,且该楼房系在宅基地上修建,周某因不属于该集体经济组织成员,无权取得产权。周某以该房屋为焦某抵顶工程款为由主张产权必然会导致该房屋土地使用权的转移,这与《土地管

---

* 作者简介:刘芳,甘肃省庆阳市人民检察院。

理法》第63条规定相悖，周某封堵徐某某楼房大门侵犯其合法权益，判决周某排除妨害，停止侵害徐某某房屋。判决生效后，周某向某县人民法院申请再审，该院未予受理。

【检察机关监督情况】

周某不服不予受理决定，向某县人民检察院申请监督，该院提请某市人民检察院抗诉。检察机关经审查发现，本案仅通过阅卷、审查现有材料，案件的关键事实无法认定，遂充分运用调查核实权，通过询问当事人、案外人，向镇政府、村委会、国土管理局等相关部门调查，发现本案有三处争议焦点：

第一，谁对案涉房屋享有处分权。首先，某村村委会与焦某签订的《某村新农村建设开发施工协议》，约定焦某资金自筹，自建自售，优先考虑本村，不能消化时可向外出售，诉讼中村委会亦出具证明，证实某村新农村产权归焦某所有。故村委会在新农村建设示范点项目中仅提供了建设土地，焦某系项目承包人，土地费及项目资金约定均由焦某自筹，所建房屋处分权也明确约定由焦某行使。其次，徐某某与村委会签订的《售房合同》虽有村委会印章及曹某（某村党支部时任书记）、李某（某村委会时任主任、法定代表人）、徐某（时任某村支书）的签名，但经检察机关调查，售房合同签订时李某与徐某均不在场，署名系事后补签，且售房价款、资金管理曹某均未与村委会商议，售房款亦未进入村委会账户。故曹某既非村委会法定代表人，亦无法定代表人李某授权，对外不能代表村集体组织与徐某某订立合同。综上，某村村民委员会无权处分涉案新农村房屋。

第二，徐某某能否取得案涉房屋物权。根据《物权法》（当时有效）及《不动产登记暂行条例》，不动产物权采登记生效主义。徐某某与某村村民委员会签订的《某村新农村售房合同》，取得的仅是合同债权，在徐某某未提供宅基地使用权证书或不动产权证书情形下，原判认定其对案涉房屋享有物权，无事实与法律依据。

第三，徐某某在未取得物权情形下，原审判令周某停止侵害有无依据。首先，普通债权具有平等性。经检察机关调查核实，某村新农村建设用地系2012年政府审核批准的村民住宅用地，徐某某虽为集体经济组织成员，但并未在 90 户花名表范围内，无宅基地使用权证。同为合同债权，原审法院认定周某不属于集体经济组织成员，无权取得房屋产权，而徐某某签订的合同却因不违反法律法规的强制性规定而合法有效，在徐某某未取得物权情形下，支持排除妨害诉讼请求，本质系认可徐某某基于合同而享有物权，显然错误。其次，排除妨害请求权的基础系权利人享有物权或者合法占有。徐某某与周某均未取得案涉房屋物权，徐某某不是所有权人，周某也不是非法占有人，故徐某某无权请求周某排除妨害，原审法院支持该请求无依据。

某市人民检察院在对涉案合同、抵债协议、房款流向，某村新农村建设用地的审批、建设、权属等进行全面客观审查后，认为原审判决认定的基本事实缺乏证据证明，适用法律确有错误，遂于2022 年 3 月 31 日依法向某市中级人民法院提出抗诉。

2022 年 4 月 26 日，某市中级人民法院裁定指令某县人民法院再审。2022 年 7 月 29 日，某县人民法院作出再审民事裁定：（1）撤销本院作出的［2019］1025 民初 673 号民事判决；（2）驳回原告徐某某的起诉。

【评析意见】

党的农村新型社区建设是国家全面推进乡村振兴，建设宜居宜业和美丽乡村的惠农之举，但对于该类房屋销售主体和产权归属，目前法律并无明确规定。

排除妨害请求权的基础为权利人享有物权或合法占有物，在双方当事人均未取得物权且均合法占有情形下，法院仅依据集体成员身份对物权进行推定从而排除妨害，将致使裁判不公。检察机关在办理该类新型案件时充分运用调查核实权，全面审查涉案合同、处分主体、交易过程及农村新型社区建设审批等关键事实和证据，发挥司法作用，不仅促进了个案公正，也维护了市场交易秩序及裁判标准的统一。

党的十八大以来，加大新农村建设是国家全面推进乡村振兴，建设宜居宜业和美丽乡村的惠农之举。作为重点民生项目，由当地人民政府按照经济社会发展和城镇化建设的需要推动实施，政策性极强。但对于该类房屋的销售主体和产权归属，目前法律并没有明确规定。正因为规定不明，政策性强，容易引发权属纠纷，判处不当极易引起群体性信访事件。本案在办理中，检察机关充分运用调查核实权，对关键事实和证据客观、全面审查后提出抗诉意见，法院再审采纳全部抗诉理由，案件被全面改判。该类新型案件的成功办理，对区域类似案件裁判和矛盾纠纷化解具有较强的典型性和示范性，有着较大的纠偏和引领价值。

1. 检察机关在办理涉新农村房屋纠纷案件中，应当全面、客观审查案涉房屋建设及权属问题

新农村社区建设一般分为两种模式：一是原址拆旧之后再建设；二是农用地转为建设用地再建设。由于"房地一体"原则和宅基地福利保障的从属性，新农村社区建设房屋一般只能提供给本村村民居住，不能对外出售。但由于政策原因及农村各地资金实际情况，集体土地上建设的新农村社区房屋面向非集体组织成员出售非常普遍。实践中根据资金筹集方式的不同，也分为村内集资和承包方自筹两种模式，销售主体或为村委会或为建设方。

司法实务中审理与该类房屋物权紧密联系的纠纷，应根据建设项目审批建设、资金筹集方式、处分主体以及基础物权关系综合判断认定，而不能仅仅依据集体经济组织成员身份推定享有物权。本案原审法院在审理该类法律政策不明的新类型案件时，在双方均未取得物权，债权具有平等性前提下，判决排除妨害，排除一方权利保护另一方权利，引发当事人多头持续上访，社会影响较为恶劣。检察机关在捋清法律关系，查清关键事实后，提出抗诉。法院采纳了检察机关意见，撤销原审判决予以改判，促进了案件公正审理，提升了司法公信和群众对司法的满意度。

2. 检察机关在监督中，应从维护市场交易秩序和司法权威出发，实现个案公正及裁判标准统一

诚实信用是民法的基石，合法占有、使用集体用地房屋应受法律保护。申请人周某的债权纠纷经审理判决已生效，以物抵债协议

125万元还款后,未依法向法院申报,并迅速将该款项偿还给与其有亲属关系的苏某乙、苏某丙、苏某丁及其朋友付某某。之后,苏某甲向法院谎称未收到顾某某还款。且顾某某向苏某甲以现金方式还款125万元,可以认定苏某甲具有规避法院执行的故意。(2)顾某某偿还给苏某甲的125万元现金,系某区人民法院〔2017〕0402民初815号调解书、〔2020〕0402执恢200号执行裁定书中确定的苏某甲应履行的义务。苏某甲向他人还款的行为系故意逃避法院裁定书确定的履行义务。(3)苏某甲收到顾某某125万元还款后,有能力执行某区人民法院〔2017〕0402民初815号调解书、〔2020〕0402执恢200号执行裁定而拒不执行。其行为符合最高人民法院《关于办理拒不执行判决、裁定刑事案件适用法律若干问题的解释》第2条第三项拒不执行法律文书指定交付的财物……数额巨大,属于有能力执行而拒不执行,情节严重的情形。

第二种意见认为,苏某甲不构成拒不执行判决、裁定罪。理由如下:(1)无法认定苏某甲主观上具有逃避、拒不履行法院判决、裁定的故意。此前法院已经拍卖苏某甲名下房产一套得款398 140元,后因其他案件的介入导致该款项尚未执行,仍在法院账户。后执行局另从他处执行41 854元已支付张某某。且苏某甲此前已经向法院告知顾某某债务的存在,因顾某某的异议未能执行。后顾某某向苏某甲还款时,恰逢苏某乙、苏某丙身患癌症、急需钱款接受治疗,苏某甲向两人偿还债务具有现实紧迫性。(2)无法认定苏某甲的行为达到有能力执行而拒不执行"情节严重"的情形。其行为不属于全国人民代表大会常务委员会《关于〈中华人民共和国刑法〉第三百一十三条的解释》规定的"有能力执行而拒不执行,情节严重"的四种具体情形,也不属于2021年1月1日修订后实施的最高人民法院《关于审理拒不执行判决、裁定刑事案件适用法律若干问题的解释》第2条中对"其他有能力执行而拒不执行,情节严重的情形"进一步规定的八种具体情形。

【评析意见】

本案争议的焦点在于,一是法院已生效判决、裁定确定的债务

受偿钱款优先偿还患恶性肿瘤债权人债务及其他到期合法债务是否构成拒不执行判决、裁定罪

对比同时期甚至更早产生的债务是否具有绝对的优先权。二是法院已生效判决、裁定确定的债务在履行过程中，被执行人有限履行其他债务是否属于故意隐匿、转移资产等对抗司法权威的行为。

第一种观点是从维护司法权威的角度出发，认为法院已生效判决、裁定具有履行上的绝对优先权。被执行人有财物可以履行已生效判决、裁定时必须无条件优先履行已经生效的判决、裁定，因为这是法律确定的义务。如果不履行就是妨害司法，对抗司法权威。而且只要被执行人在执行期间获得财物钱款，就属于法律规定的"有能力履行而拒不执行"，就构成拒不执行判决、裁定罪。这种观点具有一定的合理性，因为拒不执行判决、裁定罪属于妨害司法的犯罪，该罪名主要维护的法益就是司法权威。但是该观点对该罪名适用的具体情况没有进行细致分析，过于绝对。对于《刑法》第313条规定的"对人民法院的判决、裁定有能力执行而不执行，情节严重"的情形，全国人民代表大会常务委员会《关于〈中华人民共和国刑法〉第三百一十三条的解释》（自2002年8月29日起施行）进行了规定，列举了四种典型行为，同时以第5项"其他有能力执行而拒不执行，情节严重的情形"进行了兜底。最高人民法院《关于审理拒不执行判决、裁定刑事案件适用法律若干问题的解释》对于上述解释第5项"其他有能力执行而拒不执行，情节严重的情形"又详细列明了8种典型行为。优先向其他债权人偿还已到期债务的情况，均不在上述解释列明的各类情形之中，可见，法律在保障司法权威的过程中已经充分考虑了其他合法债权人的权益。对比第一种观点，第二种观点既尊重了法律规定和已生效判决、裁定的权威，又充分考虑了执法的目的和立法目的，更能体现法律保障人民生命健康和财产权益的目的。故笔者赞同第二种观点，认为苏某甲不构成拒不执行判决、裁定罪。主要理由如下：

第一，优先偿还具有现实紧迫性的到期合法债务是否属于"对人民法院的判决、裁定有能力执行而拒不执行，情节严重"的情形，法律没有明确规定。全国人民代表大会常务委员会《关于〈中华人民共和国刑法〉第三百一十三条的解释》（自2002年8月29日起施

行)中列明了四种情形,本案中苏某甲优先偿还苏某乙、苏某丙两名身患癌症债权人的到期债务,即偿还其他两名债权人的到期债务,不属于该立法解释中列明的四种情形中的任何一种情况。对于该解释第5项中"其他有能力执行而拒不执行,情节严重的情形",为了便于司法实践中准确把握,最高人民法院《关于审理拒不执行判决、裁定刑事案件适用法律若干问题的解释》又对该项适用的情形进行了具体规定。优先偿还合法到期债务并不在该司法解释所列的8种情形中。因此,如果将此种情况随意归结为立法解释第2条第5项所规定的"其他情形",有扩大入罪标准的嫌疑。而且在司法实践中,优先偿还合法到期债务的情况并不少见,但依然没有将此类情况列入司法解释,可见在这种情况的适用方面依然存在争议。在具体的案件中应当具体分析,避免扩大入罪标准。

第二,该案具有特殊性,部分债务具有现实紧迫性。其中,苏某甲对苏某乙、苏某丙的债务产生时间并不晚于张某某的债务,而且对比张某某,苏某乙、苏某丙的债权更具有现实紧迫性。苏某甲向苏某乙、苏某丙偿还到期债务时,两人均已确诊癌症,并正在接受治疗。苏某甲偿还的债务对两人来说,实属"救命钱"。对于身患恶性肿瘤的患者,治疗花费巨大,钱财是决定治疗效果、治疗方式的绝对重要因素。张某某的财产利益与苏某乙、苏某丙二人的生命健康利益相比,确实后者更为重要也更为紧迫。《刑法》第1条规定:"为了惩罚犯罪,保护人民,根据宪法,结合我国同犯罪作斗争的具体经验及实际情况,制定本法。"可见,我国《刑法》的目的是惩罚犯罪、保护人民,惩罚犯罪就是为了保护人民。而且从法理学的角度看,法的价值冲突时要讲求个案平衡,即综合考量各方面的利益,尽力做到平衡。在本案中,张某某的债务已经有了部分保障,法院在执行过程中已经拍卖了苏某甲及其妻子共同所有的一套住房和车库,得款398 140元,该款已经在法院账户,张某某的债权已经得到部分保障。在此前提下,苏某甲优先向苏某乙、苏某丙两人偿还到期债务,主要是出于两人治病的需要。从立法目的和社会公序良俗的角度考虑,其做法并无不妥。

受偿钱款优先偿还患恶性肿瘤债权人债务及其他
到期合法债务是否构成拒不执行判决、裁定罪

第三，苏某甲优先偿还其他到期债务的主观目的并不是拒不执行法院的判决、裁定。在前期法院执行过程中，苏某甲已经主动向法院告知其对顾某某享有债权的事实，但因为该债务尚未到期，顾某某向法院提出了执行异议，因此该债权未被执行。此后，法院针对张某某和苏某甲的财产纠纷作出的裁定，均未裁定要求苏某甲将债权性收入等其他收入提交法院，裁定书裁定内容均系指向第三方，未对苏某甲本人提出具体要求。因此，当苏某甲取得顾某某偿还的钱款后，面对屡次索要欠款的苏某乙等人，其优先向对方偿还债务，其主观上并不是为了逃避、抗拒执行法院判决、裁定，而是为了尽快履行到期债务。而且针对侦查机关提出的，顾某某选择以现金的方式向苏某乙偿还钱款，是为了逃避执行法院判决、裁定，根据顾某某的证言和苏某甲的陈述，选择以现金方式偿还债务是顾某某的主张，因为苏某甲涉案涉诉，名下银行卡均已被冻结，无法接收转账，仅仅依据还款方式，并不能证明苏某甲具有逃避、抗拒执行法院判决、裁定的故意。

第四，苏某甲与苏某乙、苏某丙等人具有亲属关系，并不影响双方合法债权债务关系的认定。侦查机关认为，苏某甲优先偿还苏某乙、苏某丙等人债务，是因为双方具有亲属关系，据此，可以认定苏某甲具有逃避、抗拒执行判决裁定的故意。首先，双方具有亲属关系并不影响双方合法债权债务关系的认定，法律并未规定亲属的债务与非亲属债务在履行上有任何分别。同时，虽然双方是亲属关系，但债务存在时间超过了张某某债务存在时间，苏某乙、苏某丙身患癌症是客观事实，苏某甲对两人的债务具有履行的现实紧迫性也是客观事实。因此，双方具有亲属关系并不能认定苏某甲主观上具有逃避、抗拒执行法院判决、裁定的故意。

综上，既然法律没有明确将优先履行其他到期合法债务、具有现实紧迫性的债务列为"对人民法院的判决、裁定有能力执行而拒不执行，情节严重"的情形，在案件审查中不宜进行扩大解释而降低入罪标准。而且该案中被履行的债权人具有一定的特殊性，从立法目的等角度综合考虑，不宜认定苏某甲的行为构成拒不执行判决、裁定罪。

王某某诉冯某某精神损害赔偿民事支持起诉案[*]

【基本案情】

原告（被害人）王某某，女，12岁，小学生。

被告（刑事被告人）冯某某，男，1978年出生，汉族，中专文化程度。

2021年1月，冯某某无证开设校外培训辅导班。1月23日冯某某在给王某某一对一辅导数学作业期间，连续两天实施搂抱、亲嘴、摸胸等猥亵行为。案发后王某某出现易怒、冲动、焦虑、失眠等严重创伤性应激反应。被害人家长报案后，冯某某被公安机关抓获，到案后如实供述犯罪事实。

2021年4月29日，检察院以猥亵儿童罪对冯某某提起公诉，被害人法定代理人提起关于精神损害赔偿的刑事附带民事诉讼，要求冯某某赔偿精神抚慰金5万元。法院对冯某某猥亵儿童案予以受理，并以被告人冯某某犯猥亵儿童罪，判处有期徒刑1年8个月。但是，对被害人法定代理人提起的刑事附带民事诉讼未予受理。于是，被害人法定代理人向法院提起单独民事诉讼的同时，向检察机关申请支持起诉。鉴于被告人对被害人确实造成了极大的心理伤害，检察机关决定支持被害人提起民事诉讼。

2021年5月31日，在检察机关支持起诉的情况下，法院受理原告王某某提起的精神损害赔偿民事诉讼。经审理，法院采纳了检察机关支持起诉意见，经调解被告当庭向原告支付精神损害抚慰金2.5万元，并向原告赔礼道歉。

---

[*] 作者简介：杨君臣、张彩彩、王华兴，甘肃省白银市白银区人民检察院。

【检察机关履职过程】
一、综合救助

某市某区人民检察院接到公安机关通知后，迅速提前介入侦查，监督公安机关"一站式"完成对王某某的询问、身体检查、心理干预等工作，避免重复询问对被害人造成"二次伤害"。安排具备心理学知识的人员，对王某某进行心理疏导。针对被害人家庭困难现状，检察机关及时启动司法救助程序，为王某某申请发放司法救助金1万元，多元保护、综合救助未成年被害人。

二、支持起诉

2021年4月29日，检察机关以猥亵儿童罪对冯某某提起公诉，未成年被害人及其法定代理人提起关于精神损害赔偿的刑事附带民事诉讼，但法院对附带民事诉讼部分未予受理。被害人及其法定代理人又向法院提起人身损害纠纷民事诉讼，并向检察机关申请支持起诉。

检察机关对王某某诉请的事实证据、法律适用以及支持起诉的必要性进行了全面审查。作出支持起诉决定后，检察机关与法院积极协调，并提供社会调查报告，证实被害人王某某因性侵导致心理障碍等问题，充分阐明两次对不满14周岁幼女实施猥亵行为造成人身损害，致其精神受到严重损伤，依法应当对其进行民事损害赔偿的支持起诉意见，推动法院受理案件，并建议启动"诉讼费减缓免"程序，获得法院认同和支持。经审理，法院采纳了检察机关支持起诉意见。综合考量被告人犯罪手段、悔罪态度、赔偿能力和被害人受损伤程度、本地经济发展水平等因素，最终促成双方达成赔偿协议，由被告支付被害人精神损害抚慰金2.5万元。

三、延伸履职

针对案件背后校外辅导班"无证办学，监管缺失"的问题，检察机关认真调研排查，排摸出食品安全、消防安全等多重安全隐患。邀请人大代表、政协委员、人民监督员及相关职能部门召开听证会，研究提出治理措施和建议，并向区教育局、区市场监督管理局等职能部门发出行政公益诉讼诉前检察建议。督促相关行政职能部门齐抓共管，全面开展集中整治工作，依法注销、关停19家校外培训机构，查处并整改安全隐患等相关问题300余个。

【评析意见】

在办理性侵未成年人案件时，检察机关应当关注被害人心理健康和精神受损程度，对确有必要提起精神损害赔偿，而被害人未能通过刑事附带民事诉讼主张的，可以支持被害人单独提起精神损害赔偿民事诉讼。对办案中发现的个案背后的问题，检察机关可以通过行政公益诉讼等方式，督促相关职能部门依法履职，净化未成年人成长环境，推进未成年人保护社会治理体系和治理能力建设。

一、性侵害未成年人造成严重精神损害的，可例外适用提起精神损害赔偿诉讼

未成年人遭受性侵害后，精神上造成的创伤往往伴随未成年人成长，是较为持久的存在。将未成年人主体身份作为严重精神损害事实的考量因素之一是《未成年人保护法》第4条特殊、优先保护在精神损害赔偿领域适用的具体体现。对于犯罪情节恶劣，导致未成年人遭受严重精神损害，可以把2021年最高人民法院《关于适用〈中华人民共和国刑事诉讼法〉的解释》第175条第2款"一般不予受理"规定理解为在例外情况下可予以受理。

二、检察机关履职，依法支持遭性侵未成年人提起精神损害赔偿诉讼

检察机关应当全面审查未成年人的受侵害事实、精神损害后果、治疗康复情况、未来发展需要、是否得到有效赔偿等内容，通过支持民事起诉及时抚慰被害方心理创伤。在程序适用过程中，检察机关应当尊重未成年被害人及其法定代理人的真实意愿，结合个案情况对当事人提出的刑事附带民事诉讼或者单独提起精神损害赔偿民事诉讼予以支持。

三、强化全面综合保护意识，促进诉源治理

检察机关办理性侵未成年人案件中，在严格落实未成年人特殊保护制度，积极开展"一站式"询问、心理疏导、经济救助等工作的同时，还应牢固树立综合保护意识，注意挖掘教育辅导机构暴露出的社会治理漏洞，通过行政公益诉讼等方式，督促相关职能部门依法履职，净化未成年人成长的社会环境。

网吧未成年人网络消费民事公益诉讼案*

【基本案情】

2021年10月,某区人民检察院在审查刑事案件时发现某区某某网吧存在违法接纳未成年人的问题,其行为可能致使社会公共利益受到侵害。检察机关对刑事案件审查中发现的未成年人可能受侵害的公益诉讼线索进行认真分析研究,制定出周密的立案调查取证方案,并迅速展开调查。

经调查查明:2017年9月以来,被告高某某在经营某区某某网吧期间,长期接纳未成年人在网吧上网消费,甚至上网过夜。2021年10月8日,某市某区文化体育和旅游局吊销被告某区某某网吧《网络文化经营许可证》后,被告仍无证营业、违法接纳未成年人上网消费,严重损害不特定多数未成年人的身体权、健康权,损害社会公共利益。2017年9月22日至2022年1月7日期间,某区某某网吧违法接纳多数不特定未成年人在该网吧上网时长79 824.85小时,获取非法利益即违法收取未成年人上网费用319 299.4元。

检察机关履行了民事公益诉讼诉前公告程序。公告期满后,没有法律规定的机关或有关组织提起民事公益诉讼,社会公共利益仍处于受侵害状态,符合提起民事公益诉讼的法定条件。某区人民检察院层报请示省人民检察院批复同意后,由市人民检察院抽调某区人民检察院检察官组成市区两级检察官"一体化"办案团队,对某区某某网吧及其负责人高某某提起民事公益诉讼。

2022年12月5日,某市中级人民法院作出一审判决,判令:

---

* 作者简介:杨君臣、张彩彩、王华兴,甘肃省白银市白银区人民检察院。

（1）被告某区某某网吧停止接纳未成年人进入涉案场所，并对接纳未成年人进入该场所行为造成的影响在市级主要媒体向社会公众赔礼道歉；（2）被告某区某某网吧向某市人民检察院缴纳因其违反法律规定接纳未成年人获取非法利益而损害社会公共利益的经济损失319 299.4元；（3）被告高某某承担民事连带责任。

法院宣判后，被告某区某某网吧及被告高某某在法定期限内未提出上诉，某市中级人民法院作出的一审判决生效。后被告某区某某网吧对违法接纳未成年人进入该场所而造成的影响在《某区日报》向社会公众赔礼道歉；其违反法律规定接纳未成年人而损害社会公共利益的赔偿款319 299.4元已通过法院、检察院全部转入某市某区财政局"公益诉讼专用账户"。

【检察机关履职过程】

一、公安机关协助排除阻力，检察机关依法调查查明网吧违法事实

在调查某区某某网吧期间，发现该网吧违法接纳未成年人上网消费，但在检察机关依法调查提取相关记录时，网吧相关管理人员不但不予配合，且起哄、围攻、阻拦检察调查人员，检察人员遂电话请求公安机关出警协助。公安机关迅速派出治安警察到达现场制止起哄闹事、阻止检察调查等违法行为，维护调查现场秩序，排除调查阻力，协助检察人员对网吧上网未成年人进行核实，当场查明数十名上网消费的未成年人。公安机关对调查现场进行录像，协助检察机关对在网吧上网过夜消费的未成年人身份进行逐一核实，为确保未成年人的人身安全，电话通知监护人接走上网消费的未成年人，并将监护人无法到场的未成年人连夜护送回家。

二、大数据赋能未成年人检察，人工智能精准锁定法律监督目标

网吧运营管理平台中的未成年人上网时长、上网费用等数据具有分散性，难以查明涉案网吧侵害不特定多数未成年人合法权益给国家和社会公共利益造成的损失。面对这一实践困境，检察机关积极探索大数据及人工智能技术在检察公益诉讼调查取证工作中的运用,在检察技术人员的协助下运用人工智能技术进行数据检索、筛选与提取,将海量杂乱无章的分散性数据转化为具有条理性、集中性的档案化数据,数据建模比对,信息统计与数据挖掘,实现证据链分析和多维度数据获取与重构,依法对提取的网吧运营数据进行智能分析,有效锁定网吧侵害国家和社公共利益的大数据证据。根据人工智能分析统计,某区某某网吧违法接纳多数不特定未成年人在该网吧上网时长79 824.85小时,获取非法利益即违法收取未成年人上网费用319 299.4元。数据赋能,促进检察机关公益诉讼案件办理实现快速取证和精准监督;智能建模分析,助推检察机关智慧检务建设提质增效。

三、依法制发行政公益诉讼诉前检察建议,督促行政机关依法全面履职

检察机关对调研材料进行审查后认为,某区某某网吧长期违法接纳未成年人上网消费的现象背后,反映出某区文化体育和旅游局怠于履行网吧监管职责的问题。对此,检察机关向其制发督促履职的检察建议,某区文化体育和旅游局予以采纳整改,且回复:通过专项整治、加强巡查力度、加强部门联动、加强宣传教育等方式对辖区内网吧进行了拉网式排查整治,落实未成年人保护法等相关法律法规。某区某某网吧因违法接纳未成年人已被吊销《网络文化经营许可证》。

四、能动融合履职,未成年人沉迷网络民事公益诉讼案获判决支持

检察机关通过行政公益诉讼督促某市某区文化体育和旅游局、市场监督管理局及公安局联合执法,依法查封关停屡教不改、屡罚屡犯的违法网吧。同时,检察机关对某区某某网吧继续调查取证,通过民事公益诉讼履职。在案件层报请示省人民检察院批复期间,省人民检察院未成年人检察部门承办检察官前往某市人民检察院听取市区两级人民检察院办案检察官对案情的汇报,分析案件存在的问题及应当采取的对策和措施,指导基层人民检察院办案检察官进一步完善取证等相关工作,保证了案件办理及民事公益诉讼活动的

顺利进行。2022年2月某市人民检察院依法向某市中级人民法院提起民事公益诉讼，法院经依法公开开庭审理，判决支持了检察机关提出的全部公益诉讼请求。

五、依法"冻结"企业登记变更注销行为，保证民事公益诉讼顺利进行

为保证公益诉讼的正常进行，2022年1月检察机关向某市某区市场监督管理局制发《关于某市某区某某网吧被立案调查的协助函》，建议某市某区市场监督管理局在某区某某网吧涉未成年人民事公益诉讼案件办理期间，停止办理某区某某网吧企业登记变更注销申请事宜，防止网吧为逃避责任在诉讼期间注销企业主体。因此，即使该网吧在检察机关提起公益诉讼期间多次进行注销登记企业申请，试图逃避公益赔偿责任，但因检察机关预防措施及时得当，被告人某区某某网吧妨害民事公益诉讼的意图未能得逞。

【评析意见】

"互联网+"时代，网络极大丰富和拓宽了未成年人视野，但其负面影响给未成年人保护工作带来了极大挑战。检察机关在履行未成年人保护职责时，应当将"大数据+检察"深度融合，充分发挥大数据证据优势，积极关注不同职能之间的统筹协调，准确定位网吧违法接纳未成年人，诱导未成年人沉迷网络游戏，甚至留宿未成年人在网吧上网过夜等侵害未成年人身心健康的问题，运用大数据、人工智能等高科技手段进行数据检索、数据筛选、数据分析，有效锁定经营者违法经营行为的关键数据，及时固定、提取其侵害国家和社会公共利益的相关证据，通过检察公益诉讼履职，遏制网吧违法接纳未成年人沉迷网络而谋取违法利益的行为，全面保护未成年人合法权益，实现未成年人保护"1+5>6=实"的社会效果。

未成年人健康成长事关家庭幸福、国家未来和民族复兴，其保护措施的主体涉及学校、家庭、社会、政府和司法机关等，目前尚未形成合力。对此，检察机关对未成年人检察工作的重要性必须有充分的认识。未检业务集中统一办理是近年来从未成年人保护的实际需求，及检察机关的职能和人民群众在未成年人保护要求的结合点出发做出的，有利于补齐未成年人保护法律执行和实施短板，有利于发挥检察机关法律监督职能的重要举措。要积极发挥履职能动性，充分运用未检一体化办案模式，重视未检刑事案件反映出的未成年人保护工作漏洞，以"最有利于未成年人"原则为指引，充分融合履行未检"四大检察"职能，尤其是新时代新形势下的未成年人保护公益诉讼职能。做实未成年人各项特殊制度，善用综合履职、调查研究找准问题根源，针对问题以专项行动方式靶向发力，同时沟通联动内外形成合力，推动解决人民群众反映强烈的未成年人保护热点、难点和痛点问题，不断深化未成年人全面综合保护，助推未成年人保护社会治理体系和治理能力建设，实现未成年人保护"1+5>6=实"的社会效果。

督促淘汰落后产能砖瓦轮窑企业行政公益诉讼检察听证案[*]

【基本案情】

2022年3月，某区人民检察院在履行公益监督职责中发现，某区淘汰类生产工艺设备中砖瓦轮窑淘汰退出整改工作进展缓慢、拆除不彻底，遂依法决定立案调查。办案组及时走访工信、自然资源、生态环境部门及各乡镇和相关企业，对辖区所涉淘汰退出的砖瓦轮窑企业进行摸排，通过无人机拍摄和卫星遥感技术查明涉案区域历史地貌和现场情况，还原涉案现场历史影像。查明某区有7家砖瓦轮窑企业未依法淘汰退出，其中某乡未拆除1座，某甲镇未拆除3座，某乙镇未拆除3座，影响周边生态环境。

2022年5月17日，某区人民检察院依法向工信、生态环境部门及3家乡镇政府制发并宣告送达诉前检察建议书，督促各部门依据各自职能，会同相关监管单位，结合某区烧结砖生产企业现场调查的专家意见，对上述问题依法合理处置，并做好砖瓦轮窑落后产能淘汰退出后的土地复垦和生态环境综合治理工作。检察建议书发出后，检察机关及时跟进、了解问题整改情况，发现存在三个问题：一是被建议单位没有达成联合整治合力，整改力度不够、协同性不足；二是部分有整改能力的企业等待观望，不主动履行主体责任，试图等待政府迫于各方压力而出资开展整改工作，转嫁整改责任，节省拆除恢复费用；三是部分企业存在破产或负责人被监禁等问题，不配合整改或无力整改。

---

[*] 作者简介：张勇、彭丹，甘肃省白银市白银区人民检察院。

【检察机关履职过程】

为解决整改中存在的问题，要明确企业整改义务，准确厘定行政管理职能与责任，提高行政机关协同性。某区人民检察院将该案公开听证专门向某区人民检察院汇报，市人民检察院确定由分管副检察长主持本案听证活动。为保证公开听证效果，某区人民检察院根据本案具体情况，从听证员库中选任熟悉环保及国家产能政策的2名人大代表、政协委员担任听证员，并邀请1名人民监督员参与案件听证，并提前一周向听证员送达公开听证邀请函，并附公开听证案件基本情况、相关法律规定、行政机关职责清单，向被监督单位、相关企业送达公开听证通知书，告知听证员、被监督单位本次听证的主要议题、听证流程等，同时邀请听证员在听证前实地查看涉案现场，了解整改情况。

2022年6月24日，某市、某区人民检察院联合召开听证会，3名听证员、5家被监督单位代表及相关责任单位、企业参加公开听证，会议由某区人民检察院分管副检察长主持。听证会上，书记员宣读了听证会纪律，检察官详细介绍了案件情况和听证问题，现场播放涉案现场卫星遥感影像和无人机航拍视频，向与会人员讲解国家政策和公共利益受损状态。5家被监督单位代表结合各自职能就问题整治说明情况，坦诚表达困难和分歧。各企业负责人说明不配合整改或无力整改的原因，对企业遇到的破产、经营困难等问题出示了相关证据，提出窑体拆除后建筑垃圾清理难的问题，并提出企业转型发展的诉求。在检察机关的组织引导下，各方深入质证与答辩，检察机关对乡镇政府和行政机关职责进行释法说理，并针对企业存在的两种问题分别提出具体的解决建议。

听证员针对各方分歧点，分别就案件事实、案件证据、法律适用等问题进行提问后进行闭门评议，支持了检察机关的解决建议并发表三条听证意见和建议：一是行政机关和属地政府应高度重视《检察建议书》的整改落实，根据建议认领各自责任，保证"认领、认责、认改"，做到联合整治；二是有整改能力的企业主动履行拆除恢复责任；三是对于无整改能力的企业，由政府代履行后依法向企业追偿。主持人结合听证员意见对听证会进行总结并提出进一步监督意见，通过公开听证，5家被监督单位表态接受《检察建议书》提出的全部问题和建议，主动认领责任，尽快协同推进整改，企业对自己应负的责任表示认可，部分有整改能力的企业当场表态主动履行拆除恢复责任。针对企业存在的建筑垃圾清理难题，生态环境部门提出就地垃圾分类，二次化利用的意见并督促落实；针对企业转型发展诉求，国土资源部门提出原地发展碳汇林地的建设建议，受到企业的认可。通过听证，各方达成既抓关停整治、又抓矛盾化解和转型发展的意见，取得了良好效果。

听证会后，检察机关持续跟进听证会落实情况，5家被监督单位达成联合整治方案，强化协调配合，着力推进整治。2022年7月初，被监督单位书面回复：相关涉案企业砖瓦轮窑窑体现已完全拆除，下一步将督促企业严格落实主体责任，加强日常巡查力度，防止淘汰退出落后产能"死灰复燃"。2022年7月13日，某区人民检察院结合相关专家意见、整改方案和回复情况，对整改情况进行了实地查看，并利用无人机对涉案现场进行了拍摄取证，确认7家依法依规淘汰退出烧结砖企业砖瓦轮窑已全部完成了砖窑窑体、脱硫塔、生产线设备设施拆除和垃圾清运及场地平整工作，较好地完成了某区落后产能淘汰退出整改工作。

【评析意见】

针对砖瓦轮窑淘汰退出整改中存在的行政职能与责任交叉、行政协同性不足、企业不配合等问题。检察机关充分发挥公益诉讼职能，组织公开听证会，确定监管责任，敦促企业承担责任，推进诉前检察建议整改落实，将关停整治、矛盾化解和转型发展统筹考虑，全力保障经济社会高质量可持续发展。

一、针对行政责任交叉、履职主体多元、整改进度缓慢的监督案件，通过召开听证会厘清整改责任，推动问题全面解决

淘汰落后产能是推动供给侧结构性改革、促进产业结构调整和生态文明建设的重要举措，本案中，检察机关发现砖瓦轮窑企业落后产能淘汰退出工作进展缓慢问题后，依法向多家负有职责的行政

机关制发检察建议，并在跟进发现监督整治效果不佳后，通过组织公开听证，引导各方"面对面"表达意见，并依法向各方展开释法说理，促使各方主动认领责任，着力解决了整改过程中存在的行政协调配合不足、整改合力不强、源头治理效果不佳等问题，助推整治工作取得实效。

二、采用市、区两级院联合听证模式，强化听证效果，提升办案实效

本案中，问题跨度时间长、整改难度大、争议焦点多，基层检察机关在发现案件特殊性、重要性后依法向上级院汇报，上级院立即予以支持，确定两级院联合召开听证会，并由分管副检察长亲自主持公开听证，检察听证效果显著，是两级检察机关联合办理公益诉讼听证案件的有益探索和尝试，对于类似案件的办理具有良好参考价值和借鉴意义。

三、持续跟进监督确保整改，做实做细听证"后半篇文章"

会后，检察机关全力抓好听证会成果落实，加大督促力度，推动生态环境、工信、属地乡镇等部门制定整治方案并开展联合整治，同时实地查看、评估整治效果，确保听证会各项合议全部落实，达到了通过听证化解矛盾、释法说理的效果，实现了"政治效果、法律效果和社会效果"的有机统一。

某市市场监督管理局不当履职案*

【基本案情】

某市妇幼保健院、某市残疾人康复中心（某市康复中心医院）、某市精神卫生中心存在在医疗服务项目活动未执行依法制定政府定价的违法行为。某市妇幼保健院对尿沉渣定量检验3元/次的收费标准，实收费24元/次；对"唐氏综合征筛查"项目74元/次的收费标准，实收费222元/例。对"导尿管置管"费与"留置导尿"费同时收取，自立收费项目就诊卡费及一次性手套费并自定标准进行收费，存在高于政府定价收费、重复收费、自立收费项目等违法行为，违法收取费用共计601 573.7元。某市残疾人康复中心将心脏彩色多普勒超声彩超检查与其他多个项目打包检查收取费用；加价销售医用特殊卫生材料和高值植（介）入类医用耗材，存在变相强制服务收费、高于政府定价收费的违法行为，违法收取费用共计204 679.85元。"精神科监护"医疗服务项目包含"精神病人护理"医疗服务项目，某市精神卫生中心在实际执行中向患者双重收费，存在重复收费的违法行为，违法收取费用共计2 572 020元。

【检察机关履职情况】

2022年3月，某市人民检察院在开展"全面深化行政检察监督依法护航民生民利"专项活动中发现该案线索，遂依法受理。一是向某市市场监督管理局调阅审查了案件卷宗，初步向该局法制人员了解案件基本情况；二是询问三家医院负责人、财务等相关工作人员，核实认定违法事实情况；三是与该局相关领导、审核人员、办

---

* 作者简介：刘欣、郭成华，甘肃省平凉市人民检察院。

案人员就本案详情、考量因素、处罚结果及存在的问题等召开了座谈会。经调查确认，三家医院确实存在在医疗服务项目活动中未执行依法制定政府定价的违法行为，某市市场监督管理局认定事实清楚、程序合法正当，但适用法律明显有误，存在滥用自由裁量权的违法行为。

在监督意见中，检察机关认为，根据《价格法》第12条、《价格违法行为行政处罚规定》第9条及国家发展和改革委员会《关于印发〈规范价格行政处罚权的若干规定〉的通知》（以下简称《通知》）（已失效）第12条之规定，经营者进行价格活动，应当遵守法律、法规，执行依法制定的政府指导价、政府定价，对不执行政府指导价、政府定价的，责令改正，没收违法所得，并处违法所得5倍以下的罚款，其中从轻处罚的具体处罚幅度应当为违法所得的2倍或者1倍以下。本案中，某市市场监督管理局认为三家医院积极主动配合，非主观故意，且能及时规范自身价格行为，符合从轻或者减轻处罚情形，从而仅给予其没收违法所得的行政处罚，未按规定进行罚款处罚，与《通知》规定的罚款处罚幅度不符，违反了行政处罚自由裁量权过罚相当的原则。

2022年4月12日，某市人民检察院向某市市场监督管理局制发检察建议，建议对违反自由裁量权、适用法律有误的违法行为进行纠正，并组织执法人员对全市所有医疗机构进行执法摸排检查，督促问题机构健全、落实内部监管机制，依法依规从事医疗活动。同时注重执法人员业务能力素养的提升，强化其规范办案意识，确保依法行政。该局收到检察建议后高度重视、并根据检察建议内容迅速安排部署，针对该案及全市医疗行业突出问题召开专题会议。经会议研究，决定撤销原行政处罚决定，对三家医院重新作出没收违法所得并处一倍罚款的行政处罚。针对医疗行业乱象，该局结合省局部署，迅速组织人员对全市所有医疗机构开展全面摸排和重点检查，对涉及的违法行为统一查处，并责令整改，有效改善了全市医疗环境、规范了医疗行业依法从业，取得了良好的社会效果。

【处理结果】

2023年3月24日，某市市场监督管理局依法向某市某区人民法院申请强制执行。某市某区人民法院受理该案后，邀请某区人民检察院开展执行法律监督并共同参与行政争议化解。某区人民检察院开展依法审查，经汇报市人民检察院后发现该案为市人民检察院监督案件的后续，遂开展跟进监督。经审查，该处罚认定事实清楚、适用法律准确，程序合法正当，某区人民法院非诉执行活动亦无不当。经释法说理，三家医院对处罚依据和程序均无异议，但认为处罚一倍罚款金额过高。2023年4月24日，某区人民法院联合区检察机关邀请双方当事人召开听证会，双方当事人充分发表了意见，检察机关建议行政机关秉持处罚和教育相结合的原则，能适当考虑疫情过后医院的实际困难，共同推动本案执行终结。某市市场监督管理局充分考虑了检察机关意见并经集体会议研究，同意对三家医院的罚款减半收取。2023年5月，三家医院先后缴清全部罚款，某市市场监督管理局依法撤回强制执行申请。至此，行政违法行为得以及时纠正，行政争议也得到了实质性化解。

【评析意见】

医疗服务是社会服务保障体系的重要组成部分，是维护社会平稳运行、解决群众后顾之忧的"压舱石"。检察机关积极主动开展医保领域打击欺诈骗保专项整治工作，充分发挥检察监督职能，督促行政机关纠正违法，既解决人民群众"看病贵"问题，又主动融入并服务地方大局工作，规范医疗服务行业，为推动地方经济高质量发展贡献检察力量。

医疗事业具有公益性，其医疗活动具有专门性、专业性和特殊性，医疗服务涉及社会公共利益，医疗安全更关乎民生福祉，与老百姓的贴身利益息息相关。行政机关在该领域执法过程中行使自由裁量权并非完全"自由"，其在已经制定行政处罚裁量权细化量化标准的情况下，应遵循细化量化的裁量规则，遵循违法程度与处罚幅度相适应的原则。检察机关积极回应人民群众的合理诉求，依法履职，规范行政机关自由裁量权的行使，妥善化解行政争议，减少当事人诉累，同时积极参与社会治理，推动行政机关加强对医疗服务事前、事中、事后监管，严厉查处行业流弊，推动乱象整治，确保执法的法律效果、社会效果和政治效果的有机统一，为社会经济持续、稳定、健康发展营造良好法治环境。

程某等3人过失以危险方法危害公共安全案*

【基本案情】

2020年9月，被害人丁某约程某、史某、史某某与其一起用电网猎兔，三人均表示同意，后被害人丁某携带事先准备好的电瓶、"电猫"、铁丝、铁钎子、竹签子等工具，同程某、史某、史某某等一同驾车前往某县梁原乡杜家沟村前庄社新庄沟口附近架设电网。当日晚7时许，被害人丁某接通电源，四人返回车上休息至当晚11时许，捕获兔子7只，次日早晨7时许，当丁某在拆除"电猫"与电瓶线时，被电击倒地，史某、程某、史某某发现后，积极对其施救，后经医生诊断被害人丁某已死亡。程某和史某将被害人丁某尸体拉回案发现场。经某县公安司法鉴定中心鉴定，被害人丁某系被电击死亡。某县公安局以史某、程某、史某某三人涉嫌以危险方法危害公共安全罪移送某县人民检察院审查起诉，某县人民检察院审查后认为犯罪嫌疑人程某、史某、史某某的行为构成过失以危险方法危害公共安全罪。因定性存在争议，遂请示某市人民检察院。

本案焦点问题在于，被害人亦是行为人，身份存在重合情况下，其他三人是否应对丁某某的死亡承担刑事责任。

【分歧意见】

在本案审查过程中形成以下几种不同意见：

1. 程某等3人构成以危险方法危害公共安全罪

行为人用私拉电网的手段进行打猎，并且选择的地点并非人迹罕至的地方，行为人应当意识到私拉电网可能会造成人员伤亡，但

---

* 作者简介：张廉妍，甘肃省平凉市人民检察院。

还是继续实施这种行为,其主观上是故意,应当以以危险方法危害公共安全罪定罪。

2. 程某等 3 人构成过失以危险方法危害公共安全罪

从行为人的具体行为来看,他们意识到私拉电网可能会造成危害后果,但是轻信能够避免危害后果的发生,尤其是避免对共同行为人的伤害,其三人主观上属于过失,造成了危害后果,且程某、史某、史某某非法架设电网的行为与被害人丁某的死亡之间具有因果关系,对于被害人丁某的死亡原因不能仅仅归咎于被害人丁某自己拆除"电猫"与电瓶之间的连接线的行为,不能将被害人拆除连接线的行为与其他三人非法架设电网的行为割裂开来。故三人的行为构成过失以危险方法危害公共安全罪;因过失以危险方法危害公共安全罪是过失犯罪,故三人之间不存在共同犯罪的问题,根据《刑法》第 25 条第 2 款的规定:"二人以上共同过失犯罪,不以共同犯罪论处;应当负刑事责任的,按照他们所犯的罪分别处罚。"也就是说三人应当对被害人丁某的死亡按照过失以危险方法危害公共安全罪分别承担责任。

3. 程某等 3 人构成过失致人死亡罪

该案的特殊性就在于被害人与行为人重合,并且本案中被害人既是犯意的提起者,亦是犯罪工具准备者、犯罪行为的积极实施者。我国《刑法》平等地保护每个人的生命权,不能因为被害人是行为实施者就忽略这个事实。且本案其他三人在主观上属于过失,客观上亦造成了被害人死亡的结果,故符合过失致人死亡罪的构成要件,应当以过失致人死亡罪追究三人的刑事责任。

4. 程某等 3 人不构成犯罪

根据被害人自我答责理论,本案中的损害结果体现了被害人的意志,处在被害人的行为支配范围内,包括提起犯意、准备工具、着手实施行为,故被害人应对不发生损害结果具有优先负责性,也就是说被害人有责任,行为人就不成立犯罪。

【评析意见】

从以上案件的处理过程不难看出,此类案件的定性存在很大争议，笔者认为，对于此类案件的定性应对全案综合把握，主要从以下几个方面进行分析：

1. 综合考虑行为人架设电网所处的客观环境

就打猎而言，一般来说行为人会选择在较为偏僻且有野生动物出没的地方架设电网进行打猎，或是在庄稼地附近，这就需要综合考虑架设电网的环境是否为人迹罕至的地方，有无对不特定多数人的生命财产安全造成了威胁。这也是过失致人死亡罪与以危险方法危害公共安全罪的重要区别。

2. 从行为人实施的具体行为来推断其主观心态

私设电网进行打猎致人死亡，一般来讲犯罪嫌疑人都会辩解其主观上没有犯罪的故意，只是为了打猎。在审查此类案件时，应从行为人架设电网的时间、地点、目的，以及在架设电网后有无采取警示措施等行为来综合判断行为人的主观心态，如果行为人选择在白天某个时段并且在有人活动的地方架设电网，并在实施行为期间未采取任何警示措施，作为一般人应该会预见到私拉电网可能会对公共安全造成威胁，说明行为人主观上至少是间接故意。以危险方法危害公共安全罪和过失以危险方法危害公共安全罪的主要区别就在于行为人行为时的主观故意内容。

3. 架设电网致人死亡中的"人"是否只包括行为人以外的人？

本案例的特殊性就在于被害人与行为人重合，并且案例中被害人是犯意的提起者、行为的主要实施者（四人中只有被害人懂得如何设置电网打猎）。有人认为，我国刑法平等地保护每个人的生命权，不能因为被害人是行为实施者就忽略这个事实。笔者认为，刑法虽平等地保护每个人的生命权，但是每个人都需要为自己的行为负责任，行为人作为一个具有自由意志的人，实施了受自己意志支配的行为，就应该对行为造成的结果承担相应的责任。

4. 自答责理论的适用

自我答责理论是德国刑法中的理论，是指一个自由的人应当对自己的行为（作为或者不作为）负责。它的哲学基础是康德和黑格尔的"人都是有自由意志的"，即人是有自由意志的，可以自我决定实施或者不实施某种行为，那么他就要为自己的决定负责。自我答责需要考虑三个因素即自由意志、行为、结果。自我答责分为行为人自我答责和被害人自我答责。行为人自我答责是指行为人对出于自我意志的危害行为造成的损害结果负责，这也是刑法学传统的归责理论。被害人自我答责是指损害结果体现了被害人的意志，处在被害人行为支配的范围内，就存在被害人对不发生损害结果的优先负责性。被害人答责理论是否认行为人成立犯罪的基本原则，也就是说被害人有责任，行为人就不成立犯罪。本案中，被害人丁某自己提起犯意、准备工具，着手实施，造成自己死亡的危害后果，属于被害人自我答责范畴，故其他行为人就不成立犯罪。

综上，对本案的处理提出以下分析意见：

第一，程某等3人确系故意参与丁某私拉电网行为，但却不存在针对被害人丁某的故意侵害行为，更对丁某的死亡无任何故意。程某等3人对丁某的死亡至多只有过失。对丁某的死亡，3人并无未尽何种适当注意义务之情势，不构成疏忽大意之过失。3人即便认识到了所参与的丁某本人实施的设置、拆除电网行为有可能导致对丁某的某种侵害，3人也有足够理由相信丁某能避免危险活动对其本人的侵害，因为只有丁某一人掌握如何设置及拆除电网，且其他3人也仅仅是在丁某的指导下开展相应的辅助工作。所以，程某等3人对丁某的死亡结果唯一有可能成立的，只有过于自信的过失。但是从本案中四人在该共同危险活动中通过电瓶来源、操作主导者等实际因素显示出的主次地位来看，其他3人显然难以预见，在全程中提议实施、准备充分、操作认知的主导者丁某在自己操控的这次危险活动中会侵害到本人，更难以预见到会发生导致死亡这样严重的损害后果。所以，认为其他3人对丁某之死亡成立有认识的过失过于牵强，缺乏理据。

第二，程某等3人对丁某既没有故意实施各种侵害行为，也对丁某的死亡不构成刑法意义上的任何过失。所以3人不构成对丁某的任何犯罪，对丁某之死亡当然不必承担任何刑事责任。退一步讲，假设程某等3人在和丁某共同实施此次危险行为的过程中存在某种过失：仅仅应丁某之邀请一同前往私拉与拆除电网之现场，辅助丁某架设电网，目睹丁某亲自接通电源、拆除电网。其他3人对本次危险活动的参与是否对丁某之人身法益制造了某种不被容许的风险？显然没有。因为有无3人对丁某之邀请的响应、与丁某一同前往架设电网，并目睹丁某亲自拆除其本人主导架设之电网，对丁某是否陷入关乎其人身法益之风险，以及该风险之大小，均不会有任何不同。既然程某3人之参与并没有对丁某之人身制造任何不被容许的风险，那丁某之死亡结果就更不可能系程某3人"造成"或"引起"。因而即便假设3人成立过失，丁某的死亡后果也不可归咎于3人，即3人无须对丁某的死亡结果负责。既然死亡后果不可归咎于程某等3人，那么即便假设3人成立了过失，该过失行为也没有造成刑法意义上的"危害后果"。刑法规定过失犯罪仅在造成危害后果的情况下负刑事责任。程某等3人并没有造成"危害后果"的过失行为，显然不可能构成过失犯罪，自然无须对丁某之死亡承担刑事责任。

第三，从丁某的角度讲，丁某独立倡议私拉电网捕猎，电瓶等工具皆由其本人出具，拉网过程系其本人主导，拆网系其本人单独操作，故丁某在4人共同实施的本次危险活动中始终居于主导地位，丁某对此次活动中本人遇到某种危险的可能性具有比其他人更清晰的认知和判断。全案中，丁某系自己创设了可能危及自己的这一风险，又自己动手意外地实现了这一可能指向其本人的风险。故丁某应为该风险活动以及意外地实现在自己身上的风险（死亡）独立负责。因此，即便假设程某等3人针对丁某制造了法不容许的某种风险，但风险表现所体现出的实际后果也是应该由"被害人"自我负责的。所以，程某等3人对丁某之死亡无须负刑事责任。在程某等3人对丁某之人身侵害既不成立故意，也不成立过失的情况下，程某等3人的行为不可能该当任何犯罪的构成。在不具有该当性的情况下，自然也不存在违法性与有责性的问题。

综上，无论从哪个角度判定，程某与史某、史某某行为都不构成犯罪，对丁某之死亡都不应该负刑事责任。

2021年3月,某县人民检察院根据市人民检察院批复,以犯罪嫌疑人程某、史某、史某某3人的行为不构成犯罪,对三人分别作了法定不起诉处理。

史某某等4人国家司法救助案

【基本案情】

救助申请人史某某,女,1937年12月16日出生,系张某某故意杀人一案被害人陶某某之岳母(陶某某入赘史某某家);救助申请人陶某女,女,1957年1月16日出生,系张某某故意杀人一案被害人陶某某之妻;救助申请人陶某乙,男,1974年8月17日出生,系张某某故意杀人一案被害人陶某某之长子;救助申请人陶某丙,男,1977年3月9日出生,系张某某故意杀人一案被害人陶某某之次子。2019年6月21日晚7时许,被告人张某某与陶某某发生冲突并将陶某某杀害。6月22日5时许,张某某被公安机关抓获。2019年7月17日,经市公安司法鉴定中心鉴定:陶某某系生前被他人用钝器打击头部致开放性颅脑损伤死亡。2021年4月28日某市中级人民法院刑事附带民事判决,判决张某某无罪。

【检察机关履职过程】

史某某等4人申请国家司法救助案由某市人民检察院刑事检察部门在办理一审公诉案件张某某故意杀人罪一案中依职权发现,并将该线索移送该院控告申诉检察部门。控告申诉检察部门经初步审查后,电话联系救助申请人,介绍了国家司法救助相关规定,并委托某县人民检察院指派工作人员到史某某家初步核查了解情况反馈市人民检察院。同年8月27日,某市人民检察院办案人员到救助申请人家中当面询问了其相关情况,同时告知其相应的权利义务及应提交的相关材料。经走访调查:被害人陶某某被张某某杀害后,虽

---

* 作者简介:张廉妍、袁静,甘肃省平凉市人民检察院。

然在诉讼过程中，救助申请人史某某等 4 人提起了附带民事诉讼，要求被告人张某某赔偿死亡赔偿金、被抚养人生活费、丧葬费、精神抚慰金等共计 384 837.00 元，但一审法院以本案事实不清、证据不足为由，判决被告人张某某无罪且不承担民事赔偿责任，因此，救助申请人并未得到实际有效赔偿。陶某某被害后，家中生活陷入困境。被害人陶某某岳母史某某年事已高（84 岁），妻子陶某女丧失劳动能力（64 岁），大儿子陶某乙因患类风湿常年卧病在床，属一级肢体残疾，且医疗花费较多。家中生活支出全靠二儿子陶某丙在外打工收入维持，且还要抚养其两个孩子，生活相当拮据。某市人民检察院审查后认为申请人史某某等 4 人的情况符合国家司法救助对象、范围和条件，遂决定予以救助并上报省院审批，2021 年 12 月，经省院批准向史某某等 4 人发放国家司法救助金 3 万元。同时，针对史某某家庭具体状况，某市县两级人民检察院工作人员联合深入申请人家庭住所地，调查核实其家庭情况，指导申请人完善申请材料，在向救助申请人所在村委会、镇政府工作人员了解相关社会救助政策后，某市人民检察院指令某县人民检察院依据某省人民检察院、某省乡村振兴局《关于建立检察机关国家司法救助助力巩固脱贫攻坚成果同乡村振兴有效衔接合作机制的意见》，向某县乡村振兴局发出《关于对因案致贫的史某某给予最低生活保障的建议函》，职能部门依据政策和检察机关的建议函，将申请人史某某纳入一类低保、申请人陶某女低保标准由二类提高到一类、陶某乙由二类低保转为五保户，享受特困供养政策，切实解决其家庭困境。

【评析意见】

本案系检察机关刑事检察部门在办理一审公诉案件中主动发现并移送司法救助案件线索、控告申诉检察部门及时开展司法救助、上下级人民检察院积极联动及与承担社会救助职责的部门、单位通力协作，同向发力提升救助实效助推乡村振兴的典型案例。案件办理中能够紧密结合检察职能，坚持了司法办案"主动发现、主动告知、主动调查"三主动措施，准确运用国家司法救助政策，将国家司法救助服务社会稳定大局精神贯彻落实到位。

本案中，省市县三级检察机关纵向联动办案，通过联合调查、分级审查、上级院主动指导、下级院积极反馈等形成救助工作合力，增强了工作实效。检察机关注重横向协调沟通，聚力多元化救助，有效解决了被救助人家庭的实际困难。同时，检察机关引导多部门协作，落实司法救助助推乡村振兴工作要求，加强案件、政策等信息共享，形成多方相互支持、积极配合、同向聚合发力的多元化救助格局，切实解决群众于困境之中，实现了国家司法救助工作与巩固脱贫攻坚成果，助推乡村振兴的有机融合，在全面实施乡村振兴战略中贡献了检察智慧和检察力量。

虚假诉讼刑民交叉案[*]

【基本案情】

2017年8月中旬,刘某某(刘某之父)介绍李某某(某生态农业公司法定代表人李某之妹)和魏某某认识,8月15日,李某某经李某委托代表某生态农业公司与魏某某签订1200万元的借款协议。8月15日至16日,刘某、魏某某等人使用700万元资金分三次制造了向李某某借款1200万元的虚假银行交易流水,李某某实际未收到借款。

2017年11月20日,魏某某将某生态农业公司起诉至某市中级人民法院,请求判令某生态农业公司偿还其借款1200万元及利息。12月27日,某市中级人民法院审理后判决某生态农业公司清偿魏某某借款1200万元及利息。某生态农业公司不服一审判决,向某省高级人民法院提起上诉,某省高级人民法院于2018年2月9日作出[2018]民终181号民事裁定,裁定该案按上诉人某生态农业公司自动撤回上诉处理。

【分歧意见】

该案线索系公安在侦查犯罪嫌疑人魏某某、刘某涉嫌虚假诉讼罪中浮出水面。在刑事、民事检察线索转化过程中,该案的主要分歧在于,刑事定罪是否应作为民事检察监督的先决条件。

第一种观点认为,应当遵循"先刑后民"的处理原则。由于公安侦查阶段的刑事证据没有经过法庭质证,因此其证明力具有不确定性。民事检察部门应当在法院裁判认定虚假诉讼的事实后,再对

---

[*] 作者简介:景蕾,甘肃省平凉市人民检察院。

线索进行监督。第二种观点认为，由于刑事定罪标准比民事虚假诉讼的认定标准更为严格，有些虚假诉讼虽不构成刑事犯罪，但符合民事检察的监督条件。民事检察部门应当积极拓宽虚假诉讼监督线索的研判思路，以"刑民并行"的方式开展监督。

【评析意见】

笔者认为，对虚假诉讼的监督不能一概笼统地遵循"先刑后民"的处理原则，混同刑事虚假诉讼罪的追诉条件与民事虚假诉讼的监督标准，就本案而言，以"刑民并行"的方式更有利于全面打击民事虚假诉讼行为。

首先，我国采用"刑民分层制裁"模式打击虚假诉讼，但两者的界限并非一般社会危害程度的递进关系，即虚假诉讼行为在民事违法与刑事定罪之间存在交叉，但两者的内涵与外延又不完全重合。以民间借贷纠纷为例，在涉及虚假诉讼罪的民间借贷案件中，民间借贷合同系虚构事实、捏造证据而来，由于不具真实性而无效。由于2018年最高人民法院、最高人民检察院《关于办理虚假诉讼刑事案件适用法律若干问题的解释》已明确虚假诉讼罪限于"无中生有型"，即涉案的民间借贷关系为凭空捏造、无中生有，因而合同必定因法律关系虚假而无效。但在不构成虚假诉讼罪的民事虚假诉讼案件中，双方之间存在真实的民间借贷关系，只是一方当事人虚增金额、部分篡改事实，虽然可以构成民事虚假诉讼，但其基础法律关系是成立的，民间借贷合同应属有效，检察机关只需监督其虚增、篡改的部分。如虚假诉讼罪将借贷关系"完全虚假"作为构罪基础，而民事检察部门则认为"部分虚假"也符合监督条件。正因为这种规制模式，民事检察监督更加不能依赖于刑事办案结果，而应当及时按民事标准来研判线索。

本案中，魏某某与李某某签订合同后，魏某某向李某某的转账资金来源系刘某筹集的700万元，并利用700万元在两日内制造了1200万元的银行交易流水，实际上李某某并未接收到该笔贷款。当事人在制造银行交易流水后，通过人为制造的虚假银行交易流水，向法院起诉，最终从某省中小企业发展基金向某生态农业公司的投资款中划扣1300多万元资金。当事人主观上捏造证据，骗取法院生效裁判执行划扣资金的事实清楚，确有向法院提起虚假民事诉讼的行为。

其次，根据"罪刑法定"原则，在《刑法修正案（九）》增设虚假诉讼罪之前，法无明文规定则不为罪，但这不影响对民事部分进行监督。2021年3月10日起施行的最高人民法院、最高人民检察院、公安部、司法部《关于进一步加强虚假诉讼犯罪惩治工作的意见》第3条规定："人民法院、人民检察院、公安机关、司法行政机关应当按照法定职责分工负责、配合协作，加强沟通协调，在履行职责过程中发现可能存在虚假诉讼犯罪的，应当及时相互通报情况，共同防范和惩治虚假诉讼犯罪。"第16条第1款规定："公安机关依法自行立案侦办虚假诉讼刑事案件的，应当在立案后三日内将立案决定书等法律文书和相关材料复印件抄送对相关民事案件正在审理、执行或者作出生效裁判文书的人民法院并说明立案理由，同时通报办理民事案件人民法院的同级人民检察院。……"因此，检察机关在办案中要充分发挥刑、民检察融合作用，加强与公安机关的协作配合，在侦查、审查起诉阶段即对案件同步排查，从而及时发现不构成刑事犯罪以及未进入刑事侦查、审查视野中的民事检察监督线索。

本案中，某生态农业公司与魏某某签订1200万元的借款协议后，从借款目的、过程、资金来源、资金流向、债权债务人经济状况等借贷过程的主要证据，经公安机关侦查和承办人审查，1200万元的银行流水系当事人故意制造。但由于公安侦查中，一方利害关系人已死亡，刑事案件定罪证据略显不足，民事虚假诉讼的认定标准比刑事定罪标准更为宽松，因此虚假诉讼这一事实是清楚的，线索证据方面也是确凿的，可以就此开展民事检察监督。

最后，根据"重罪吸收轻罪"的原则，同一个虚假诉讼事实可能涉及不同的刑事犯罪罪名。通常"套路贷"伴随着暴力催收的行为，犯罪嫌疑人大多数被以涉嫌诈骗罪、敲诈勒索罪以及非法拘禁罪等其他罪名追究刑事责任，而这些刑事案件往往也蕴含着民事检察监督线索。如果一味等待刑事裁判结果，可能会错失发现民事检察监督线索的最佳时机。民事检察监督只要事实清楚、证据充分，法院也会依法启动再审程序。

本案中，公安机关对犯罪嫌疑人以涉嫌虚假诉讼罪立案侦查阶段就向民事检察部门移送了相关线索，因此在民事检察部门介入审查后认为，当事人以合法形式掩盖非法目的，提起虚假民事诉讼的事实明确，遂向法院提出了监督意见。在刑事判决作出之前，法院便采纳了检察机关的再审检察建议，对该案作出改判，撤销了原审判决，驳回魏某某的诉讼请求。

综上所述，就虚假诉讼"刑民衔接"监督线索而言，刑事案件事实可以作为民事虚假诉讼监督的依据，但不能混同刑事虚假诉讼罪的追诉条件与民事虚假诉讼的监督标准。由于法院审理民事案件适用的是优势证据规则，证明标准比刑事案件低，法院在审判实践中，主要根据现有证据对案件进行审判，对一些隐蔽性强的案件事实无法进行深入查证，致使多数案件在公安机关侦查中才被发现，加之刑事案件查办周期较长，部分虚假诉讼的民事检察监督可不需要以刑事办理结果为依据，先行通过民事监督纠错，这有效体现了时效价值，更有利于维护公平正义。

苏某某猥亵儿童、强制猥亵案[*]

【基本案情】

2021年1月至2022年6月13日间,苏某某在某省某县、某省某市等地务工期间,用自己身份信息注册多个QQ账号,并将QQ号码伪装成女性主动申请、添加多个学生QQ聊天、加入学习群,冒充"大姐姐"添加群内多名小女孩QQ与其聊天。在获取信任后,苏某某多次诱哄被害人拍摄自己隐私部位的照片发送给其观看,从而满足其性刺激。在收到隐私部位照片后,苏某某要求通过QQ视频电话连线互看对方身体,在遭到拒绝后,苏某某以将隐私照片上传至网络、发给同学等理由相威胁,强迫被害人按要求做抚摸阴部及用牙刷、马克笔等物品插入阴道抽插自慰等动作,被害人因恐惧被迫满足苏某某的要求,在此过程中苏某某使用手机录制视频继续胁迫被害人。截至案发,苏某某使用上述手段猥亵了5名未满14周岁的女童,强制猥亵了1名已满14周岁不满16周岁的女性未成年人。

2022年3月,某市人民检察院未成年人刑事检察办公室检察官深入某市某小学讲授法治教育课,围绕用好"一号检察建议",向各位教师宣传了侵害未成年人案件强制报告制度、密切接触未成年人行业入职查询制度,并推广了"某市检察机关侵害未成年人案件强制报告"小程序。2022年4月,该小学老师积极履行强制报告义务,向公安机关报告在校学生被隔空猥亵的线索,公安机关立案侦查后向检察机关提请批捕、移送审查起诉,检察机关在案件线索阶段即介入侦查,在提请批捕阶段提出继续侦查意见,引导公安机关深挖

---

[*] 作者简介:叶春花、王亚琪,甘肃省酒泉市敦煌市人民检察院。

细查，发现其他省份 5 名未成年被害人被隔空猥亵的相关证据，2022 年 10 月 19 日，某市人民检察院以猥亵儿童罪、强制猥亵罪对苏某某提起公诉，某市人民法院采纳检察机关量刑意见，2022 年 12 月 20 日，以苏某某犯猥亵儿童罪，判处有期徒刑 7 年 6 个月；犯强制猥亵罪，判处有期徒刑 1 年 6 个月，数罪并罚，决定执行有期徒刑 8 年 6 个月。经某市人民检察院党组讨论决定，对积极履行强制报告义务的老师李某某发放奖励金 2000 元。

【检察机关履职过程】

一、加强法治宣传，落实强制报告制度

某市人民检察院充分利用"开学第一课"专题讲授自护知识，通过 PPT 图示详细讲解身体隐私区域，指导在校生根据身份关系不同，识别学习生活中的非正常肢体接触，辨析性侵害常见手段。同时，积极向在校老师宣传强制报告制度和入职查询制度，推广"某市检察机关侵害未成年人案件强制报告"小程序。在聆听讲座后，一名小学老师积极履行强制报告义务，向公安机关报告在校学生被隔空猥亵的线索，公安机关以此为契机，破获了一起隔空猥亵多名未成年人的案件，充分发挥了强制报告制度在及时干预侵害未成年人犯罪，有效保护未成年人方面的作用。为鼓励依法履行强制报告义务的行为，兑现 2000 元的现金奖励。

二、依法提前介入，引导取证固定证据

通过与公安机关会签的《性侵害未成年人犯罪案件办案指引（试行）》，在公安机关立案后，某市人民检察院第一时间提前介入，并召开联席会议，根据未成年人心智发展情况提出询问提纲，规范询问未成年被害人的语言方式和询问节奏，对案件办理提出侦查取证建议，提供侦查方向，明确强制猥亵和猥亵儿童罪的取证标准，为及时有效固定证据提供精准指引。同时根据公安机关提请批准逮捕证据材料，判断苏某某属于惯犯，遂制定继续补充侦查提纲，要求对扣押的手机及掌握的 QQ 号进行细致的搜索检查。通过补充侦查，依法查清苏某某的其他 6 起犯罪事实，为定罪量刑、提起公诉提供了有力支撑。

三、坚持从严打击，依法惩治违法犯罪

鉴于苏某某在审查起诉环节不签署认罪认罚具结书，不如实供述罪行,虽然检察官多次进行释法说理,要求其真诚认罪悔罪,但被告人认为量刑过重,且认罪态度反复,有不服判的可能,拒不认罪认罚。在开庭审理前,其在辩护律师的沟通下,表示如果能减少半年以上至一年的量刑,愿意签署认罪认罚具结书,检察官认为其认罪认罚具有投机性,不是真心悔罪,遂拒绝与其签署认罪认罚具结书,要求从严处罚。某市人民检察院承办检察官依法定罪量刑,切实打击了违法犯罪。

四、延伸监督触角,共同推进诉源治理

通过该案办理,某市人民检察院深刻认识到落实强制报告的重要性和必要性。2022年以来,某市人民检察院创新工作模式,深化未成年人法治宣传教育,以"检校合作,绘就最大同心圆""检察官读绘本公益活动""远离校园欺凌"云课堂等为主题开展法治宣讲50余场,覆盖师生1万余人,从源头上预防性侵和校园欺凌。立足未成年人综合保护,加强与法院、公安、司法等单位的沟通衔接,会签《性侵害未成年人犯罪案件办案指引》《关于建立侵害未成年人强制报告制度的实施意见(试行)》,建立了信息共享工作机制、畅通沟通联系机制,表彰和惩罚并举等5项工作机制,推动"六大保护"相互融通。对于积极履行报告义务的予以表彰,对于不履行报告义务的进行追责,用制度刚性筑牢责任闭环。针对未成年受害人害怕、羞耻、心智不成熟等各方面原因,不愿告诉也不敢告诉家长及老师的情况,主动查找受害者,进行心理测评、干预疏导等,引导他们走出阴霾。针对办案中发现留守儿童被侵害、未成年人不良交友、出入酒吧、早恋等问题,经调查发现监护人存在管教不严、缺乏亲子沟通等监护不力或监护缺位的问题,向24名监护人发出《督促监护令》,以检察刚性督促监护人正确履职。

【评析意见】

发生在网络上的侵害案件,隐蔽性强,发现查处难度极大,通过强制报告制度,使案件从被害人求助到检察机关介入侦查,从而确保了案件依法及时有效查处。

一、强制报告制度要时刻深入宣传

强制报告制度对于打击侵害未成年人犯罪,加强未成年人司法保护具有重要意义。网络侵害未成年人犯罪案件存在着犯罪隐秘发现难、客观证据易灭失等突出问题。实践中，老师和学生的相处时间更长，更容易捕捉孩子情绪反常的信息。推动建立侵害未成年人犯罪强制报告制度，让更多人发挥"千里眼"作用，对侵害未成年人犯罪线索的积极发现、及时处置和妥善管理提供社会助力。

二、检察机关要积极融入其他五大保护，构建未成年人保护体系

随着智能手机、移动互联网、第三方应用软件等相关行业的发展，未成年人使用、持有手机已成常态，这也给犯罪分子以可乘之机。苏某某引诱未成年人拍摄私密照片和视频的行为严重侵害未成年人身心健康，还可能因网络二次传播带来更为严重的危害，应当注重引导未成年人正确使用网络和智能手机，光靠检察官的法治宣讲是远远不够的。检察官不仅要积极主动融入学校、家庭和政府保护，引导家长及学校教育未成年人识别可能侵犯自身权益的行为，还要会同各职责部门建章立制，依靠学校、家庭、政府的力量构建保护未成年人的全方位体系。

三、隔空猥亵具有与实际接触相同社会危害性

网络环境下，以满足性刺激为目的，虽未直接与被害儿童进行身体接触，但是通过QQ、微信等网络软件，以诱骗、强迫或者其他方法要求儿童拍摄、传送暴露身体的不雅照片、视频，行为人通过画面看到被害儿童裸体、敏感部位的，是对儿童人格尊严和心理健康的严重侵害，与实际接触儿童身体的猥亵行为具有相同的社会危害性，应当认定构成猥亵儿童罪。检察机关在办理利用网络对儿童实施猥亵行为的案件时，要及时固定电子数据，证明行为人出于满足性刺激的目的，利用网络，采取诱骗、强迫或者其他方法要求被害人拍摄、传送暴露身体的不雅照片、视频供其观看的事实。要准确把握猥亵儿童罪的本质特征，全面收集客观证据，证明行为人通过网络不接触被害儿童身体的猥亵行为，具有与直接接触被害儿童身体的猥亵行为相同的性质和社会危害性。

出租车司机运送嫖客是否构成介绍卖淫罪*

【基本案情】

犯罪嫌疑人童某某在运营出租车期间认识了某某宾馆的杨某某，杨某某告知犯罪嫌疑人童某某，如果介绍嫖客到某某宾馆，支付150元/人至200元/人不等的提成。2022年8月20日3时许，犯罪嫌疑人童某某在某小区西门处拉运三名乘客，上车后宁某某要求司机童某某介绍个嫖娼地方，童某某介绍至某某宾馆接受性服务，后其收到杨某某支付的提成款450元。450元是现金给付。2023年1月13日，犯罪嫌疑人童某某在某某宾馆组织卖淫案中被嫖客供认，因而被查处，后拘留犯罪嫌疑人童某某，童某某认罪认罚，供述自己介绍他人嫖娼，并收取450元提成的事实。

某市公安局某分局对该案立案侦查后，对涉嫌协助组织卖淫罪的犯罪嫌疑人童某某刑事拘留，并于向本院提请批准逮捕。本院经审查后，于2022年2月3日决定不批准逮捕童某某。

【分歧意见】

第一种观点认为，本案中，犯罪嫌疑人童某某与杨某某互相认识，并且明知某某宾馆内有组织卖淫的活动，而为宾馆运送嫖客人员，其主观是有协助他人犯罪的故意，且杨某某等人构成组织卖淫罪成立，因此应认定童某某构成协助组织卖淫罪。

第二种观点认为，犯罪嫌疑人童某某与杨某某认识并达成合意，杨某某让童某某给某某宾馆介绍嫖客，给童某某提成，这是双方的一种有偿介绍卖淫的意思联络。童某某虽然知道某某宾馆内存在卖

---

* 作者简介：杨玲、高艳霞，甘肃省张掖市甘州区人民检察院。

淫嫖娼活动，但是是否具有组织性，童某某是无法知道的，根据存疑时有利于被告的原则，因此应认定为童某某构成介绍卖淫罪。

【评析意见】

笔者同意第二种观点，具体分析如下：

一、本案是否具有意思联络

（一）关于童某某的主观明知性

犯罪嫌疑人童某某在 2021 年 11 月曾因拉送嫖客人员被给予行政处罚，因而在实践中，应当推定犯罪嫌疑人童某某对其拉送嫖客人员的违法性是明知的。童某某曾被他人拉进微信群中，微信群内的某某宾馆杨某某发布过招嫖信息，童某某对于某某宾馆存在卖淫行为也是明知的。但是童某某是否对某某宾馆内存在组织卖淫的行为，根据现有证据无法确定。

（二）关于童某某的行为分析

童某某虽然与杨某某有过介绍嫖客给提成的意思联络，但童某某实际上并不受杨某某的支配管理，童某某不参与杨某某在某某宾馆组织卖淫的具体行为。童某某的行为应当理解为一个单纯的居间介绍行为。

（三）关于牟利的探讨

童某某与杨某某约定童某某介绍嫖客来某某宾馆进行卖淫嫖娼违法活动，杨某某支付 150 元/人～200 元/人不等的提成，现证据中仅有童某某的供述支持，杨某某因涉及组织卖淫罪暂未进行涉及该案件的任何讯问，且杨某某作为卖淫的组织者，是否供述及辨认童某某，因涉及其个人利益，暂无从得知。童某某拉送嫖客人员获利的 450 元是杨某某以现金的形式进行支付的，现仅有犯罪嫌疑人的供述。根据介绍卖淫和协助组织卖淫罪的构成要件来看，介绍卖淫罪和协助组织卖淫罪均规定在《刑法》第六章妨害社会管理秩序罪中，犯罪客体是社会治安管理秩序，二罪名均不以非法牟利为要件。

二、本案关于运送人员的认定问题

根据最高人民法院、最高人民检察院《关于办理组织、强迫、引诱、容留、介绍卖淫刑事案件适用法律若干问题的解释》（以下简称《解释》）第4条第1款的规定："明知他人实施组织卖淫犯罪活动而为其招募、运送人员或者充当保镖、打手、管账人等的，依照刑法第三百五十八条第四款的规定，以协助组织卖淫罪定罪处罚，不以组织卖淫罪的从犯论处。"在司法实践中，《解释》中"招募、运送人员"的"人员"系卖淫人员。出租车司机童某某拉运嫖客人员介绍至某某宾馆进行卖淫嫖娼违法活动，客观方面表现为在卖淫人员和嫖客之间撮合、介绍，以促成卖淫嫖娼活动的实现，应当以介绍卖淫罪定罪处罚。若出租车司机拉运卖淫人员找寻嫖客人员进行卖淫嫖娼违法活动，客观方面表现为协助组织者运送卖淫人员从事卖淫活动，则应该以协助组织卖淫罪定罪处罚。

介绍卖淫罪作为典型的行为犯，既不同于举动犯一经着手实施实行行为即告既遂，也不同于结果犯，必须以特定犯罪结果的发生作为犯罪既遂的标准，其犯罪既遂的认定标准是实行行为的实施完毕，即刑法分则构成要件规定的犯罪行为实施到一定程度或满足一定情节时，对法益的侵害既遂。因此，本案当中，犯罪嫌疑人童某某在介绍卖淫的主观故意支配下，在客观上先后促使三名嫖客人员与组织卖淫者杨某某达成卖淫嫖娼活动的合意，其介绍卖淫的实行行为已然完成，并达到了《解释》第8条第1款第2项规定的"介绍二人以上卖淫"的立案追诉标准，因此应当认定该案童某某的行为构成介绍卖淫罪。司法实践中，大多数案件存在此罪与彼罪的学理交叉，承办人应当进一步加强和规范证据审查工作，做深做细做实，促使法律精准实施。

校园安全监管漏洞检察建议案[*]

【基本案情】

2022年9月，某区人民检察院在办理崔某猥亵儿童案时发现，犯罪嫌疑人崔某酒后利用其任某市示范性综合实践基地教官身份的便利，于凌晨时分以管理吵闹学生为由，将宿舍楼防火门强行拉开后进入女生宿舍，先后对三名女童实施猥亵。案发后，检察干警深入事发学校调查，发现该校存在教师教育管理不到位、校园监控设施不完善、学生宿舍楼值班责任不落实等问题，严重影响校园安全。遂向某市示范性综合实践基地、某区教育局制发社会治理检察建议。

【检察机关履职过程】

一、主动深入走访，核实调取证据

检察人员结合案卷了解的情况，第一时间深入事发学校，进一步对崔某的犯罪动机、目的、社会关系和工作生活情况、平时在校表现等方面进行全面了解，对案情进行现场分析、模拟。向学校领导、老师了解学校相关规章制度的建立、执行情况。

二、依法提起公诉，精准打击犯罪

在讯问犯罪嫌疑人崔某时，其一直辩解自己酒后什么都记不得了，之所以进入学生宿舍确实系凌晨宿舍楼内有学生吵闹，其作为值周老师有管理学生职责。而学校规章制度明令禁止男性教师进入女生宿舍，对此，崔某作为学校重点培养的中层干部，很显然对制度是熟知的，且即便醉酒后，根据法律规定也应当承担刑事责任。案发后，检察机关及时跟进各被害人心理状况，经被害人监护人同

---

[*] 作者简介：田莉、陈文丽，甘肃省张掖市甘州区人民检察院。

意，最终委托心理咨询师为一名被害人史某某进行心理疏导、测评，并为其争取被告人崔某家属1万元的经济赔偿。后检察机关以猥亵儿童罪对崔某提起公诉，法院判处崔某有期徒刑1年10个月。

三、制发检察建议，推进诉源治理

经了解，发现案发的某市示范性综合实践基地女生宿舍楼内部监控设备全部损坏，每楼层都属于监控盲区，犯罪嫌疑人崔某如何进入女生宿舍楼？又分别如何出入具体的女生宿舍？监控设备因为被损坏而没有发挥应有作用，第一手证据无法调取，给办案带来一定阻力，且存在极大安全隐患。而且从崔某猥亵儿童案情况来看，案发时该校值班的宿管听见了宿舍女学生的哭声，只是在外问询，未及时进入宿舍查探，在听到有男人的声音后，更是因害怕没有再出来，也未及时报告其他值班老师和值班领导，反映出宿舍管理人员安全意识不强，警惕性不高，夜间巡查责任未落实到位，值班流于形式的问题。2022年9月1日，检察机关结合现场调查了解到的情况，针对存在的问题，从严格执行校园安全管理规定、加强在校师生法治宣传教育、加强教职员工管理教育三个方面向某市示范性综合实践基地提出检察建议，并结合类案办理，就辖区校园安全管理存在问题，从严格校园安全管理、加强师生法治宣传教育、加强校风学风建设、重视对涉案学生的教育挽救工作、加强在职教师管理、落实强制报告制度等六个方面向某区教育局制发检察建议。

四、积极跟进落实，确保按期回复

某市示范性综合实践基地收到检察建议书后，及时采纳人民检察院提出的建议，重组了学校安全工作领导小组，及时解聘事发时的宿管教师，立即在校园内开展整改整治工作，并于2022年9月20日将落实情况书面回复人民检察院；某区教育局收到检察建议后，也明确表示接受人民检察院提出的意见建议，在全区教育系统成立整改工作专班，集中部署开展专项整治，并于2022年9月30日将整改落实情况书面回复本院。

五、及时回访评估，跟踪整治效果

2022年9月23日，结合检察建议回复情况，人民检察院组织检察干警对某市示范性综合实践基地进行回访,该校在校园内新安装103个监控摄像头,修复加固了防火门;组织教职工集中学习《教育法》《未成年人保护法》等法律法规和学校各项规章制度,开展了师德师风专题教育和法治宣传教育,修订完善了师德师风考核制度和教师考核细则、安全管理制度,制定宿舍楼夜间值班巡逻制度和报告、签到表册。

某区教育局先后对与案发有关的20余名责任人员进行了批评教育和纪律处分,并就校园安全管理问题在62所中小学部署开展专项治理工作,下发整治方案和通知;对辖区学校法治教育课程作出调整,并利用秋学期开学时机,集中开展了多形式普法教育;修订完善了教师职业道德考核制度、双风考核制度;组织各中小学校一把手集中研学强制报告制度,重申不履行报告的法律后果。

【评析意见】

检察机关在依法、精准指控刑事犯罪的同时,关注校园安全管理方面暴露出的问题和漏洞,依法制发检察建议,促使涉案学校和主管部门举一反三,整改存在问题,完善预防机制,切实为未成年人成长营造良好安全的环境。

未成年人承载着祖国的未来和希望,未成年人的健康成长直接关系社会的和谐稳定、国家发展与民族振兴,需要全社会共同呵护。因此,未成年人检察更应能动履职,善于从具体案件中见微知著,既抓末端、治已病,更重视抓前端、治未病。

一、强化在办案中监督、在监督中办案理念

校园安全关系未成年人身心健康和生命安全,与家庭幸福和谐以及社会稳定紧密相关。案件承办人从办理猥亵儿童案中见微知著,发现当前校园安全管理漏洞和隐患,通过详细调查核实,现场取证,既有效指控刑事犯罪,又主动融入社会治理,切实做实做细为民司法。

二、用好检察建议监督武器,发挥诉源治理效能

案件承办人既关注了涉案学校存在的突出问题,又结合办理的类案,向教育主管部门制发有针对、可操作的强化校园安全管理的检察建议，督促开展专项整治，既有效解决了个案发现问题，又促进了类案问题治理，取得了"办理一案、治理一片"的良好效果。

三、及时督促跟进，确保整改落实效果

发出检察建议后，检察机关持续跟进监督，全程参与、协同推进，促使涉案学校和教育主管部门制定完善相关制度规范，完善物防、技防措施，多举措、多方式开展整改整治，事后并组织开展回访，确保检察建议刚性效果，切实为未成年人健康成长织密"保护网"，营造双赢多赢共赢的局面。

李某某、张某某等14人组织卖淫、协助组织卖淫案[*]

【基本案情】

由某市某区人民检察院办理的李某甲、张某甲等14人组织卖淫案("7·22"组织卖淫案)系本省"清源安民"行动暨"昆仑2022"专项行动第一批挂牌督办的案件。经审查认定:2017年,薛某甲(另案处理)租赁某市某区北街延伸段某综合楼投资修建为洗浴中心,以薛某乙(系薛某甲堂弟)为法定代表人登记注册"思密达汗蒸俱乐部"(以下简称"思密达俱乐部"),于2018年4月正式营业。2019年以来,薛某甲等人为获取非法利益,在该俱乐部六楼招募多名卖淫女从事卖淫活动,制定价格为599元、799元、999元的三种卖淫套餐价格,并为卖淫女提供住宿,统一收取卖淫收入。薛某甲聘用被告人李某甲、张某甲分别为总经理,二人共同管理俱乐部的所有经营管理事项,聘用其他多名被告人从事管理卖淫人员"派钟""记钟""催钟"等组织卖淫活动,并从性服务套餐中挣取相应提成;被告人郭某甲系该俱乐部财务人员,负责收取俱乐部的营收款和财务支出事项,并与被告人郑某核对结算卖淫收入分成。

2022年2月26日凌晨,民警在该俱乐部六楼查获正在从事卖淫活动的赵某某、汤某某等11名卖淫女,数名嫖客,并当场抓获参与组织卖淫活动的被告人张某甲、郑某等人。根据该俱乐部各部门收入完成情况统计,2021年至2022年1月,该俱乐部组织卖淫活动非法获利1439万余元。

---

[*] 作者简介:杨玲,甘肃省张掖市甘州区人民检察院。

某市公安局某分局对该案立案侦查后，对涉嫌组织卖淫、协助组织卖淫的犯罪嫌疑人李某甲、张某甲、郭某甲等10人刑事拘留，并向某市某区人民检察院提请批准逮捕。某市某区人民检察院经审查后，于2022年4月2日决定不批准逮捕郭某甲，通知公安机关变更强制措施，变更强制措施后犯罪嫌疑人郭某甲主动向公安机关上缴思密达汗蒸俱乐部涉案资金420万元。2022年6月30日某区人民检察院以李某某、张某某等4人犯组织卖淫罪，杨某某、周某某等8人犯协助组织卖淫罪提起公诉，对犯罪情节轻微的郭某乙、朱某乙作出不起诉决定。2022年12月26日，某区人民法院作出一审判决，对李某某、张某某等12人判处10个月至11年不等的刑期，因部分被告人上诉，二审法院裁定维持原判，共追缴违法所得558万余元。

【检察履职情况】

一、提前介入案件侦查，分组分类引导取证

某市某区人民检察院第一时间成立专案组，应公安机关邀请，介入侦查引导取证。通过阅卷、参加案件讨论会，梳理该组织卖淫犯罪团伙内部组织架构、运营模式、人员分工等，明确将该犯罪团伙划分为"老板""管理层""六楼客房组""管账人""外围望风组"五个组，引导侦查人员讯（询）问在案人员、卖淫人员、其他楼层工作人员，搜集直接、间接证据固定上述五组人员的犯罪行为，杜绝串供行为对案件侦办造成的不利影响。明确打击重点，对于老板、管理人员、六楼客房部承包人、部长等直接参与组织卖淫活动的人员，从严打击；对从事"推钟""派钟""记钟"的服务员、望风人员、财务人员区别对待，重点打击从事犯罪时间长、参与程度深、认罪态度不好的人员；对于入职时间较短、主观恶性小、犯罪情节显著轻微、积极配合侦查工作的，建议不列入打击范围。公安机关采纳检察机关上述意见，按照梳理的犯罪团伙组织架构和重点，对涉案人员进行分流处理。

二、督促认罪认罚，精准适用羁押强制措施

对于公安机关提请批准逮捕的10名犯罪嫌疑人，其中，涉案的犯罪嫌疑人郭某甲系该俱乐部财务人员，又是老板薛某甲的弟媳妇，该俱乐部所有营收款都由郭某甲经手管理，是追缴犯罪违法所得的关键人物。但是郭某甲在接受公安机关讯问时，避重就轻，对自己的行为以及赃款的去向始终轻描淡写。案件提请批准逮捕后，承办检察官经过仔细阅看卷宗，并了解到郭某甲是两个正在上学的孩子母亲，受到羁押后必然会非常担心孩子，便以此为突破口，以女性身份与其聊家常、谈孩子教育，在观察到郭某甲非常担心孩子，害怕案件处理对孩子有负面影响时，承办检察官向其讲法律规定，并适时开示部分证据，告知只有认罪认罚才能得到从宽处理。最终，郭某甲在扎实的证据面前放弃抵抗，如实供述了犯罪事实，并表示自愿认罪认罚，愿意配合侦查机关的侦查工作。提讯结束后，承办检察官详细了解了郭某甲的家庭情况、社会关系、平时表现，对其社会危险性进行评估。

2022年4月3日，承办检察官鉴于郭某甲的认罪态度，社会危险性评估情况，认为对郭某甲解除羁押不存在有碍侦查的情形，决定对郭某甲进行羁押必要性审查，邀请人民监督员、听证员召开了羁押听证会，参会人员一致同意对郭某甲变更强制措施为取保候审。犯罪嫌疑人郭某甲在被公安机关取保候审后，积极配合侦查工作，主动上缴涉案资金420万元。案件移送起诉后，检察机关对郭某甲适用认罪认罚从宽制度，提出精准量刑建议，并建议适用缓刑。

三、强化监督协作配合，全过程追赃挽损

经过前期扎实的取证工作，部分涉案的管理人员知晓继续对抗毫无意义，当庭表示认罪认罚，为获得从轻处罚，在庭审中又供述了新的情况，对此承办检察官当即建议休庭，及时与侦查机关沟通联系，快速开展补充侦查，又发现还有被转移的涉案资金，督促公安机关跟进落实，并继续做好认罪认罚从宽制度的释法说理工作，又追回违法所得20.5万元。截至目前，本案共计追回违法所得558万余元。

四、加强以案释法，推动源头预防

针对本案中涉案思密达俱乐部年轻人法治意识不强的问题，检察机关通过讯问、法庭教育、不起诉训诫等方式，引导涉案人员认

识错误、真诚悔悟，并针对案件中反映出的足浴会所、服务行业存在的普遍性问题，向相关职能部门制发检察建议，聚焦源头预防工作，建议相关职能部门改进工作方法，加强监管，杜绝"黄赌毒"等违反治安秩序、影响人民群众生活稳定的违法行为发生。

【评析意见】

对于涉案人数较多的有组织犯罪团伙，对待涉案人员应当区分层级，做到当严则严，该宽则宽。对于在共同犯罪中起次要作用的人员，通过释法说理工作，督促其认罪认罚，积极开展羁押必要性审查工作，有效降低诉前羁押率，节约司法资源，帮助在押人员回归社会，消除对抗情绪，有助于下一步侦查工作，对于规范司法行为、维护公平正义、促进社会治理，都会起到良好的促进效果。强化监督协作配合，全过程追缴赃款，从而实现对犯罪行为的"打财断血"。

一、加强检警协作，统一办案思想，明确分层处理的原则

在办理有组织的犯罪案件时，检察机关与侦查机关要通力合作，统一办案思想，要将分层处理贯穿到办案全过程，对于不同犯罪嫌疑人，清晰掌握其职位高低、作用大小等情况，采取逐个击破。特别是在侦查办案初期，检察机关充分利用侦查监督与协作配合办公室，加强介入侦查，引导取证，了解全面情况，就涉案人员整体处理原则、批捕起诉范围、刑事打击的重点等提出意见建议，与公安机关形成统一办案思想，推动审前程序高效衔接。

二、摒弃"构罪即捕"理念，准确适用逮捕条件

加强羁押必要性审查，能够尽可能减少审前对犯罪嫌疑人人身自由的剥夺，避免羁押强制措施的滥用、误用，是强制措施适用中保障人员原则的具体体现；能够减少不适当、非必要的羁押，体现司法宽和、谦抑，释放司法善意，有助于促进犯罪嫌疑人、被告人认罪悔罪，促进司法资源精准实施。本案中，犯罪嫌疑人郭某甲在某市某区人民检察院作出不批准逮捕的决定后，积极向公安机关退赃，并积极配合公安机关的下一步侦查工作，对案件的侦查工作起到了积极的效应，改变了过去"以捕带侦"的办案理念，充分体现

了认罪认罚从宽制度、宽严相济刑事政策理念的优势。

三、架桥铺路，构建司法办案与追赃挽损并重工作模式

最高人民检察院要求各级检察机关要切实贯彻办理案件与追赃挽损并重的司法理念，坚决不让违法犯罪人员在经济上获利。作为司法办案的中间环节，检察机关起着桥梁纽带的作用，在办理案件的同时应当始终关注追赃挽损。在侦查环节，检察机关通过尽早介入案件，全面厘清犯罪团伙层级结构，关注重要岗位、重点人员，分析违法所得资金去向，引导侦查机关尽快冻结重点资金账户。树立"一盘棋"思想，充分发挥一体化工作机制，始终加强与侦查机关、审判机关的沟通协作配合，及时掌握涉案动态信息，把追赃挽损工作贯穿到侦查、审查逮捕、审查起诉、法庭审理各个环节，实现无缝对接、精准发力，形成追赃挽损工作合力。

怠于履行侵害未成年人案件强制报告职责案

【基本案情】

2021年5月份,未成年犯罪嫌疑人王某某与某市某区某小区居民廖某某结识,后两人发展为男女朋友关系。2021年6月至11月期间,王某某明知被害人廖某某系未满14周岁的幼女,仍多次与廖某某发生性关系并致其怀孕。2021年11月4日王某某带领廖某某前往某县中医医院检查,发现廖某某已怀孕15周。2021年11月29日,经司法鉴定,王某某、廖某某是胎儿组织所属个体的生物学父、母亲,亲权指数为$1.06×10^9$。案发后,王某某取得廖某某及其家属谅解。

侦查机关以犯罪嫌疑人王某某涉嫌强奸罪,于2021年12月24日向某县人民检察院移送审查起诉。某县人民检察院审查中发现,犯罪嫌疑人与被害人系恋人关系,但被害人属于不满14周岁的幼女,被害人在某县中医医院就诊时,该医院在诊断出被害人已经怀孕的情形下,未履行强制报告义务及时向公安机关报案或举报,后因犯罪嫌疑人和被害人发生矛盾,被害人打电话报警才导致事发。经走访调查,某县中医医院作为侵害未成年人案件强制报告的责任单位,负有报告义务,但该医院既未向公安机关报案或举报,也未向主管行政机关某县卫生健康局报告备案;某县卫生健康局作为医疗机构的主管部门,未尽到指导、督促主管单位严格落实《关于建立侵害未成年人案件强制报告制度的意见(试行)》的监管责任。且犯罪嫌疑人王某某和被害人廖某某的父母未正确履行监护职责,

---

* 作者简介:赵治玲,甘肃省武威市古浪县人民检察院。

存在管教不严、监护缺位问题。某县人民检察院于2022年2月22日将案件移送法院进行审判，目前已判决。

【检察机关履职情况】

在办理案件过程中，某县人民检察院未检办案团队更新司法理念，拓展工作思路，创新工作方式方法，以未检业务统一集中办理为依托，整合各条线办案力量，形成刑事、民事、行政、公益诉讼"四大检察"合力维护未成年人合法权益工作格局，实行办案、监督、预防、教育并重，惩戒和帮教相结合，保护、教育、管束有机统一，持续推进未成年人双向、综合、全面司法保护。

第一，靶向用力，充分发挥未检案件集中统一办理工作优势。适应新时代未成年人司法保护工作需要，针对办案力量薄弱现状，成立专门未检工作团队，整合刑事、民事、行政、公益诉讼等业务部室员额检察官，按照所属业务类别，由办理刑事案件的员额检察官统一调配，将办理本案过程中发现的监管不到位、怠于履行职责、监护缺失等问题线索，及时移送其他员额检察官并开展走访调查，通过制发检察建议、进行监护帮教、开展社会调查等举措形成工作合力，通过未检统一集中办案工作机制，全面提升未检工作专业化水平，最大限度地为未成年人提供司法保护。办理本案过程中，共发出检察建议2份，督促监护令2份，开展社会调查2次，实施帮教1次。

第二，双向发力，督促监护令，让爱不再"缺位"。承办人在办理案件中，发现本案犯罪嫌疑人王某某和被害人廖某某的父母均存在法律意识淡漠，教育管束不严，监管缺位等问题，致使两名未成年人心智不健全、性防卫能力低下，不知与不满14周岁的幼女谈恋爱也是犯罪行为。最终未成年人王某某触犯了法律，被害人廖某某也受到了侵害。针对双方父母监护缺失的情形，为进一步做好涉案未成年人教育感化挽救工作，筑牢未成年人家庭保护防线。在该案审查起诉环节，某县人民检察院分别向两名未成年人的监护人发出了依法履行监护职责"督促监护令"，引导、督促双方父母对孩子履行监护人应尽的职责和义务，保障被监护人的合法权益。

第三，追责有力，检察建议明晰各方职责使命。某县人民检察院办案人员通过走访某县中医医院、询问相关的医护人员，对当时的诊断情况进行了进一步了解，并就该医院是否宣传过《关于建立侵害未成年人案件强制报告制度的意见（试行）》、医护人员是否知道该意见并按照该意见的规定执行落实进行了调查。经过调查，针对某县中医医院不依法履行报告义务、某县卫生健康局监管不力的行为，分别向某县中医医院和某县卫生健康局发出检察建议，建议某县中医医院严格按照该意见的规定履行强制报告义务，某县卫生健康局加强法律宣传和监管力度，严格执行落实该意见。某县卫生健康局和某县中医医院均采纳检察建议，表示在今后的工作中将加大宣传力度，对医院、妇幼保健院、急救中心、诊所等医疗机构就该意见的贯彻落实进行指导、督促，并不定期开展巡查，全力营造保护未成年人、与侵害未成年人违法犯罪活动作斗争的医疗氛围。

第四，形成合力，构建未成年人案件强制报告联席会议制度。结合某县人民检察院近几年所办侵害未成年案件特性和发案特点，以及相关责任单位执行强制报告制度情况，为完善机制，及时干预，严厉惩治、有效预防侵害未成年人犯罪，切实维护未成年人合法权益，推进未成年人保护社会治理体系现代化建设，某县人民检察院根据最高人民检察院会同国家监委、公安部等九部门会签下发的《关于建立侵害未成年人案件强制报告制度的意见（试行）》，邀请某县监委、县公安局等八家单位召开了侵害未成年人案件强制报告联席会议，就全面、科学落实强制报告制度进行了共同研究探讨，并对证据材料移交、帮教预防、责任追究等达成共识。同时，积极探索建立侵害未成年人案件强制报告制度，取得了良好的社会效果。

【评析意见】

2020年5月7日最高人民检察院联合国家监察委、卫健委等九个部门印发了《关于建立侵害未成年人案件强制报告制度的意见（试行）》（以下简称《意见》）。该《意见》的发布对于未成年人遭受或者疑似遭受不法侵害以及面临侵害危险的及时发现具有举足轻重的意义。该《意见》明确规定检察机关对本《意见》的执行情况进行法律监督，对工作中发现相关单位对本《意见》执行、监管不力的，可以通过发出检察建议书等方式进行监督纠正。

　　未成年人是祖国的未来、民族的希望，加强未成年人保护，事关党和国家的千秋伟业，呵护未成年人就是守护民族的希望、人民的期盼。该案通过开展社会调查、督促监护、帮教预防、制发检察建议等措施和方法，充分体现办理涉未案件"最有利于未成年人"的工作理念和原则，落实全面综合保护举措，发挥未检案件集中统一办理优势，实现"四大检察"统筹运用，社会各界携手合作，构筑起更为完备的未成年人保护社会支持体系，也在监督行政机关及相关单位贯彻落实侵害未成年人案件强制报告制度的同时，有效地维护未成年人的合法权益，充分彰显检察监督在社会综合治理中的作用。

盛某某等人系列盗掘古文化遗址、古墓葬案[*]

【基本案情】

2016年年底,被告人李某甲无意间得知某省某县某处戈壁滩工地有人挖出文物,遂联系被告人盛某某、王某甲预谋并蹲点,后携带工具对该处古墓葬进行了盗掘,并将盗掘出的文物倒卖。2018年10月,被告人盛某某伙同被告人罗某甲、何某某再次到某县境内盗墓。被告人罗某甲、何某某负责出资及招募盗墓人员,被告人盛某某负责在某地境内寻找古墓葬。然而经多方探查,未找到适宜盗掘的古墓葬,何某某、罗某甲便先行返回外省,盛某某继续在某地寻找适宜盗掘的古墓并联络盗墓人员。其后,盛某某通过联系在当地经营过古玩店的王某乙、经营面包车的魏某某和社会关系较广的乡村工作人员孟某某来指认古墓葬,并先后对某地境内多处古文化遗址、古墓葬进行踩点探墓。锁定盗掘目标后,被告人罗某甲、何某某先后从多省联系被告人蒋某甲、黎某某、罗某乙、倪某某、唐某某、付某某、李某乙、蒋某乙、蒋某丙、廖某某、刘某某、李某丙等人,分批次携带发电机、电钻、洛阳铲等盗墓工具到某地参与盗墓。

该犯罪团伙先后分批次对某县境内的几处古城遗址、烽燧遗址、墓群进行了多次盗掘。其间因资金不足,被告人何某某还联系到被告人吴某某为盗墓提供资金支持。被告人孟某某、魏某某还组织被告人冯某某、赵某甲、杨某某、赵某乙、马某某等人对另一处遗址、墓群进行了盗掘。经鉴定,以上被盗掘的七处古墓葬、古文化遗址

---

[*] 作者简介:谢梦迪、贺伟刚,甘肃省酒泉市瓜州县人民检察院。

均属于汉、晋、唐时期的文化遗存。

【检察机关履职过程】

一、介入引导，诉前问诊把脉

由于该案系跨区域、系列团伙犯罪案件，不仅案情复杂，涉案人员众多，且该类型案件在某县域内系少发案件，办案人员经验缺乏，侦办难度非常大。对此，检察机关于侦查初期就抽调某县人民检察院刑事、民事、公益诉讼部门骨干力量成立办案组，形成打击犯罪的检察合力。承办检察官三管齐下，一方面通过审阅案卷、与侦查人员沟通及时跟进侦查进度，吃透案情；另一方面通过查阅法律、典型案例，为法律适用提供参考；同时还通过积极请示上级部门，请教文物保护部门，解决办案中遇到的文物保护疑难问题。随着案情的逐渐清晰，检察机关多次联合公安机关、文物保护部门对被盗掘的古文化遗址、古墓葬进行实地走访、勘查，全程监督文物鉴定，并组织检、警双方主管领导、办案人员召开联席会议，就案件定性、调查取证、法律适用等问题，向侦查人员提出明确的方向，积极引导侦查取证。

二、追捕追漏，扫清漏网之鱼

在办理该系列盗掘古文化遗址、古墓葬案的首批案件过程中，承办检察官发现该犯罪团伙成员众多，但已到案的人员仅为本地籍犯罪分子，且反侦察意识强，其他主要犯罪分子分散在多省，若不及时抓捕，存在毁灭、伪造证据、干扰证人作证或者串供的风险。为有效指控犯罪，承办检察官先后向公安机关发出8份《逮捕案件继续侦查取证意见书》，指导侦查机关侦查取证。公安机关经侦查，先后向检察机关提请逮捕案件8件共29人。在案件办理中，承办检察官多次通过检察官联席会、检察委员会等会议就案件定性、逮捕必要性等问题研究讨论，对27人作出批准逮捕决定，并向公安机关发出《应当逮捕犯罪嫌疑人建议书》，要求公安机关对10名漏犯进行追捕。最终，检察机关先后以涉嫌盗掘古文化遗址、古墓葬罪对29人提起公诉，经法院审理，均被判处徒刑以上刑罚，2名被追捕的漏犯被判处10年以上有期徒刑，严厉打击了犯罪分子的嚣张气焰。

三、深挖细查，打击关联犯罪

随着侦查的深入，承办检察官逐渐发现，尽管在案证据无法证实该犯罪团伙曾盗掘出文物，但犯罪团伙主犯先后多批次从外省联系人员前来到某地盗墓，其背后显然有一定的利益驱使。承办检察官不放过任何蛛丝马迹，反复提审、说服犯罪嫌疑人，最终从一名被雇佣从事外围搬运的人员口中得知确有人盗掘出了文物。经过再次详细梳理证据，最终从犯罪分子手机勘验数据中发现了一张疑似被盗掘出的文物的照片。经综合全案线索证据，检察机关向侦查机关发出《线索移交函》，要求对该倒卖文物的犯罪线索进行核查。经公安机关侦查发现，被告人盛某某曾在2016年间伙同李某甲等犯罪分子在某县某处戈壁滩处的古墓葬中盗掘出铜骆驼、铜马等文物并贩卖。为尽快追回文物，保护国家的文化遗产，检察机关详细梳理出侦查提纲，再次向公安机关发出法律文书，要求公安机关继续对倒卖文物的犯罪行为进行侦查。在检、警双方的不懈努力下，先后抓获11名倒卖文物的犯罪嫌疑人，成功追回被倒卖二级文物1件，三级文物9件，一般文物1件。

四、公益诉讼，助力文物保护

在办理刑事案件过程中，承办检察官发现犯罪分子破坏性的盗掘行为，对古文化遗址、古墓葬本体及遗址的完整性造成严重损坏。甚至，犯罪分子在盗掘潘家庄古城遗址时埋藏的炸药还遗留在现场，对文物和社会安全构成极大的威胁。对犯罪分子损害国家利益和社会公共利益的盗掘行为，不仅要追究刑事责任，更要追究民事责任。于是，承办检察官及时向公益诉讼部门发出《公益诉讼线索移送函》并联合公益诉讼检察官先后对被破坏的文物进行实地核查取证后，积极与公安机关、文物保护部门进行沟通，多次召集协商会议，督促公安部门与文物保护部门对古城遗址内埋藏的炸药进行了排除。同时检察机关委托文物保护部门出具勘察报告，准确确定了被破坏文物的修复责任和费用，先后向法院提起民事公益诉讼案件2件共11人，为国家挽回损失8万余元，实现了在惩治犯罪的同时，保证被破坏文物得以有效、专业地修复。

【评析意见】

办理团伙系列犯罪案件,要成立办案组,专人专办。检察机关要依法及时提前介入,全面审查案件事实证据,及时追诉漏罪漏犯。准确认定责任主体和相关人员责任,打击关联犯罪,并及时移交公益诉讼线索。充分发挥检察职能,使刑事批捕、公诉、公益诉讼等职能形成打击犯罪合力。

国家文物是中华民族世世代代文化源流积累的结晶,是国家、社会的共同财富。近年来,检察机关认真贯彻习近平总书记关于文物保护工作的重要论述和指示精神,依照法律规定,充分发挥提前介入引导侦查、刑事批捕、追捕漏犯、提起公诉、公益诉讼、深挖关联犯罪等多种检察职能,多部门有机联动,紧密配合,严厉打击破坏古文化遗址、古墓葬、倒卖文物的行为,增强了公众的文物保护意识,为保护国家历史文化遗产,增加社会主义精神文明建设,贡献了检察力量。

如何认定高利转贷罪中的违法所得数额[*]

【基本案情】

2015年5月份,犯罪嫌疑人牛某某与妻子刘某某商议,由牛某某筹资转借于齐某某,从中赚取高额利息。同年5月26日,牛某某与齐某某签订虚假的房屋装修合同和家电购买合同,牛某某和妻子刘某某利用虚假的房屋装修合同,从中国邮政储蓄银行股份有限公司某县支行贷款33万元(贷款年利率为7.345%);利用虚假的家电购买合同,从中国邮政储蓄银行股份有限公司某县支行贷款14万元(贷款年利率为7.15%)。牛某某将此笔贷款分为一笔33万元、一笔14万元转入齐某某账户,双方约定按照月利率3%(月息1.5万元)支付利息,并将前两个月利息3万元计入本金,由齐某某向牛某某出具了50万元的借条。齐某某共给牛某某支付8个月利息,共计12万元(包括计入借据本金的3万元利息),牛某某实际违法获取利息9万元。

本案的关键问题在于,首先,高利转贷罪中的"高利"如何界定。其次,违法所得是转贷给他人所得利息,还是嫌疑人高利转贷给他人获得的利息与嫌疑人向金融机构支付的贷款利息之差。再次,如果计算利息差,嫌疑人还给金融机构的利息该从何时起算何时结束。最后,转贷他人获得的利息仅指嫌疑人实际取得的违法所得,还是包含期待的违法所得。

【分歧意见】

一、关于"高利"标准的评析

学术界对于"高利"提出了不同的认定标准:第一种是应当参

---

[*] 作者简介:王晓璇,甘肃省庆阳市华池县人民检察院。

照民间借款合同中所约定的最高不得超过银行同类贷款利率的 4 倍；第二种是高于"金融机构依据中国人民银行的利率规定而确定的同期同种贷款的利率幅度"；第三种是指将银行信贷资金以高于嫌疑人从银行贷款时的利率转贷给他人，具体高出银行贷款利率多少，不影响本罪的成立。

笔者认为第三种认定标准更符合立法原意。《刑法》中的"高利"转贷行为侵犯的客体是金融秩序，并非所有嫌疑人套现后均以高于同期银行同类贷款 4 倍的利率转贷他人，如果以民间高利贷的标准衡量，势必导致以不高于同期银行同类贷款利率 4 倍的"高利"转贷行为无法被追究刑事责任。另外，成立高利转贷罪的重点不在于"高利"，而在于违法所得数额多少，本罪对于高利没有特别的限制，但是对于违法所得数额有具体规定，有的嫌疑人套现金额不大，但是出借利率高，有的嫌疑人套现金额特别大，但是出借利率仅比贷款利率高一点，一旦违法所得数额达到追诉标准均应当被追诉。所以，"高利"只要高于其从金融机构贷款时的利率，均可认定为"高利"，具体高出多少不影响本罪的犯罪构成。本案中牛某某从中国邮政储蓄银行股份有限公司某县支行套取贷款 47 万元，其中 33 万元贷款的年利率为 7.345%，14 万元贷款的年利率为 7.15%，转贷给齐某某约定月利率为 3%，应当认定为"高利"。

二、关于"违法所得数额"的分析

违法所得数额不是转贷给他人所得利息，而是嫌疑人高利转贷给他人获得的利息与嫌疑人向金融机构支付的贷款利息之差。嫌疑人从金融机构获取信贷资金，必须向金融机构支付利息，这部分利息并不在其非法牟利的范围之内，不应算作违法所得，且该违法所得必须是由嫌疑人所套取的金融机构资金而产生。本案中，违法所得数额应为牛某某转贷给齐某某获得的利息减去牛某某支付给中国邮政储蓄银行的利息。

接下来的问题是，利息差如何计算，向金融机构支付的利息计算至何时。要计算利息差，必须明确嫌疑人向金融机构支付的贷款利息数额和嫌疑人高利转贷给他人获得的利息数额，向金融机构支付的利息不是嫌疑人贷款期间的所有利息，而是在转贷他人期间支付给金融机构的利息。本案中，嫌疑人牛某某与中国邮政储蓄银行某县支行签订了两个贷款合同，其中，装修房屋合同的贷款期限为10年，家电购买合同的贷款期限为3年，牛某某与齐某某签订的借款合同期限为9个月（2015年5月26日至2016年2月26日），牛某某与齐某某的借贷关系先于与银行之间的贷款关系终止，嫌疑人牛某某向金融机构支付的贷款利息数额不是贷款需要支付的所有利息，应当只计算2015年5月26日至2016年2月26日，牛某某向邮政储蓄银行支付的利息21 358.83元。

三、关于嫌疑人转贷他人获得的利息的分析

关于嫌疑人转贷他人获得的利息的分析仅指实际获得的利息还是包含期待获得的利息，有两种不同观点。

第一种观点认为，嫌疑人转贷他人获得的利息为实际获得的利息。理由是：高利转贷罪是结果犯，违法所得必须是实际取得的，尚未实际取得的约定利益等，不属于违法所得，不纳入高利转贷罪的评价范围。另外，认定计入借据本金的3万元利息是否为违法所得，首先需要分析借据是否具有法律效力，50万元的借贷关系是否成立，如果借贷关系合法，嫌疑人可以主张还款，则3万元利息应当计入违法所得数额，反之，则不计入。根据最高人民法院《关于审理民间借贷案件适用法律若干问题的规定》第14条第1项的规定，套取金融机构信贷资金又高利转贷给借款人，且借款人事先知道或者应当知道，民间借贷合同属于无效。本案中，借款人齐某某事先与牛某某签订虚假合同，属于事先知道的情形，二人间的民间借贷合同属于司法解释规定的无效情形。据此，本案中的借款数额应该以实际出借的47万元计算。综上，既然法律不支持50万元的借贷关系，牛某某对计入借据本金的3万元利息从法律意义上是无法主张和实现的，故牛某某转贷齐某某获得的利息应为实际获得的利息9万元。

第二种观点认为，嫌疑人转贷他人获得的利息应当包含期待获得的利息。理由是：高利转贷的违法所得是因转贷行为而产生的所

有收益或孳息，本案中无论牛某某以47万元为本金计算利息，还是以50万元为本金计算利息，均为高利转贷行为所得到的转贷利息，利息的计算方式不同并不影响犯罪构成，均为转贷行为产生的转贷利息。其次，从该罪的立法本意看，高利转贷罪处罚的是嫌疑人以转贷牟利为目的，编造虚假理由，套取国家信贷资金的行为，侵犯的客体为国家信贷资金的发放和利率管理秩序。所以牛某某以非法牟利为目的签订虚假合同，套取邮政储蓄银行信贷资金，后以月利率3%将贷款全部转借给齐某某时，其行为已经完全符合高利转贷罪的犯罪构成要件，已经侵犯了国家对信贷资金的发放和利率管理秩序，构成了高利转贷罪。至于牛某某是否实际获得利息，只影响该罪的既遂未遂，作为量刑情节考虑，而不能作为定罪条件予以考虑。所以，本案中，当牛某某完成了"套取贷款"和"高利转贷"两个行为，并预期获得12万元利息时，牛某某的行为已经满足了高利转贷罪的构成要件。

【评析意见】

笔者认为，嫌疑人转贷他人获得的利息既包括现实获得的利息，也包括期待获得的利息。对于期待获得的利息的计算，应当以借贷双方的实际协议为准。高利转贷罪保护的客体是国家对信贷资金的发放和利率管理秩序，嫌疑人以高利将信贷资金转贷后，以期取得数额较大的违法所得，其行为已经满足了该罪的构成要件，不应以违法所得尚未实际取得来影响该罪的定罪。如果用款人经济能力差到连本金都难以偿还，就以嫌疑人没有实际获利而不予追究刑事责任，显然不利于国家对信贷资金的管理，明显与刑法对此类犯罪的立法本意不符，所以在用款人没有实际支付利息的情况下，应当以嫌疑人预期获得的违法所得计算。如果嫌疑人以牟利为目的，套取贷款并高利转贷他人时，预期能够得到10万元以上利益，那么其行为已经构成高利转贷罪，是否实际取得转贷的利息不影响定罪，只影响该罪的既遂未遂，实际获得10万元以上违法所得为犯罪既遂，反之为未遂。

综上，本案犯罪嫌疑人牛某某违反国家规定，以转贷牟利为目的，以装修房屋、购买家具等虚假的贷款理由和虚假的贷款用途分两次套取金融机构信贷资金33万元（贷款期限为10年）和14万元（贷款期限为3年），以高于其自身从金融机构贷款时的利率将信贷资金转贷给齐某某8个月（2015年5月26日至2016年2月26日），实际获得转贷利息9万元，约定转贷利息3万元，认定获得转贷利息12万元，牛某某在2015年5月26日至2016年2月26日期间支付邮政储蓄银行贷款利息21 358.83元，预期从中获取违法所得98 641.17元。违法所得数额达不到数额较大的追诉标准，不构成高利转贷罪。

【处理结果】

2019年7月8日，某县公安局以犯罪嫌疑人牛某某涉嫌高利转贷罪提请批准逮捕，某县人民检察院经过检察官办案单元审查、联席会议讨论、检察委员会讨论，2019年7月15日，以犯罪嫌疑人牛某某不构成犯罪，作出不批准逮捕决定，至此案件终结。

交通运输局怠于履行巡游出租行业规范经营检察监督案*

【基本案情】

某县人民检察院在履行监督职责中,依法对该县巡游出租车行业运营状况进行了调查,查明该县现有的两家出租车公司在运营中存在以下问题:(1)巡游出租车驾驶人不按规定使用计程计价设备。巡游出租车在计程计价设备起步价金额未变更的情况下,驾驶人未经许可自行将出租车起步价上涨1元,由原来的4元上涨至5元,导致出租车计程计价设备显示金额与乘客实际支付金额不一致。(2)巡游出租车不打表计费问题突出。出租车一经驶出城区,出租车驾驶人在运营过程中存在不使用计价器从事客运经营、进行议价收费等问题。(3)出租车经营者在春节期间、夜间随意涨价问题突出。以上问题,严重损害乘客权益。

【检察机关履职过程】

本案系某县人民检察院履职,在对该县出租车行业进行行政检察监督的过程中发现。

某县检察机关在深入调查后,认为该县交通运输局作为出租汽车行政主管部门,怠于履行监督管理职责,导致该县出租车出现随意涨价、不打表计费等不规范经营问题,严重损害乘客利益。《巡游出租汽车经营服务管理规定》第23条规定,"巡游出租汽车驾驶员应当按照国家出租汽车服务标准提供服务,并遵守下列规定:……(十一)按规定使用计程计价设备,执行收费标准并主动出具有效车

---

* 作者简介:李东、石晓蕾,甘肃省陇南市徽县人民检察院。

费票据；……"《巡游出租汽车经营服务管理规定》第 6 条规定第 3 款规定，"直辖市、设区的市级或者县级交通运输部门或者人民政府指定的其他出租汽车行政主管部门（以下称出租汽车行政主管部门）在本级人民政府领导下，负责具体实施巡游出租汽车管理。"该县交通运输局对巡游出租车行业不规范经营问题疏于监管，导致该县巡游出租车行业管理混乱，交通运输局作为出租车行政主管部门，应当积极履行监督管理职责，及时制止违规行为，确保巡游出租车行业依法经营。

某县人民检察院于 2023 年 2 月 20 日向县交通运输局作出检察建议书，建议该局积极履行职责，加强对巡游出租车行业的监督管理，切实整治巡游出租汽车行业收费乱象，确保出租车行业依法经营、守规经营。

2023 年 4 月 17 日，某县交通运输局向某县人民检察院作出交发[2023] 67 号《关于对某县人民检察院检察建议书的回复》，回复称该局对某县汽车出租公司下发《整改通知书》，并对其负责人进行了集中约谈。交通运输局组织开展了出租车市场秩序专项整治活动，重点对巡游出租车和"一元面包车"在经营过程中不按计价器收费、随意涨价等违规经营问题进行整治。某县人民检察院又考虑到近年来受疫情影响、人流量减少，加之天然气供应不足、油价上涨等问题，该县出租车行业利润微薄、经营困难，遂又积极协调某县发改局启动对某县巡游出租车经营行业的调价工作。4 月 11 日，某县发改局、交通运输局组织人大代表、政协委员、经营者代表、群众代表等召开出租车运营价格听证会，讨论通过出租车运营价格调整方案。4 月 20 日，某县发改局作出《关于对某县出租车运营价格的批复》，将出租车起步价调整为：（1）起步价 5 元/2 公里，2 公里外，每公里运价 1.6 元。（2）夜间收费，夜间时间为 0 时至 6 时，起步价 6 元/2 公里，2 公里外，每公里运价 1.8 元。2023 年 5 月，经多次回访调查，出租车行业不规范经营问题已经得到彻底解决，该县巡游出租车现已实现规范经营。

【评析意见】

巡游出租车作为城市综合交通运输体系的组成部分，是城市公

交通运输局怠于履行巡游出租行业规范经营检察监督案

共交通的重要补充,出租车行业规范经营也是一座城市健康发展的"名片",经营服务规范与否关系人民群众的切身利益和社会公共利益。在本案办理过程中,某县检察机关发现该县出租车行业存在随意涨价、不打表计费等不规范经营问题,依法向履行巡游出租车行政管理职责的该县交通运输局发出类案检察建议书,建议该局积极监督整改,同时积极协调,督促相关单位及时召开听证会调整价格。通过检察机关与行政机关的"双向发力",在确保出租车经营者经营的同时,不仅督促行政机关依法履行监管职责,又积极协调组织维护出租车经营者的合法权益,切实维护了社会和谐稳定,实现了政治效果、社会效果、法律效果的有机统一。

村集体利益，检察机关积极协调自然资源管理部门在职责范围内依法处理该旅游项目的用地申请。自然资源部门经科学论证评估，于2022年5月31日完成项目用地审批。同时，某乡政府组织人员力量对超出项目用地批准范围的房屋设施进行了拆除，对被占用草原进行平整修复，最大程度恢复草原生态。生态环境主管部门对批准范围内的设施进行了评估验收，确保环保措施有效运行，旅游项目在环境影响许可范围内经营，将旅游扶贫项目对草原环境影响降至最低。2022年7月21日，该案开庭审理，结合行政机关总体履职情况，某县检察院变更诉讼请求为确认被告某乡人民政府怠于履行草原生态环境监管职责的行为违法，某市某区人民法院于2022年8月5日作出行政判决，判决支持了检察机关诉讼请求。

【评析意见】

针对检察建议"回头看"过程中发现的诉前检察建议未涉及的新问题，检察机关另行立案调查并制发检察建议进行监督。对于下级检察机关办案中存在困难的重点、难点案件，上级检察机关可以对案件进行督办，统筹解决好生态保护和乡村振兴有关问题，推动草原生态环境问题妥善解决。

一、检察机关对公益受损问题持续跟进监督，对于"回头看"发现的新问题，应当另行立案监督

行政机关针对检察建议指出的公益受损问题履职整改，检察机关按照公益诉讼"回头看"常态化要求持续跟进监督，行政机关未依法履职的，检察机关应当依法提起行政公益诉讼。对于"回头看"过程中发现的行政机关新的违法问题，因未履行诉前程序，检察机关遵循行政管理的特点和规律，保持相应理性、克制和谦抑，另行立案调查并发出诉前检察建议，确保诉讼请求与检察建议内容相匹配。

二、注意发挥上级检察机关重点、难点案件督办指导作用，形成维护公共利益合力

对于重点、难点案件，下级人民检察院提起诉讼存在困难的，上级人民检察院充分发挥一体化办案优势，对案件进行重点督办，

打消案件办理过程中的顾虑，依法提起行政公益诉讼，提高行政机关对检察监督的重视程度，督促行政机关全面履职整改，切实守护草原生态环境。

三、检察机关发挥公益诉讼职能作用，坚持生态保护与脱贫攻坚并重，以法治思维助力乡村振兴

检察机关在办理公益诉讼案件过程中，坚持生态优先，督促行政机关加强对相关扶贫项目的审查力度，在科学评估的基础上，在不损害生态环境的前提下，确保扶贫项目落地实施，统筹解决好生态保护和乡村振兴的关系，从而取得良好的监督效果。

督促治理矿山地质环境行政公益诉讼案*

【基本案情】

某镇某村附近砂石料矿山共设立两家建筑用石料矿,形成三个开采坡面。该处矿山采矿权到期后,矿山环境修复及复垦复绿义务人在未开展坡面平整和覆土的情况下,直接在开采面和砂石料堆上种树,导致多数树木枯死,矿山地质环境恢复治理不到位。

【检察机关履职过程】

2021年11月,某县人民检察院接到某省人民检察院交办的省级生态环保督察线索,遂对某村矿山修复情况进行了调查,发现相关行政职能部门正在对省级环保督察通报的问题进行整改,该院决定暂缓立案,持续做好跟进监督,根据整改修复情况再行决定是否立案。

2022年3月,某县人民检察院再次到某村矿山进行现场调查,因该处地形较为复杂,某某人民检察院采取无人机技术协助勘查取证。调查发现,相关行政职能部门督促矿山复垦义务人实施了拆除设备、清理石料、实施矿区矿点生态恢复治理等举措,但部分坡面弃渣废料清理工作不彻底、覆土补植工作亦不到位。尤其该矿山东北方向的坡面弃渣废料堆积严重,清理进度较慢,修复主体在覆土不到位的情况下直接在开采面和砂石堆上种树,导致多数树木已经枯死,存在未全面履行矿山恢复治理监管职责的问题。某县人民检察院于2022年3月21日立案,并向某县自然资源管理局发出诉前检察建议,建议该局督促某镇某村砂石料矿山企业限期全面履行矿山地质环境保护与土地复垦义务,同时对辖区内矿山企业履行矿山地

---

* 作者简介:刘昕、马震坤、李春娟、魏苗凤,甘肃省天水市人民检察院。

质环境保护与土地复垦义务的情况进行及时监督检查，防止同类情况的发生。

某县自然资源局针对检察建议指出的问题，结合省级环保督察整改要求，加强对某村矿山环境修复治理工作的监督管理，督促矿山企业加快对未完全修复的坡面进行矿渣清理、覆土回填和补植复绿，确保矿山修复工作按期完成。经过整改，拆除800平方米粉碎车间1座、泥水分离设备1座、生产线1条、传输带8条，转运石料3000余立方米。同时通过栽植苗木、播撒草籽进行矿区复绿，累计完成边坡修整8万多平方米，平整覆土2万多立方米，移除枯死树木1000余株，制作铁丝石笼挡墙720立方米，播撒草籽1000多斤，种植云杉1.4万多株，樟子松3000多株，完成治理面积180多亩。为保障树木及草籽抗旱保活，对栽植的苗木和播撒的草籽进行后续浇水管护，因地制宜开辟抗旱应急水源，修筑了20立方米蓄水池1座，配套铺设浇灌管道200米，配备浇水车辆一台，灵活采取抽水灌溉、人工浇灌等方式，提升栽植苗木成活率，生态修复取得了初步成效。2022年5月24日，某县自然资源局书面回复检察机关，某村矿山区域生态环境恢复治理主体工程基本完成。

后某县人民检察院同县自然资源局、生态环境局、林草局、桦林镇政府工作人员对某村矿山区域进行了现场回访，回访发现采矿区域全面实现绿化，后续保墒保活措施配套齐全，管护长效机制得到完善。随后某县自然资源局邀请市地质环境恢复专家库5名专家开展矿山修复工作复核复验，市级复核复验通过后，县政府对该反馈问题上报销号。

【评析意见】

检察机关积极助推省级生态环保督察整改工作落实，准确把握行政权优先与检察机关依法履职的界限，对行政机关正在积极整改的省级生态环保督察案件线索暂缓立案并持续跟进监督。发现行政机关履职不到位、矿山修复整改不彻底问题后，充分发挥行政公益诉讼检察职能，以诉前检察建议督促行政职能部门对受损矿山地质环境有效全面整改。

矿山生态修复治理是加快推动生产方式绿色转型、筑牢生态环保安全屏障的重要举措。检察机关在办理省级生态环保督察公益诉讼案件线索过程中，严格贯彻落实司法谦抑及行政权优先原则，对行政机关正在履行职责推动整改的矿山环境修复问题，充分尊重行政职能部门依法行使职权，同时做好跟进监督工作。通过持续跟进监督，对整改过程中发现的行政机关履职不到位问题，依法履职，及时以行政公益诉讼立案监督，用好诉前检察建议监督举措，助力矿山生态环境得到全面修复，完善矿山开采区域修复治理工作常态化监管，与行政职能部门协同答好矿山环境生态治理"必答题"，交出最优"检察成绩单"。

督促集贸市场计量监督行政公益诉讼案*

【基本案情】

2022年2月,某市某区人民检察院关注到抖音APP博主"给个面子"于2021年11月先后发布3条视频,反映某市某集贸市场存在"八两秤"现象,视频评论中有用户反映称某市其他市场也存在类似现象,损害了不特定消费者的合法权益。

【检察机关履职过程】

专项检查,确定监督线索。经对短视频中反映的问题进行分析研判,2022年2月,某市某区人民检察院迅速制定方案,利用周末居民集中市场采购的高峰期,多次组织力量开展计量器具精准度"暗访",在初步锁定目标商铺和摊点后,以标准砝码对相关计量器具进行当场校检,并通过执法记录仪现场固定证据。经对市辖区内4家集贸市场开展计量监督检查,发现有3家集贸市场存在未设置"公平秤"或"公平秤"计量存在误差等不同程度的问题,4家集贸市场内共计10余家营业商户、摊点使用的电子秤、指针称等计量器具均检出准确度超过《零售商品称重计量监督管理办法》规定的负偏值,即集贸市场内个别商户、摊点存在使用不合格计量器具的问题,同时在检查中还发现部分计量器具存在铅封被破坏的情况。

一、诉前磋商,达成监督共识

检查结果反映出市辖区内集贸市场计量器具监管方面存在薄弱环节,已经侵害了不特定消费者的合法权益,损害了社会公共利益。2022年3月2日,某市某区人民检察院运用公益诉讼案件诉前磋商

---

* 作者简介:王云基,甘肃省嘉峪关市城区人民检察院。

机制，主动对接某市市场监督管理局进行磋商沟通。通过出示调查取证材料，对监督检查中发现的各个集贸市场计量器具存在的问题逐一作出说明，对公益损害事实及法律法规进行示明。某市市场监督管理局介绍了以往的计量监督工作情况，对检察机关提出的问题完全认可，并提出了初步整改措施，表示将直面问题，保证尽快充分履行职责。

二、公开履职，接受外部监督

为提高检察机关办理公益诉讼案件的透明度和司法公信力，进一步明确公益损害事实，2022年3月8日，某市某区人民检察院邀请人民监督员、某市市场监督管理局举行公开听会。会上，人民监督员在聆听了办案人员对案件基本情况的汇报及市场监管局对听证问题的说明后，表示老百姓日常消费中的"缺斤短两"看似是小问题，实则影响着大民生，检察机关针对"八两秤"问题提出了提高监督检查力度、建立举报奖励机制、督促经营者树牢诚信经营理念等方面的针对性建议。经过人民监督员闭门评议，一致同意检察机关向行政机关提出诉前检察建议，认为加强集贸市场经营监管，不仅维护了消费者合法权益，也擦亮了文明城市的名片。某市某区人民检察院综合参考听证意见后，向市场监管局公开宣告送达了《检察建议书》。

三、落实整改，切实守护公益

为确保制发的检察建议落地见效，市城区人民检察院联合市场监督管理部门对辖区内各市场开展了计量专项检查，并邀请人民监督员对检查活动全程参与。检查中对各市场未设置公平秤的监督市场管理人现场配置，对已设置公平秤的重新进行了检验检测，并建立了每日校准台账，保证公平秤"真公平"；对于检查中发现商户、摊点使用不合格计量器具的依法予以没收，对使用未检测计量器具的，现场进行检测，检测合格的发放合格证，不合格的依法予以没收，人民监督员对此次联合执法检查给予充分肯定。3月17日，市场监管局就全市《开展集贸市场在用计量器具检查方案》向人民检察院抄送。4月6日向全市各市场主办方和营业户下发了《关于加强集贸市场计量监督管理的通告》，检察机关将上述整改情况向人民监督员进行了通报。

【评析意见】

针对集贸市场内经营者使用不合格计量器具或者改装计量器具产生的"八两秤"问题，严重侵害了不特定消费者的合法权益，检察机关立足公益诉讼职能，切实维护公平的市场经营秩序。同时，检察机关在履职中邀请人民监督员参与检察公益诉讼办案活动，合力推动"八两秤"问题解决。

一、"互联网+公益诉讼"，拓宽公益诉讼线索新途径

随着短视频平台的兴起，生活中遇到"糟心事"，随手拍下来发布在互联网上，已经成了很多人的日常习惯，短视频平台成为公众的监督举报平台，检察机关可以充分利用这一途径发现公益诉讼线索。本案中，某市某区人民检察院即是从抖音 APP 上关注到举报线索，随即开展了专项监督检查，最终查证举报内容属实，从而向履职不充分的监管机关提出了诉前检察建议。

二、以"我管"促"都管"，协力维护社会公共利益

公益诉讼不是检察机关的"独角戏"。检察机关在办案中发现，行政机关履责缺位，导致国家利益和社会公共利益受到侵害，就要以"我管"进行依法监督，在引入人民监督员参与监督的同时，促进职能部门依法履职、切实纠错，以"柔性磋商"促进检察建议的"刚性监督"，画出公共利益守护最大"同心圆"。本案中，某市某区人民检察院对公益诉讼线索调查核实后，与市场监管部门凝聚保护公益的共识和合力，推动公益诉讼检察与行政机关依法履职的良性互动。邀请人民监督员参与检察听证和联合检查，在检察机关与行政机关之间、行政机关与人民群众之间搭起更加广泛的对话平台，形成多方共商、共建的工作新格局，增进了人民群众对检察工作的认同感和信任度，切实提升了检察公信力。

三、"民生利益无小事"，履职守护群众美好生活

公益诉讼检察工作，就要办好群众身边的小案、消除老百姓的小闹心、小烦恼，真正体现出"民生检察"属性。本案中，某市某区人民检察院以履职的态度,将监督点放在集贸市场的"秤"上,实则是校准老百姓心里对党和政府的"准星"。"缺斤短两"看似是一件小事,给消费者造成的财产损失也较小,却严重影响人民群众生活幸福感,满意度,检察机关用力用心用情办好群众身边的"小案",下大力气解决群众反映强烈的突出问题,守护好人民群众的美好生活。

张某与某中学、慕某某、某保险公司支公司教育机构责任纠纷提请抗诉案*

【基本案情】

张某与慕某某系某省某县初级中学同班同学，均为农村户籍。2013年8月26日晚自习课间，双方因座位拥挤碰撞发生口角，继而相互厮打，致不同程度受伤。侵权事件发生后，学校要求双方法定代理人督促诊治。次日，张某被某县第一人民医院诊断为左侧鼻骨骨折。随后慕某某法定代理人带张某至某市某区人民医院检查治疗，诊断结果为鼻骨骨折。2015年8月19日，经某市某区人民医院司法鉴定所鉴定，张某伤残等级为十级。某县城关初级中学向某保险公司支公司投保了校方责任险。

2016年3月14日，张某诉至某县人民法院，请求依法判决某县城关初级中学、慕某某、某保险公司支公司三方被告赔偿其医疗费、伤残赔偿金、鉴定费、住宿费、交通费等费用共计60 412.70元。一审法院经审理，认为张某户口簿证实为农村户籍，其请求按照城镇居民计算伤残赔偿金无法律依据，不予支持，并根据过错比例，判决某县城关初级中学承担60%赔偿责任，张某和慕某某各担20%。张某不服，上诉至某市某区中级人民法院后，二审法院以"受害人张某系学生，尚无实际收入，且十级伤残对其未来收入影响有限"为由，认定一审以农村居民人均纯收入标准计算残疾赔偿金符合本案实际，对责任划分比例予以确认，判决驳回上诉，维持原判。张某向某市某区中级人民法院申请再审被驳回后，向检察机关申请

---

* 作者简介：刘芳，甘肃省庆阳市人民检察院。

监督。

【检察机关监督情况】

承办人经调阅原审诉讼卷宗、查询相关法律法规、检索案例、询问当事人、调查走访社区和公安户籍部门后，认为某市某区中级人民法院［2016］民事判决适用法律确有错误。具体理由如下：

第一，终审法院对本案争议的焦点即残疾赔偿金应适用城镇还是农村标准进行计算未予明确。

最高人民法院《关于贯彻执行〈中华人民共和国民法通则〉若干问题的意见（试行）》第9条第1款规定："公民离开住所地最后连续居住一年以上的地方，为经常居住地。但住医院治疗的除外。"最高人民法院《关于经常居住地在城镇的农村居民因交通事故伤亡如何计算赔偿费用的复函》认为："人身损害赔偿案件中，残疾赔偿金、死亡赔偿金和被扶养人生活费的计算，应当根据案件的实际情况，结合受害人住所地、经常居住地等因素，确定适用城镇居民人均可支配收入（人均消费性支出）或者农村居民人均纯收入（人均年生活消费支出）的标准。"据此，当受害人离开住所地在城镇居住生活一年以上时，已在城镇按照城镇标准生活消费，受害人的经常居住地即为城镇，残疾赔偿金应以城镇居民标准计算。本案中，根据某县某镇街社区居委会、某县某镇某村以及某县小学出具的证明证实，受害人张某虽为农村户口，但其母亲属城镇居民，且在城镇经商，其经常居住地和收入来源地均为城市。张某亦随母亲在城市居住、生活、学习多年，其经常居住地为城市，张某生活、上学的消费支出，生活质量及受教育水平与城镇居民并无实质差别。因此，在这期间发生侵权损害受伤致残，其残疾赔偿金应当根据城镇居民的人均可支配收入标准来计算。终审法院认定了申请人张某在城镇居住生活的事实，却又确认了一审法院按照农村居民人均纯收入标准来计算残疾赔偿金，自相矛盾。

第二，残疾赔偿金以何标准计算与残疾程度对未来收入影响并无直接关联，终审法院以"影响"代替"标准"，显属不当。

《民法通则》第119条规定："侵害公民身体造成伤害的，应当赔偿医疗费、因误工减少的收入、残废者生活补助费等费用；造成死亡的，并应当支付丧葬费、死者生前扶养的人必要的生活费等费用。"2003年最高人民法院发布的《关于审理人身损害赔偿案件适用法律若干问题的解释》第25条规定："残疾赔偿金根据受害人丧失劳动能力程度或者伤残等级，按照受诉法院所在地上一年度城镇居民人均可支配收入或者农村居民人均纯收入标准，自定残之日起按二十年计算。但六十周岁以上的，年龄每增加一岁减少一年；七十五周岁以上的，按五年计算。受害人因伤致残但实际收入没有减少，或者伤残等级较轻但造成职业妨害严重影响其劳动就业的，可以对残疾赔偿金作相应调整。"根据上述规定，受害人遭受人身损害后，会减少或者丧失收入，由于人身损害造成的残疾，会致使受害人劳动能力部分丧失或者全部丧失。残疾赔偿金即是对受害人因人身遭受损害致残而丧失全部或者部分劳动能力的财产赔偿。本案中，终审法院既已对张某所受的十级伤残予以确认，便应当根据相应的标准来计算残疾赔偿金，而不应以张某系学生，尚无实际收入，对未来收入影响有限为由，以计算相对较少的农村居民标准直接作为计算依据。综上所述，终审法院作出的［2016］10民终595号民事判决适用法律确有错误。

2017年12月12日，某市某区人民检察院以检民（行）监［2017］62100000052号民事提请抗诉书提请省人民检察院抗诉，省人民检察院采纳全部意见，于2018年4月2日以检民（行）监［2017］62000000108号向省高级人民法院提出抗诉。省高级人民法院经过再审审理，于2018年11月21日作出［2018］民再91号民事判决，认定"原审判决认定部分事实错误，适用法律及判处明显不当"，判决"撤销某市某区中级人民法院［2016］10民终595号民事判决书和某县人民法院［2016］1027民初503号民事判决书"，改判由慕某某的监护人张某乙、某保险公司支公司按照城镇居民标准赔偿张某各项损失费用37 095.7元。

【评析意见】

在城镇生活的农村未成年人发生教育机构侵权纠纷后，以何标准计算伤残赔偿费用,尚无法律和司法解释的明确规定。从形式和内容上看,最高人民法院《关于经常居住地在城镇的农村居民因交通事故伤亡如何计算赔偿费用的复函》范围窄且效力较低。从保护弱者的立法精神和最高人民法院对各级人民法院负有监督指导的职责而言,"复函"具有普遍适用性,也符合立法宗旨和我国国情。

该案提请抗诉后被省院支持,抗诉后法院再审采纳检察机关全部抗诉理由,案件被改判,维护了社会公平。对于类似案件的办理具有一定的典型性和示范性。

关于经常居住地在城镇的农村居民因事故伤亡如何计算赔偿费用的问题,并无法律、法规和司法解释的明确规定,仅有最高人民法院《关于经常居住地在城镇的农村居民因交通事故伤亡如何计算赔偿费用的复函》可参考适用。但在理论和实务界,观点不一。有观点认为我国不是判例法国家,所谓"复函"是最高人民法院作出的,不属于成文法系的法律渊源,仅针对个案,具有临时性,最多适用于所涉纠纷案件。也有观点认为"复函"具有指导性,可以普遍适用。

笔者认为,"复函"应当具有普适性,可适用于本案情形。理由如下:

第一,"复函"虽不是司法解释,但最高人民法院有关承办部门对法律的理解是权威的,具有较强的指导力。在人身损害司法解释施行后,关于城乡居民"同命不同价"的争论愈演愈烈,甚至一定程度上影响到了社会的"和谐",引起了顶层关注,这在该解释制定时是始料未及的。最高人民法院以"复函"的形式解决了这一问题,并明传各级人民法院参照适用。同时,最高人民法院负有对各级人民法院的监督、指导职责,各级法院有义务遵守。因此,"复函"具有普遍适用的效力。

第二,虽然经常居住地在城镇的农村居民因事故伤亡如何计算伤残赔偿金的问题没有明确的法律和司法解释规定,但从立法精神和宗旨来看,立法往往更加倾向于保护受伤害者,这既符合我国国情,也符合审判工作中综合考虑法理、人情、风俗等各方面因素的

张某与某中学、慕某某、某保险公司支公司教育机构责任纠纷提请抗诉案

实际。

第三，对于伤残赔偿金的计算标准，并不能简单地根据赔偿权利人的户籍来确定。户籍虽是判断城镇居民或者农村居民的重要依据，但居民与户籍不能简单等同。根据 2003 年最高人民法院发布的《关于审理人身损害赔偿案件适用法律若干问题的解释》第 30 条第 1 款规定："赔偿权利人举证证明其住所地或者经常居住地城镇居民人均可支配收入或者农村居民人均纯收入高于受诉法院所在地标准的，残疾赔偿金或者死亡赔偿金可以按照其住所地或者经常居住地的相关标准计算。"该规定表明，区别城镇居民或者农村居民，应当根据赔偿权利人的住所地或者经常居住地确定。最高人民法院《关于贯彻执行〈中华人民共和国民法通则〉若干问题的意见（试行）》第 9 条第 1 款同样规定，"公民离开住所地最后连续居住一年以上的地方，为经常居住地"。本案中，张某已随母亲在城镇学习、生活多年，可以说是"挂着农村户口的城里人"，与一般城镇居民并无区别。从公平角度讲，适用农村标准，显失公平，从长远来看，也不利于社会和谐。

第四，被害人张某为学生，虽无劳动收入来源，但已随母亲在城市生活多年，经常居住地为城市，张某生活、上学的消费支出，生活质量及受教育水平与城镇居民并无实质差别。终审法院忽视这一事实，以"尚无实际收入，十级伤残对未来收入影响有限"为由，判决被告以农村居民标准赔偿张某伤残赔偿金，没有法律依据。

工伤保险与意外伤害保险能否相互包容或替代*

【基本案情】

陈某某原系某工程公司员工，该公司向某保险公司某分公司投保了团体意外伤害保险，陈某某等76名员工为被保险人及受益人，合同约定意外残疾保险额为40万元，医疗费保险额为5万元，保险期间为2015年2月26日至2016年2月25日。2015年9月21日，陈某某在井下工作时意外受伤，确定为工伤和八级伤残。陈某某向工程公司起诉赔偿，一审判决工程公司给付陈某某各项损失189 494.92元。陈某某不服提出上诉，二审审理期间，陈某某与工程公司达成《工伤赔偿协议》，工程公司给付陈某某各项损失23万元，陈某某撤回上诉。

2017年9月14日，工程公司提起诉讼，某区人民法院作出[2017]0902民初3365号民事调解书，确认某保险公司某分公司向工程公司支付残疾保险金10万元、意外医疗保险金5万元。

2018年7月9日，陈某某以损害了其合法权益为由，起诉要求依法撤销某区人民法院[2017]0902民初3365号民事调解书，法院于2018年12月13日作出[2018]0902民初2968号民事判决书。判决认为：陈某某与工程公司自愿达成《工伤赔偿协议》，约定双方所有纠纷全部终结，陈某某放弃协议规定之外的所有权利，该所有权利在双方未逐一列明的情况下应认定包括陈某某向某保险公司某分公司申请理赔的权利。涉案意外伤害保险的被保险人及受益人虽为陈某某，但投保人系工程公司，该保险属于自愿购买的商业保险，

---

* 作者简介：赵丽娟，甘肃省酒泉市人民检察院。

而非法定保险,不具有强制性,购买目的是员工发生意外时减轻公司的赔偿责任,在工程公司已向陈某某赔偿损失后,有权要求保险公司赔付保险金。故判令驳回了陈某某的诉讼请求。

陈某某不服生效判决,申请再审被驳回后,向检察机关申请监督。陈某某认为工伤保险和意外伤害保险二者不冲突,其依法获得工伤保险待遇后,仍可依据意外伤害保险合同申请理赔,请求检察机关依法监督纠正错误,维护其保险理赔权益。

【分歧意见】

该案办理过程中分歧焦点是陈某某依法获得工伤保险待遇后,是否有权申请保险公司赔付意外伤害保险金,即工伤保险和意外伤害保险能否相互包容或替代的问题。对于该问题,有两种不同意见。

第一种意见认为,工伤保险是强制保险,可以包容意外伤害保险。《工伤保险条例》(2010年修订)第1条规定:"为了保障因工作遭受事故伤害或者患职业病的职工获得医疗救治和经济补偿,促进工伤预防和职业康复,分散用人单位的工伤风险,制定本条例。"根据以上规定,购买工伤保险的目的是因工受伤害的职工获得医疗救治和经济补偿,用人单位分散工伤赔偿压力。本案中,工程公司虽未依法缴纳工伤保险费,但事故发生后双方达成了工伤赔偿协议,陈某某获得了工伤保险待遇,工程公司已履行了法定义务。法律未强制要求购买意外伤害保险等商业保险,从商业保险自愿投保的性质考虑,工程公司支付保险费,保险合同成立,发生保险事故后,投保人工程公司有权申请理赔。从保险合同的目的分析,工程公司购买意外伤害保险的目的是减轻经营风险,承担了陈某某工伤保险待遇的法定赔偿义务后,为了减轻赔偿压力,投保人工程公司亦有权申请理赔。同时,工程公司与保险公司就保险合同纠纷达成了民事调解书,证明工程公司以投保人身份申请理赔符合《保险法》的相关规定,民事纠纷应该充分尊重民事主体的真实意思表示。故同意某区人民法院的判决观点。

第二种意见认为,工伤保险与意外伤害保险性质不同,不能相互代替或包容。《社会保险法》(2018年修正)第41条规定:"职工所在用人单位未依法缴纳工伤保险费,发生工伤事故的,由用人单位支付工伤保险待遇。用人单位不支付的,从工伤保险基金中先行支付。从工伤保险基金中先行支付的工伤保险待遇应当由用人单位偿还。用人单位不偿还的,社会保险经办机构可以依照本法第六十三条的规定追偿。"根据以上规定,工伤保险具有强制性,用人单位必须依法缴纳工伤保险费,不缴纳的单位应按工伤保险待遇支付。本案中工程公司承担工伤保险责任是履行法定义务,不具有赔偿或补偿性质,不能因此而剥夺陈某某的保险理赔权,故工伤保险不能与意外伤害保险相互替代或包容。

【评析意见】

笔者同意第二种意见,工伤保险与意外伤害保险性质不同,不能相互代替或包容。理由如下:

第一,工伤保险与意外伤害保险性质不同。

《社会保险法》(2018年修正)第2条规定:"国家建立基本养老保险、基本医疗保险、工伤保险、失业保险、生育保险等社会保险制度,保障公民在年老、疾病、工伤、失业、生育等情况下依法从国家和社会获得物质帮助的权利。"第33条规定:"职工应当参加工伤保险,由用人单位缴纳工伤保险费,职工不缴纳工伤保险费。"《工伤保险条例》(2010年修订)第2条规定:"中华人民共和国境内的企业……应当依照本条例规定参加工伤保险,为本单位全部职工……缴纳工伤保险费。中华人民共和国境内的企业……的职工……均有依照本条例的规定享受工伤保险待遇的权利。"根据以上规定,工伤保险具有强制性,是社会保险制度的组成部分,任何职工均可享受,所有用人单位均应依法购买。

本案中的意外伤害保险是工程公司为防止从事井下作业的职工遭受意外伤害致残或致死,以职工为投保人和受益人,向保险公司购买的保险,不具有强制性。从险种和购买主体的广泛性看,更符合《劳动合同法》(2012年修正)第62条第1款第3项规定的用工单位义务中的岗位福利待遇。

第二,工伤保险和意外伤害保险分属不同的法律关系。

根据《社会保险法》第 38 条"因工伤发生的下列费用,按照国家规定从工伤保险基金中支付:……"和第 41 条的规定,用人单位缴纳工伤保险费,发生工伤事故后相关费用从工伤保险基金中支付;如不缴纳而发生工伤事故的,则应由用人单位按工伤保险待遇承担给付义务。本案中,如工程公司依法缴纳了工伤保险费,陈某某的相关费用直接从工伤保险基金中支付即可,因工程公司未依法缴纳工伤保险费,则必须承担工伤保险待遇给付责任,给付主体和标准基于法定,法律关系是工伤保险待遇。

人身意外伤害保险是商业性保险,其产生基础在于投保人自愿向保险公司支付保险费,在约定的保险期限内,保险公司对因发生意外事故而导致被保险人死亡或残疾的承担保险理赔责任,职工作为投保人和受益人享有保险理赔权,理赔主体和标准基于约定,法律关系是特定保险合同权利义务。

第三,部分行业管理法规规定企业依法缴纳工伤保险费,并鼓励办理意外伤害保险。

《煤炭法》(2016 年修正)第 37 条规定:"煤矿企业应当依法为职工参加工伤保险缴纳工伤保险费。鼓励企业为井下作业职工办理意外伤害保险,支付保险费。"《建筑法》(2019 年修正)第 48 条规定:"建筑施工企业应当依法为职工参加工伤保险缴纳工伤保险费。鼓励企业为从事危险作业的职工办理意外伤害保险,支付保险费。"从以上法规可知,为职工缴纳工伤保险费系煤炭企业和建筑施工企业必须履行的法定义务,同时为从事井下等危险作业的职工办理意外伤害保险并支付保险费系倡导性要求,即工伤保险和意外伤害保险,是强制和倡导的关系,二者独立并存,不能混同。虽然《建筑法》和《煤炭法》同属于行业管理法规,不能普遍适用,但从立法背景和目的分析来看,本案可以参照适用。

第四,《最高人民法院公报》案例观点认为,工伤保险与意外伤害保险两个请求权独立并存。

《最高人民法院公报》2017 年第 12 期中的安某重、兰某姣诉深圳市水湾远洋渔业公司工伤保险待遇纠纷案,该案裁判要旨是"用人单位为职工购买商业性人身意外伤害保险的，不因此免除其为职工购买工伤保险的法定义务。职工获得用人单位为其购买的人身意外伤害保险赔付后，仍然有权向用人单位主张工伤保险待遇"。该案例的司法观点表明工伤保险与意外伤害保险两个请求权独立并存，不能相互替代或包容，受损害职工均有权请求。

综上所述，工伤保险和意外伤害保险不能相互包容或替代，陈某某依法获得工伤保险待遇后，仍然有权申请保险公司赔付意外伤害保险金，原生效判决的裁判理由错误，导致判决结果错误。检察机关依法履行法律监督职责提出抗诉后，2022年3月再审判决改判撤销了某区人民法院［2017］0902民初3365号民事调解书。随即陈某某向保险公司提出保险理赔之诉，2022年9月法院判令保险公司赔付40万元残疾赔偿金，现陈某某已拿到了理赔款。

梁某某不服某县市场监督管理局行政答复检察监督案*

【基本案情】

2023年2月5日17时44分、54分梁某某分别于某生活超市和某县某购物广场分别购买7种商品和2种商品，共支付82.3元，并于11日、14日分两次以邮寄方式向某县市场监督管理局（以下简称"县市场监管局"）投诉举报其在两商家购买的商品不符合《预包装食品标签通则》《食品安全法》相关规定，并请求"依法责令被投诉人退回货款并赔偿，并依法给予举报奖励"。24日，县市场监管局针对该投诉举报作出书面回复，认为当事人违法行为轻微，且该局已责令整改，决定不予立案，免予行政处罚，对梁某某的举报请求不予支持。3月9日，梁某某不服该回复，向某县人民政府申请行政复议，其认为：一是涉案产品是"三无"产品且足以影响消费者作出错误购买意愿；二是其依法举报，县市场监管局未履行法定职责，属非法商家保护伞。

2023年4月6日，某县人民政府行政复议委员会办公室（以下简称"某县复议办"）根据某县人民检察院与某县司法局会签协作机制邀请该院参与该案争议化解。

【检察机关履职过程】

某县人民检察院在认真审查并分析研判行政复议申请处理材料基础上开展了以下工作：

第一，全面审查，精准监督。该院调取了本案投诉举报及处理

---

* 作者简介：仇琛，甘肃省平凉市灵台县人民检察院。

回复相关材料，分别询问了办案人员和梁某某，了解案件处理经过、相关考量因素及具体商品信息和问题，实地走访商家查验相关资质。经核查，梁某某投诉举报的问题商品共9种，其中5种标签、说明书确实存在瑕疵，举报属实，另外4中举报不实。县市场监管局依据《食品安全法》第125条及《某省市场监督管理轻微违法经营行为免于处罚清单（2020版）》相关规定，向两商家作出《责令整改通知书》，并决定不予立案，同时将处理结果书面回复梁某某。同年2月24日，县市场监管局以邮寄方式对梁某某举报事项处理结果进行了书面回复。承办人经核查认为，两商家均具有相关资质，均属于合法经营，其也能够提供证据证明上述9种商品的进货单及相关票据凭证，已经履行了《食品安全法》规定的进货查验义务，县市场监管局依据相关规定决定不予立案程序合法、适用法律正确。

第二，抽丝剥茧，理性应对。某县人民检察院对案件事实进行了全面复盘，发现该案具有以下特征：（1）梁某某系广西南宁人，即异地人员购买物品并举报；（2）梁某某在同一时段不同地方内购买同类食品，商品金额较少；（3）梁某某的举报并非产品质量本身，而是针对食品标签、标识等问题；（4）梁某某未经协商直接举报，不符合一般购物维权规律，且其较一般消费者更为专业；（5）其投诉举报商品购买后均未拆封、未食用；（6）梁某某投诉举报的诉求中均明确请求给予举报奖励和书面处理结果。经初步判定，某县人民检察院认为梁某某是以获取奖励为目的，有针对性地购买存在标签瑕疵等问题类商品，并通过投诉举报或复议等方式获取赔偿或奖励，具有职业举报人特征。为进一步印证判断，某县人民检察院遂通过中国裁判文书网进行搜索，经查询梁某某在多地有包括买卖合同、网络购物合同、产品责任等多起民事纠纷，综上特征，某县人民检察院认为梁某某属职业举报人。

第三，高点定位，明辨是非。某县人民检察院与县复议办、县市场监管局就梁某某职业举报案三次召开案件研讨会议。本案的争议焦点为：县市场监管局根据举报内容依法进行调查核实，并责令两商家整改，但对于整改落实情况县复议办认为，执法卷宗中无相关印证资料，程序违法，拟撤销该调查处理回复并确认行政行为违法。县市场监管局认为，其对举报事项进行处理并当场责令整改，提供的事项处理材料能充分说明县市场监管局依法履职，不应认定为行政违法。某县人民检察院在听取双方意见后结合调查了解的事实情况认为，县市场监管局对现场进行检查后责令两商家即刻下架"问题食品"，未保存印证资料属执法瑕疵，并非执法违法，且梁某某属职业举报人，购买商品非自用而是以此获取赔偿和奖励，其与本案处理并无利害关系，不具有行政复议主体资格。最终，某县人民检察院建议县复议办驳回梁某某复议申请。在充分阐明检察机关的意见后，某县复议办、县市场监管局均认可同意某县人民检察院观点，达成了由某县复议办对梁某某行政复议申请重新进行审查并驳回梁某某的复议请求，县市场监管局自行补正执法中存在的瑕疵问题的合意。

第四，释法说理，担当作为。经多次分析研讨，某县复议办全面采纳检察机关意见，最终以梁某某与本案没有利害关系，不具有申请行政复议的主体资格为由，驳回梁某某的复议申请。检察机关联合行政复议机关从行政复议主体资格、投诉举报事项处理流程、相关行业规定和梁某某作为职业举报人的多起诉讼等方面对其释法说理，以法释事，既表明了欢迎对某县食品安全进行社会监督的态度，又阐明了行政机关依法行政、坚决维护营商法治环境的决心，梁某某在权衡利弊后表示服从行政复议决定，不再诉讼信访，该案争议得到实质性化解。

第五，举一反三，助推治理。通过办理该案，某县人民检察院认为，司法机关和行政机关在办理此类案件时，在依法依规办案的基础上也应全面充分考虑案件社会效果和对市场营商法治环境的影响，杜绝滥用权力救济途径使社会法律关系处于不稳定状态的现象。本案恰好说明某县应对职业举报相关机制尚不健全，对此，检察机关向县市场监督管理局制发了社会治理检察建议，建议其确定细化相关标准，区分职业举报与普通消费者，分类施策，建立职业投诉举报索赔异常名录；联合公检法司等相关部门出台应对机制，对投扶督促经营主体完善证照合法规范；建章立制严把原料采购、成品销售的'安全关'；采取有力措施推进'包保责任制'落地见效"。建议区市场监管局"依法履行生产经营监管职责，组织实施全过程的监督检查和隐患排查，依法查处并积极指导合法经营，督促问题整改"。

收到检察建议后，各乡镇立即召开食品安全委员会会议和专题会议，周密部署、制定方案、精准施测，推动形成末端发力、终端见效的食品安全"包保责任制"落实机制。综合行政执法队联合市场监管所、派出所对辖区食用油小作坊全面进行了排查，形成专项整治报表反馈于区市场监管局，同时通过广播、悬挂横幅、张贴标语、签订安全承诺书、召开业务培训会等方式加强宣传、营造氛围，支持配合市场监管局进行专项整治。区市场监督管理局高度重视、迅速部署，结合各乡镇反馈的辖区食用油小作坊食品安全现状，邀请检察人员组织各相关股室及辖区监管所召开专题会议并传达《检察建议书》内容、共商整治方案，制定印发了《区市场监督管理局食用植物油小作坊专项整治工作方案》，对全区16个乡镇和7个街道办事处涉及的辖区开展为期一个月的专项整治，分步骤开展排查摸底、问题自查、整改落实、规范提升工作。排查摸底阶段，各监管所与属地政府联合发力全面摸排，对排查出的89家食用油小作坊共同建立了信息监管台账，对存在问题的原因进行了深入分析，邀请检察官以案说法，集中开展了食用油小作坊从业人员食品安全知识培训会共计12场，培训人次200余人，有效提升了从业人员法律意识，为食用油小作坊规范提升奠定了良好基础；指导规范方面，全面推行食品小作坊网上登记办理，规范登记程序、简化办事手续、督促引导办理登记证，实现登记全覆盖。及时采纳检察机关"监管和服务并重"的意见，持续跟进服务指导，帮助小作坊合理规划布局、优化工艺流程、整治环境卫生，指导规范新开办小作坊26户，并确立1家食品加工小作坊示范店引领以点带面、提质升级。严格监管方面，全面落实检察机关用"四个最严"标准严格监管的要求，及时对设备简陋、工艺落后、卫生条件差的小作坊停业整顿，对进货查验制度落实不到位的进行责任约谈和培训教育，对使用非食品物质、超范围超限量使用添加剂、生产假冒伪劣的坚决依法查处，涉嫌犯罪的移送公安机关。出动执法人员349人次，检查182次，责令改正31户，办理小作坊登记证55户，依法取缔3户。监督抽检方面，制定了年度抽检计划，已按2023年10月份完成全面抽检的计划稳步实施，现阶段抽检全面合格。拓展监管方面，根据某省市场监督管理局《关于全面推进食品生产主体"互联网+透明车间"建设工作的通知》要求，通过与检察机关召开座谈会、共同组织培训会等方式引导督促食用油小作坊全面开启了智慧监管新模式，实现了100%透明化监控生产加工过程。

某区院自2023年3月至6月，分阶段对各乡镇油坊生产加工情况进行了回访，对各乡镇、区市场监管局履职情况展开了跟进监督，现阶段，各乡镇油坊所有证件均已按照程序办理，已全面设立进销货查验台账制度，油品已全面检测合格，环境卫生均已得到改善，实现了生产加工智慧监管，提升了经营主体法律意识。各乡镇已制定食品安全包保责任制落实机制，区市场监管局开启了对辖区食用油小作坊常态化、规范化、智能化监管新模式，社会公共利益得到了有效保护。

【评析意见】

检察机关针对辖区乡镇存在的食品安全"包保责任制"落实不到位、食用油小作坊证照不全、未设立进销货查验记录、生产环境简陋等监管不到位的问题，通过听证广泛征求整改意见、公开宣告送达保证建议刚性、督促协同促进行业整改、跟进监督确保治理效果等方式，促进联动依法履职，推进食品小作坊规范经营和风险防控，并延伸检察机关服务乡村振兴的办案效果。

小作坊的食品安全隐患一直是行业监管的风险点，也是人民群众的关注点，更是乡村振兴的发展点。检察机关持续发力，发挥公益诉讼诉前程序的监督属性和效率价值，督促形成多部门联动依法履职，办案与服务相结合，以点带面推动产业转型升级，推进监管优化建设、推进行业综合治理和推进营商环境不断优化，以办案实践促进法治化基层治理，将办案效果向助力乡村振兴延伸，也是公益诉讼维护社会公共利益的应有之义。

三、公开听证统一认识，准确制发检察建议

2023年6月20日某区人民检察院邀请人民监督员、听证员、涉案9个街道、乡镇负责人及某区民政局主管同志参加听证会。听证员对检察机关运用数据模型发现类案监督线索、积极参与社会治理的新监督方式给予了高度赞扬，同意检察机关制发检察建议的意见；行业主管部门及乡镇、街道同志对检察机关提出帮助堵塞服刑人员违规领取低保制度漏洞的检察建议表示认可，并希望以检察监督推进最低生活保障资金数据共享平台的建设。在统一监督意见基础上，检察机关向某区民政局公开送达了督促履职《检察建议书》。

四、持续跟进落实整改，促进行政机关建章立制

检察建议发出后，某区民政局及各涉案街道、乡镇高度重视，某区民政局两次召开专题党组会议认真研究落实整改措施，各乡镇、街道通过逐户走访、劝说主动退还资金、宣传低保政策等方式，陆续收回已经违规发放资金9万余元。2023年7月，某区民政局书面回复整改落实情况，并通过检察机关与某区财政局联系，将收回的9万余元违规发放资金上缴国库。某区民政局通过专题上报上级部门协调，逐步建立了与某区人民法院定期通报制度，基本从源头杜绝了违规发放漏洞。

【评析意见】

检察机关以"小切口、大数据、深治理"为原则，建立"监狱服刑人员违规领取低保类案监督模型"，通过城乡低保数据发放情况与被判处拘役或有期徒刑被告人数的数据对撞，精准锁定服刑人员违规领取低保人员名单，并通过调查取证固定违规领取资金证据，积极开展与行政部门磋商统一思想认识，通过召开听证会、公开送达、部门配合等形式促进检察建议整改落实，推动相关部门建立了服刑人员定期通报等长效机制，切实保障了社保资金安全。

本案是某区人民检察院在探索"大数据赋能检察监督"的改革化路径中，本着"小切口、大数据、深治理"原则，通过构建简单、有效、可行、低成本的小数据模型，实现"个案办理—类案监督—社会治理"跃升的一个典型案例。检察机关从数据模型筛查出的异常数

某市某区民政局怠于履行低保监督管理职责案

据出发,开展较为充分的调查询问和取证工作,力求检察建议制发精准有效;并通过座谈磋商、召开听证会、公开送达等形式,凝聚多方合力,促进行业整改、建章立制,扩大检察机关履职、参与社会治理社会影响力。

非司法工作人员能否构成枉法类犯罪的共犯[*]

【基本案情】

2012年6月12日,罪犯米某某入W监狱服刑。同年8月16日,米某某之父米某在某酒店宴请W监狱副监狱长杨某某和狱政科长司某某,请求对米某某办理保外就医。因其不符合保外就医的条件,杨某某和司某某便指使医师杜某出具了米某某"双下肢失去功能"的虚假鉴定意见,省监狱管理局据此决定对其保外就医,杨某某、司某某及杜某收受了米某送的财物。后经检察机关重新委托鉴定,米某某双下肢功能正常。

【分歧意见】

在本案定性问题上,对杨某某和司某某涉嫌徇私舞弊暂予监外执行罪没有争议,但对米某和杜某的行为定性存在争议:第一种观点认为,米某和杜某不具备司法工作人员身份,米某行贿和杜某作伪证均不属于滥用司法职权,故其行为不构成徇私舞弊暂予监外执行罪,而应当分别以行贿罪和伪证罪论处。第二种观点认为,米某和杜某虽然不是司法工作人员,但其与司法工作人员互相勾结,共同实施徇私舞弊暂予监外执行犯罪,应当以共犯论处。

【评析意见】

笔者同意第二种意见,即米某和杜某构成徇私舞弊暂予监外执行罪共犯。理由如下:

1. 行为人勾结司法人员实施犯罪

米某、杜某均不是司法工作人员,不符合徇私舞弊暂予监外执

---

[*] 作者简介:王治强,甘肃省陇南市人民检察院。

行罪的主体要件，但其与司法工作人员互相勾结，共同实施了徇私舞弊暂予监外执行犯罪。米某明知其子不符合保外就医条件，却请托司法工作人员违规办理，引起其犯罪决意，属于教唆犯；杜某明知司法工作人员将利用其出具的虚假鉴定违规办理保外就医，却在收受贿赂后弄虚作假，为他人实施犯罪创造有利条件，属于帮助犯。尽管他们只实施了整个犯罪的部分行为，但却是共同犯罪必不可少的环节。因此，对其应当以共犯论处，而不应当单独定罪。

2. 行为人利用司法职权实施犯罪

米某采取贿赂手段，唆使司法工作人员违规办理保外就医，属于利用司法工作人员的职权；杨某某贪赃枉法，徇私舞弊，滥用司法职权；杜某积极提供帮助，使司法工作人员滥用职权的行为得以完成。因此，本案是利用司法职权实施的犯罪，属于司法工作人员职务犯罪，而非普通犯罪。

3. 处理类似案件的批复可供参考

最高人民检察院法律政策研究室在《关于非司法工作人员是否可以构成徇私枉法罪共犯问题的答复》中明确指出，"非司法工作人员与司法工作人员勾结，共同实施徇私枉法行为，构成犯罪的，应当以徇私枉法罪的共犯追究刑事责任"。徇私舞弊暂予监外执行罪与徇私枉法罪同属司法工作人员滥用职权犯罪，均有徇私舞弊情节。本案与批复中的案情类似，该批复对处理本案具有参考意义。因此，对米某及杜某应当以徇私舞弊暂予监外执行罪的共犯论处，而不能以行贿、包庇、伪证等罪论处，以免放纵犯罪。本案提起公诉后，法院采纳了检察机关意见，已作有罪判决。

在司法实践中，非司法工作人员不仅参与徇私枉法和徇私舞弊暂予监外执行犯罪，还会参与其他枉法类犯罪，如徇私舞弊减刑、假释罪，民事、行政枉法裁判罪，私放在押人员罪，执行判决、裁定滥用职权罪等。非司法工作人员参与枉法类犯罪的情况比较复杂，要区分不同情形，分别处理，不能一概而论。如果非司法工作人员与司法工作人员互相勾结，滥用司法职权，共同实施犯罪，则以共犯论处。尽管非司法工作人员的行为可能涉嫌其他犯罪，如行贿罪、伪证罪、包庇罪等，但不能按其个人行为认定罪名。因为只有将共同犯罪中各行为人的行为联系起来，作为一个有机整体分析处理，才能准确衡量共同犯罪的社会危害性，也才能对各行为人准确定罪量刑。如果非司法工作人员对司法工作人员滥用职权不知情，即使其参与了枉法类犯罪，也因缺乏犯意联系，不具备共同故意，而不能以共犯论处。

杨某某故意伤害罪不起诉案[*]

【基本案情】

犯罪嫌疑人杨某某，男，1959年11月出生，汉族，初中文化程度，某省某县某镇村民。

2013年5月6日20时许，某县某街巷居民吕某某（另案处理）与某县某招待所负责人李某某等人在招待所内饮酒。当晚23时许，吕某某在某招待所门前的啤酒摊上无故向正在打牌的犯罪嫌疑人杨某某颈部搋了一拳，杨某某质问时与吕某某发生争执，吕某某用拳头在杨某某的胸部、头上乱打并将其推搡倒地继续实施殴打，杨某某起身后持一木凳乱耍后扔出致吕某某受伤。之后吕某某又将杨某某打倒在地并与随后赶来的李某某两人在杨某某的头部、身上用脚踢踏，吕某某又捡起一把木凳在杨某某的头部砸击。经某省某县公安司法鉴定中心鉴定，杨某某的损伤为重伤；经某司法医学鉴定所鉴定，吕某某的损伤为轻伤。

2020年，某县公安局以犯罪嫌疑人杨某某涉嫌故意伤害罪一案移送审查起诉。2021年某县人民检察院根据《刑事诉讼法》第16条、第177条第1款的规定，对杨某某作出不起诉决定。

【评析意见】

本案的关键是如何认定和评判嫌疑人杨某某的行为，系互殴还是正当防卫，通过认真梳理证据，准确认定犯罪事实，分析论证认为杨某某的行为符合正当防卫的所有条件，其行为不构成犯罪。具体评析如下：

---

[*] 作者简介：孙海生，甘肃省武威市民勤县人民检察院。

本案被害人吕某某酒后在某招待所门前的啤酒摊上，无故向杨某某颈部捣了一拳，杨某某质问时与吕某某发生争执，吕某某用拳头在杨某某的胸部、头部乱打并将其推搡倒地继续实施殴打。在此情况下，杨某某为躲避继续受到侵害，保护自己人身权利不受侵犯而扔出一把木凳，致吕某某眼部轻伤，并再未实施加害行为；吕某某受伤后继续实施殴打，致使杨某某头部重伤。本案中虽有撕拉行为出现，但在本质上不存在相互打架、互殴的问题，系被害人无故生非、寻衅滋事，随意殴打他人。杨某某是在连续遭受吕某某的不法侵害，躲避均不能有效防止侵害的情况下，采取了防卫行为，且其所采取的防卫手段、强度和保护的利益，与吕某某不法侵害的手段、强度及可能造成的危害后果是基本相适应的，没有超过必要限度造成重大损害。

本案从正当防卫的五个构成要件角度进行分析。

第一，杨某某的行为是为了使自己的合法权益免受吕某某的不法侵害而实施。在案证据证明，杨某某质问吕某某为何无故打人，显然已认识到不法侵害正在进行，具有防卫认识，其将小板凳朝吕某某砸去是出于保护其人身权利再次受到吕某某的侵害，具有防卫意志，符合正当防卫的主观（合法性）条件。

第二，杨某某的行为发生在被害人吕某某无故生非、寻衅滋事，随意殴打他人的情况下，在案证据证明嫌疑人杨某某是在玩扑克时被醉酒的吕某某无故殴打，存在现实的不法侵害为前提，符合正当防卫的起因条件。

第三，杨某某的行为发生在吕某某的不法侵害正在进行，尚未结束之前，符合正当防卫的时间条件。在案证据证明，吕某某在杨某某的头部、胸部等身体部位用拳脚击打踏踢，吕某某还捡起一把木凳在杨某某的头部砸击，不法侵害的现实威胁已经非常紧迫，若任由醉酒状态的吕某某继续殴打，将造成不可弥补的危害，在此情况下，杨某某为保护自己人身权利不受侵犯而扔出一把木凳实施了防卫行为。

第四，杨某某的行为针对不法侵害者吕某某本人实行，符合正当防卫的对象条件。

第五，杨某某的行为没有明显超过必要限度造成重大损害。本案中被害人吕某某采取了多次拳脚殴打和木凳击打的方式，杨某某采取了一次木凳扔砸的还击方式；吕某某与李某某两人共同实施殴打，嫌疑人处于劣势；被害人吕某某的行为造成嫌疑人杨某某重伤的后果，而杨某某的防卫行为致被害人轻伤。杨某某所采取的防卫手段、强度和保护的利益，与被害人吕某某不法侵害的手段、强度及可能造成的危害后果，是基本相适应的，甚至弱于被害人采取的强度，没有超过必要限度，没有造成重大损害，符合正当防卫的限度条件。

综上，杨某某的行为符合《刑法》第20条第1款规定，系正当防卫，不负刑事责任，依法对杨某某作出不起诉决定。同时，经审查吕某某的行为涉嫌故意伤害罪，某县人民检察院依法履行职能，批准逮捕吕某某后向某县人民法院提起公诉。

检察机关从案件的事实、证据等综合予以分析，并对杨某某作出不起诉处理，不仅使得涉案人依法免受法律追究，还涉案人一个公道，同时有利于鼓励公民大胆地运用正当防卫的法律武器同不法侵害作斗争，达到了政治效果、法律效果、社会效果的有机统一。

烈士散葬墓保护行政公益诉讼案*

【基本案情】

某县是一片红色热土,葬有烈士4000余人。但由于战争原因和时代久远,已无法准确考证牺牲烈士的姓名和埋葬地点。烈士散葬墓正在逐渐寻找、确认之中。某县人民检察院在开展全市县级及以下烈士纪念设施管理保护专项行动"回头看"时,从网络媒体发现吴某某烈士散葬墓线索。经实地调查走访,发现位于某县某镇某村的吴某某烈士散葬墓存在长期无人管护、杂草丛生、坟头塌陷、未设立保护标志、未明确保护责任和保护范围等情形,相关行政机关未依法全面履职,有损英烈荣光。

【调查和督促履职】

2023年2月,某县人民检察院在开展全市县级及以下烈士纪念设施管理保护专项行动"回头看"中,从网络媒体发现吴某某烈士散葬墓线索(媒体"某县发布"《某县红色故事:吴某某烈士简介》)。为全面掌握吴某某烈士散葬墓管理现状,某县人民检察院联合某县退役军人事务管理局,深入烈士散葬墓所在地某县某镇某村进行实地调查,通过走访烈士之子吴某甲和知情人,查阅相关党史资料,结合其亲属提供的革命烈士证明书、党史资料、烈士遗照、遗物等佐证,确定吴某某烈士身份,并在知情人及烈士之子带领下确认了吴某某烈士墓的确切位置。经现场勘验发现,该烈士墓存在长期无人管护、杂草丛生、坟头塌陷、未设立保护标志、未明确保护责任和保护范围等问题,有损英烈尊严与荣光,损害了国家利益

---

* 作者简介:田红卫、杨丽娟,甘肃省定西市岷县人民检察院。

和社会公共利益。某县退役军人事务局对吴某某烈士散葬墓疏于管理、保护不力，可能存在对烈士纪念设施未依法履行监管职责的情况。

2023年3月，某县人民检察院对上述线索立案办理，主动与某县退役军人事务局进行诉前磋商，发送磋商函、磋商意见书和事实确认书，就散葬烈士墓的确认和迁葬保护问题达成共识。同时根据军事检察机关公益诉讼协作机制，与某市军事检察院共同分析研究案情，联合制发检察建议书，于2023年3月28日向某县退役军人事务局公开宣告送达，督促其依法履行英烈保护职责，按照"应迁尽迁、集中管护"的原则，将吴某某烈士墓依法有序迁移至某县烈士陵园安葬，加以集中管护，同时建立健全长效机制，对辖区内散葬烈士墓继续逐一摸排、核实，集中迁移至某县烈士陵园安葬保护，切实维护英雄烈士尊严和合法权益。

某县退役军人事务局对检察建议高度重视，制定整改方案部署专项整治工作，开展信息核对，向县政府领导汇报申请保护搬迁专项资金，积极推进全县范围内散葬烈士墓寻找及烈士安葬信息核查工作，持续加强对烈士纪念设施的管护，并及时书面回复检察机关。整改期间，检察机关持续跟进调查，确保整改措施得到实质性执行。在征得烈士家属同意后，革命烈士吴某某的遗骸已迁入某县烈士陵园安葬，实现统一管理和专人看护，也便于烈士亲属和社会公众开展祭扫活动，英烈权益得到维护。

【指导意义】

针对烈士散葬墓保护不到位、不全面等情形，军地检察机关协作开展专项行动，督促相关主管部门依法全面履职，共同维护英雄烈士的荣誉与尊严，使英烈纪念设施真正发挥弘扬英烈精神，传承爱国主义，践行社会主义核心价值观的重要作用。

英雄烈士，是民族的脊梁、时代的先锋。将烈士散葬墓集中迁移到烈士陵园安葬，依法妥善保护和管理英烈纪念设施，既是贯彻落实习近平总书记关于烈士褒扬工作重要指示批示精神的重要举措，也是维护社会公共利益，营造崇尚英烈、缅怀英烈、学习英烈、捍卫英烈、关爱烈属氛围，为实现中华民族伟大复兴的中国梦凝聚强大精神力量的必然要求。本案中，某县人民检察院根据《英雄烈士保护法》《烈士纪念设施保护管理办法》《烈士褒扬条例》《烈士安葬办法》等法律法规，与某市军事检察院依法履职、融合履职，形成烈士散葬墓保护合力，积极发挥公益诉讼检察监督职能，督促行政机关依法全面履职，捍卫英雄烈士荣光。通过共同调查、诉前磋商、宣告送达检察建议，推动检察机关和被建议单位的互动交流，在诉前实现保护公益目的，实现了双赢多赢共赢目标，取得了良好的办案效果。

未成年人文身治理检察建议案

【基本案情】

某县人民检察院以刑事案件为依托,在办理未成年人强奸案、盗窃案中发现多名未成年犯罪嫌疑人身上有不同图案的文身,遂深挖证据,抽丝剥茧,发现线索,主动履职,调查走访相关美容美发机构,发现部分美容美发机构经营者确实存在违规为未成年人提供文身或者违规操作清洗文身等服务,相关职能部门存在监管不到位的情形,遂向相关职能部门制发检察建议督促整改,现均已整改。

【调查和督促履职】

一、以案件为抓手,全面摸排线索

2022年,某县人民检察院在办理未成年人强奸案和盗窃案,讯问未成年犯罪嫌疑人时,发现多名未成年人身上有不同图案的文身。承办人敏锐地察觉到,近年来文身出现了"低龄化"现象,日渐成为诱发未成年人违法犯罪、侵害未成年人合法权益的社会风险点。通过进一步询问了解,获取到县域内存在美容美发机构违规为未成年人提供文身服务。针对文身问题,承办人向县域内19所学校全面摸排调研,通过实地走访调查、召开座谈会、征集涉未成年人公益诉讼案件线索等方式,收集未成年学生文身线索。

二、以线索为指引,实地调查核实

根据线索指引,承办人实地走访涉案美容美发机构,并随机走访县域内部分美容美发店、化妆店、美甲店,重点查看经营场所证件是否齐全,是否存在为未成年人提供文身及非法清洗文身服务、

---

* 作者简介:王向娟,甘肃省张掖市山丹县人民检察院。

是否取得医疗机构许可、是否在明显位置张贴"禁止未成年人文身"标识等。通过走访发现，涉案机构在提供文身服务时没有核验文身者身份信息，文身的未成年人监护人事前均不知情，其他场所也不同程度存在向未成年人提供小型文身服务情况。

三、上下级院联动，实现检察一体化

自《未成年人文身治理工作办法》印发以来，对首次遇见的新类型问题和困难，承办人积极请示市院，就各相关职能部门的职责划分、法律适用、法条引用等方面进行了全方位的探讨，某市人民检察院及时给予有针对性的指导，实现精准监督，确保未成年人文身治理工作扎实有效推进。某县人民检察院将继续充分发挥一体化办案机制的优势，通过上下级联动，聚合检察资源，形成履职合力，提升法律监督效能。

四、用好用活诉前磋商，提升监督质效

磋商是检察机关与行政机关的柔性碰撞，而不是双方尖锐化对抗，双方的地位首先是平等的，通过磋商的方式可以督促行政机关主动履职以进一步消除损害情形。为促进未成年人文身治理保护源头治理，形成以"我管"促"多管"工作格局，2022年9月29日，某县人民检察院会同相关职能部门召开行政公益诉讼磋商会。通过会商，加强与相关职能部门的沟通交流，进一步厘清了各行政机关职责，实现司法资源投入少、行政机关易接受、解决问题速度快、整改落实成效好的办案效果，力争用最少的司法资源取得最佳办案效果，努力实现双赢、多赢、共赢的法律监督格局。

五、以问题为导向，发出检察建议

针对区域存在违规向未成年人提供文身服务问题，邀请有关职能部门召开集中公开送达会议，就检察建议制发背景进行介绍，阐明检察机关履职依据、调查核实情况、相关法律规定等，充分释法说理，依法向有关部门集中公开宣告送达行政公益诉讼诉前检察建议三份。促成有关部门严格登记管理，开展专项宣传，联合检查县域内美容美发店、文身店100余家，对一家经营范围不规范的刺青店办理经营范围变更及名称变更登记，引导两名文身在校生到正规

医疗服务部门清洗文身。

六、以常态整治为目标，凝聚多方力量

某县人民检察院商请县未成年人保护办公室牵头，九家有关部门召开"某县未成年人文身治理工作专题推进会"，全面解读《未成年人文身治理工作办法》，通报县域内未成年人文身情况，阐明未成年人文身危害性及治理工作紧迫性，引起有关部门高度重视，对推进未成年人文身治理达成共识，为未成年人健康成长营造良好环境。

【评析意见】

未成年人文身对身体造成创伤，难以清除，还可能导致学业受阻、工作受限、遭受社会排斥，且会在未成年人群体产生模仿效果。因此，为未成年人提供文身服务，危害未成年人的身体权、健康权，影响其发展，损害社会公共利益，亟需加大力气整治。近年来，文身出现"低龄化"特点，未成年人文身日渐成为诱发未成年人违法犯罪、侵害未成年人合法权益的社会风险点，为切实保障未成年人合法权益，守护未成年人健康成长，检察院就办案中发现的、美容美发服务业在不符合卫生条件的情形下超范围为未成年人文身，同时在没有取得《医疗机构职业许可证》的情形下违规为未成年人清洗文身的情况，向相关职能部门制发检察建议，旨在督促相关部门履职尽责，加强协作配合，深化源头治理，优化宣传教育，推动开展未成年人文身专项治理工作，在全社会形成联动治理格局，为未成年人提供健康的成长环境和坚实的法治保障。

社区矫正法律监督案*

【基本案情】

社区矫正对象刘某某于 2022 年 12 月 29 日被某县人民法院以诈骗罪判处有期徒刑 3 年，缓刑 4 年，缓刑考验期自 2023 年 1 月 10 日至 2027 年 1 月 9 日止；刘某某在某县司法局某司法所接受社区矫正。

2023 年 3 月，某县人民检察院在日常监督管理中发现刘某某在社区矫正期间，不按照规定使用定位手机、未经批准擅自离开居住地实施新的犯罪等应当撤销缓刑的情形，依法监督社区矫正机构提请人民法院撤销缓刑；同时，在公安机关立案后，某县人民检察院又发现刘某某在取保候审期间违反取保候审规定，有一定的社会危险性，遂依法向某县公安局发出检察建议，依法建议公安机关变更强制措施。

【检察机关履职过程】

2023 年 3 月，某县人民检察院在日常巡回检察中发现罪犯刘某某在社区矫正期间多次发生人机分离、未按规定请假外出的情况，存在再犯罪的可能。

某县人民检察院随即调取了罪犯刘某某社区矫正工作档案，经调查发现：一是刘某某在入矫后第二天将定位手机放在家中前往某县驾考中心实施新的诈骗犯罪，且在社区矫正期间，多次出现人机分离及不请假外出的情况；二是经调查发现刘某某在前罪取保候审期间依然实施诈骗犯罪，在某县人民法院判决以后，前往社区矫正机构报到时依然在实施诈骗行为；三是某县公安局于 2023 年 3 月 3 日对其诈骗行为进行立案侦查并采取取保候审的强制措施不当；四

---

* 作者简介：胡利君，甘肃省武威市天祝县人民检察院。

是通过调查谈话，刘某某对其在取保候审期间和社区矫正期间的诈骗行为予以承认。

某县人民检察院发现刘某某在社区矫正期间多次出现人机分离、未按规定请假即外出犯罪的情况后，依法向某县司法局某司法所提出纠正违法意见；根据《社区矫正法》第46条第2款的规定，依法监督司法局向某县人民法院提请撤销缓刑建议书；同时，针对发现的监督管理中的普遍性、倾向性问题依法向某县司法局提出检察建议；建立有效监督管理机制，综合运用实地查访、信息化核查、通信联络等方式，准确掌握社区矫正对象实际情况；加强与公安派出所沟通协作和信息互通，采取有效措施预防社区矫正对象违规外出和再犯罪的问题发生。同时针对某县公安局对刘某某再犯罪后采取取保候审的强制措施一并提出审查意见。经审查，刘某某在取保候审期间故意实施犯罪，不能防止社会危险性的发生，依法发出检察建议，建议某县公安局依法对其变更强制措施并提请某县人民检察院审查逮捕。

监督结果为某县司法局依法提请某县人民法院对刘某某撤销缓刑。

【评析意见】

检察机关通过检察发现社区矫正人员再犯罪后，通过审查发现其还有漏罪，及时制发纠正违法通知书、检察建议书，要求司法机关、公安机关及人民法院依法履职。

人民检察院开展社区矫正法律监督工作，应依法全面履行监督职责，确保《社区矫正法》的正确实施。人民检察院应当加强对社区矫正机构监督管理和教育帮扶社区矫正对象等社区矫正工作的法律监督，保证社区矫正工作依法进行，促进社区矫正对象依法融入社会，预防社区矫正对象再次违法犯罪。对于发现的违法监督线索要及时开展调查核实，查清违法事实，准确适用法律，精准提出监督意见，更好满足人民群众对司法公正和社会和谐稳定的需求。

人民检察院在办理撤销缓刑监督案件时，应当全面考量行为人主客观情形，依法判断是否符合撤销缓刑的情形。本案中，刘某某在判决前实施的犯罪系漏罪，在判决生效后实施的犯罪系再犯罪，人民检察院向社区矫正机构提出纠正意见，监督社区矫正机构向人民法院提出撤销缓刑建议。

  对社区矫正工作中出现的普遍性、倾向性违法问题和重大隐患，人民检察院应当充分运用检察建议等提升监督效果。检察建议是检察机关履行法律监督职责的重要方式，人民检察院办理社区矫正监督案件时，发现社区矫正机构存在的普遍性问题和管理漏洞，应当充分运用检察建议、依法依规提出有针对性的建议，督促执行机关整改落实，规范管理，堵塞漏洞，最大限度地发挥法律监督促进社会治理的效果，实现法律监督工作和社区矫正工作的双促进、双提升。

某乡人民政府依法整治农村人居环境监督案[*]

【基本案情】

某县地处黄土高原丘陵沟壑区,境内沟壑纵横,生态环境脆弱,境内发现的古遗址和彩陶,属"仰韶""齐家"文化。某县境内某乡有一段长约2.2公里的峡谷,峡谷地处某山省级森林公园边缘,某河支流穿境而过,谷内不仅有境内少有的瀑布景观"峡门瀑布",而且人文资源丰富,有境内现存规模最大、文化内涵最丰富的聚落遗址"某坪遗址"。2022年,某省某县人民检察院(以下简称"某县检察院")在履行公益监督职责中发现,该峡谷内堆放着大量生活垃圾、建筑垃圾及废旧农用地膜,严重污染河道生态环境,破坏了当地的村容村貌,对当地群众的生产生活带来了严重影响,社会公共利益受到侵害。

【检察机关履职过程】

2022年5月22日,某县检察院开展公益监督时发现该案线索,于同年5月23日决定立案。经实地调查取证、走访周边居民,查明甲村、乙村等地及某河流域堆放有大量生活垃圾、建筑垃圾和废旧农膜,乡村人居环境"脏乱差"及某河生态环境污染问题严重,某县某乡人民政府未依法履行辖区垃圾管理和环境保护职责的事实。2022年5月26日,某县检察院召开公开听证会,由检察长亲自主持,由公益诉讼检察官向人民监督员李某某、段某某全面汇报本案公益诉讼检察工作整体开展情况,介绍本案的前期调查情况、监督难点、整改困难方面等,认真听取人民监督员提出的"加大对生态

---

[*] 作者简介:王云龄,甘肃省定西市通渭县人民检察院。

环境监管力度、建立环境保护长效管理机制、对辖区内广大村民进行生态环境保护宣传，从思想根源上进行治理"的意见建议，明确了下一阶段的工作思路和措施。

某县检察院采纳人民监督员意见建议，随即向某乡人民政府送达检察建议书，建议其治理垃圾堆放点，开展农村垃圾污染专项整治活动，改善农村生态环境。2022年7月15日，某乡人民政府书面回复称，已对辖区内堆放的垃圾进行清运整改，全村生态环境和卫生状况有了很大的改善。

2022年7月28日，某县检察院再次邀请上述两名人民监督员参与监督办案活动，与相关行政单位一同走访现场，实地了解该峡谷内环境整治现状，跟进调查时发现，某县某乡人民政府虽在回复期内依法回复了整改报告，但未采取有效整改措施，未对辖区内的环境整治形成长效工作机制，致使甲村、乙村等地及某河流域的生活垃圾、建筑垃圾和废旧农用地膜未进行全面清理整治，部分地方整改后又反弹回潮，乡村人居环境"脏乱差"问题及某河生态环境污染问题未有效解决，社会公共利益仍受到侵害。承办检察官、行政单位工作人员分别立足各自职能说明履职难点，人民监督员结合自身专业知识和工作背景，提出"人工捡拾，继续整改"的建议。

经依法履行请示和报դ程序，2022年8月16日，某县检察院依法向某区人民法院提起行政公益诉讼。起诉至法院后，办案组认为农村人居环境治理是一项复杂的系统工程，有些地方整改后又出现反弹回潮，与当地复杂的地理环境和村民环保意识不强有直接关联，为查明案情和建立人居环境长效机制，办案组积极联系办案法官，结合人民监督员提出的意见建议，会同当地政府，实地走访、共商治理难题。案件审理过程中，某县某乡人民政府组织召开专题会议三次，并将9月份确定为"环境卫生集中整治月"，组织乡村公益性岗位人员和部分群众120余人次，对某河流域进行了全面清理，对生活垃圾按照要求全部清运到垃圾焚烧站，建筑垃圾清运到指定的建筑垃圾填埋场，废旧农用地膜进行回收利用，畜禽粪便进行还田处理。同年10月10日，某县检察院再次邀请人民监督员查看整改情况，现场确认整改完成后，某县检察院变更诉讼请求，请求确认某县某乡人民政府未依法履行环境治理与监管职责的行为违法。11月4日，该案公开开庭审理。庭审中，检察机关围绕某县某乡人民政府未全面依法履行环境监管职责行为致使社会公共利益持续受到侵害进行举证和论述。某区人民法院经审理，鉴于某乡政府在开庭审理前积极采取有效措施，对涉案地域进行了全面整治，彻底清除了污染垃圾，并建立了长效管理机制，社会公共利益受到侵害的状态已消除，同意某县检察院变更诉讼请求，最终达成人居环境整治的目的。

【评析意见】

检察机关提起行政公益诉讼后，人民法院在审理期间，行政机关积极履行监督管理职责，采取有效措施对涉案地域人居环境全面整治的，检察机关可以变更诉讼请求，确认原行政行为违法。

乡村要发展，环境是底色。农村人居环境整治是乡村振兴的重要组成部分，事关人民群众的获得感和幸福感。本案中，某县某乡人民政府怠于履行环境治理与监管职责，致使河道生态环境和村容村貌受到破坏，对当地群众的生产生活带来严重影响。检察机关通过公开听证、邀请人民监督员参与案件办理，提起行政公益诉讼督促行政机关履职尽责，全面整治辖区内环境污染问题，为推进乡村振兴、建设宜居宜业和美乡村提供有力司法服务和保障，努力让人民群众在绿水青山、干净整洁的环境中过上更加幸福美好的生活。

第一，邀请人民监督员实地走访现场，让办案思路更开阔。本案中，人民监督员分别从整改模式、长效机制上提出解决办法。某县检察院主动将接受监督场景从会场向现场延伸、从院内向院外拓展，通过主动接受监督，既向人民监督员真实、生动地呈现案件全貌，又促进检察官以人民群众视角看问题、找原因、想对策，为检察机关提供更多的办案思路。

第二，探索邀请"专家型"人民监督员，让监督意见更专业。本案涉及生态环境领域的相关知识，某县检察院在协调邀请人民监督员时因"案"制宜，邀请有环境治理工作经验的人民监督员参与监督。某县检察院充分发挥人民监督员职业多元化的特点，在接受监督时，设置专业领域识别环节，使参与监督的人民监督员与被监督的事项"专业对口"，形成"法律内行+相关领域内行"的人员配置，切实发挥好人民监督员专业知识领域的效用。这让公益诉讼检察官的监督更有"智慧"和底气，法律监督效果更具"刚性"。

  第三，人民监督员和检察机关凝聚合力，让环境治理更现代。本案中，某县检察院以垃圾随地乱扔难题公益诉讼为切入点，找准了人民群众"急难愁盼"，在职能部门之间、职能部门与社会公众之间搭建起更加广泛的对话平台，形成多方共商、共建的工作新格局。一方面，有力推动法治社会建设，通过主动邀请人民群众监督，保障公众享有宪法和法律赋予的知情权、参与权、监督权，拓宽检察机关参与法治社会建设的路径；另一方面，有力推动法治国家和法治政府建设，通过将人民监督员的意见建议融入检察机关日常履职全过程，进一步提升检察监督办案质效，服务保障经济社会高质量发展，促进提升国家治理体系和治理能力现代化。

某县农业农村局未全面履行对辖区内兽药经营行为的监督管理职责案[*]

【基本案情】

2018年8月加某某被某县农业农村局聘为某县某镇兽防站半脱产兽医,在某县某镇兽防站销售兽药,因其文化程度有限无法从网络途径购进兽药,故从2020年7月至2022年6月加某某让某县某镇兽防站的工作人员杨某某帮助其从淘宝APP上购进兽药并帮助其支付购药款,加某某长期向某县某镇养殖户销售兽药,自2020年7月至2022年6月累计销售兽药金额达8万多元。经某县农业农村局认定,现场扣押的兽药氟苯尼考注射液、磺胺间甲氧嘧啶钠注射液、30%盐酸林可霉素注射液、四季青注射液、缩宫素注射液、注射用头孢噻呋钠重症头孢王、注射用头孢噻呋钠黄金血清头孢王与某市农业农村工作委员会认定的假兽药一致。根据《兽药管理条例》第27条第3款"禁止兽药经营企业经营人用药品和假、劣兽药",第29条第2款"兽药入库、出库,应当执行检查验收制度,并有准确记录"及《半脱产兽医经营兽药房管理制度(试行)》第1条"自觉遵守国务院兽医行政管理部门制定的兽药经营质量管理规范;自觉接受省州县业务主管部门和县动监所的监督检查,自觉接受服从所在乡镇畜牧兽医站的监督和合理化的建议;经营的兽药要满足乡镇畜牧兽医站开展动物诊疗活动、动物疫病防治所需用药",第2条"购入销售的兽药必须从达到兽药GSP的供货企业(个体)采购,药品必须是经过GMP认证厂家生产的,并依法取得批准文号的兽药

---

[*] 作者简介:张珊珊,甘肃省甘南藏族自治州夏河县人民检察院。

产品；所购进的兽药，应当将兽药产品与产品标签或者说明书、产品质量合格证核对无误"之规定，销售上述假兽药不仅影响养殖户的生产经营，还会造成动物疾病的传播，侵害了养殖户的合法权益。

【检察机关履职过程】

经某县人民检察院调查核实后，根据《兽药管理条例》第3条第2款"县级以上地方人民政府兽医行政管理部门负责本行政区域内的兽药监督管理工作"及《半脱产兽医经营兽药房管理制度（试行）》第9条"县动物卫生监督所要加大督查力度，每月对兽药房监督检查一次，一旦发现违规行为，按照《兽药管理条例》等法规严肃查处，对不称职的乡镇半脱产兽医建议当地乡镇政府、县农牧林业局及时解聘撤换"之规定，某县农业农村局作为本行政区域的兽医行政主管部门，应依法及时履行对兽药经营行为的监督管理职责。

为进一步深化检务公开，更好地履行行政检察监督职能，促进司法全过程民主，4月24日，某县人民检察院就某县农业农村局未全面履行辖区内兽药经营行为的监督管理职责一案召开行政检察案件公开听证会。听证会上，承办检察官介绍了案件基本情况，重点对检察机关的行政检察工作和向行政机关发出检察建议的法律依据进行了阐释。人民监督员、听证员分别就听证议题、行政职责及行政机关履职情况进行了详细询问，在了解案件基本事实与行政职能的基础上进行了发言与评议，一致同意检察机关制发检察建议，并表示相关行政职能部门应自觉接受监督依法履职尽责。被建议单位工作人员表示，会对检察建议提出的问题立行立改，举一反三，坚决杜绝类似问题再发生，并向被建议单位公开宣告送达检察建议。

为督促行政机关依法履职，保护养殖户的合法权益，保障动物产品质量安全，根据《人民检察院行政诉讼监督规则》第119条第2款、《人民检察院检察建议工作规定》第11条第4项之规定，向某县农业农村局提出检察建议，建议某县农业农村局依法全面履行监督管理职责，加大兽药经营监管力度，严格规范兽药经营行为，同时做好宣传工作，防范安全风险，切实维护养殖户的合法权益。

某县农业农村局未全面履行对辖区内兽药经营行为的监督管理职责案

某县农业农村局在收到检察建议书后高度重视，立即组织农业综合执法队工作人员，开展兽药经营监督监管整改工作。一是某镇兽医站兽药房监管及涉案人员处理情况。自2022年10月某镇兽医站半脱产兽医加某某和工作人员杨某某销售假兽药行为被县公安局立案查处以来，县农业综合执法队组织工作人员立即对某镇兽医站兽药房及辖区兽药经营企业开展了集中监督监查，对该兽药房库存兽药从进货、库存、销售等环节和台账记录进行了全链条的监督检查，对涉案假兽药移送县医院医疗物资回收站做了集中销毁处理，严格防止假劣农资产品进入流通领域，坚决遏制坑农害农事件的发生。同时根据县人民检察院的检察建议，及时召开局党组专题会议，严格按照行政执法相关规定给予涉案人员（工作人员杨某某、半脱产加某某）行政处分和行政处罚，并报送县纪委监委备案。二是精心组织，扎实开展农资产品经营监督监管。组织相关工作人员采取月集中督查和不定期抽查的方式，对全县14个乡镇畜牧工作站兽药房、县城兽药经营门店和本县辖区内的涉农产品经营企业进行了集中监督检查，集中督查假劣兽药、种子、农资产品等的安全使用，以农资产品生产批号、生产日期、企业合法、购销台账记录、管理制度、安全使用等为督查重点，对农资产品经营过程中存在的问题，详细填写了《某省监督检查记录单》予以反馈，明确了整改要求和时限。自今年以来，对全县农资产品经营市场集中督查3次，不定期开展督查4次，监管面达100%。进一步规范全县农资产品经营市场，为广大农牧群众安全使用农资产品提供了有效保障。三是以案说法，全面明确农资产品经营主体责任。自5月开始，组织相关工作人员利用一周的时间赴全县14个乡镇畜牧兽医工作站，开展了以案说法和《兽药管理条例》《农产品质量安全法》等法律法规的宣传讲解活动，并在微信工作群下发了关于某镇畜牧兽医工作站相关工作人员销售假兽药的紧急通知，进一步明确了乡镇畜牧站担负有农资产品的监管职责，进一步理清了农资产品经营主体责任，通过宣传讲解着力引导乡镇畜牧工作人员充分认识到经营销售农资产品的重要性，同时要求相关工作人员以此为鉴、高度重视、引以为戒，坚决杜绝此类事件的发生。四是履职尽责，着力提升行业监督监管工作水平，此次某镇畜牧兽医工作站工作人员销售假兽药案件，即时暴露了在行业监督监管工作中的薄弱环节，同时给该县基层畜牧兽医工作人员法律法规知识淡薄的情况敲响了警钟。今后，将以此为鉴，切实加大基层畜牧行业工作人员的法律法规培训力度，积极督促相关工作人员加大对《动物防疫法》《农产品质量安全法》《兽药管理条例》等法律法规的学习掌握，着力提升工作人员的业务水平，并严格按照工作职责履职尽责，切实履行好行业监管职责，加大常态化监督监管工作力度，为该县广大农牧民群众放心、安全使用农资产品保驾护航。

【评析意见】

兽药安全关乎动物疾病防治、养殖业健康发展和人民群众身体健康。检察机关聚焦人民群众关心关注的重点领域问题，通过召开行政检察案件公开听证会，邀请人民监督员监督，增强行政检察办案的公开性、透明度，通过以"我管"促"都管"，充分发挥行政检察监督助力社会治理的积极作用，回应群众期盼，为服务保障全县经济社会高质量发展和社会和谐稳定贡献检察力量。

本案中检察机关以人民为中心，主动担当、积极作为，充分发挥行政检察职能，积极回应群众关切，通过公开听证、公开宣告送达，监督相关行政机关加大对兽药销售行业的监督管理，既进一步规范了兽药经营行为，营造健康安全的市场环境，又有效堵塞监管盲区和治理漏洞，着力解决人民群众的操心事、烦心事、揪心事，切实保护了养殖户的合法权益，保障了动物产品的质量安全。

李某甲、李某乙等 9 人销售假冒注册商标的商品案*

【基本案情】

陈某某、李某甲、李某乙、娄某甲、李某丙、王某某、张某某、田某某、娄某乙为牟取非法利益,通过朋友圈、走街串巷方式销售假冒注册商标的兰蔻、纪梵希、迪奥等品牌的彩妆、护肤品等。其中陈某某、李某甲、李某乙充当中间商角色,通过在手机微信朋友圈宣传销售化妆品的方式,陈某某添加上线"旭""旭香水彩妆"等人,添加下线"迷糊"(被告人李某甲)等人,李某甲添加下线销售人员娄某甲等人,陈某某、李某甲按照下线的要求给上线提供货单和发货地点,发送收款码收取货款,再指示上线将假冒化妆品发给下家,从中赚取差价,销售人员娄某甲、李某丙、王某某等人再通过走街串巷的方式在多省县市进兜售。案发后,在位于广州市陈某某住处查获品牌化妆品 1384 件,在位于成都市李某甲租用的库房内查获品牌化妆品 16 530 件,以及娄某甲等人被抓获时查获品牌化妆品 1241 件,经鉴定被查获的化妆品均为假冒注册商标的化妆品。

经审计认定李某甲、李某乙销售金额共计 4 909 107 元,其中李某甲销售金额 3 079 474 元,李某乙销售金额 1 829 633 元,未销售假冒注册商标的商品价值 16 184 989 元;陈某某销售金额 493 373 元,未销售假冒注册商标的化妆品价值 517 780 元;娄某甲销售金额 73 804 元;李某丙销售金额 45 141 元;王某某销售金额 40 361 元;张某某

---

* 作者简介:张汝,甘肃省玉门市人民检察院。

销售金额 36 155 元；田某某销售金额 490 元；娄某乙销售金额 12 437 元。因娄某甲、王某某、张某某、田某某、娄某丙 5 人到货都是平分销售，因此 5 人的未销售金额均为 142 232.4 元。根据销售金额，张某某、王某某、李某丙三人的行为涉嫌销售假冒注册商标的商品罪（未遂）。

2022 年 4 月 7 日，某市公安局以娄某甲、张某某等 5 人销售假冒注册商标的商品案移送审查逮捕，2022 年 4 月 14 日，批准逮捕娄某甲；以张某某、王某某、李某丙无社会危险性不批准逮捕；以事实不清、证据不足，不批准逮捕田某某。并制发《应当逮捕犯罪嫌疑人意见书》，对娄某甲等人上线李某甲、李某乙、陈某某进行追捕。4 月 22 日、8 月 4 日，某市公安局分别以李某甲、李某乙、陈某某销售假冒注册商标的商品案移送审查逮捕，并逮捕；6 月 7 日、6 月 24 日、6 月 27 日、9 月 2 日分别以娄某甲、张某某等 5 人，李某甲、李某乙、娄某乙及陈某某销售假冒注册商标的商品案移送审查起诉。因上述案件之间有密切关联，遂进行并案审查。经审查，9 月 6 日，同意公安机关撤回关于娄某乙、田某某的撤回移送起诉的意见。9 月 16 日，以张某某、李某丙、王某某情节轻微，作出相对不起诉处理，向某市市场监督管理局制发《检察意见书》，因疫情原因，某市市场监督管理局于 2023 年 1 月 4 日对三人作出罚款 5000 元的决定；于 2022 年 9 月 19 日对李某甲、李某乙、陈某某、娄某甲以销售假冒注册商标的商品案向某市人民法院提起公诉。某市人民法院于 2022 年 12 月 29 日判处李某甲等 4 人有期徒刑 4 年至 10 个月不等的刑罚。后李某甲上诉，2023 年 3 月 10 日，某市中级人民法院驳回上诉，维持原判。

【检察机关履职过程】

一、依法及时提前介入，引导公安机关侦查取证

某市人民检察院主动介入两次，认真听取、阅看案件办理情况，详细查阅案卷材料，结合案件定性、犯罪事实和情节认定、法律适用、证据收集、强制措施适用等方面进行了细致分析，对案件事实、取证方向、金额认定、法律适用等方面提出意见 10 条，引导公安机关根据《刑法修正案（十一）》对《刑法》第214条的修改对本案办理的违法所得数额进行审计，完善证据链条，为指控犯罪打下坚实基础。

二、充分发挥法律监督职能，依法追加逮捕上游犯罪嫌疑人

在提前介入娄某甲、张某某等5人销售假冒注册商标的商品案时，坚持深挖细查，对现有犯罪打击和追踪，根据微信聊天记录、证人证言、嫌疑人的供述，在初步掌握相关证据线索后，向公安机关制发《应当逮捕犯罪嫌疑人意见书》，引导其继续开展抓捕、取证等侦查活动，成功将销售中间环节的"批发商""中间商"李某甲、陈某某等人追捕到案，并就本案涉及的公益诉讼移送线索移送相关部门。

三、全面贯彻宽严相济刑事政策，严格落实少捕慎诉慎押刑事政策

在办理娄某甲、张某某等5人审查逮捕的过程中，将是否具备社会危险性作为逮捕的核心条件，严格按照《刑事诉讼法》规定的具有社会危险性的五种情形，考虑到张某某、王某某、李某丙均为60岁以上的农民，且系初犯、偶犯，如实供述犯罪事实、自愿认罪认罚、情节轻微等因素，认为张某某、王某某、李某丙无社会危险性，不予批准逮捕。后在案件审查起诉过程中，严格把握起诉标准，对情节轻微的张某某、王某某、李某丙依法作出不起诉决定，对田某某、娄某乙充分考虑其销售数额、违法所得、参与次数等情节，同意公安机关撤回移送审查起诉的处理意见。对张某某、李某丙、王某某等人的行为依法向某市市场监督管理局制发《检察意见书》，由某市市场监督管理局对三人的违法行为作出行政处罚。并将查获的假冒化妆品移交市场监督管理局，进行集中统一销毁。

【评析意见】

检察机关准确适用法律，及时惩治侵犯知识产权犯罪行为，加强侦查活动监督和复杂侵犯知识产权案件介入侦查引导取证工作，严格落实少捕慎诉慎押刑事司法政策，规范运用认罪认罚从宽制度，彰显检察机关法律监督职能，加强行刑衔接，做好不起诉案件后半篇文章，有利于提升知识产权保护质效，营造法治化营商环境。

第一，依法履职，努力提升司法办案质效。本案系2020年《刑法修正案（十一）》发布后，某市人民检察院办理的第一起知识产权类案件。本案中销售商品的价值并非固定，各嫌疑人之间也是各自定价、各自销售，因此对各犯罪嫌疑人的违法所得数额难以确定，某市人民检察院借助侦查监督与协作配合办公室，主动提前介入，快速推进侦查取证和证据审查工作，全面收集、固定证据、全面审查、厘清法律适用疑难问题，有效全方位打击了侵犯知识产权违法犯罪。

第二，深挖上游犯罪，实现全链条打击和源头治理。该案侦查初期到案的娄某甲等5人均系侵权商品的销售者，处于侵权链条的末端。某市人民检察院为落实对侵犯知识产权犯罪全链条打击的工作要求，注重引导公安机关继续深挖线索，成功将销售中间环节的"批发商""中间商"李某甲、陈某某追捕到案，实现了对销售环节上下游犯罪的全链条打击，延伸了办案效果，以融合发展理念，强化刑事与公益诉讼等多种检察职能综合履职，探索开展刑事附带公益民事诉讼，提升综合保护质效。

第三，区分情形，准确把握少捕慎诉慎押刑事司法政策。某市人民检察院在审查逮捕、审查起诉过程中，对此类案件，注重全面审查、综合衡量，结合具体情形，区别对待。对犯罪情节轻微、认罪悔罪的，依法从宽处理；对作出不起诉决定、确实存在违法行为的，加强刑事司法与行政执法的双向衔接，同时对不起诉人员，加强与市场监督管理局的联系，在破除信息壁垒的基础上，凝聚形成衔接合力，共同做好不捕不诉的后半篇文章，努力做到办案"三个效果"的有机统一。

张某的行为是否构成挪用资金罪*

【基本案情】

2019年6月至2021年4月,张某利用其担任某县某非国有商业银行信贷主任的职务便利,冒用某县居民王某某、刘某、陈某等21人的名义,在每人名下各贷款2万元,共42万元,交给其弟张某某(系个体户)进行个人营利性活动,2021年10月案发后,贷款本息均被追回。

【评析意见】

本案主要涉及在认定非国有金融企业工作人员利用职务之便挪用资金犯罪中如何厘定非国有金融企业借贷行为与非国有金融企业工作人员"挪用"行为的界限。此外,明确挪用资金犯罪中"未还"与"归还"对定罪量刑的影响,也关系到本案中对张某如何处理。非国有金融企业工作人员利用职务之便挪用资金,是挪用资金犯罪的常见形态。由于非国有金融企业经国家批准,本身可能具有贷款、融资职能,因此在认定此类犯罪时,根据行为人行为的性质区分罪与非罪是难点。

一、非国有金融企业借贷行为与非国有金融企业工作人员"挪用"行为的界限

非国有金融企业借贷行为是指非国有金融企业通过与贷款人的合法约定,履行法定手续,将货币交与贷款人使用的行为。非国有金融企业工作人员"挪用"行为是指非国有金融企业的工作人员利用职务之便,未经合法程序,为满足私利,私自将原定用于某方面

---

* 作者简介:金文浩,兰州大学。陈晨,甘肃省人民检察院。

用或者借贷给他人,数额较大、超过三个月未还",是为了强调此种犯罪情形中,"挪用"行为的社会危害性应达到某种程度才能作为犯罪处理。因此,在此种情形下,应将"未归还"与"三个月"的时间限制结合起来衡量,作为此类挪用资金犯罪的客观行为内容来考量行为人的行为是否构成犯罪,即挪用资金归个人使用或者借贷给他人,数额较大的,在三个月内归还的,不认为是犯罪;在三个月内未归还的,包括挪用三个月以后未归还的、挪用三个月以后至案发前归还的、挪用三个月以后至案发前未归还的,以上几种情形都不影响挪用资金罪的认定。如行为人主动归还的,可作为量刑情节考虑,对行为人从轻处罚。

综上分析,本案中,张某的行为应以挪用资金罪定罪处罚。第一,张某是非国有金融企业工作人员,具备挪用资金罪的主体条件。第二,张某为了满足其私利,利用其职务上的便利编造虚假的借款人信息、冒用他人名义、填办虚假贷款手续,将本单位42万元资金自签自批以"贷款"的方式借给其弟张某某,手段、目的均具有非法性,不是合法的借贷行为,具有非法挪用本单位资金的主观故意。第三,张某的行为非法改变了其单位资金通过合法手续贷给有合法资质的贷款人的用途,虽然有贷款合同在形式上保障银行对该笔资金的债权利益,但由于该贷款合同的贷款人不存在,实际依据合同,银行无法实现其在该贷款合同上的利益,而张某某作为该笔贷款的实际贷款人,银行并不知情,因此无法向其行使权利,实际上失去了对资金的管理、控制、使用权,且数额巨大,超过三个月未还,符合挪用资金罪的客观特征。第四,张某的行为已侵犯了本单位资金的使用权。根据我国《刑法》第272条的规定,挪用资金罪是指公司、企业或者其他单位的人员,利用职务上的便利,挪用本单位资金归个人使用或者借贷给他人,数额较大、超过三个月未还,或者虽未超过三个月,但数额较大、进行营利活动的,或者进行非法活动的行为。因此,张某的行为已构成挪用资金罪。

顾某赃款去向是否影响贪污罪的认定*

【基本案情】

顾某在担任某县某镇城管队队员兼出纳期间，利用职务上的便利，以非法占有为目的，通过虚报开支等方式，非法占有国有财产9.3万元。2019年5月至2021年3月，顾某利用职务便利，以非法占有为目的，对某镇城管收取的垃圾清运费、罚没款以支付员工工资、车辆油料费、办公经费的名义，从某物业公司（私营）的账上先后以现金支票、银行转账的方式将8.7万元占为己有，并用于个人消费，其中部分钱款用于捐赠、公款消费，部分钱款去向不明。

【意见分歧】

本案赃款去向是否影响贪污罪的认定和量刑。

查清赃款去向和来源具有一定的重要性，是整个犯罪证据体系中的重要组成部分，对揭露犯罪实施、证实犯罪行为起着十分重要的作用。本案中关于顾某用于捐赠部分的款项定性问题，有两种分歧意见：一是贪污罪赃款去向影响犯罪定性，用于捐赠、公款消费部分应当扣减。认为赃款去向影响行为人的定罪，是根据《刑法》上在认定犯罪时应依据主客观相统一的标准，既要查明行为人在实施贪污行为时主观上是否有非法占有的故意，又要对行为人的整个犯罪行为在客观上的表现行为进行考查。二是贪污罪赃款去向不影响犯罪定性，用于捐赠、公款消费部分不应当扣减，可视为酌定量刑情节考虑。只要有证据证明行为人的行为侵犯了公共财物的所有权，使本单位对公共财物失去了控制，其行为就符合贪污罪的构成

---

* 作者简介：马广年，甘肃政法大学。冯华，甘肃省平凉市人民检察院。

要件即可认定行为人构成犯罪。

贪污罪，是指国家工作人员和受国家机关、国有公司、企业、事业单位、人民团体委托管理、经营国有财产的人员，利用职务上的便利，侵吞、窃取、骗取或者以其他手段非法占有公共财物的行为。从犯罪主体来看，本案顾某属于贪污罪的犯罪主体；主观方面来看，顾某在主观方面出自直接故意，并具有非法占有公共财物的目的；本罪侵犯的客体是复杂客体。顾某既侵犯了公共财物的所有权，又侵犯了国家机关正常活动以及职务的廉洁性，主要是侵犯了职务的廉洁性；客观方面，顾某利用职务上的便利，具有非法占有公共财物的行为。

【评析意见】

笔者同意第二种意见，理由如下：

1. 贪污罪赃款去向不影响犯罪定性

赃款去向不是贪污罪的必备要件不影响定罪。顾某实施了利用职务上的便利，侵吞、窃取或以其他手段非法占有他人财物的行为。从民法上讲，财产所有权是一种绝对权，是所有人对财产依法享有的占有、使用、收益和处分的权能。无论是顾某将赃款捐赠还是用于公务支出，公共财产所有权已经发生了变化，顾某的行为就已经构成犯罪。顾某事后将贪污财物用于公款或者捐赠他人属于事后处分行为，贪污行为和事后处分财物行为是两个独立的行为，没有必然的联系，不影响贪污罪构成。因此，赃款用于公务、捐赠的行为不影响行为人构成贪污罪时的主观目的，不影响贪污罪的定罪。

2. 赃款去向影响量刑

顾某将贪污所得的财物用于公务、捐赠的情形，可以对其在法定刑幅度内进行从轻处罚。最高人民法院、最高人民检察院《关于办理贪污贿赂刑事案件适用法律若干问题的解释》第16条第1款规定："国家工作人员出于贪污、受贿的故意，非法占有公共财物、收受他人财物之后，将赃款赃物用于单位公务支出或者社会捐赠的，不影响贪污罪、受贿罪的认定，但量刑时可以酌情考虑。"量刑可以考虑顾某在处置这些财物的主观目的，不管顾某是出于事后的良心发现还是出于某些个人目的或其他客观原因而将其所贪得财物用于正当活动，或捐赠或用于公务，该行为在某些方面来说还是对社会有益处的，虽然行为人的行为构成贪污罪，但是考虑到其事后表现，在量刑上是可以考虑的。同时，我们也要考虑顾某的认罪态度、悔罪心理，根据其主观上的认罪态度，可以在量刑上酌情从轻处罚。如果行为人主观上并没有悔罪心理，我们在量刑上对其不予从轻考虑。

3. 赃款中"用于公务消费、捐赠"部分的扣除问题

关于赃款中用于公务消费、捐赠部分的扣除问题，刑法学界存在着两种学说，即扣除说和不扣除说。"扣除说"认为，在定罪量刑时应从其贪污财物的总额中将"用于公务、捐赠"的款项扣减出来。主要理由：一是本着法无明文规定不为罪，法无明文规定不处罚的原则，即《刑法》中并没有关于是否将"用于公务、捐赠"的部分予以扣除的规定，司法解释中对此也没有相关规定，另外从从轻和有利于被告人的原则出发，可以将"用于公务、捐赠"的部分扣除。二是从行为后果出发，若行为人在其主观上没有非法将财物据为己有的主观故意，同时又将贪污的财物捐赠给他人或用于公务开支的，行为人的行为没有造成实质损害，对社会的危害性也不大的，就不必追究。三是从有利于法律执行看，我国《刑法》对行为人将公权变私权，将公共财物非法据为己有的行为予以重点打击，而行为人将其贪污所得的财物用于捐赠及公务开支是将公利变私利又再变回公利的过程，这种行为与将贪污款的财物非法据为己有的行为有着根本性的不同，应对其区别对待，从而更好地适用刑事政策。

"不扣除说"，即认为行为人所用于公务开支捐赠的部分不应从贪污财物的总额中加以扣除，其去向问题对贪污罪的定罪没有影响。主要理由：一是从客体方面看，贪污罪所侵害的是双重客体，即国家工作人员职务廉洁性和公共财物所有权。前者是其主要客体，行为人在实施完贪污行为后，对赃款又进行处理的，这一行为对其先前所实施的行为没有实质性的影响，行为人先前所实施的行为已经完成。二是从民法的角度看，行为人在贪污财物后，其财务的支配

控制权已掌握在自己的手中，其后将全部或者部分捐赠或者用于公务开支的，此行为是对自己财产的处分行为，贪污罪的定罪是不受行为人的事后行为所左右的。三是《刑法》中对犯罪行为的定性不会因犯罪成立后行为人的事后行为的表现而发生变化。

从贪污罪的主观故意来看。贪污罪的主观故意是要求有非法占有的故意，而非法占有则是使赃款脱离原单位的控制，从而处于犯罪行为人的控制之下。当犯罪行为人以贪污手段非法取得赃款后，就已经能够体现出其主观上具有法律规定的非法占有的主观故意占有的目的，即使其事后确实将这些赃款用于公务或用于公益事业，也难以否认其事先的非法占有的故意。

4. 注意区分非法占有和非法占为己有区别

贪污罪构成要件中，要注意区分非法占有和非法占为己有的区别。司法实践中，很多人将贪污罪中的非法占有与非法占为己有概念混淆，缩小了非法占有的外延，片面地理解为必须非法据为己有才构成贪污罪，这种理解不利于打击犯罪惩治腐败。我国《刑法》第382条第1款规定："国家工作人员利用职务上的便利，侵吞、窃取、骗取或者以其他手段非法占有公共财物的，是贪污罪。"从这一定义中我们可以清楚地看出，贪污罪的罪状描述是"非法占有"，而不是"非法据为己有"，即只要公共财物被非法占有就可构成贪污罪。非法占有的外延显然大于非法据为己有，既包括自己使用也包括给其他人或其他单位使用，并不是要求行为人一定要自己使用，一定要占为己有。最高人民法院2003年《全国法院审理经济犯罪案件工作座谈会纪要》也明确规定，行为人控制公共财物后，是否将财物据为己有，不影响贪污既遂的认定。由此可见，贪污罪的构成并不要求行为人一定要将公共财物据为己有，本案中，即使顾某将部分资金用于公务支出和捐赠，其行为也已构成贪污罪。

综上所述，赃款去向不影响贪污罪的认定，顾某将部分资金用于公务支出和捐赠，不影响贪污罪的成立，但是钱款的用途，可以结合顾某认罪悔罪态度，量刑时可酌情予以考虑。

甘肃省危害食品药品安全刑事检察案件法律适用问题研究[*]

摘　要：以甘肃省检察机关在2016年至2023年间办理的危害食品药品安全犯罪案件为素材，探讨案件在主观明知证据的收集和推定、客观证据的收集、检验鉴定报告认定等法律适用方面的司法实务应对方案，为解决此类案件的法律适用问题和统一执法司法标准提供借鉴。

关键词：危害食品药品安全犯罪；法律适用；主观明知

近年来随着社会经济和科技的发展，问题疫苗、地沟油、三聚氰胺奶粉、毒生姜、毒胶囊、毒豆芽、假羊肉等有毒有害食品和添加剂层出不穷，制售假药、劣药违法犯罪活动猖獗高发，严重危害人民群众舌尖上的安全和身体健康，食品药品安全面临严峻形势。党中央、国务院对食品药品安全问题高度重视。习近平总书记多次强调，能不能在食品安全上给老百姓一个满意的交代，是对我们执政能力的重大考验，要求必须下最大气力抓好。修改后的《食品安全法》和《药品管理法》从多个方面完善了我国食品药品安全制度体系。行政部门和司法机关持续加大对食药违法犯罪的打击惩治力度，在威慑不法行为、净化市场的同时，也出现了法律适用存在疑难、行刑衔接不畅等影响打击效果的问题。本文研究了甘肃省检察机关在2016年至2023年间办理的食品药品刑事案件情况，以真实案件为例，总结归纳了该类型犯罪在法律适用方面的疑难问题，并在

---

[*] 作者简介：郑燕、李洁，甘肃省人民检察院。

梳理相关刑事法律规范和司法解释的基础上，为现有法律框架下食品药品犯罪案件办理中的主观明知证据的收集和推定、客观证据的收集、检验鉴定报告认定等问题提供司法实务的有效破解方案。

一、甘肃省检察机关办理食品药品刑事案件样本

食品药品问题不仅是关乎人民群众身体健康和生命安全的民生民利问题，也是关乎党和政府执政能力与公信力的民生民心工程，我国对危害食药安全的违法犯罪行为始终保持严厉打击的高压态势。从2014年起至2018年底，全国检察机关接连展开针对生态环境和食品药品领域的专项立案监督活动。2019年9月至2020年12月，根据国家层面工作部署，甘肃省人民检察院联合省市场监管局、省药品监管局开展了落实食品药品安全"四个最严"要求专项行动。2021年5月31日，农业农村部、国家市场监督管理总局、公安部、最高人民法院、最高人民检察院、工业和信息化部、国家卫生健康委员会决定自2021年6月至2024年6月开展为期三年的食用农产品"治违禁控药残　促提升"的联合行动。

（一）2016年至2023年8月期间甘肃省检察机关办理涉食药犯罪案件分段统计情况

据统计，2016年至2019年6月，甘肃省检察机关共批捕生产销售伪劣产品犯罪案件74件96人，其中批准逮捕危害食品药品犯罪案件37件42人，分别占比50%和43.75%；起诉生产销售伪劣产品犯罪案件168件266人。其中危害食品药品犯罪审查起诉119件151人，分别占比70.8%、56.8%。

2019年9月至2020年12月，甘肃省检察机关共以生产、销售有毒、有害食品罪，生产、销售不符合安全标准食品罪，生产、销售假药罪，生产、销售劣药罪四个罪名受理审查逮捕7件8人，批准逮捕4件5人；受理审查起诉36件42人，起诉24件26人；一审有罪判决21件25人，被判处有期徒刑以上刑罚18人，占生效判决人数的72%，宣告禁止令10人；建议移送3件3人，立案监督1件1人，向监察委移交职务犯罪线索1件。

2021年，甘肃省检察机关共受理审查起诉危害食品药品安全犯罪案件46件63人，起诉39件49人，不起诉2件6人，建议行政执法机关移送案件3件4人，监督公安机关立案合计1件1人，监督公安机关撤案合计2件2人，一审有罪判决25件25人，宣告缓刑20人。

2022年，甘肃省检察机关共受理审查逮捕危害食品药品安全犯罪案件38件68人，批捕28件45人，受理审查起诉287件465人，起诉113件178人，监督立案30件35人，建议移送38件42人。

2023年1月至8月，甘肃省检察机关受理审查逮捕危害食品药品安全犯罪案件14件24人，批准逮捕8件15人，不捕7件11人；受理审查起诉149件214人，起诉106件148人，不起诉67件117人。建议行政执法机关移送案件1件1人，监督公安机关立案3件3人，纠正漏捕3人，纠正遗漏同案犯7人。

（二）甘肃省办理食品药品刑事案件存在的问题和原因

1. 涉食药刑事案件受理审查起诉数起伏较大

2016年至2018年，甘肃省检察机关办理的危害食品药品犯罪案件数量为两位数，且呈逐年下降趋势，审查起诉危害食品药品犯罪案件从2016年的62件77人，到2017年的27件34人，再到2018年的18件21人，但2019年后，尤其是近两年，食药犯罪案件大幅上升，平均每年受理审查起诉数在200件以上，超过了2016年至2021年受理数的总和。原因在于查办食药刑事案件有赖于有力的专门力量。2019年，公安部成立食品药品犯罪侦查局，成为一支新生的专业力量。此后，全国各地公安机关相继组建了查办食品、药品、生态环境、知识产权刑事案件的专门机构，从机构力量、执法制度、侦查技术、科研培训等方面，推动建立了系统完备的食药侦工作体系。当年7月起至今，公安部每年在全国公安机关部署"昆仑行动"，目的在于集中打击食药环知领域犯罪行为，遏制食药犯罪多发势头。由此，食药刑事案件量自2019年起逐年增多。

2. 办理的食药大要案少，涉案罪名单一

经逐案剖析近七年来甘肃检察环节受理的600余起食药刑事案件，可以发现，大多数案件案值较小，查获的多为小作坊、小摊点、小商店、小诊所，涉案罪名主要集中在生产、销售不符合安全标准的食品罪，生产、销售有毒、有害食品罪，生产、销售假药罪三个罪名，涉案食品种有毒生姜、假羊肉、非法添加明矾的粉条等，保健品绝大多数为含有西地那非成分的性保健品。涉案药品大多数为中药材。这些小微案件中，涉案人员社会身份、文化程度较低，多为个体户、无照商贩、社会闲散人员等，且多为熟人共同作案。案件体量、规模及罪名与当地人口总量、产业结构、经济社会发展水平、执法司法力量及行刑衔接机制运行相关。

3. 食药刑事案件受理审查起诉数高，但起诉率相对较低，且检察机关履行法律监督职能的空间较大

以 2022 年和 2023 年为例，两年间甘肃省检察机关共受理审查起诉 436 件 679 人，起诉 219 件 326 人，起诉率分别为 50.2% 和 48%，近乎一半的案件未受到刑事处罚。检察机关建议行政机关移送涉嫌犯罪的案件 39 件 43 人，监督公安机关立案 33 件 38 人，纠正漏捕漏犯 10 人。究其原因，案件移送标准、检验鉴定、主观明知的认定、数量金额计算等问题依然困扰司法实践。

二、食品药品刑事犯罪的立法规制

司法实务中，食品药品犯罪主要触犯四个罪名，即《刑法》第 141 条的生产、销售、提供假药罪；第 142 条的生产、销售、提供劣药罪；第 143 条的生产、销售不符合安全标准的食品罪；第 144 条的生产、销售有毒、有害食品罪。鉴于上述四个罪名与生产、销售伪劣产品罪、非法经营罪之间存在法条竞合、想象竞合的关系，某些食品药品犯罪也会触犯生产、销售伪劣产品罪和非法经营罪。司法机关办理食品药品犯罪案件既要适用现行《刑法》中的相关规定，也要依据相关司法解释及其他法律规范对涉案人员定罪量刑。

（一）食品药品犯罪的刑法沿革

自 1979 年《刑法》颁布以来，食品药品犯罪的罪名经历了从无到有，并逐步完善的过程。1979 年《刑法》并未规定有关食品犯罪的罪名，仅在分则第六章妨害社会管理秩序罪中对以营利为目的，制造、贩卖假药的行为作出规定。为打击食品药品犯罪、保护社会

主义市场经济秩序以及保障民生安全,全国人大于 1997 年修订的《刑法》中设立了生产、销售假药罪,生产、销售劣药罪,生产、销售不符合卫生标准的食品以及生产、销售有毒、有害食品罪四个罪名,并将上述四个罪名列入刑法分则第三章破坏社会主义市场经济秩序罪第一节生产、销售食品药品犯罪中。随着打击食品药品犯罪形势日渐严峻,全国人大常委会在《刑法修正案(八)》中扩大了对食品药品犯罪的打击面,并加重了对这类犯罪的打击力度。立法者对生产、销售假药罪,生产、销售不符合卫生标准的食品罪以及生产、销售有毒、有害食品罪的法定刑及量刑标准均作出了相应的调整。为加强对药品安全保护,《刑法修正案(十一)》完善了假药劣药的认定,加强了刑法与行政法的衔接,扩张了药品犯罪的范围,调整了药品犯罪法定刑,优化了刑罚处罚。

(二)食品药品犯罪的其他法律规范

除现行《刑法》条文之外,司法机关在办理食品药品犯罪案件过程中,也须适用相应的司法解释或其他法律规范认定犯罪中的相关情形。

1. 食品犯罪的其他法律规范,通常以"两高"《关于办理危害食品安全刑事案件适用法律若干问题的解释》作为认定犯罪和科处刑罚的法律依据

该司法解释制定于 2013 年,2022 年进行了修改。2013 年出台的司法解释中关于生产、销售不符合食品安全标准的食品中的"足以造成严重食物中毒事故或者其他严重食源性疾病"的界定、"对人体健康造成严重危害"的界定、"其他严重情节"的界定、"后果特别严重"的界定以及生产、销售有毒、有害食品罪中"对人体健康造成严重危害"的界定、"其他严重情节"的界定、"其他特别严重情节"的界定,是 2022 年 1 月之前司法机关对涉案人员定罪量刑的主要法律依据。修改后的司法解释增加了"因危害人体健康"被禁用的限制性规定,生产、销售有毒、有害食品罪"明知"的认定,明确了食品相关产品造成食品被污染、用超过保质期的食品原料生产食品、畜禽屠宰相关环节注水注药等行为的定性处理。

2. 药品犯罪的其他法律规范

通常以"两高"联合发布的《关于办理危害药品安全刑事案件适用法律若干问题的解释》作为认定犯罪和科处刑罚的法律依据。该司法解释"两高"于2014年制定出台后，因《药品管理法》修正和《刑法修正案（十一）》的施行，2022年，针对危害药品安全犯罪的新情况和新问题制定了新的司法解释，于2022年3月6日施行，2014年司法解释同步废止。其中2014年司法解释对生产、销售假药罪中"对人体健康造成严重危害"的界定、"其他严重情节"的界定、"其他特别严重情节"的界定以及对生产、销售劣药罪中"对人体造成严重危害"的界定、"后果特别严重"的界定，是2022年3月6日之前司法机关对涉案人员定罪量刑的主要法律依据。2022年发布的司法解释明确了假劣药犯罪的从重处罚情节，生产、销售、提供假药罪及生产、销售、提供劣药罪的定罪量刑标准，规定了认定足以严重危害人体健康的具体情形，确定了生产、销售不符合药用要求的原料、辅料行为的定性规则。

除上述司法解释之外，司法机关须根据对案件中的假药、劣药作出界定。2015年全国人大常委会第二次修正后的《药品管理法》对案件中的假药、劣药作出界定。《药品管理法》第48条、第49条分别对认定为假药的两种情形、按假药论处的六种情形、劣药的含义、按劣药论处的两种情形作出具体规定。2019年修订的《药品管理法》对假药、劣药认定标准和程序等作了完善。

三、危害食品药品安全犯罪类案办理的法律适用疑难问题

（一）主观方面的证据难收集，难以认定案件性质

食品药品犯罪触犯的罪名都是故意犯罪，司法机关不仅要认定涉案人员明知自己的危害行为会发生危害社会的结果，还要证明涉案人明知涉案的物品系《刑法》规定的特定犯罪对象，即假药、劣药、不符合安全标准的食品及有毒、有害食品或其他不符合产品质量标准的食品药品。由于这类犯罪对象的外形特征在大多数情况下并不明显，有时与同类合格产品难以区分。在不少案件中，司法机关需依靠涉案人员的供述认定其主观明知。但是，涉案人员通常会

对主观明知作出辩解，对司法机关认定涉案人员的主观明知造成困难。尤其在销售环节，被告人辩解其对所销售的食品药品是否为有毒有害或假药不明知，使主观故意的判断更加复杂，如某区人民检察院办理的案件中，公安机关提交的 4 份销售假药不予立案的情况说明中，均以主观不明知为不立案理由。

（二）检验鉴定报告不规范，难以统一定罪标准

1. 检验鉴定报告应有内容缺失

根据国家食品药品监管总局、公安部、最高人民法院、最高人民检察院和国务院食品安全办《关于印发食品药品行政执法与刑事司法衔接工作办法的通知》（食药监稽查〔2015〕217 号）第 25 条的规定，鉴定意见出具结论有确定格式。在一些案例中，食药监管部门出具的鉴定意见只写明送检物品成分未达到某项标准，或不符合某项规定，而无结论性意见，作为重要证据已经影响到对案件的定性，因为缺乏确定性结论，导致检察机关、审判机关不予认定。

2. 检验鉴定程序不规范

在危害食品药品安全犯罪中，对取证细节重视不足，导致难以形成一个完整的证据链，会对定罪量刑产生消极影响。如马某某涉嫌生产有毒有害食品案中，根据卷内所附的农业部《蔬菜抽样技术规范》，涉案洋葱取样程序明显不合规，抽取样品未按规范封装，样品袋无封条、抽样时间及样品标识（包括样品名称、样品编号），另样品照片也没有样品标识相关内容（编号、时间、名称）。同时委托社会机构出具的涉案洋葱含有甲拌磷成分的鉴定意见、检验报告均符合农业部的要求，但与《司法鉴定程序通则》要求有冲突。《司法鉴定程序通则》要求鉴定意见及检验报告应有具体鉴定人员签名或盖章，还应有详细检验过程等规定，但社会机构出具的鉴定意见及检验报告中鉴定人员不直接签字，具体鉴定过程在检验报告中也未载明，给案件审查带来了困扰。

3. 检验鉴定结论各异，定罪标准难以统一

对于成人用品店销售的性保健品中检测出"西地那非"成分的案件，同一食药监局认定意见不一致。如王某某销售有毒、有害食

品案中，某市市监局认定为非法添加药物的食品，而在黑某某销售假药一案中，某市市监局认定为假药。在某地检察机关办理的"6·15"专案中，也存在同一涉案产品出具不同鉴定结论的情况。

4. 检验鉴定资质容易被质疑

案件中鉴定意见往往以行政执法机关，如各级食品药品监督管理局、动物防疫监督所、动物卫生监督所等部门出具检测报告为准，案件鉴定都是市场监督管理局内部鉴定机构鉴定，对鉴定机构资质及鉴定人资质的要求不够规范，导致有些鉴定是否能够使用及证明效力存在质疑。司法鉴定机构的鉴定资质缺乏统一标准，是否具有司法鉴定的资质直接影响鉴定结论的合法性，出具的鉴定结论是否明确，对案件定罪量刑产生影响。

（三）法律理解不统一，难以实现同罪同判

药品方面，中药材的鉴定因其质量优劣受到种植、产地、种植技术、采收加工、炮制、储存等诸多因素的影响，辨别中药的真伪非常困难，至今大多数中药材有效成分不清，在鉴定报告中无法写清楚成分。食品方面，在我国刑法所规定的制售有毒有害食品犯罪等条文中，无论是罪名还是罪状皆了出现"食品"这一日常熟知的词语。不同的社会发展阶段，人们对食品这一概念的外延范围界定不同。基于打击犯罪活动的现实需要以及刑法解释的原则，需要对条文中"食品"作一法律意义上的广义解释，才能将那些危害食品安全的行为最大化地纳入刑法条文之中。又如在办理一些销售病死动物案件中，应认定为生产、销售有毒、有害食品罪还是非法经营罪，在不同地方的司法实践中，对法律的理解和适用不同，使得案件难以实现同罪同判、同罪同罚。同时，现有法律规定和司法解释中，对食品中含有有毒、有害的非食品原料含量无明确标准，影响量刑档次。如某地办理的张某涉嫌生产、销售有毒、有害食品案中，其在酿皮中添加的"增筋剂"经检测硼酸含量达3966.74毫克/千克。在该院办理的同类案件陈某涉嫌生产、销售有毒、有害食品一案中，酿皮中硼酸含量经检测为575毫克/千克。根据"两高"《关于办理危害食品安全刑事案件适用法律若干问题的解释》第7条第6

项的规定，有毒、有害的非食品原料毒害性强或含量高的，属于"其他严重情节"，应以有期徒刑5年至10年之间量刑。但所谓含量高，因暂无明确分档标准，上述两起案件虽然硼酸含量相差悬殊，但可能被判处刑罚无明显区别。

四、食品药品刑事案件相关法律适用问题的方案

（一）主观明知的证据收集和推定

结合司法实务中具体情形，对一些较为常见且可以作为基础事实的情形进行归纳和分析，以为司法机关认定涉案人员的主观明知提供借鉴思路。

1. 犯罪嫌疑人、被告人辩称主观不明知时证据的收集

认定犯罪嫌疑人、被告人主观是否明知，应以客观性证据为主，言词证据为辅，进行综合判断。应注意收集以下证据：①犯罪嫌疑人的年龄、社会生活经验、专业背景和从业时间等；②行业内一般人员的普遍认知程度；③买卖双方的实际交易价格与市场价格的差异；④销售者的进货渠道是否正当，买卖双方有无合法手续；⑤交易方式、时间、地点等；⑥犯罪嫌疑人、被告人参与生产、销售行为的程度；⑦是否曾因相同或相似行为受到过行政处罚或者被追究刑事责任；⑧在生产、销售、储存、运输过程中是否有意规避相关职能部门的监管检查；⑨行业内有无相应从业规范、标准。

2. 食品犯罪的主观明知推定

除2021年"两高"《关于办理危害食品安全刑事案件适用法律若干问题的解释》第10条认定主观明知的六种情形外，还可以凭借以下情形进行合理推定：①涉案食品的外形与合格食品存在明显差异。严重变质的食品通常在质地、色泽、气味上会与合格产品存在明显差异。如果涉案食品存在上述异常特征，司法机关可以推定涉案人员具有主观明知。②涉案食品的销售价格明显低于同类合格食品的。正常的经营销售活动一般不会出现以明显低价出售商品的情形。如果案件中存在以明显低价出售涉案食品的异常情形，司法机关可以推定涉案人员具有主观明知。③涉案食品的包装不符合规范要求、没有标注保质期或者涉案食品已超过包装上注明的保质期。

诸如食盐等部分食品的包装有固定的行业标准。如果涉案人员使用的包装明显不符合行业的规范要求，司法机关可以推定其具有主观明知。同时，食品包装一般都会标注保质期，食品行业的经管人员通常都会对食品的保质期进行核查。如果涉案食品包装上没有保质期或者已经明显超过保质期的，司法机关可以推定涉案人员具有主观明知。④仓储时间明显超过正常情形的。诸如海鲜、牛肉等食品的保质期较短，正常情况下无法长时间仓储。如果涉案食品属于这类时鲜食品且仓储时间明显超过正常情形的，司法机关可以推定涉案人员具有主观明知。⑤未对涉案食品作检验、检疫。通常情况下，流入市场的食品都要经过检验、检疫。如果涉案的食品未经检验、检疫即由涉案人员予以销售，涉案人员对于食品犯罪往往具有概括故意。司法机关可以据此推定其具有主观明知。⑥生产、仓储场地明显不符合行业要求的。食品的生产、仓储一般需要具备相应的卫生、温度、湿度、技术等条件和要求。如果案件中生产、仓储食品的场地明显不符合上述条件的，司法机关可以推定涉案人员具有主观明知。⑦涉案食品与同类合格食品分开仓储的。在正常食品经营活动中，为便于销售、提取、运输，同类食品一般都会集中仓储。如果涉案的食品与同类合格食品分开存储的，司法机关可以推定涉案人员具有主观明知。⑧负责单位经营业务的主管人员。这类人员对于食品的生产、销售、检验检疫的环节以及质量、成分标准、来源因素通常具有决定和审批的职责。如果涉案人员具有上述职责或身份的，司法机关可以推定其具有主观明知。⑨食品生产、销售人员未履行索证索票义务的。《食品安全法》及相关行政法规均规定，食品经营者采购食品应当查验供货者的许可证和食品合格的证明文件。如果食品生产、销售人员未履行该法定义务的，可以反映其主观上对于食品犯罪中的危害结果具有放任态度，司法机关可以据此推定其具有主观明知。

3. 药品犯罪的主观明知推定

2021年"两高"《关于办理危害药品安全刑事案件适用法律若干问题的解释》第10条明确了认定主观明知的六种情形，此外司法实践中还有以下推定方式：①药品的包装上没有批号的。药品的生产、销售须经过相关部门的批准。获得批准的药品在包装上都会标注相应的批号。如果涉案的药品包装上没有批号，司法机关可以推定涉案人员具有主观明知。②仓储场地明显不符合行业要求的。药品的仓储一般需要具备相应的卫生、温度、湿度、技术等条件和要求。如果案件中仓储药品的场地明显不符合上述条件的，司法机关可以推定涉案人员具有主观明知。③涉案药品与其他合格药品分开仓储的，在正常药品经营活动中，为便于销售、提取、运输，同类药品一般都会集中仓储。如果涉案的药品与同类合格药品分开存储的，司法机关可以推定涉案人员具有主观明知。④涉案药品的销售价格明显低于合格药品的。正常的经营销售活动一般不会无故出现以明显低价出售商品的情形。如果案件中存在以明显低价出售涉案药品的异常情形，司法机关可以推定涉案人员具有主观明知。⑤负责单位经营业务的主管人员。这类人员对于药品的生产、销售的环节、申请报批的程序以及质量、成分标准、来源因素通常具有决定和审批的职责。如果涉案人员具有上述职责或身份的，司法机关可以推定其具有主观明知。司法实务中，司法机关还可以结合在案证据，通过仓储管理人的证言、同案犯的指证等角度，认定涉案人员的主观明知。

（二）客观性证据的收集和认定

通过现场勘查、查封、扣押等获取的证据是认定犯罪的主要证据。应注意扣押、提取、封存手续是否规范、完备，包括在案物证、书证是否附有相关笔录、清单；笔录、清单是否有执法人员、物品持有人签名，没有物品持有人签名的，是否注明原因；物品的名称、特征、数量、质量等是否注明清楚；扣押清单上记载的物品详情与物证或者物证照片、犯罪嫌疑人、被告人供述和辩解是否一致，是否存在矛盾等。如果未附有笔录或者清单，不能证明物证、书证的来源，存在瑕疵无法补证或者不能作出合理解释的，该物证、书证不能作为定案的根据。

(三) 鉴定意见的收集和认定

1. 鉴定意见的收集

要注意鉴定主体是否合法，检材的来源、检材提取的时间与地点、检材的存放地点和保存方式、检材与扣押清单是否一致，检测对象是否有遗漏等，确保检材没有受到污染、没有变质，与案件直接相关。检材来源不明或存在被污染或变质情形的，该鉴定意见不得作为定案的根据。

2. 标准外检测方法所形成鉴定意见的效力

受到当前食品标准体系的限制，部分问题食品可能缺乏检验标准。对尚未建立食品安全标准检验方法的，公安机关可以委托相关检验检测机构采用非食品安全标准等规定的检验项目和检验方法对涉案食品进行检验，检验结果可以作为定罪量刑的参考。通过上述办法仍不能得出明确结论的，可以委托食品药品监管部门组织专家对涉案食品进行评估认定，该评估认定意见可作为定罪量刑的参考。

甘肃省轻罪治理检察实践*

摘　要：我国当前刑事犯罪以轻罪和法定犯为主。在轻罪化时代，检察机关作为法律监督机关和司法机关，应当主动适应犯罪治理新形势，积极发挥检察职能在轻罪治理中的功能作用，在进行了轻罪治理实践探索、积累了有益经验的基础上，不断研究和推进轻罪治理的有效路径，为推进中国特色的犯罪治理模式构建贡献检察力量。

关键词：轻罪治理；宽严相济；认罪认罚从宽；轻微犯罪

一、检察机关是轻罪治理体系构建的重要参与和推动力量

党的二十大报告提出，"全面依法治国是国家治理的一场深刻革命"，强调"推进多层次多领域依法治理，提升社会治理法治化水平"。最高人民检察院党组在 2023 年 7 月召开的大检察官研讨班上强调，适应刑事犯罪结构变化，重视和加强轻罪治理体系的理论研究和司法实践探索。轻罪治理是社会治理在刑事司法领域的具体实践和应用。推进轻罪治理是检察机关在恢复性司法理念引导下，依法履职，延伸办案职能，通过刑事和解、司法救助、检察建议等方式跟进、参与、融入社会治理和国家治理的有效途径和重要抓手。

（一）刑事犯罪轻罪化时代

第一，十年来我国刑事犯罪结构发生了重大变化，呈现轻罪数量上升、重罪数量下降的明显态势。按照司法实务界以 3 年以下有期徒刑的宣告刑作为轻罪的认定标准，有学者统计最高人民法院司

---

* 作者简介：郑燕，甘肃省人民检察院。

法统计公报所公布的数据,发现轻罪微罪的比率自2013年起基本稳定在80%以上,故意杀人罪、抢劫罪等重大暴力犯罪重罪率总体呈现下降趋势。最高人民检察院2023年工作报告显示,五年来,我国刑事犯罪结构变化明显,严重暴力犯罪发案减少,2022年起诉杀人、抢劫、绑架等暴力犯罪人数为近20年来最低。2018年至2022年,全国各级检察院共起诉各类犯罪嫌疑人827.3万人,其中危险驾驶罪超150万人(99%以上为醉驾型危险驾驶罪),占比18.2%,帮助信息网络犯罪活动罪上升明显。40多年来一直占发案和被追诉第一位的盗窃罪,2019年开始退到第二位,被危险驾驶罪(醉驾)取代,且醉驾案件占刑事案件比重持续上升,连续五年高居刑事犯罪之首。

第二,刑事立法走向轻罪化。我国立法机关在刑事立法中引入了积极预防的刑法观,对以刑事手段参与社会治理采取了明显的积极态度,在刑法修正案中增设大量轻罪罪名,如危险驾驶罪、代替考试罪、帮助信息网络犯罪活动罪、冒名顶替罪、高空抛物罪、催收非法债务罪、组织考试作弊罪、虚假诉讼罪等,都是积极刑法观导向下的轻罪立法。1997年《刑法》修订后,我国刑法罪名的扩张主要是轻罪的扩张。从立法上考量,以法定刑最高刑3年有期徒刑为标准,据统计,我国《刑法》分则共规定了罪名483个,含有轻罪罪行的具体罪名共有296个,约占分则规定的全部犯罪61.3%以上。"严而不厉"的轻罪刑事法网正在逐步形成。据此,樊崇义教授认为"我国已经进入了轻罪时代"〔1〕。

(二)构建完备的轻罪治理体系是轻罪化时代的必由之路

轻罪治理是回应刑事立法、犯罪结构变化的时代之需、现实之需。构建完备的轻罪治理体系,是促进国家治理现代化、提升国家治理效能的必由之路,也是维护社会公正、促进良善司法的重要举措。轻罪治理的目的,不仅在于惩治犯罪,还在于消弭对立情绪、

---

〔1〕 2023年9月23日,中国政法大学诉讼法学研究院名誉院长樊崇义在京都刑事辩护专业化高端论坛上发表关于轻罪治理理论和时间的研究结论。

化解矛盾纠纷、修复社会关系，从源头上减少诉讼增量，维护和恢复社会秩序，更在于通过全方位治理，降低和消除积累的风险隐患，提升社会管理水平，发挥法治前端防未病作用，预防犯罪再发生。因此，构建完备的轻罪治理体系是一项长期复杂的系统工程，涉及面广、政策性强，需要在党委的领导下，各执法司法机关之间协作配合，多方参与，共建共治，统一执法司法理念和标准尺度，形成协同构建轻罪治理体系的整体合力。

（三）检察机关是构建中国特色轻罪治理体系的重要力量

这是由检察机关的宪法性质和职能定位所决定的。首先，检察机关是国家法律监督机关，在中国特色社会主义监督体系中属于司法监督，在轻罪治理中对执法司法标准、尺度的适用和把握起到监督作用。其次，检察机关是保障国家法律统一正确实施的司法机关，法治性与人民性是检察机关的基本属性。检察履职既要注重司法功能，又要注重与社会功能融合并重，在履行好司法办案的法定职责同时，还要发挥好检察工作的社会性功能，担负起保障经济社会发展、参与社会治理创新、推进法治秩序构建、服务法治社会建设等司法延伸功能，在履行司法功能中推动社会功能有效释放，在强化社会功能中促进司法功能有效发挥。最后，检察机关是刑事司法从治罪走向治理的重要实践者、参与者、推动者和促进保障力量。最高人民检察院印发的《2023—2027年检察改革工作规划》提出，研究轻微刑事案件出罪入罪标准，促进构建治罪与治理并重的轻罪治理体系。2023年6月召开的全国检察机关普通犯罪检察工作会议提出"推动构建中国特色轻罪治理体系"。新时代新发展阶段，检察机关必须积极适应犯罪治理新形势和国家治理现代化要求，着力构建中国特色轻罪治理体系，以刑事司法现代化促进国家治理体系现代化。

二、推进轻罪治理的甘肃检察实践

2021年6月，中共中央《关于加强新时代检察机关法律监督工作的意见》明确提出，要根据犯罪情况和治安形势变化，准确把握宽严相济刑事政策，落实认罪认罚从宽制度，严格依法适用逮捕羁押措施，促进社会和谐稳定，这成为检察机关推进轻罪治理的基本遵循和重要指引。近年来，甘肃省检察机关积极适应犯罪结构新变化、犯罪治理新形势，依法履职，在推进轻罪治理实践中积累了一些经验，取得了一定成效。

(一) 落实办理轻微犯罪案件"少捕慎诉慎押"具体工作要求，推进醉驾案件综合治理

轻微犯罪案件依法少捕慎诉慎押具体工作要求，是宽严相济刑事政策在司法领域的具体化，是检察机关开展轻罪治理的必然要求。应勇调研时强调，检察机关要把依法少捕慎诉慎押作为办理轻微刑事案件的具体工作要求。危险驾驶罪作为典型的轻罪，自2011年醉驾入刑以来，案件数大幅上升，呈"一大三高"特点，即数量大、增幅高、起诉率高、缓刑适用率高。为此，甘肃省检察机关确定"宽严相济、促进综合治理、强化执法监督"的工作思路，将源头防控、综合治理内化为落实慎诉理念的重要内容，采取了"调控起诉规模，统一执法标准，有效干预平衡"具体措施。一是牵头推动公检法三家会签下发并执行《关于醉驾案件办理的座谈会机要》，对醉驾案件宽严相济、区别处理。从严惩治血液酒精含量以上每100毫升160毫克的醉驾情形，严控对此类犯罪嫌疑人作不起诉处理。对情节轻微的，运用不起诉裁量权，给予行为人改过自新机会，减少追诉对行为人就业、子女就学等带来的不利附随后果。二是探索多元惩罚、矫治机制，下发《加强醉驾酌定不起诉案件行刑衔接的通知》，解决醉驾不诉行刑衔接不畅、处罚倒挂等问题，由各级检察院对醉驾不诉案件逐案提出行政处罚意见，并监督落实到位。部分地区积极与公安、社区等基层自治组织建立协作机制，将被不起诉人自愿履行交通事故医疗护工、义务交通协管员等社会公益服务作为认罪认罚具结的重要内容。三是加强法治教育宣传，如兰州市城关区人民检察院在市道路交通事故快速处理中心挂牌成立"危险驾驶犯罪警示教育基地"，作为对醉驾行为人集中公开训诫、集中开庭审理的场所，并联合交警部门为驾校学员开展集中宣传，签署拒绝酒驾承诺书等，起到有效预防作用。经过各方共同努力，共建共治模

式逐步形成。2021年、2022年全省醉驾案件受理数和占比持续下降，治理成效初显。

（二）全面落实认罪认罚从宽制度，推进轻罪案件程序治理

认罪认罚从宽制度是典型的以检察机关主导责任为基础的诉讼繁简分流机制，是推动宽严相济刑事政策具体化、制度化的一项重要举措。认罪认罚从宽制度的目标是坚持以人为本，传递司法善意、促进社会治理，有助于司法机关在法律的震慑惩罚和宽容激励上找到平衡点，有利于教育转化和犯罪预防，促进社会矛盾化解，对促进轻罪程序治理具有重要意义。甘肃省检察机关全面落实认罪认罚从宽制度，保持适用率在80%以上，具体采取了以下几项措施。一是甘肃省人民检察院联合公安厅制定下发《依法妥善办理轻伤害案件实施细则》，明确办理轻伤害案件要共同开展类案分析研判，剖析发案原因，坚持诉源治理，促成矛盾化解，促进犯罪预防。与甘肃省高级人民法院联合下发《常见犯罪量刑指导意见实施细则》，提高量刑建议精准度，推进案件繁简分流、轻重分离、快慢分道，使事实证据无争议的案件缩短诉讼时长。二是持续开展羁押必要性审查专项行动，对电信网络诈骗等涉众型犯罪积极推动非羁押强制措施适用，进一步降低诉前羁押率。三是发挥审前分流把关作用，对轻微刑事案件积极适用不起诉，规范审批程序，加强释法说理，减少不必要的复议复核。四是积极推进刑事和解制度落实，对于因婚姻家庭矛盾、债务纠纷、邻里同事关系恶化等引起的轻罪案件，以及交通肇事、轻伤害、寻衅滋事等危害后果较轻的犯罪，推动犯罪嫌疑人、被告人与被害方达成和解、谅解，帮助被害人及其家属得到应有赔偿，及时修复受损法益，防止矛盾激化，2022年作出的刑事和解同比上升106.4%。

（三）完善检察环节诉源治理，推进轻罪源头预防

甘肃省检察机关把深化诉源治理作为依法履职、推进轻罪治理的具体目标和抓手。一是以社会治理检察建议融入社会治理格局，提升社会治理法治化水平。围绕防治校园性侵、规范公告送达、强化金融监管、严防窨井盖"吃人"、防治虚假诉讼、治理网络空间、

寄递违禁品犯罪和安全生产监管工作，落实最高人民检察院一至八号检察建议，不断强化社会治理检察建议在促进司法治理、行政管理和社会治理中的作用。2020年至2022年，全省检察机关共制发社会治理检察建议3872份，收到回复3534份，回复率为91.27%，回复采纳率为100%。积极推动将检察建议落实情况纳入各级法治政府建设硬性指标，增强检察建议刚性。二是把检察听证作为促进定分止争、矛盾化解的重要平台，对不批捕、不起诉等案件坚持应听证尽听证，努力以公开促公正赢公信。2020年至2021年，甘肃省三级检察院共组织听证5100件，其中刑事案件3633件，占听证案件总数的71.24%，拟不起诉3351件。三是发挥国家司法救助在矛盾纠纷化解中的重要作用。加大对未成年人、困难妇女、退役军人、残疾人等重点人群的救助力度，建立与社会保障机构、其他相关救助机构、扶贫部门的救助信息共享平台，多元化解决群众的实际困难。四是积极融入"八五"普法活动，广泛开展送法进企业、进校园、进社区、进乡村等法治宣传活动，积极引导人民群众尊法学法守法用法，促进高水平法治社会建设。

三、检察机关完善和深化轻罪治理的路径探究

轻罪治理关乎国家长治久安、关乎人民群众切身利益、关乎厚植党的执政根基。在构建轻罪治理体系进程中，检察机关还需要以宽严相济刑事司法政策为引领，充分发挥认罪认罚从宽制度的支撑作用，精准落实轻微犯罪少捕慎诉慎押具体工作要求，以更加积极务实的姿态协调多方力量开展诉源治理，源头预防，在推进轻罪治理体系构建中担起更重责任，为完善中国特色犯罪治理模式贡献检察力量。

（一）持续推动轻微犯罪案件办案思维从治罪向治理转变

治罪是刑法惩罚性功能的充分体现，而治理需要更加凸显刑法的预防、教育功能。轻罪案件已成为刑事司法的重心，绝大多数轻罪案件本身社会危害较小、罪责更轻，犯罪嫌疑人认罪悔过可能性较大、重新融入社会较快，社会关系较好修复。相比重罪案件的依法严惩，办理轻罪案件需要从社会治理的视域审视刑事司法功能，

防止就案办案、不诉了之。在轻罪案件办理中，需要克服"刑罚依赖症"和"重刑主义思维"，避免简单地把社会问题依法治理理解为依刑法治理，坚持治罪与治理并重，在办案中融入天理、国法、人情，体现司法宽和、释放司法善意，督促犯罪嫌疑人和被告人认罪服法，促使和解谅解，最大限度减少司法对抗和社会对立。省级检察院应当聚焦轻微、轻微罪界限，研究制定危险驾驶、交通肇事、盗窃、轻伤害等常见轻罪案件类案指引，指导检察官敢用、会用、善用审查逮捕、起诉裁量权，提升轻罪治理能力。

（二）创新搭建认罪认罚的轻罪案件一站式简案快办平台

认罪认罚从宽制度适用范围为所有类型的刑事案件，但根据司法实务，认罪认罚适用的罪名多为危险驾驶、妨害公务、寻衅滋事、交通肇事等轻罪。这是由于轻罪的法定刑在3年有期徒刑以下，犯罪嫌疑人、被告人自愿认罪认罚能被相对不起诉或判处缓刑的从宽处理。因此，检察机关在办理轻罪案件时，可以按照是否适用认罪认罚从宽制度对案件进行分流，对认罪认罚的轻罪案件，采取依法从简从快从宽办理，搭建公检法"一站式"简案快办平台，在侦查环节探索取保直诉、拘留直诉等快速办理机制，在检察环节缩短审查起诉时间，采取集中审查、集中起诉模式，在审判环节推动设置速裁法庭，对适用速裁程序的认罪认罚轻罪案件集中移送、集中受理、集中审理，构建"全流程"简化速裁模式。

（三）推动检察机关轻罪治理方式和措施的多样化、科技化

大力推进轻罪案件非羁押诉讼模式，完善羁押必要性审查社会危险性量化评估机制，丰富完善取保候审保证方式，规范监视居住措施适用，推广电子手环、非羁押码等非羁押信息化核查、监管方式，加大对违反非羁押措施规定的处罚力度。加大轻罪案件做相对不起诉处理后，对犯罪嫌疑人非刑罚处罚措施的适用。根据《刑事诉讼法》和2019年最高人民检察院《人民检察刑事诉讼规则》的相关规定，根据案件的不同情况，对被不起诉人予以训诫或者责令具结悔过、赔礼道歉、赔偿损失，促进社会关系及时修复。推进侦查监督与协作配合机制实质化运行，依托侦查监督与协作配合

办公室，推动轻罪案件侦查监督关口前移，对立案、侦查活动的开展实时、全面监督，及时发现和纠正应当立案而不立案、不应当立案而立案、长期"挂案"等违法情形，加强对不捕案件的跟踪监督。

（四）构建齐抓共治的多元化轻罪治理格局

一是建立诉讼中的刑事司法与行政执法双向衔接、无缝对接，做好不起诉"后半篇文章"。严格落实《关于加强行政执法与刑事司法衔接工作的意见》要求，完善检察机关对决定不起诉的犯罪嫌疑人依法移送有关主管机关给予行政处罚、政务处分或者其他处分的制度，推动执法司法机关形成刑事追诉宽严相济、行政处罚从严从重的共识。二是积极探索推进轻微犯罪拟不起诉犯罪嫌疑人参加社会公益服务机制。公检法三机关加强与社区、公安、爱卫办等部门对接，对作出不起诉、判处免缓刑、行政处罚的犯罪嫌疑人，可组织其在案发地、居住地参加社区服务、交通管理、金融反诈宣传、环境卫生整治等社会公益服务，实现多元化矫治。三是深化普法宣传，增强宣传针对性和实效性。公检法联合各执法单位落实"谁普法谁执法"要求，结合行为人年龄、身份、学历、职业等特征，围绕常见多发轻罪案件的入罪标准、法律后果，对自身、家庭、子女造成的附随后果等进行深度宣传，消除认知盲区，从源头上减少犯罪发生。针对受众群体，创新宣传内容及形式，结合典型案例释法说理，借助微信、微博、抖音等自媒体平台提升宣传实效，提升社会公众对轻微犯罪的认知水平，营造全民懂法、守法、尊法的良好氛围。四是发挥街道、社区、村民委员会等基层管理组织作用，广泛教育、引导群众，群防群治，努力实现预防性管控。

（五）探索推动轻微犯罪前科封存和消灭制度

前科制度具有预防犯罪分子再次犯罪并警示他人不犯罪的积极法律效果，与此同时在入伍、就业中的前科报告，贷款、就业、出国、户口迁徙、参与招投标等诸多场合中的不良诚信记录中的前科影响，以及对犯罪人近亲属的株连效应，会对犯罪人后续社会活动产生不利影响，无助于犯罪人再社会化，易成为社会治理的隐患。

建立轻微犯罪前科封存和有限制的消灭制度，是完善社会治理体系的制度供给。参照轻罪未成年犯犯罪记录封存制度，可以对轻罪成年犯设立犯罪记录封存制度，在此基础上设立有限制的轻罪前科消灭制度。

(三) 刑事附带民事公益诉讼是提起诉讼的主要形式

检索案例中有 87 件皆为刑事附带民事公益诉讼案件,表明目前检察机关在个人信息保护领域提起民事公益诉讼的案件线索主要源于刑事案件,提起诉讼主要采用刑事附带民事公益诉讼的程序模式。其中,有 80 件案件法院判决支持了检察机关附带民事公益诉讼的全部诉求,有 7 件案件以检察机关与被告达成调解结案。涉及刑事罪名为侵犯公民个人信息罪的共 83 件,犯罪行为具体表现主要有四类:一是通过网络倒卖公民个人信息获利,此类行为最普遍;二是骗取并出售公民经过实名认证的微信、QQ、支付宝账号;三是非法获取并出售公民实名认证的手机卡或验证码,通过完成 APP 推广注册账户牟利;四是利用网上购买的手机号码及相关证件照片,在 APP 上注册账号并实名认证,领取账号对应新人专享优惠券等折扣福利,购得优惠物品后再出售,赚取差价获利。涉及罪名为非法利用信息网络罪的案件共 3 件,犯罪具体表现有两类:一是为实施金融诈骗、组织赌博设立微信通信群组或发布推广信息;[1]二是利用非法购买的公民个人信息帮助发布招嫖广告,以此获利。[2]另有 1 件涉及帮助信息网络犯罪活动罪,犯罪具体表现为利用非法获取的个人信息实名办理的电话卡为赌博网站发送推广短信。[3]

(四) 诉讼请求集中在消除危险、赔偿损失和赔礼道歉三类

样本案例中,民事公益诉讼起诉方提出的诉讼请求主要有三类:一是消除危险,即要求被告删除电脑、手机或网络账号中储存的个人信息,并注销侵权用账号;[4]二是赔偿损失,一般以非法获利数额为计算基数,要求被告支付一倍或多倍的赔偿金;三是赔礼道歉,即要求被告在不同级别的媒体上公开道歉。以上三类诉讼请求在不同的案件中单独或合并使用。经统计,87 件刑事附带民事公益诉讼

---

[1] 详见上海市青浦区人民法院 [2020] 沪 0118 刑初 280 号刑事判决书;安徽省合肥市庐阳区人民法院 [2020] 皖 0103 刑初 185 号刑事附带民事判决书。
[2] 详见河北省易县人民法院 [2020] 冀 0633 刑初 276 号刑事附带民事判决书。
[3] 详见甘肃省徽县人民法院 [2021] 甘 1227 刑初 22 号刑事附带民事判决书。
[4] 亦有学者认为此项诉讼请求包含了停止侵害的内容。

案例中，检察机关在超过 70% 的案件中同时提出了上述三类诉讼请求中的两类以上的诉求，超过 60% 的案件都提出了赔偿损失的诉讼请求，也有约 10% 的案件只提出了赔礼道歉这一项诉讼请求。实践中还出现了替代性赔偿诉求的应用。在重庆市消费者委员会所提个人信息保护公益诉讼案中，赔偿损失的诉讼请求为："判令被告以行为赔偿损失，即自本判决生效起 1 年内策划、制作、发布其原创的消费领域公益宣传活动 4 次以上（活动的方式和效果需经原告确认），如被告不履行，少 1 次公益活动则赔偿损失 2 万元人民币，赔偿金应支付至原告的专门账户用于原告开展消费宣传、消费教育、消费体察、消费调查等公益活动。"该诉讼请求最终在调解书中得到确认。〔1〕

二、案例折射出的个人信息保护公益诉讼制度运行难点

（一）多元起诉主体格局的构建

从案例情况看，落实《个人信息保护法》中确立的适格主体范围的概括性规定，真正构建起多元主体协同治理的制度格局是个人信息保护领域公益诉讼制度运行的难点之一。就立法本意而言，检察院、消费者组织或者国家网信部门确定的组织等公益诉讼主体在调查、取证能力、效率等方面都高于个人，这些公益诉讼主体可以调动诸多手段，协同多个部门，通过具有更强纠纷解决能力的组织和机关介入，对个人信息的保护更具专业性、权威性和便利性，有助于克服实践中个人起诉存在的举证困难以及成本过高等问题，并且能够更大限度地保障多数个人信息主体的合法权益。〔2〕通过对《个人信息保护法》实施以来的司法实践观察，立法预设的多元主体参与个人信息保护的格局目前尚未形成。究其原因，既有立法本身相对粗疏的因素，又有实践办案中其他主体相较检察机关更难调查、取证的客观障碍。有学者指出："作为个人信息保护公益诉讼原告的社会组织必须同时具备公益代表资格与公益代表能力。公益代表资

---

〔1〕 详见重庆市第一中级人民法院〔2021〕渝 01 民初 308 号民事调解书。
〔2〕 王利明、丁晓东：《论〈个人信息保护法〉的亮点、特色与适用》，载《法学家》2021 年第 6 期，第 1~16 页。

格，要求此类组织必须是从事个人信息保护活动的公益组织而非营利组织；公益代表能力，要求此类组织必须具备开展公益诉讼的相关能力。对此，可借鉴《环境保护法》第58条的做法，规定社会组织提起个人信息保护公益诉讼必须具备的条件。[1]

（二）公益诉讼适用条件的细化

《个人信息保护法》仅对个人信息保护领域的公益诉讼制度作出了框架式规定。一方面，仅用"违法性""公益性"这样的特征描述很难指导具体的司法实践；另一方面，办案实践也不断揭示出个人信息保护领域公益诉讼不同于生态环境、食药安全等其他法定领域公益诉讼制度的特点和规律。故进一步细化个人信息保护领域公益诉讼的适用条件，是该项制度运行的又一重点和难点。这里至少包含两个层面需要解决的问题：一是启动程序的条件，包括公益诉讼适用的情形、行政公益诉讼和民事公益诉讼不同方式的选择；二是提起诉讼的条件，包括行政公益诉讼的监督标准、民事公益诉讼起诉的条件。

目前个人信息保护领域的行政公益诉讼案例明显少于民事公益诉讼、民事公益诉讼又以刑事附带民事公益诉讼为主要诉讼模式，这一现象的背后实际上可以反映出现有立法状况下实务人员的办案思路倾向。其一，检察机关提起行政公益诉讼面临着法律依据不充分、监督对象以及标准难确定的问题。《个人信息保护法》第70条规定的公益诉讼类型是否包括行政公益诉讼，本就存在不同的理解和认识。有学者认为，在个人信息保护领域，应当理解为法律仅规定了民事公益诉讼，没有规定行政公益诉讼。[2]更为重要的因素是，个人信息保护领域横跨多领域、多部门，受电子信息化红利的影响，技术手段与行业更迭日新月异，使处于后端的行政监管更具挑战性，在技术研发、执法力量都受限的情况下，检察机关在认定行政机关

---

[1] 张超：《以公益诉讼筑牢个人信息安全法治屏障》，载《光明日报》2022年3月19日。

[2] 张新宝、赖成宇：《个人信息保护公益诉讼制度的理解与适用》，载《国家检察官学院学报》2021年第5期，第55~74页。

的监管职责以及是否存在怠于履职时，需结合其他法律规定、技术发展手段、行政监管能力等多种因素综合予以评判，办案难度较高。其二，法律规定对"个人信息处理者""违法处理个人信息""侵害众多个人权益"这些条件没有作出更为明确细化的解释，办案依托侵犯公民个人信息罪等刑事案件的证据收集和事实认定，是检察机关提起民事公益诉讼更加便捷有效的程序选择。

(三) 侵害公益责任的承担

与诉讼请求相对应的，实际上是法律责任的承担问题。从目前个人信息保护领域提起公益诉讼的案例看，民事公益诉讼对个人信息提供的保护属于侵权法的保护方法，违法主体所承担的法律责任属于侵权责任的范畴。因此，侵害个人信息而损害公共利益的行为应承担怎样的侵权责任，势必成为个人信息保护领域公益诉讼制度的基础内容和关注焦点。从样本案例看，实践中的基本责任类型包括停止侵害、消除危险类、损害赔偿类和精神利益弥补类，起诉主体所提出的诉讼请求也相应集中在停止侵害、消除危险、赔偿损失和赔礼道歉这几项。特别是95%的民事公益诉讼案例都提出了赔礼道歉的诉讼请求，体现了个人信息权鲜明的人格权属性。实践探索所体现出的制度运行难点在于如何区分各类侵权责任的适用情形，以及采取何种具体的担责履行方式。

以消除危险为例，样本案例中检察机关所提这类诉讼请求可以细分为三类：一是要求侵权人彻底删除云盘、U盘等储存介质中所收集的个人信息数据；二是要求侵权人彻底删除收集、交易个人信息所使用的软件账号，包括QQ、微信、邮箱等通信软件账号；三是要求侵权人委托电信部门向被侵权人群发短信提醒其注意个人信息保密及安全。上述方式还有很多值得研究的问题。比如，部分案件中刑事部分已将涉案电脑、手机等设备认定为赃物予以没收，需探讨民事部分继续要求侵权人进行删除的必要性；通信软件账号属于个人财产，其中可能包含除通信数据外的其他财产性价值，注销账号的方式是否存在过度保护而侵犯个人财产权的问题、群发短信是否能够穷尽潜在的受害群体的问题。

再以损害赔偿为例,难点在于量化确认公益受损后果以及正确认识处理公益诉讼损害赔偿与刑事罚金、行政处罚罚款的关系。现有案例中,检察机关提起赔偿损失的诉讼请求时,因公益受损情况难以精准量化,一般都是根据《民法典》第1182条的规定,以被告非法获利数额为赔偿数额。各地法院对没收违法所得、刑事罚金与民事公益诉讼赔偿金的关系认定存在差异。大部分案件中,法院认为二者属平行关系互不影响,但在个别案例中,法院以民事公益诉讼赔偿为优先,以收缴赃款为补充,认为二者之和不能超过被告的违法所得数额。[1]理论上,获利并不等同于损失,且通过统计样本案例发现,涉案个人信息数量这一刑事定罪量刑考虑的因素与非法获利没有体现出明确的正相关关系,也就大致可以推论得出,目前的判例中判决所确认的赔偿金额大小很难真正体现公益实际受损程度。因此,很有必要进一步研究损害赔偿责任在个人信息保护公益诉讼案件中的适用情形和赔偿内容。

(四) 公益赔偿款项的去向

根据诉讼法基本原理,有权提起公益诉讼的主体并非都是直接受害人,经由公益诉讼获得的赔偿金在管理、分配、使用等环节的问题就成为新的难题,并关系到公益保护成效的最终落实。理论上讲,个人信息保护公益诉讼赔偿金应当体现的是公共利益受损的价值量化,赔偿金自然应当用于修复受损的社会公益。通过梳理样本案例发现,多数判决中并未提及赔偿金的去向和处理,仅有16起案件的裁判文书中有所表述,但处理方式上也存在差异。具体为:9起案件判决要求侵权人向检察机关缴纳或由检察机关依法处理赔偿金;6起案件要求侵权人将赔偿金直接缴纳至国库;1起案件明确要求将赔偿金缴纳至检察机关指定账号,用于公益事业专项支出。由此可见,实务界对于个人信息保护领域公益诉讼赔偿款项的去向尚未形成共识,实践探索的路径也呈现多元化,亟须在探索、总结、研究的基础上进一步予以制度规范。

---

〔1〕 详见湖北省恩施市人民法院〔2020〕鄂2801刑初331号刑事附带民事判决书。

三、完善个人信息保护领域公益诉讼制度的方案

笔者认为,通过案例实证分析,对于下一步完善个人信息保护领域公益诉讼制度可以得出以下几点方向性的启示:

第一,应进一步完善主体制度,形成多元保护格局。整体来看,个人信息的保护路径有三,即从立法供给、行政执法和司法保护等三个层面分别发力,从整体上推动我国个人信息保护力度的提升。[1] 公益诉讼属于司法保护的层面,应成为个人信息保护中的最后一道关口。为进一步提升保护效能,应尽快明确公益诉讼主体范围,厘清各主体之间的顺位关系,充分调动各类主体的参与积极性。建议参照《环境保护法》第58条的规定,由国家网信部门牵头细化个人信息保护公益诉讼中的有关组织的具体范围和认定标准。

第二,应进一步丰富诉讼类型,增强行政监管效能。在个人信息保护体系中,行政执法的保护是最普遍、最广泛、最积极的保护类型。日常生活中所见到的个人权益受损问题,绝大部分是通过行政执法而得到保护的。目前个人信息保护领域公益诉讼制度效能的发挥主要以民事公益诉讼为主,但大数据时代仅依靠民事公益诉讼制度去解决个人信息安全和个人隐私保护的问题是独木难支,还需从信息收集、流通监管、使用规范等环节,结合行政监管、行业自律等手段逐步优化公民个人信息的整体环境。《行政诉讼法》第25条第4款设置了行政公益诉讼制度,检察机关应进一步加强个人信息保护领域行政公益诉讼的实践探索,丰富公益诉讼类型,完善公益诉讼制度。

第三,应进一步明确诉讼条件,构建严密责任体系。《个人信息保护法》已经确定了提起个人信息保护公益诉讼的基本条件,即"违法处理个人信息"和"侵害众多个人的权益"。应进一步结合司法实践,总结梳理案件类型,提炼归纳"违法处理""个人信息""众多"这些关键事实要素的认定标准,为该领域公益诉讼案件的调

---

[1] 丁宇翔:《个人信息保护纠纷理论释解与裁判实务》(第2版),中国法制出版社2022年版,第22页。

查和审查提供更加明确的参考和指引。在法律责任方面，侵权人侵害个人信息权益有可能引发多种法律后果，产生法律责任的聚合。需要坚持"公益"靶向，回归侵权责任的基本原理，在充分比较个人信息保护领域公益诉讼与其他领域公益诉讼的制度异同之基础上，着力构建符合实际和规律的公益诉讼责任体系，设计好责任履行的具体程序和评价标准，并注意与刑事责任、行政责任的衔接。

　　第四，应进一步促进融合履职，切实增强保护合力。这一点启示主要是针对检察机关履职而言。目前个人信息保护领域公益诉讼案件集中在刑事附带民事公益诉讼这一类型的现象值得关注和思考。检察机关应进一步研究和探索个人信息保护领域检察职能的衔接、协同问题。刑事司法保护通过追究侵犯个人信息犯罪行为被告人的刑事责任，对个人信息进行最强有力的保护，具有最强有力的威慑作用。公益诉讼检察既要善于适时"补位"填补侵犯个人信息犯罪行为被刑事追究后仍不能恢复的公益损害，更要善于主动"亮剑"大量未到犯罪程度但侵害公益的违法行为的追究和治理。故检察公益诉讼应加强与刑事检察的衔接和协调，除建立健全线索移送、协同办案等工作机制外，还应该加强信息共享、研究会商、专项监督等工作协同，促进融合履职、系统治理。

检察机关办理帮助信息网络犯罪活动罪的难点及治理对策[*]

摘 要：帮助信息网络犯罪活动罪（以下简称"帮信罪"）呈多发、高发态势，根据2022年最高人民检察院公布的数据，帮信罪已经成为我国刑事犯罪起诉人数排名第三的罪名。为全力斩断电信网络犯罪链条，实现打防管控综合治理，对帮信罪中帮助行为人"明知"的认定、正犯化模式之争对共同犯罪的影响、支付结算金额与流水金额的认定等司法适用疑难问题进行了探究，并从建立常态化跨域指挥协作机制、加强法检沟通促进裁判标准统一、积极推进网络社会源头治理、加强法治宣传等方面提出了治理对策。

关键词：检察机关；帮信罪；治理

随着科学技术的不断发展，大数据、云计算、人工智能等新兴事物不断涌现，互联网已渗入人类日常生活的各个领域，成为个人与世界互联的重要工具，随之而来的是信息网络犯罪的数量也逐年递增。2015年，《刑法修正案（九）》增设了帮信罪，其设立的目的是对信息网络犯罪中的帮助行为进行独立评价，从而避开网络犯罪中共同犯罪相关规定难以适用的问题，以降低取证难度，加大打击力度。但是自帮信罪设立以来，刑法理论界与实务界关于本罪的司法适用问题一直存在争议。本文旨在对当下帮信罪的司法适用情况进行分析调研，对实践过程中存在的难点问题进行梳理并提出解决办法，以促进对此类问题的优化处理，维护社会秩序。

---

[*] 作者简介：金石、王萍，甘肃省人民检察院。

一、帮信罪的司法适用情况

为了能够更加深入了解实践过程中本罪的适用情况，本文以中国裁判文书网为检索工具，以"帮信罪""甘肃省""判决书"为关键词进行检索，对2019年至2022年以来的相关案件数据进行统计分析。

（一）案件数量变化趋势

据统计，近四年甘肃省公开的涉及帮信罪的裁判文书共计411件，剔除不是以帮信罪定罪的判决文书后，得到有效文书340件。2019年至2022年，案件数量分别为1件、50件、276件、12件，其中，共同犯罪案件数量占比较大，共计192件。按照裁判的时间划分，帮信罪自2015年增设以来，前期一直处于"平静"状态，2019年《关于办理非法利用信息网络、帮助信息网络犯罪活动等刑事案件适用法律若干问题的解释》（以下简称《解释》）颁布后，随着"断卡"行动的开展，案件数量总体上呈逐年递增趋势，并且增长速度较快。据统计，2021年全年帮信罪的起诉人数已居于所有刑事犯罪案件的第3位，仅次于盗窃罪和危险驾驶罪。由此可见，随着互联网的发展，信息网络犯罪的数量也在不断增加。

（二）被告人情况分析

在公开的340件裁判文书中，共有715名被告人，其中714名为自然人，1名为单位。在年龄方面，涉案人员平均年龄在28岁，普遍比较年轻。文化程度方面，小学学历占比8.4%。初中学历人数最多，占比53.6%。高学历的人数占比较少，大学学历（包括专科）仅占12.6%，高中学历（包括中专和职高）共有181人，占比25.3%。犯罪主体呈现低龄化、低学历、低收入的特点。

（三）刑罚情况

在被判处刑罚方面，按照法律规定，帮信罪的法定刑期为3年以下有期徒刑或者拘役，但是司法实践中96.4%的自然人的刑期（不包括缓刑）在18个月以下，并且有4名被告人（1名为单位）未被判处监禁刑，仅被单处罚金。在缓刑方面，共有180人被判处缓刑，缓刑适用率为25.2%，刑期时间大部分集中在12个月、18个月、24个月，三者共占比77.5%。被判处拘役的人数较少，仅为10

人。在罚金刑方面，1万及以下金额较多，共有577名，占比80.8%，罚金刑在5万以下的案件数量达99.1%，罚金普遍较低。

（四）地域分布情况

从案件发生的地域可以看出，帮信罪地区分布的范围较广且分布不均。在甘肃省已公开的裁判文书中，占比最大的地区是兰州市，共计107份裁判文书，占比31.4%，远超其他地区。其次是天水市和庆阳市，各自占比6%，其他地区裁判文书数量大体相当，但相对来说经济欠发达地区公开的裁判文书数量较少。由此可见，帮信罪的发生频率与当地经济发展水平、人口密集程度密切相关。

二、帮信罪司法适用疑难问题探究

（一）帮助行为人"明知"的认定

根据《刑法》的规定，帮信罪，是指明知他人利用信息网络实施犯罪，为其犯罪提供互联网接入、服务器托管、网络存储、通讯传输等技术支持，或者提供广告推广、支付结算等帮助情节严重的行为。本罪名的关键在于是否"明知"及如何认定"明知"，虽然《解释》对如何认定"明知"作了列举式举例并以概括式描述进行兜底，但由于"明知"是行为人犯罪时的一种不为人知的主观心理，犯罪嫌疑人往往以不知情作为理由进行辩解，因此在司法适用中仍存在一些值得探讨的问题。

当下，在刑法学界对于"明知"的理解大体可以分为三种：一是"明知"只能是"明确知道"不能是潜在的认识；二是"明知"不要求达到明确知道的程度，只要求达到有认识可能性标准即可，即"可能知道"；三是认为"明知"包含两种意思，"知道"或者"应当知道"即"确定明知"和"推定明知"。"确定明知"是指通过显而易见的事实，例如被告人自认、受害人指认、同案犯供述等证据足以证明被告人主观上确实知道。"推定明知"指只要案件或者行为人的行为满足某种条件，控方就可以推定行为人主观上明知他人利用信息网络实施犯罪，就具备了本罪的主观归责要素，除非被告人或者辩护人有相反证据足以驳斥或者推翻这种推定。

但是实践中对于"明知"的论证问题一直存在争议，较多案件中将行为人明知自己的行为可能被用于犯罪活动和明知他人犯罪的概念等同，简单地根据因出售信息性质、有获利情况，后续被利用作网络犯罪就认定构成本罪。

笔者认为对于"明知"的理解，不应该理解为"明确知道"，网络犯罪中各个参与人之间比较独立，彼此之间往往是单线联系，如果要求每个行为人对案件的事实、危害后果等达到明确知道的程度，则会加重举证难度，缩小刑法打击的范围。2016年，最高人民法院、最高人民检察院、公安部联合颁布了《关于办理电信网络诈骗等刑事案件适用法律若干问题的意见》（以下简称《意见》），《意见》罗列了构成电信网络诈骗共犯的八种情形。值得注意的是，《意见》对于"明知"的要求，其程度仅要求明知他人实施网络诈骗犯罪即可，不要求对行为对象、地点、方式等达到明知的程度。由此可见，帮信罪里面的"明知"不应当理解为明确知道。另外，"明知"也不应该理解为"可能知道"。"可能知道"说明待证事实缺乏直接证据证明，只能凭借间接证据推断。当推断出知道相关事实的间接证据多于或者证明力大于不知道相关事实的间接证据时，行为人就被推定为知道。这种判断方式会加大司法机关办理案件的难度，更加依赖于裁判者的主观判断，难以形成统一标准。因此，笔者更加赞同将明知理解为"确定明知"和"推定明知"，且在把握本罪名时，应当时刻持谦抑性理念，应当从行为人认知及常人思维进行分析，从而论证其是否"明知"。实践中可以用以下规则来判断行为人是否"明知"：①行为人的认知能力、既往经历、交易对象、与实施信息网络犯罪的行为人的关系、有无受到监管部门处罚等情况。②行为人提供帮助的时间和方式是否异常隐蔽、交易是否频繁、是否符合正常规律、有无销毁证据、规避监管等行为。③行为人获利情况是否明显不合理。④行为人收购、出售、出租信用卡、银行账户、非银行支付账户、具有支付结算功能的互联网账号密码、网络支付接口、网上银行数字证书，或者他人手机卡、流量卡、物联网卡等的次数、张数、个数是否异常等一般理性人标准来界定"明知"是否成立，并且以排除合理怀疑作为证明的程度标准。

(二) 正犯化模式之争对共同犯罪的影响

自帮助信息网络犯罪产生以来，刑法学界对于本罪的属性一直存在量刑规则和正犯化理论之争。以张明楷、黎宏为代表的学者赞成量刑规则说，而以刘艳红、车浩为代表的学者则认为本罪属于帮助行为正犯化，采用不同的观点在司法实践中会产生不同的结果。不论是哪一种学说都赞同网络帮助行为与传统的中立帮助行为有所区别，具有社会危害性的观点。两者之间争论的焦点在于帮助行为对危害后果是直接还是间接影响以及帮助主观心态结合判定问题。帮助行为正犯化学说认为网络帮助行为所侵犯的法益具有独立性，只要嫌疑人实施了帮助行为即可构成犯罪，并且无法适用《刑法》第27条关于从犯可以从轻处罚的规定。如果采用量刑规则说，则要遵循共犯从属性理论，除非正犯行为符合犯罪构成要件，否则不能处罚帮助犯。笔者认为当前网络犯罪分工细化，黑灰产业链条长，上游犯罪为犯罪集团提供技术等方面支持，中游实施网络赌博、诈骗等犯罪，下游利用支付结算工具负责对资金的"洗白"工作，去中心化的扁平网络结构使得庞大的犯罪活动被切割为链条上的不同环节，且将每个环节单独实行行为抽离可能并不构成犯罪，如果采用量刑规则说，可能会造成很多网络犯罪无法得到有效打击的弊端。因此，笔者更加倾向于帮助行为正犯化理论，以此为基础，对本罪的帮助犯和教唆犯进行进一步的分析。

1. 帮信罪的帮助犯

成立帮助犯首先要实施帮助行为。帮助行为是指实行行为以外的，帮助实行行为实施的行为，既包含提供犯罪工具等有形行为也包括鼓励等加强行为人犯意的无形行为。根据法律规定，帮信罪的实行行为表现为为网络犯罪提供帮助的行为，与本罪帮助犯的帮助行为要区别开来的是，帮信罪的实行行为虽然本质也是帮助行为，但是只能是有形的帮助行为，而且并不以上游犯罪是否既遂为要件。其次，帮助犯要具有帮助的故意，明知他人实施犯罪还为其提供帮助。最后，成立本罪的帮助犯要求帮助行为与正犯的结果之间具有因果关系，即本罪的帮助犯要以正犯成立犯罪为前提条件。

2. 帮信罪的教唆犯

教唆他人为网络信息犯罪提供帮助,并且教唆的行为对危害结果之间具有因果关系时,是否构成本罪的教唆犯?《日本刑法》第62条规定:"帮助正犯的是从犯。教唆从犯的,判处从犯的刑罚。"由此可见,对于帮助行为的教唆在日本被视为对正犯的帮助。对于教唆帮助行为的认定问题,我国法律条文没有明确规定,但是学界大都倾向于将教唆帮助行为作为正犯的从犯进行处罚。既然帮信罪是将原本的帮助行为正犯化,那么帮助行为就是实行行为,教唆帮助行为应当成立本罪的教唆犯。与普通教唆犯不同的是,帮信罪的教唆犯的可罚性来源并不从属于第三人犯罪,虽然间接也帮助了第三人实施犯罪,但是仍从属于本罪。

(三) 支付结算金额与流水金额的认定

构成帮信罪除明知他人实施网络犯罪为其提供帮助行为以外还需要满足"情节严重"这一要件。《解释》第12条规定了六种具体构成情节严重的情形以及兜底性条款,其中第2项"支付结算金额二十万元以上",在司法实践中存在不同的见解。帮信罪的一个明显特征就是资金在不同账户之间频繁转移,那么对于这种资金在不同账户或者多个平台之间频繁转移的行为,对于涉案的支付结算流水应如何认定?有人认为《刑法》第287条之二帮信罪中规定的"支付结算"系银行业用语,对于《刑法》中该用语的解释,应首选文理解释,按照其通常含义进行理解。根据1997年中国人民银行发布的《支付结算办法》的规定,以及"两高"《关于办理非法从事资金支付结算业务、非法买卖外汇刑事案件适用法律若干问题的解释》第10条的规定,"支付结算"包含"对手资金交付和汇出",所以司法解释中的"支付结算金额20万元"应是指流入、流出金额累计20万元,而不是流入或者流出累计金额20万。此外,根据最高人民检察院在郑州召开的会议上传达的有关内容,目前关于支付结算20万的把握,最高人民检察院四厅倾向于认为"现金流水累计达到20万元,且诈骗数额查明在3000元以上的,应当追究刑事责任",其中现金流水或支付结算金额可视为一个概念,但只能单向计算数额,这也是从实害的角度进行考虑，按借方或者贷方的单一方计算更加符合刑法要求。另外，最高人民法院有意见也认为应单方而非累计计算，即只计算注入或流出资金。也有人认为行为人利用两张以上信用卡为电信网络诈骗进行支付结算的，支付结算金额应当累计计算。一方面，既然通过实施信息网络犯罪所获取的资金转入信用卡即属于进行支付结算，那么多层级信用卡之间的同类资金转入也应当属于进行支付结算；另一方面，本罪立法是为了有效惩治"两卡"犯罪，对电信网络关联犯罪进行全链条全方位打击，犯罪行为的载体是卡而非资金，因此认为犯罪金额可以重复计算。

笔者认为，同一犯罪嫌疑人帮助支付结转金额从 APP 流入银行卡其实都是同一笔资金，对于同一笔资金的计算应当以一笔为宜，不能因为一笔资金在多个 APP 内或者银行账户内流动就认为是两笔以上的资金，进行双向计算，因为根据目前电信网络犯罪的特点，被帮助对象主要是利用他人信用卡、微信或支付宝账户转移赃款，也即他人信用卡、微信或支付宝账户起的是桥梁作用，转入的资金势必将转出，最终注入被帮助对象控制而司法办案机关查找困难的账户或被取现。如计算流水，一是有重复计算问题，二是与被帮助对象犯罪数额会出现不一致。鉴于本罪是帮助犯，具有从属性，帮助行为与被帮助对象的犯罪行为存在密切关联，支付结算数额的计算主要考虑被帮助对象通过帮助者的支付结算支持而实际转移多少资金来认定。因此，个人倾向于单向计算金额以避免重复评价。但是需要注意的是，如果两个环节分别由不同的犯罪嫌疑人来实行，那么数额就需要分开来计算。另外，支付结算是一项通道业务，进项资金不可能小于出项资金，因此仅计算单向资金且以进项资金计算较为合理。

三、现阶段对帮信罪的治理策略

通过对裁判文书的样本分析，结合帮信罪的特点，笔者认为可以从以下几个方面对本罪进行针对性打击。

（一）建立常态化跨域指挥协作机制

网络犯罪涉及面广，相关联的案件常分属于不同的地区管辖，因此，加强沟通做到信息共享就显得尤为重要。各地区应当建立数据互通平台，加强与各地公安机关的交流合作，完善联动执法、案件移送、案件办理协作机制，严厉打击各类跨市跨省的网络犯罪。另外，对于案件发生频率较高的经济较发达地区，应当主动分享办理相关案件的经验，如对于新型帮助行为的认定还包括一些数据和技术经验方面的分享等，帮助那些案件数量较少的地区做好准备，以更好适应惩治网络犯罪的需要。

（二）加强法检沟通，促进裁判标准统一

帮信罪离不开对互联网的使用，随着科技的进步，新型犯罪手段和方式层出不穷，给司法机关在法律适用问题上提出了很大的挑战，也易出现同案不同判的现象。因此，各地区有必要完善、统一各个司法机关之间关于证据采信、法律适用、政策把握等方面的司法尺度，探索联合出台办理相关案件的工作指引等文件。

（三）积极推进网络社会源头治理

检察机关应秉持网络空间多元并治理念。一方面，对于办案中发现的问题，应当及时加强和行政机关的沟通联系，健全完善"行刑双向衔接"机制，督促行政机关加强监管。另一方面，督促平台企业履行管理职责，通过设置防火墙等技术手段，屏蔽各类网络诈骗信息，发现异常广告链接时，应当及时告知有关部门，必要时配合相关部门调取证据。同时，鼓励群众参与监督，积极举报，对发现的不法行为及时整治，创新发展新时代网络"枫桥经验"。

（四）加强法治宣传工作

通过样本分析可以看出，多数案件的被告人都是基于贪图小利的心理，在诈骗分子的蛊惑下，将电话卡、银行卡出租或者售卖给他人，并获取一部分"抽成"，而租卖"两卡"几乎没有成本，这对于没有收入或者收入较低的人群具有很大的吸引力。除此以外，涉案人员心存侥幸，法律意识淡薄，对自身行为危害性认识不足也是该类案件多发的重要原因。针对帮信罪行为人大都集中在文化程度偏低的年轻群体这一现状，司法机关应当加强宣传力度，举办检察开放日、普法教育活动，通过微信公众号、电视、微博等方式及时向社会公布一些典型案例，强化法治教育。尤其是加大学校的宣传教育，让这些尚未步入社会的学生了解什么是帮信罪，以及什么行为会触犯本罪。同时，教会学生如何鉴别网络信息，尤其是对各类招聘信息要仔细甄别，谨防成为犯罪的帮凶，以此来延伸案件办理的社会效果。

甘肃省野生动植物保护公益诉讼检察监督*

摘　要：野生动植物作为生物多样性和自然生态系统的主体，在维护生物多样性和生态平衡中发挥着不可替代的作用。生物多样性保护属于检察公益诉讼监督的法定领域。以甘肃省检察机关2017年以来办理的生物多样性保护公益诉讼案件为基础，分析法律监督中取得的成效和存在的纰漏，为检察公益诉讼在生物多样性保护中发挥作用，实现保护目的，提供对策。

关键词：野生动植物保护；检察公益诉讼；系统化治理

习近平总书记指出："生物多样性关系人类福祉，是人类赖以生存和发展的重要基础。"[1]生物及其环境形成的生态复合体以及与此相关的各种生态过程的总和构成了生物多样性。[2]野生动植物作为生物多样性和自然生态系统的主体，在维护生物多样性和生态平衡中发挥着不可替代的作用。

2017年以来，甘肃检察机关在保护野生动植物资源方面共办理案件822件，发出检察建议413件，提起公益诉讼345件，其中行政公益诉讼17件，民事公益诉讼59件，刑事附带民事公益诉讼269件，所办案件既包括国家珍稀、濒危动植物保护，也包括重点湿地、国家公园等野生动植物栖息地生态环境保护，起到了良好的监督

---

* 作者简介：黄涛，甘肃省人民检察院。

〔1〕《习近平在联合国生物多样性峰会上的讲话》，载 https://www.12371.cn/2020/10/01/ARTI1601512812000506.shtml，最后访问日期：2024年9月4日。

〔2〕蒋志刚、马克平、韩兴国主编：《保护生物学》，浙江科学技术出版社1997年版。

效果。
一、公益诉讼检察在野生动植物保护中展现出的监督特点
（一）重点地域珍稀、濒危野生动植物监督保护力度加强

甘肃省具有较为独特的地理特征，检察机关办理的非法猎捕、杀害珍贵、濒危野生动物案件主要发生在张掖、酒泉、林区、天水、兰州等地，集中在高山草甸林场滩涂等山大沟深林密的区域；非法收购、运输、出售珍贵、濒危野生动物及其制品案件主要发生在兰州、临夏、林区等地；非法狩猎案件主要发生在林区、白银、平凉、定西、陇南等地。例如，酒泉检察机关办理的野生动物保护案件涉及雪豹、金雕等国家一级重点保护野生动物，鹅喉羚、红隼等国家二级重点保护野生动物；陇南检察机关办理的案件涉及金丝猴、麋鹿、麂子等野生动物；林区检察机关办理的案件涉及野生牦牛、藏野驴、西藏山溪鲵、红豆杉等珍稀、濒危野生动植物物种。

（二）生物栖息地生态环境保护力度加大

公益诉讼检察监督把野生动植物本体保护和生存环境保护有机结合起来，进行系统化保护。结合省情，重点突出青藏高原、黄河流域、祁连山自然保护区等重点区域的监督保护力度，开展"祁连山自然保护区生态环境问题"专项监督活动，依法惩治破坏生态环境及野生动物资源行为；联合省水利厅部署开展"携手清四乱，保护母亲河"专项行动，推动黄河流域生态环境，特别是野生动植物栖息地司法保护制度化、常态化。各地因地制宜，开展针对性很强的专项活动。例如，兰州两级人民检察院结合兰州市实际情况，依靠公益诉讼大数据平台着力深挖生物多样性案件线索，以"生物资源"受到侵犯为突破口，先后确定了"野生动物非法买卖""黄河流域湿地保护""古树名木保护"等多个案件办理方向，办理了一批具有典型意义的案件；定西检察机关与公安、林业、生态环境、国土资源等部门联合开展"打击破坏环境资源违法犯罪专项活动"；甘南州检察机关开展"黄河上游（甘南段）水源涵养地草原生态资源保护公益诉讼检察专项监督活动"；林区检察机关与相关部门联合开展"祁连山国家公园七部门首次联合巡护活动"；肃南县人民检察院联

合公安局、自然资源局、市场监管局、农业农村局等部门开展"开清源断流守护生态屏障"专项行动，打击非法采挖冬春夏草、锁阳、肉苁蓉等野生植物破坏生态环境犯罪行为；古浪县人民检察院开展了"保护野生动植物，促进生态文明建设"工作，联合古浪县公安局、古浪县林业和草原局出台《关于建立野生动植物保护协作机制的意见》。

（三）推进融合监督，全面发挥检察职能

注重落实"专业化监督+恢复性司法+社会化治理"理念，拓展保护模式，在追究违法犯罪责任的同时，运用公益诉讼的方式依法追究野生动物资源及栖息地生态损害赔偿责任，工作中强化和行政机关的联动协作，实现信息共享，提前介入危害野生动植物行政处罚案件，对公安机关办理的危害国家重点保护动植物违法犯罪案件，及时跟进调查取证，为后期提起刑事附带民事公益诉讼奠定坚实基础。例如，白银市人民检察院制定《野生动植物、森林、水源案件办理同步审查机制》，刑检部门在办理相关案件时，同步移送公益诉讼部门开展审查，启动民事或刑附民公益诉讼程序，通过该机制，白银地区共办理生物多样性案件线索55件、立案55件、提起诉讼41件；又如，沙生植物锁阳属国家二级保护植物，能够有效抑制风蚀，保护地表，抑制沙尘暴，为保护荒漠草原脆弱的生态环境发挥着极其重要的功效，武威市检察机关为保护生态环境与生物多样性安全，加大对锁阳、沙葱等野生植物采掘违法行为的打击力度，共办理危害国家重点保护植物刑事附带民事公益诉讼案件11件，提起刑事附带民事公益诉讼3件。办理案件过程中，更加注重生态修复基地建设，例如，平凉市、庆阳市检察机关分别与市、县（区）有关单位共同建立了生态环境修复基地，探索开展替代性修复。

（四）凝聚共识，智慧借助提升监督效果

积极借助"外脑"提升专业化监督水平，例如，兰州市人民检察院与兰州大学生物科学学院建立了野生动物领域专家合作机制，聘请全国野生动物保护领域知名专家学者、教授提供专家意见，提升专业化监督水平。全省各级检察机关主动邀请公安、林草、祁连山自然保护等单位，以及乡镇政府、街道、社区运用多种形式联合开展野生动植物保护法律法规知识宣传活动，共计举办宣传活动53场次，现场解答关于野生动植物保护方面的法律问题，增强群众的野生动植物辨识能力和法律意识，提高群众保护野生动植物的自觉性，形成了保护野生动植物的良好社会氛围，全面提升了人民群众对保护生物多样性的思想认识，例如，秦安县人民检察院组织14家相关职能部门及乡镇举行公开听证会，共商古树保护新举措，督促行政机关多渠道开展古树保护宣传，建立健全古树名木图文档案和电子信息数据库。

二、存在的问题、困难及原因分析

（一）监督范围、监督对象、责任判定以及认定标准方面还存在争议

野生动植物可以或者应当列入公益诉讼检察监督的范围不明确。生态环境和资源保护属于检察公益诉讼法定监督领域，对此《民事诉讼法》第55条有明确规定，最高人民法院发布的《关于深入学习贯彻习近平生态文明思想为新时代生态环境保护提供司法服务和保障的意见》，将生物多样性保护案件纳入环境保护民事公益诉讼之中。以"云南绿孔雀案"为例，此案充分运用了预防性环境民事公益诉讼的优势。[1]检察司法实践中大多数案件集中在"非法狩猎、猎捕或杀害珍贵及濒危野生动物、非法捕捞水产品"范畴，这在某种程度上反映出现有司法保护对"生物多样性"的基本内涵倾向于保守主义理解[2]。目前，实践中检察机关重点监督范围是珍稀、濒危野生动植物。对于其他野生动植物保护，依据《野生动物保护法》、《野生植物保护条例》、全国人民代表大会常务委员会《关于全面禁止非法野生动物交易、革除滥食野生动物陋习、切实保障人

---

〔1〕 郭武、闫信果：《我国生物多样性司法保护探究》，载《中国人民警察大学学报》2022年第11期，第73~78页。

〔2〕 李树训：《论生物多样性损害与生态环境公益诉讼的衔接——以野生动物资源损害为分析对象》，载《云南民族大学学报（哲学社会科学版）》2022年第3期，第137~148页。

民群众生命健康安全的决定》等法律法规，各地进行了不同程度的探索。目前较为流行的观点认为，所有野生动植物均属于检察公益诉讼监督范围，对此，笔者结合司法实践，认为应当对野生动植物检察公益诉讼监督范围、监督对象、责任判定以及认定标准作出具体规定，而且案件受理条件应当附带专业化意见，不应泛化。司法实践中已经多次出现野猪破坏农作物，村民采取自救行为将野猪击杀，是否需要承担民事公益诉讼责任的问题，另甘南地区草原沙化的一个原因是鼠害，特别是旱獭挖掘草根、推出大小土丘、破坏草原草皮，造成地表塌陷与水土流失以及外来野生动植物物种对本地原生态环境的破坏等，如果凡是野生动植物受到侵害均进行无差别保护，可能会产生不佳社会效果。

（二）检察机关对生物多样性相关领域专业性不足，对损害程度、赔偿标准客观依据不统一

作为《生物多样性公约》最早的缔约国家之一，我国一向高度重视生物多样性的保护工作。我国正逐步建立起合理的生物多样性保护法律框架，涵盖生态保护、外来物种入侵、生物遗传资源保护、生物安全等多个领域，涉及法律、行政法规、地方性法规等多个层次。[1]野生动植物保护属于专业范畴，目前，检察公益诉讼损害赔偿主要基于动植物本体价值，对生态功能损失往往不涉及，实践中此类刑事附带民事公益诉讼表现得最为明显，例如对于外来物种入侵问题、生物栖息地环境破坏问题，进行环境影响评价更为重要，由此，野生动植物保护检察公益诉讼监督亟需引入专家辅助机制，解决专业问题，对损害程度、赔偿标准提供客观依据支持。

（三）民事公益诉讼请求单一，生物多样性的司法保护效果不明显

融合式监督尚未得到有效、综合运用，系统化治理还需加强，大量案件监督方式为刑事附带民事公益诉讼，而附带民事公益诉讼

---

[1] 郭武、闫信果：《我国生物多样性司法保护探究》，载《中国人民警察大学学报》2022年第11期，第73~78页。

部分诉讼请求单一，主要为损害赔偿，且集中在动植物本体价值赔偿方面。在预防性民事责任中法律规定侵权人主要承担停止侵害、排除妨碍、消除危害等责任，具体的内容为行为责任与财产责任。在补救性民事责任中，责任的承担方式主要有恢复原状、赔偿损失、赔礼道歉，具体内容为行为责任（替代性修复）、财产责任（生态环境修复费用）、财产责任（赔偿生态服务功能损失），部分案件涉及生态修复，并出现了替代性修复的有益尝试，但是生态修复与恢复原状纠缠不清[1]。野生动植物及栖息地保护具有复杂性、专业性与多元性的特点，不能简单地使其恢复原貌即可，因为对生物多样性造成损害后往往具有不可恢复性或者恢复周期较长等情况，但是也不能全部简单适用替代性修复，应当结合案件具体情况，并辅以专家意见，因地制宜有针对性地提出具体诉讼请求，并应对具体责任进行详细探究，厘清责任主体应承担的具体责任。

三、促进野生动植物检察公益诉讼系统化监督的建议

（一）明确监督范围和监督对象

对检察机关在野生动植物司法保护中，能够运用公益诉讼进行监督作一个基本范围的界定，以保证检察机关监督的合法性和在权力边界范围内行使检察监督权，适当扩大监督视野。通过对近年有关生物多样性公益诉讼检察监督案件的整理，可以发现监督重点主要集中在野生动植物自身保护方面，针对外来物种入侵和野生动植物生存环境等方面的重视程度还不够。2020 年最高人民检察院工作报告中提到了"生物安全"，随着生物技术产业的不断发展，"生物安全"引发的法律问题也渐渐显露出来，包括知识产权归属、市场公平竞争等问题，因此检察机关应当多视角介入监督，实现生物自身、生存环境、发展趋势的全方位、系统化保护。

（二）引入专家辅助监督机制

野生动植物司法保护对专业知识要求很高，例如损害是否达到

---

〔1〕 于文轩、胡泽弘：《生态文明语境下生物多样性法治的完善策略》，载《北京理工大学学报（社会科学版）》2022 年第 2 期，第 71~78 页。

"重大风险",认定标准涉及生物科学、环境科学等众多学科领域的专业性问题,而作为法律专业的检察官,几乎不具备相关学科背景。因此应依托相关科学领域的专家组来完成。一方面,专家能利用专业知识及科学技术实现对"重大风险"的影响范围及生态损害程度的调查认证与系统评估,并提出生态修复方案及补偿措施。另一方面,"重大风险"认定是一个复杂且科学的过程,专家的介入可避免检察官个人主观感性判断,确保认定结果的公正性与客观性。所以基于生物多样性保护的专业性,需要专家和专业鉴定机构支持,应当引入专家辅助机制,从调查、审查、监督各个环节强化证据的科学性和专业性。

(三)推动多元化保护

完善多元化、市场化生态保护修复机制,健全生态保护补偿机制。细化责任承担主体,野生动植物司法保护中对侵权责任主体的责任判定,可将侵权人、开发利用者、行政监管部门等均纳入生态修复的体系范围内。检察机关应通过办案进一步厘清野生动植物保护领域行政主管部门的主管职责、监管职责,对发现的保护机制不健全、监管漏洞等问题,依法向监管部门提出检察建议,推动完善管理机制、堵塞监管漏洞,促进诉源治理,确保行政主管、监管部门分工明确、职责清晰,同时督促行政部门间加强协调配合,凝聚工作合力。

(四)发挥磋商作用

检察机关应通过充分履行法律监督职能,特别是在野生动植物保护中充分发挥行政公益诉讼检察职能,主动加强与行政机关的沟通协作,充分运用诉前磋商程序推动问题整改落实,促进检察机关与行政部门良性互动,促进行政机关做到依法、严格、规范履职,共同促进野生动植物保护工作健康有序发展,注重源头治理和协同治理,实现检察监督、行政执法、栖息地保护等各部门各方面各环节的系统化、体系化治理。

检察机关办理醉酒型危险驾驶案件的问题与对策*

摘　要：醉酒型危险驾驶案件居 Q 市检察机关办理刑事犯罪案件量之首，占比约为刑事案件总数的 1/3，具有犯罪主体以男性和农民群体为主、不起诉率高且情节轻微不诉占比大、不诉后建议行政处罚率低、速裁程序适用率低、法院判处宣告缓刑率高的特点。实践中发现存在醉酒型危险驾驶案件办理落实轻罪快办机制不到位、行刑衔接不畅、醉驾行为人犯罪标签化影响较大等问题。建议加大认罪认罚适用，落实轻刑快办机制，依法用好不起诉权，全面加强法律监督，提升综合治理水平。

关键词：危险驾驶；不起诉；轻刑快办

为深入贯彻落实习近平法治思想，依法履行检察职能，切实办好群众身边小案小事，本文以位居刑事犯罪案件量之首的危险驾驶案件为切入点，对 Q 市检察机关 2019 年至 2021 年办理的醉酒型危险驾驶案件进行分析，总结执法、司法领域的运行现状，有针对性地提出可行性对策建议，推动此类案件高效有序办理，实现法律效果与社会效果的有机统一，促进市域社会综合治理。

一、案件办理情况及主要特点

（一）此类案件占比约为刑事案件总数的 1/3

Q 市检察机关 2019 年至 2021 年期间共受理危险驾驶案件 2160 件 2167 人。其中，2019 年 794 件 795 人，2020 年 586 件 591 人，

---

* 作者简介：石淼、崔兴超，甘肃省庆阳市人民检察院。

2021 年 780 件 781 人，危险驾驶案件分别占当年刑事案件总件数的 31.8%、27.8%、30.9%。

（二）犯罪主体以男性和农民群体为主

Q 市检察机关 2019 年至 2021 年受理的危险驾驶案件当事人中男性为 2113 名，占涉危险驾驶案总人数的 98.4%，农民 1890 名，占涉危险驾驶案总人数的 76.6%。

（三）不起诉率高且情节轻微不诉占比大

Q 市检察机关 2019 年至 2021 年审结起诉的危险驾驶案件 1275 件 1278 人，不起诉 865 件 869 人。不起诉数分别占当年危险驾驶案件审结数的 35.7%、44.6%、42.3%。不起诉案件中，相对不起诉 851 件 854 人，占不起诉案件的 98.3%。其中酒精含量在每 100 毫升 160 毫克以下的相对不起诉案件 835 件 838 人，占比达到 98.1%。

（四）不诉后建议行政处罚率较低

Q 市检察机关 2019 年至 2021 年醉酒型危险驾驶案件作出相对不起诉共 851 件 854 人。作出不起诉后，建议公安机关行政处罚 546 件 549 人，建议率为 64.2%，公安机关落实行政处罚 546 件 549 人，落实率为 100%。

（五）速裁程序适用率相对偏低

Q 市检察机关 2019 年至 2021 年提起公诉的危险驾驶案件出席法庭 1267 件。其中，适用普通程序 347 件，占比 27.4%，适用简易程序 607 件，占比 47.9%，适用速裁程序 313 件，占比 24.7%。

（六）法院判处宣告缓刑率相对较高

Q 市检察机关 2019 年至 2021 年来危险驾驶案件法院判决人数为 1215 人，从危险驾驶案件法院判决结果来看，判处拘役后宣告缓刑 785 人，占比 64.6%；判处免予刑事处罚 9 人，均为酒精含量在每 100 毫升 160 毫克以下的案件。

二、醉酒型危险驾驶案件办理存在的问题

（一）醉酒型危险驾驶案件办理落实轻罪快办机制不到位

我国对刑事案件的证据要求较为严格，证据的收集和证明的程度均有严格的程序规定，危险驾驶罪虽属轻罪案件，但仍必须严格

按照办理刑事案件的流程办理,经过侦查、审查起诉、审判、社区矫正等程序,为惩治该类犯罪,公检法司等机关需通力配合,将消耗大量的人、财、物力。速裁程序的适用可以极大提高刑事案件的办理效率,节约司法资源。2019年至2021年,Q市醉酒型危险驾驶案件量占刑事案件量的平均占比达到30%,尤其是醉酒型危险驾驶已经成为司法机关办理的最主要的刑事案件之一,该类案件完全符合适用速裁程序的条件,但办理此类案件时,速裁程序适用占比仅为24.7%,这就无形中使这类轻罪案件占用了较多的司法资源,分散了对一些重大疑难案件的办理力度,背离制度设计的初衷。

(二)醉酒型危险驾驶案件行刑衔接不畅

2011年5月1日,《刑法修正案(八)》正式施行,标志着醉驾正式入刑,2011年4月29日,由全国人大常委会修正后的《道路交通安全法》第91条对酒驾和醉驾行为的处罚作出了区别对待,只对酒驾行为规定了罚款和拘留的行政处罚措施,而对醉驾行为则删除了原来的处以15日以下拘留并处罚款的行政处罚规定,这就导致在司法实践中出现酒驾案件可以给予包括罚款、拘留在内的行政处罚,对于情节轻微作不起诉处理的醉驾案件却不适用罚款、拘留的行政处罚措施,出现了"轻重倒挂"的情况。Q市检察机关2019年至2021年对醉酒型危险驾驶案件共作出不起诉865件,作出不起诉后,建议公安机关进行行政处罚的为561件,建议率仅为64.8%,有大量的醉驾案件作出不起诉后,并未建议公安机关对其进行行政处罚,公安机关也未主动在检察机关作出不起诉后给予行政处罚。由于醉驾案件作出不起诉处理后建议行政机关进行行政处罚衔接不畅,出现醉驾案件当事人实际承受的后果比酒驾处罚后果要轻,这会导致刑罚失衡,出现新的不公平现象。

(三)醉驾行为人犯罪标签化影响较大

危险驾驶作为一种典型的轻微刑事犯罪,当事人承担其刑事惩罚外,其附随的法律后果与其他犯罪没有区别。从危险驾驶犯罪案件办理情况来看,追逐竞驶型危险驾驶案件较少。醉酒型危险驾驶案件中有相当多并没有发生交通事故,没有造成人身损伤和财产损失，即使发生了事故的案件，多数也仅为车辆刮擦、冲撞道路交通设施等轻微事故。然而构成危险驾驶罪的法律后果非常严重，除刑罚之外，还要承担延伸的职业限制的附随影响，甚至其子女入学、参军、就业都受到限制，这就无形中给社会增加了较多的对立面，增加了社会不稳定因素，社会需要花费巨大的人力、物力、财力，来改造这种轻微的刑事犯罪者，大大增加了社会治理成本。

三、工作建议及对策

（一）继续加大执法力度，充分发挥警示作用

公安机关要继续加大查处酒驾、醉驾行为，形成对酒驾、醉驾的常态化打击。检察机关和法院要依法起诉、审判危险驾驶案件，通过鲜活案例，教育警醒身边的人。加大普法宣传力度，强化以案说法，在广大的驾驶员心中真正树立"喝酒不开车，开车不喝酒"的安全驾驶意识。随着不断加大的执法力度、私家车需求的日渐饱和以及考取驾驶证程序的严格规范，酒驾、醉驾行为必然在不远的某个时间出现拐点，酒驾、醉驾数量会大幅下降，醉驾类案件数量相应减少，在一定程度上促进社会治安及综治维稳形势持续向好。

（二）加大认罪认罚适用，落实轻刑快办机制

2018年10月26日修正的《刑事诉讼法》，明确规定了认罪认罚从宽制度，第223条规定了对可能判处3年有期徒刑以下刑罚的案件，案件事实清楚，证据确实充分，被告人认罪认罚并同意适用速裁程序的，可以适用速裁程序。醉酒型危险驾驶罪属于轻微刑事案件，法定最高刑为6个月以下拘役，此类案件大多事实清楚，证据确实充分，对此类案件积极适用认罪认罚从宽制度，提高此类案件的速裁程序适用率，借助科技信息化手段、智能办案平台等办公模式，提高办案效率，优化司法资源配置，维护当事人合法权益。

（三）充分履行检察职能，依法用好不起诉权

进一步全面理解，准确把握、贯彻落实认罪认罚从宽机制和宽严相济的刑事政策，在酒驾案件的办理中严格按照"两高两部"《关于办理醉酒危险驾驶刑事案件的意见》的相关规定，认真落实省人民检察院关于办理酒驾案件的指导意见，对犯罪嫌疑人自愿认罪认罚、血液酒精含量较低的醉驾案件，在处理上可适当放宽；统一不起诉标准，防止犯罪情节相同、酒精含量相当而处理严重不一的情况，避免同地、同时、同案不同处理。对血液酒精含量在每100毫升200毫克以上及具有其他从重处罚情节，且无其他法定从轻情节，慎重作不起诉处理，不起诉应当做到风险评估及三个效果统一。

（四）全面加强法律监督，维护社会公平正义

切实发挥法律监督职能，牢固树立在办案中监督、在监督中办案的理念，切实发挥检察法律监督职责，加强立案监督、侦查监督、审判监督工作，避免选择性司法和同案不同判情况的发生。对检察机关作出不起诉的醉驾案件，依照《人民检察院刑事诉讼规则》第373条的规定，严格落实建议公安机关给予行政处罚的制度，避免"轻重倒挂"，处罚不公平情况的出现，畅通醉驾案件行刑衔接渠道，使醉驾不起诉案件的被不起诉人承担相适应的行政法律后果。

（五）健全社会治理手段，提升综合治理水平

执法机关可以根据案件的具体情况，在依法作出相应刑事处理的同时，对行为人予以训诫或者责令具结悔过、赔礼道歉、赔偿损失；同时加强与交通管理部门协作，探索让醉驾者参与维持交通秩序等志愿活动，通过参与维持交通秩序活动，对其行为进行处罚的同时，又让醉驾者认识到其行为的违法性；政府通过扶持补贴酒后代驾公司等社会组织，使酒后汽车驾驶人能够方便快捷地找到代驾者，不去冒酒后驾车被查处的风险；完善醉驾案件信息通报制度，实现醉驾案件信息共享，引导社会力量参与醉驾治理，推动建立醉驾人员信用惩戒制度，多途径完善醉驾社会治理体系，通过多种社会限制和惩戒措施，警示机动车驾驶人真正树立"开车不喝酒，喝酒不开车"的安全意识。

未成年人附条件不起诉类案研究*

摘 要： 附条件不起诉是一项特别诉讼制度。在司法实践中，检察机关在办理未成年人附条件不起诉案件的过程中，用程序法对已经构成犯罪的未成年人进行帮教，助其以正确的价值观重返社会，在整个刑事案件办理中是一个核心环节，帮教的实质化，决定着附条件不起诉制度作用发挥的成效。因此，应加强完善附条件不起诉配套机制，探索可行性的机制建设。

关键词： 未成年人犯罪；附条件不起诉；帮教制度

一、甘肃省某地区未成年人犯罪案件基本情况

（一）2018 年以来该地区未成年人犯罪案件受理情况

近年来全国未成年人犯罪案件呈逐年上升趋势。从甘肃某地区检察机关自 2018 年以来受理未成年人犯罪案件人数分析，该地区检察机关受理未成年人犯罪案件人数亦呈逐年上升趋势，具体情况如下图：

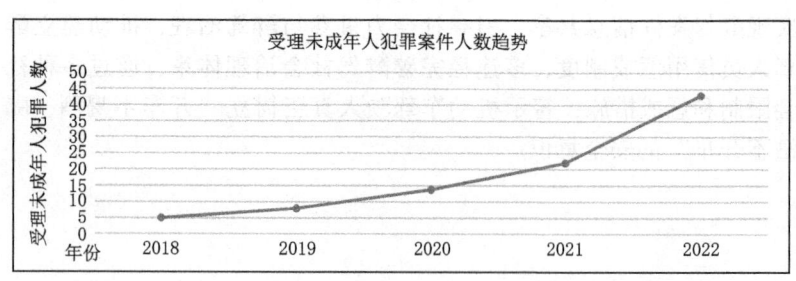

---

* 作者简介：陶积联、师慧，甘肃省金昌市人民检察院。丁伟，甘肃省金昌市永昌县人民检察院。

(二）2018 年以来该地区未成年人犯罪案件类型

从未成年人犯罪案件类型上分析，盗窃、故意伤害、强奸案件基本上占据了所有未成年人犯罪案件类型的 60% 以上。

（三）涉罪未成年人的年龄情况

从 2018 年以来甘肃某地区涉罪未成年人的年龄进行分析，大部分涉罪未成年人的年龄为 16 岁和 17 岁，占全部涉罪未成年人的近 90%。

（四）涉罪未成年人身份情况

该地区涉罪未成年人占比较大的为辍学无业人员以及在校学生，其中无业人员占比近 53%，在校学生占比近 42%。

（五）甘肃该地区未成年人犯罪案件特点分析

从上述未成年人犯罪案件基本情况分析，随着经济快速发展，社会日趋多元，未成年人犯罪呈上升且低龄化趋势。从犯罪类型上来看，大部分未成年人犯罪实施的犯罪行为为盗窃、互相斗殴引发的故意伤害以及强奸等犯罪，且一些未成年人出现重复犯罪的情形。同时，犯罪行为暴力性增强，性侵类犯罪占比突出，暴力犯罪出现团伙化情形。从未成年人犯罪成因来看，部分未成年人受成年犯罪分子教唆，加上未成年人自身心智不成熟、辨别能力低、对外界事物和自身行为缺乏正确的认知和判断，使成年犯罪分子有了可乘之机；还有一些未成年人过早地离开学校单纯环境，进入社会后通过网络、酒吧及电竞酒店等环境，扭曲了自己的"三观"，降低了其犯罪的背德感，走上犯罪的道路。另外，家庭教育监管缺失、不到位也是导致一部分未成年人走上违法犯罪道路的主要原因。一些家长在家庭教育中使用简单粗暴的训斥打骂等手段对未成年人进行教育，导致未成年人出现偏激反应；一些家长长年外出务工，由爷爷奶奶隔代抚养，家庭监护长期缺失，缺乏父母关爱、教育的未成年人更容易受到周围不良风气的影响，走上犯罪道路。因此，对这些"罪错少年"的教育、挽救，需要家庭、学校、社会给予更多的关注。

《未成年人保护法》明确了"保护未成年人，应当坚持最有利于未成年人的原则"。[1]《刑事诉讼法》第282、283、284条分别规定了附条件不起诉的适用情形、考验条件、撤销情形。[2]该制度从程序法的角度，贯彻了教育为主、惩罚为辅的根本原则，通过赋予程序教育、帮助的功能，将实体法意义上规定的未成年人"犯罪"行为，通过程序方式予以非犯罪化、非刑罚化，实现了对涉罪未成年人"教育为主，惩罚为辅"的重大突破。[3]

二、附条件不起诉制度的实践探索与困境

（一）甘肃某地区附条件不起诉制度的实践探索

2018年以来，甘肃某地区检察机关对涉罪未成年人附条件不起诉率从2018年的9.09%，上升为2020年的57.14%，附条件不起诉考验期满后不起诉人数占比95.24%。从数据分析，绝大多数罪错未成年人在检察机关附条件不起诉考验期内，能够认真接受改造，遵守考验期内各项规定。[4]但如何在附条件不起诉期间内，真正帮助罪错未成年人重新建立正确的价值观，通过社会各界帮助其重新走上正确的人生道路，在实践中存在一定的困难。

（二）附条件不起诉制度运行的现实困境

通过对该地区近五年的附条件不起诉案件调研发现，虽然附条件不起诉制度在实现"教育为主，惩罚为辅"的价值上发挥了作用，但现有的附条件不起诉配套机制尚不能完满足附条件不起诉制度的价值发挥。一是社会调查形式单一。司法实践中，对涉罪未成年人的社会调查形式多为公安机关出具社会调查报告，且社会调查的全面性要求与保护未成年人隐私的规定在实际工作中相互冲突，调查人员一般出于保护未成年人隐私而放弃全面细致调查，最终出具调查报告的客观全面性难以保障。二是附加条件的监督考察落实困

---

[1]《未成年人保护法》第4条规定：保护未成年人，应当坚持最有利于未成年人的原则……

[2] 江勇、杨希、肖劼：《社会组织参与附条件不起诉帮教考察的完善机制》，载《预防青少年犯罪研究》2021年第4期，第49~55页。

[3] 庄乾龙：《未成年人附条件不起诉制度功能论》，载《预防青少年犯罪研究》2021年第4期，第39~48页。

[4] 数据来源：甘肃省某地区办理的未成年人附条件不起诉案件统计。

难。目前的立法未对监督考察作出可操作性的指引，监督考察过分随意或者流于形式，有的仅仅以未成年人按时上学、不打架斗殴、及时汇报思想作为考察内容，而未能根据致罪因素来设计监督教育方案，过分宽松的考察标准并不利于提高行为人法律意识，也不利于纠正行为人的心理偏差。三是考察帮教缺少实质性的帮教内容，虽然该地区在作出附条件不起诉决定后，又提起公诉的比率较小，但取得实质意义上帮教效果的案例还是少数，帮教的主要形式是检察机关、家长、学校签订三方帮教协议，社会力量的参与较少且缺乏专业性、针对性，而签订的帮教协议也缺乏强制力，在一定程度上影响了帮教效果。

三、完善附条件不起诉配套机制的制度基础和对策建议

《人民检察院刑事诉讼规则》《未成年人保护法》和《预防未成年人犯罪法》均明确了各级人民政府、相关部门、团体、学校、家庭的责任，明确了社会组织、社会工作者参与涉及未成年人案件中未成年人的心理干预、法律援助、社会调查、社会观护、教育矫治、社区矫正等工作的规定，为完善未成年人帮教机制奠定了制度基础。

（一）建立实质化和精准性的社会调查机制

对涉罪未成年人开展社会调查工作，是能否适用附条件不起诉制度的重要一环，为了确保社会调查工作不流于形式，建议建立实质化和精准性的社会调查机制，即由政府相关部门牵头，成立未成年人社会调查人员库，司法机关因办案需要，可以向有关部门发出工作函，由该部门派遣相关人员开展社会调查工作。同时，社会调查工作必须满足实质化调查的要求，通过走访其家庭、学校、社区等场所获取资料，并要有经被调查人核对确认过的调查笔录、调查问卷、社会调查表、有关单位和个人出具的证明材料、书面材料等，要出具详细的、有针对性的社会调查报告，并将上述调查材料作为附件一并移送；检察机关要对调查过程进行监督，对调查报告进行审查，对同质化严重或者调查不够细致，流于表面的调查报告，可以要求重新调查，确保社会调查工作的实质化和精准性。

（二）建立有效的家庭教育指导机制

2021年5月，最高人民检察院、全国妇联和中国关工委联合下发《关于在办理涉未成年人案件中全面开展家庭教育指导工作的意见》，明确了对涉案未成年人开展家庭教育指导的相关规定。同时，最高人民检察院下发文件决定从 2021 年 6 月 1 日起，各级检察机关未检部门在办理涉未成年人案件中依法开展"督促监护令"工作。2022 年 1 月 1 日起正式实施的《家庭教育促进法》，更加明确了家庭教育指导工作对未成年人的重要性。建议建立以政府为主导的家庭教育机构，定期开设家庭教育指导课程，责令被发出督促监护令的家长定期参加培训、学习。同时，检察机关在附条件不起诉考验期，应当定期与未成年人及其监护人以及家庭教育指导机构人员进行沟通，了解教育指导进展情况，家庭教育指导结束后，检察机关可以对未成年人进行回访，了解其家庭教育环境有无改善，亲子关系是否得以修复，巩固教育效果，并做好相关记录。[1]

（三）建立未成年人检察社会支持体系

2018 年 2 月，最高人民检察院和共青团中央会签《关于构建未成年人检察工作社会支持体系的合作框架协议》，明确检察机关未检部门在办案过程中，通过委托或服务申请等形式向本地未成年人司法社会服务机构提出工作需求，[2] 为建立未成年人检察社会服务支持体系提供了政策依据。如检察机关在审查涉罪未成年人案件时，对于存在认知偏差的涉罪未成年人，可以引入专业的心理咨询工作者进行全流程的干预帮教；对于需要解决上学、就业问题的涉罪未成年人，可以利用教育行政部门或社会力量为其提供技能培训、职业辅导，有条件的可以提供实习岗位等；在涉罪未成年人附条件不起诉考验期内，可以引入社区、社会专业工作者定期监督涉罪未成年人开展公益服务等。这些工作都有赖于社会支持体系将其纳入统一管理，并完善相关制度，真正实现对罪错未成年人的全面帮教工作。基于以上制度基础和社会需求，可以建立由政府财政出资、地

---

〔1〕 吴燕：《未成年人检察实务操作》，中国检察出版社 2021 年版，367~368 页。

〔2〕 《关于构建未成年人检察工作社会支持体系的合作框架协议》：各级检察机关未检工作机构在办案过程中，通过委托或服务申请等形式向本地未成年人司法社会服务机构提出工作需求。

方未成年人保护政府机构主导、司法机关协助、社会团体等各方力量共同参与的涉罪未成年人社会化帮教服务支撑框架,将已经存在的社会力量进行整合,逐步形成专业的未成年人社会服务团队,与罪错未成年人及其监护人签订帮教协议,在一定期限内对涉罪未成年人进行专业化帮教、考察和矫治,实现专业化办案与社会化帮教的有机结合。

甘肃省古文化遗址保护公益诉讼检察监督研究*

摘 要：古文化遗址作为不可移动文物，是人类发展史上重大文明、历史事件的载体和证据。以甘肃省检察机关 2019 年以来办理的古文化遗址保护公益诉讼案件为基础，分析法律监督中取得的成效和存在的纰漏，为探索系统化治理提供一些有益参考。针对甘肃省古文化遗址保护工作中的历史和现实问题，检察机关发挥公益诉讼检察职能，兼顾文物保护与地方发展，依托一体化办案模式，运用座谈磋商、制发建议和诉讼等方式，多维度推进解决古文化遗址保护难题。

关键词：古文化遗址保护；检察公益诉讼；系统化治理

党的十八大以来，习近平总书记多次就加强文物保护工作作出系列重要论述和指示批示。2019 年 8 月 19 日，习近平总书记在敦煌研究院调研座谈会上发表重要讲话，再次强调要坚持保护优先的理念，加强文物保护利用工作。甘肃省地处黄河上游，历史悠久、文化灿烂，是中华民族和华夏文明重要起源地之一，是我国新石器文化最集中、考古发掘最多的地区之一，甘肃境内有古长城遗迹、八角城遗址、古东城遗址、悬泉寺遗址、阳关遗址、玉门关遗址、牛门洞遗址、马家塬遗址、永泰遗址、三坪遗址、辛店遗址等，为中华文明及黄河文化的探源研究提供了弥足珍贵的资料，具有十分重要的保护意义。

古文化遗址承载灿烂文明，传承历史文化，是不可再生的珍贵

---

* 作者简介：黄涛，甘肃省人民检察院。王一婷，甘肃政法大学。

文化资源、"金色名片"，加强古文化遗址保护就是保护国家与民族的历史，护佑中华民族的文化根脉。近年来，甘肃省地方各级政府、文物部门进一步加强古文化遗址保护工作，文物保护事业发展迅速，但甘肃省古文化遗址资源虽然丰富，但存在分布点多线长面广的特点，受自然环境、经济社会发展等因素的影响和制约，古文化遗产保护具有长期性、艰巨性和特殊性的特点。实践中，政府主体责任、部门监管责任、古文化遗迹管理者直接责任履行还不够到位，因自然和人为原因破坏古文化遗迹本体及赋存环境、历史风貌等问题依然存在，对破坏行为"缺失监督""无人起诉"的问题反应比较强烈，亟待通过法律监督及时补位。

2019年以来，甘肃省检察机关在保护古文化遗迹方面共办理公益诉讼案件731件，其中甘肃省人民检察院立案办理3件，分别为古长城遗址保护、临夏州史前文化古遗址保护和北石窟寺遗址保护案件。全省检察机关共发出诉前检察建议706件，提起公益诉讼10件。所办案件包括古长城、古石窟、古关隘、古城堡、古村落以及史前文化遗迹等，保护级别从国保级、省保级到县保级均有涉及，起到了良好的监督效果。2023年4月21日，最高人民检察院、国家文物局联合发布长城保护检察公益诉讼典型案例，甘肃省人民检察院督促保护长城行政公益诉讼案入选典型案例。实践证明，通过公益诉讼检察监督介入，有效激活古文化遗产保护法律统一正确实施，用法治方式解决"有法不依、执法不严、违法不究"等重点难点问题，推动形成保护合力，为助力文物法治建设贡献了检察智慧和力量。

一、公益诉讼检察在古文化遗产保护中展现出的监督特点

（一）开展试点、积极探索

文物承载着丰厚的历史文化信息，具有典型的公益属性，决定着文物保护是检察公益诉讼的重要领域。为贯彻落实党的十九届四中全会提出的"拓展公益诉讼案件范围"的要求和甘肃省人大常委会出台的《关于加强检察公益诉讼工作的决定》中关于检察机关应当积极稳妥拓展检察公益诉讼范围，可以探索办理文物和文化遗产保护、红色文化资源保护等公益诉讼案件的规定，充分发挥检察机

关法律监督职能，推动负有文物保护监管职责的行政机关依法全面履行职责，服务甘肃文物保护利用和文化遗产保护传承，甘肃省检察机关在严格围绕法定范围内的公益诉讼案件进行大量办案实践的同时，对办理古文化遗址保护方面损害国家利益和社会公共利益的案件进行了积极有益的探索。

2019年，甘肃省检察机关首先在酒泉、张掖、平凉等地试点开展文物保护公益诉讼特色专项试点活动。依托特色专项活动的开展，全省各地办理了多起古文化遗址保护公益诉讼案件。例如，平凉检察机关通过公益诉讼助力文物保护的经验做法得到国家文物局的肯定；景泰县人民检察院针对明长城遭非法采挖的情形，向县文物局和国土资源局发出了督促履职的检察建议；敦煌市人民检察院利用检察建议督促市水务局、莫高镇政府对莫高窟大泉河的河道安全履行监督管理职责，确保敦煌莫高窟安全；榆中县人民检察院针对全国重点文物保护单位青城古民居文物被刻划、涂污等破坏行为，分别向县文体广电和旅游局、青城镇政府发出了检察建议。这些案件的办理，一方面督促行政机关完善了管理规章制度，依法严格履行文物保护和监督管理职责；另一方面加强了对文物保护的宣传，提高了全社会文物保护的法律意识，也为检察机关探索办理公益诉讼"等"外案件积累了经验。

（二）全面展开、稳妥推进

省人民检察院对部分地区开展文物保护公益诉讼检察监督特色专项进行总结、分析监督效果，认为已具备在全省全面推开的条件，为进一步发挥文物资源传承文明、教育人民、服务社会、推动发展的作用，促进行政机关依法行政，保护国家利益和社会公共利益，2020年2月底，甘肃省人民检察院联合省文物局在全省范围内开展了国有文物保护检察公益诉讼专项监督活动。专项活动中，全省检察机关加强与文物部门的协作联动，对全省文物保护的基本情况和现状进行摸排，发现了一批检察公益诉讼案件线索，各地检察机关向相关职能部门发出了督促履行文物保护职责的检察建议，天水市某区提起了全省古文化遗址保护首例行政公益诉讼案。公益诉讼检察助力古文化遗迹保护工作引起了地方政府对文物保护工作的重视，在编制、人员、经费等方面加大扶持力度，如武威市收到省人民检察院发出的长城保护公益诉讼诉前检察建议后，设立了长城文化保护研究院，辖区各县、区均成立了长城文化保护站。专项活动推动完善了古文化遗址保护长效利用机制，古文化遗址保护状况得到进一步改善，安全责任体系更加健全，初步形成了检察机关与行政机关共同保护古文化遗址的公益诉讼工作新格局。

（三）智慧监督，保护并重

在对古文化遗迹的保护中注意结合实际，灵活运用监督方式，推动解决问题。坚持古文化遗址保护与经济发展、生态保护、乡村振兴有效结合，对于历史遗留问题、难以短期取得监督实效的"硬骨头"案件，采取分层次、分阶段监督措施；短期内能够整改到位的问题，即采取磋商方式督促整改；需要中长期解决的问题，则重在监督形成切实可行的整改方案，并持续监督后续整改推进情况。例如，甘肃省人民检察院在办理古长城遗迹保护系列案件时，经调查，甘肃境内的历代长城总长度3654千米，占全国总长度近1/5，居全国第二，其中明长城1738千米，为全国之首。甘肃长城分布在11个市（州）、38个县（区）。存在长城保护措施落实不到位，风雨侵蚀、水土流失、沟壑发育、鼠害等自然侵害和农田紧挨长城本体，农田灌溉侵蚀长城墙体等人为侵害原因并存；长城保护、监督、管理力度不够，省内部分地方对《文物保护法》《长城保护条例》《甘肃省长城保护条例》的贯彻、落实还不到位，对损毁长城的执法、监督差异较大；长城保护发展规划不足，需要积极申报长城国家公园、长城博物馆、影视基地等综合保护项目，广泛吸收社会各界的人力、物力、财力，形成保护合力；人民群众对长城保护的意识不强，亟待提升等问题。针对这些问题，省人民检察院根据各地长城保护调查情况进行细致分析、筛选，选择问题突出，具备客观整改条件的个别地区，统一调度，指令相关地方检察院对区、县政府及文旅部门、乡镇政府进行监督；省人民检察院对最具有代表性的以明长城保护为重点的武威市政府和以战国秦长城保护为重点的定西市政府发出诉前检察建议，起到示范引领作用；针对长城保护发展规划不足，保护宣传工作不深入等综合问题，省人民检察院与省文物局进行充分磋商沟通，向省文物局发出检察建议，以共同促进全省长城保护的综合治理。

（四）凝聚合力、溯源治理

古文化遗址保护涉及文旅、住建、规划、环境、公安等多个部门。检察机关的公益诉讼检察监督实践证明，良好的监督效果，需要紧紧依靠党的领导及人大监督、政府支持，主动与相关部门建立信息共享、情况通报、联合行动、线索移送、交流会商、专业支持和培训等机制，形成"检察+文物"实践样本。针对古文化遗址保护专业性强、整改难度大的特点，检察机关和文物部门积极开展了系统联动，通过调查、磋商、督导等方式，共商治理难点，统一执法司法标准，上下衔接、各有侧重、同向发力、一体推进。对于古文化遗迹受损严重、社会反映强烈、所涉行政机关层级较高的案件，省、市两级检察机关更加关注这些要案难案背后的根源性问题，加强与行政监管部门的沟通协作，建立联动保护机制，凝聚行政执法和检察监督合力，推动解决领域内普遍性问题。古文化遗址保护公益诉讼案件办理主体为基层检察院，省、市级检察院发挥了指导、把关、统筹作用，采取上下联动，运用督办、参办、领办等方式，调配办案力量，提升了监督质效。

二、存在的问题、困难及原因分析

（一）工作中存在的问题

一是检察监督与行政执法衔接机制不畅，个别行政机关对于检察机关发出的诉前检察建议不够重视，理解存在偏差。因沟通机制不健全，有的行政机关对检察机关公益诉讼工作的了解不够，配合度不高。有的地区虽然与文物部门签订了文物保护公益诉讼协作机制，但由于技术资金等多方面原因，未能建立起行政执行信息共享平台，对行政机关的执法行为没有及时获知的渠道。有的检察机关与文物部门存在认识分歧，文物部门认为个别古文化遗迹保护案件属于历史遗留问题，不是文物部门履职不到位，对诉前检察建议不予采纳。

二是有些地区行政监管部门存在职责不清的问题。有些地区按照行政法规对跨域文物保护职责进行划分，而有些则根据部门规章进行划分，导致有关规定适用率低、部门职责不明确。[1]

三是检察机关办案人员的专业素质和办案能力与古文化遗址保护检察公益诉讼工作的实际要求还存在差距。古文化遗址保护工作是一项专业性极强的工作，全省公益诉讼检察办案队伍对古文化遗址保护检察公益诉讼这项新业务的知识储备、业务技能等还不能适应工作需要。由于对不同行政机关的古文化遗址保护职责理解不够到位，对古文化遗址保护工作的基本理论不熟悉，对行政机关的违法事实调查不全面、证据材料不充分，个别检察建议认定的事实与客观情况存在偏差，对行政机关的违法事实、证据和法律依据阐述不充分，检察建议的内容缺乏针对性与说理性，从而严重影响检察监督的严肃性和权威性。

(二) 案件办理中的障碍

一是古文化遗址监督职责权限履行不畅。从目前全省文物监管现状看，全省只有酒泉市专门设立了文物局，其他各市、县、区文物监管职责主要由文体广电和旅游局行使，基层文体广电和旅游局还多将此项职能交当地博物馆代行。但博物馆受人力、财力影响，不能完全承担起该项职责。同时，因机构改革，县、区的文物行政执法权归市、县文化市场综合执法机构行使。职责权限的不统一，不仅影响了文物行政执法权的具体行使，也使检察机关进行公益诉讼检察监督时，难以确定监督对象和整改落实主体。

二是监督效果认定困难。在古文化遗址保护检察公益诉讼案件中，尤其是涉及本体保护的案件，文物部门采取的保护措施是否达到保护古文化遗址的必要条件，是否实现有效保护古文化遗迹的目的，由于缺乏统一规范的标准，实际操作中无法达成一致意见。如

---

[1] 李欣鹏、李锦生、侯伟：《基于文化景观视角的区域历史遗产空间网络研究——以晋中盆地为例》，载《城市发展研究》2020年第5期，第101~108页。

酒泉市省级文物保护单位下河清汉墓群、市级文物保护单位西域城遗址等，均存在农户在古文化遗址保护范围内耕种土地的问题，检察机关发出诉前检察建议后，肃州区文物部门认为下河清汉墓群周边所涉土地为基本农田，在各墓群周边划出4米~5米隔离区即可；而玉门市文物部门则认为西域城遗址城池内的10亩耕地继续耕种，只需将灌溉水渠调整至距离城墙3米即可。检察机关认为上述保护行为不能达到文物保护目的，文物部门表示已经达到保护目的，各方认识不一致，需要通过第三方评估意见予以认定。

三是检察机关与文物部门对第三方评估方式及费用承担存在意见分歧。如高台县人民检察院就该县新坝镇部分农户，在全国重点文物保护单位许三湾西南墓群文物保护范围内非法开垦30余亩耕地一案，向县文体广电和旅游局发出公益诉讼诉前检察建议，督促恢复被破坏文物保护范围的土地原貌。文物部门认为，在作出行政处罚决定时，应当由专业的第三方机构对造成的损害进行评估鉴定。但经了解，具有文物鉴定资质的省考古所只作破坏文物本体的刑事案件鉴定，不作行政处罚案件鉴定，造成该案中文物部门迟迟不能作出行政处罚决定。有的案件经与文物部门沟通，认为考虑到费用问题，可聘请相关专家现场查勘后出具专家意见，作为效果认定依据。但对于专家意见费用应由文物部门、检察机关还是当地政府承担，产生了意见分歧，导致评估工作推进缓慢。

四是古文化遗迹保护工作因综合因素多、专业性强，导致整改难度大、周期长。在专项活动大排查、大摸底中，发现有的文物破坏情形原因复杂，古文化遗迹遭受侵害时间跨度大，形成因素复杂，整改涉及多个行政机关、涉及面广，需要多次和多部门沟通协调、查阅档案，了解问题症结，督促所在地人民政府从根本上源头上治理，推动问题逐步解决；有的案件在检察机关提出监督意见后，行政机关已制作具体可行的落实方案，但因涉及历史遗留问题、多头管理，或因资金缺口较大、开发利用率较低等问题，难以按期完成整改。

三、推进古文化遗址保护工作的对策建议

(一) 通过完善地方性法规形式推动解决古文化遗迹保护难题

古文化遗迹保护管理工作涉及面相当广泛,为了更加全面有效地保护管理好古文化遗迹,国家在许多基本法律中都规定了关于保护古文化遗迹的条款。2020年下半年,国家文物局组织起草的《文物保护法(修订草案)》(征求意见稿)(以下简称《征求意见稿》)向社会公开征求意见。《征求意见稿》进一步明晰了各级政府责任,对地方文物保护管理机构和队伍建设、经费保障等作出规定,并加大了不可移动文物保护力度,其中就涉及古文化遗迹保护问题。应借助类似修法的契机,通过完善地方性法规的方式,进一步深入贯彻国家《关于进一步做好文物保护"五纳入"的通知》精神,将古文化遗迹保护纳入经济和社会发展规划,纳入城乡建设规划,纳入财政预算,纳入体制改革,纳入各级领导责任制的目标。

(二) 进一步理顺监管职权,明确责任分工,加大专业人才培养

一是要在古文化遗迹保护工作方面进行政策倾斜、加大资金投入。通过调整和完善古文化遗迹保护管理机制,建立多渠道、多层次的管理体系,健全负有古文化遗迹保护职责的不同行政机关及相关责任主体权责清单,避免各部门之间出现推诿扯皮。督促行政机关完善管理规章制度,加强古文化遗迹保护行政执法力度。文物部门要严格履行古文化遗迹安全监管职责,加强古文化遗迹安全检查和行政执法督查,有计划地开展文物安全消防、技防的培训演练,督促安全直接责任单位落实责任;同有关部门建立文物信息共享机制、建立古文化遗迹资源和安全数据库,对古文化遗迹安全风险实行等级管理,全面提升古文化遗迹保护工作监管水平。

二是针对全省文物部门古文化遗迹保护人员内人员少、专门管护机构和管护人员数量不足,无法做到古文化遗迹保护单位全覆盖的问题,加强地方古文化遗迹保护管理机构和队伍建设,因地制宜大力培养、引进古文化遗迹保护管理、基础研究方面的专业人才;落实各县区文保机构人员的定岗定编,同时加强对聘用制文物保护员和文物巡查员的培训力度,提高业务能力和水平。

民事检察支持起诉的制度检视与立法完善*

摘　要：《民事诉讼法》历经多次修改，但支持起诉制度始终得以保留。检察机关开展了大量支持起诉相关工作，取得了较好成效，体现了支持起诉在维护弱势群体权益方面的独特价值。但民事检察支持起诉仍然在移植继承、立法理解、法理认知、现实运行等方面存在诸多争议，需要从适用原则、主体、对象、制度衔接等方面进行重塑和完善。

关键词：检察机关；支持起诉；民事诉讼；弱势群体

现行《民事诉讼法》第 15 条规定："机关、社会团体、企业事业单位对损害国家、集体或者个人民事权益的行为，可以支持受损害的单位或者个人向人民法院起诉。"该条被认为是民事支持起诉制度最直接的规范依据。依据该规定，检察机关进行了大量实践探索，取得了较好成效，但民事检察支持起诉仍存在较多争议。厘清争议，改革和重塑民事支持起诉制度，对于检察机关全面履行"四大检察"职能，参与社会治理具有重要意义。

一、民事检察支持起诉的实践与价值

（一）民事检察支持起诉的实践

民事检察支持起诉实践肇始于 2000 年最高人民检察院《关于强化检察职能，保护国有资产的通知》（讨论件）中提出的检察机关要依法开展支持起诉的要求，明确了支持起诉办案范围是国有资产流失案。在此基础上，各地检察机关开始逐步探索和试点。此时的支

---

* 作者简介：王龙，吉林大学、甘肃省人民检察院。赵辉，甘肃省人民检察院。

持起诉中,检察机关支持对象多是对国有资产承担保护职责的单位,很多情况下承担了调查取证、出席庭审等任务,属于强势介入,实际上体现的是检察机关对国有资产加强保护以及探索充分履行法律监督权的一种姿态。2006年,最高人民检察院发布《检察机关为社会主义新农村建设服务的意见》,提出积极探索对侵害农民工利益的案件支持起诉的做法。由此,支持起诉开始向弱势群体权益保护的价值倾斜,初步实现制度定型。2012年,最高人民检察院在向全国人大常委会作《关于民事行政检察工作情况的报告》时又提出,探索开展支持起诉工作,加强对妇女儿童、进城务工人员、下岗失业人员、残疾人等合法权益的司法保护。至此,支持起诉工作开始步入稳步发展阶段。

以G省检察机关为例,一直以来高度重视支持起诉工作,通过部署专项活动,将支持起诉纳入业绩考核指标,在相关单位设立工作联络站,强化与法院沟通等方式,推动支持起诉工作取得了长足进步。一是支持起诉受理案件数大幅上升。从2019年受理支持起诉54件,到2020年290件,2021年595件,至2022年的2416件,案件受理数大幅上升、成倍增长。二是支持农民工讨薪案件占比逐年增高。从2019年至2022年数据看,2019年支持务工人员追索劳务报酬39件,占全部支持起诉办案数72%;2020年270件,占比93%;2021年563件,占比95%,2022年2212件,占比91.6%。三是案件来源以当事人申请为主。统计显示,2019年43件来源为当事人申请,占比79.6%;2020年244件来源为当事人申请,占比84.1%;2021年513件来源为当事人申请,占比86.2%;2022年2136件,占比88.1%,比例逐年上升。四是支持对象逐步拓展。以2022年为例,除农民工外,还涵盖了残疾人、老人、妇女、家庭暴力受害人、交通事故受害人等各领域主体,其中涉残疾人6人、妇女和老人122人、交通事故受害人59人。

(二)民事检察支持起诉的价值

实践出真知,民事检察支持起诉工作之所以得到蓬勃发展,其原因主要在于该项工作有其独有的时代导向和价值体现。

1. 维护实质公平正义

现行民事诉讼模式下，部分当事人基于生理性或是社会性原因，对于诉讼权利的认知和行使是存在明显失衡的。如果完全按照正常人的理解，以当事人主义去开展诉讼活动，会导致部分特殊群体的合法权益无法得到充分保障，造成实质上不公平，反而违背了法律关于人人平等的承诺。最高人民检察院发布的第 31 批指导性案例就是以民事检察支持起诉为主体的，涉及残疾人、老年人、农民工和被家暴妇女等特殊群体，诉讼能力偏弱，不能或者不敢独立提起诉讼维护其合法权益。这些人更需要法律的同等保护。检察机关开展支持起诉，帮助此类主体能够参与到诉讼中去，增强诉讼能力，其实更有助于真正意义上司法目标实现。2022 年，G 省检察机关共为当事人提供法律咨询约 1183 次，帮助当事人收集证据 716 案次，出庭支持起诉 837 件次，为 2393 名当事人追偿 4476 万余元，客观上帮助弱势群体实现了权益平等。

2. 引领法治社会风尚

习近平总书记强调"法治建设既要抓末端、治已病，更要抓前端、治未病"。[1]全面激活民事检察支持起诉制度，有助于发挥民事支持起诉在依法解决矛盾纠纷、维护公平正义、提高社会治理、促进社会发展等方面的积极作用，通过支持起诉让热点案件成为全社会共享的法治公开课，引领弘扬社会主义核心价值观，真正实现劳有所得、老有所养、幼有所育、弱有所助。2021 年 11 月 1 日，最高人民检察院发布的检例第 123 号指导性案例——胡某祥、万某妹与胡某平赡养纠纷支持起诉案，涉及的就是成年子女赡养父母的义务履行问题。通过检察支持起诉，不仅解决了老年人的现实生活困难，而且修复了亲情关系，实质性化解了矛盾纠纷，实现了法律效果和社会效果的统一。

---

[1]《习近平主持召开中央全面深化改革委员会第十八次会议》，载 https://www.12371.cn/2021/02/20/ARTI1613778040934435.shtml，最后访问日期：2024 年 9 月 4 日。

3. 完善检察职能需要

目前，由于法律监督权的定位缺乏权威解释，民事检察监督仍囿于诉讼监督之中，职能作用发挥相对有限，只能履行生效裁判结果和调解书、审判程序违法以及执行监督职能，监督方式中的再审检察建议力度较弱，监督条件也相对严格，且多为事后监督，并没有很好发挥和释放出这一制度的优势和潜能。如果赋予检察机关支持起诉权，则检察机关介入民事诉讼的时间可以提前至起诉之前，那么，检察机关从起诉到执行的全过程法律监督则成为可能。法律监督就将从单纯的结果监督为主过渡到过程监督与结果监督并重，从而实现诉讼监督和支持起诉双轮驱动，推动权力监督与权利救济的互融互动。同时，支持起诉也有利于解决基层民事检察空心化现象，2022年G省检察机关所有的支持起诉案件均为基层办理，有力解决了民事检察"倒三角"问题。

二、民事检察支持起诉的争论与疑议

民事检察支持起诉在实践中发展迅速，但是关于该项制度的争论与疑议从未停止，包括理论、立法、实践等多个层面。

（一）时代变迁下的移植继承问题

从思想溯源来说，同为社会主义国家的苏联是我国建国之初很多立法主导思想的源头，多数法律规定其实都移植于苏联，支持起诉原则也不例外。支持起诉原则是建立在列宁关于社会主义的民事法律关系是公法关系而不是私法关系的理论基础上的，它是国家干预民事法律关系的补充，体现了依靠社会力量维护国家法制的思想，故也称社会干预原则。我国民事诉讼法上的支持起诉制度正是对社会干预原则的直接借鉴和移植。社会干预理论是计划经济的产物，对于苏联时代一切以公有制为基础而构建的国家经济社会体系来说，有一定的促进作用。但是，不可避免的是，由于其完全抹杀了公法与私法的界限，随着时代的进步，最终的结果必然是阻碍社会生产力的发展。

法律的规定需要与时代的发展同步。1982年《民事诉讼法》颁布时，我国已经迈开了改革开放步伐。最初，对于如何规定检察机关在民事诉讼中的地位,最高人民检察院的意见是将其修改为"人民检察院有权对涉及国家重大利益的民事案件提起诉讼或者参加诉讼",这一思路直接来源于1954年《最高人民检察署暂行组织条例》(已失效)的相关规定。最高人民检察院的意图很明显,那就是试图延续继承新中国成立之初检察机关在民事公诉中的诉讼主体地位。但由于民事法律关系所涉及主体的多元性,法益的复杂性,立法机关与社会各界难以取得一致意见,最终该项规定就妥协为支持起诉制度。仅就当时而言,由于计划经济比重还是远远超过市场经济比重的,且存在传统承继原因,故支持起诉制度在当时并没有太多争议。而随着市场经济在我国逐步确立并占据主导地位,政府"放管服"的不断放开,大范围的社会干预已经不符合时代发展。体现在立法上,就是当事人主义普遍流行,尤其是在平等主体之间的民事诉讼中,更讲求当事人之间的平等对抗。此时,需不需要继续保留在社会干预理论下建立的支持起诉成为讨论的热点。针对有的学者主张的完全废止支持起诉,我们应当注意到,指令性或者计划性的操作在我国一直保留,只是程度不同而已,并且现实生活中,完全的个案公平公正仍是我们司法追求的目标而不是已经实现,另外,因为个人财富、社会地位、生理因素等原因,实质上的不公平并没有得到完全杜绝,故适度保留并完善支持起诉制度,通过国家和社会的有限干预,消除走向诉讼之路的障碍,这是支持起诉原则应当保留的正当性所在。

(二)立法本意中的主体对象问题

目前,仅从《民事诉讼法》规定方面来看,除第15条规定外,再没有相关法律条文对支持起诉进行补强明确,这也导致了实践中支持起诉主体究竟为谁的争议。对此,理论界还是主要有两种意见。一般认为,有权支持起诉的主体,应当是对权利和利益主体负有法定义务的机关、团体、企事业单位。如在追索劳动报酬纠纷案件中,《工会法》第22条第3款规定,职工认为用人单位侵犯其劳动权益而申请劳动争议仲裁或者向人民法院提起诉讼的,工会应当给予支持和帮助;再如,《消费者权益保护法》第37条第7项规定,消费者协会就损害消费者合法权益的行为，支持受损害的消费者提起诉讼或者依照本法提起诉讼。可见，工会和消费者协会作为法定组织，支持职工和消费者起诉是其履行保护职责的具体方式。但是，同理，亦有人认为，根据《民事诉讼法》第 15 条的字面意思，立法者并未将支持起诉的主体限定为检察机关，相反可以理解为一切机关、社会团体、企事业单位，没有设定限制条件。同时，这也符合社会干预理论的前提和立场，即立法者表现出一种社会动员的意图，试图鼓励全社会来抵制侵害民事诉讼权利的行为。但目前来看，不管是哪种理解，绝大多数机关、团体、企事业单位对于支持起诉缺乏内在的动力和约束机制，极少参与到支持起诉工作中去，其原因也因主体不同而不同。对于行政机关而言，如非法律强制性要求或者其职能需要，其参与诉讼可能会被认为是干预司法，且只针对私益，难免有落人口舌之嫌疑，当然没有积极参与的动力和意愿。对于社会团体而言，限于自身经济实力和专业能力，加之私益诉讼数量太多，即使诉讼经济成本由当事人承担，也是一种较为沉重的负担。至于企业，由于其始终以追求利益最大化为根本宗旨和目标，不具有支持起诉的内在动力。同时，对于事业单位而言，受限于业务范围的单一性，也不具有支持起诉的意愿，更不具备支持起诉的能力。虽然检察支持起诉制度在立法上供给不足，但上述主体的各种问题，对于检察机关来说，都不是障碍。支持起诉人从理论上的多元转化为实践中的一元，由检察机关承担，既有检察机关保护当事人权益、维护公正的强烈主观意愿，也有检察机关专业法律优势和尽职履责的客观保障。

在支持起诉主体存在困惑的同时，关于支持起诉对象也是莫衷一是。由于《民事诉讼法》第 15 条规定得宽泛，受损害的单位和个人，是不是可以理解为全部单位和个人。当然，实践中，肯定不能这样界定，任何机关都没有如此精力物力人力去针对如此多的对象开展支持起诉，并且法律也不允许支持起诉对象泛化。前文所述，G省检察机关支持起诉对象主要为农民工，同时也包括老人、被家暴妇女、儿童、残疾人以及消费者、交通事故受害人等，既有根据自然人特征进行的分类，也包括从事某种职业的人群，还涵盖某类因法律行为而被特定化的人群。按最高人民检察院开展支持起诉的要求，要以维护弱势群体权益为前提，故支持起诉对象需把握重点。

（三）法理认知上的诉讼平衡问题

民事诉讼是以司法的形式解决平等主体之间的纠纷。根据该法第15条的规定，机关、社会团体、企业事业单位支持起诉，这是否会突破民事诉讼法理体系，造成民事诉讼结构失衡呢？仅以检察机关为例，该种认识其实可以参考20世纪90年代的关于民事检察的定位。当时，检察机关对法院民事诉讼活动开展监督，理论界和实务界一度出现"民事检察否定论"，认为检察机关的抗诉权与法院的审判权之间产生了诸多无法解决的矛盾冲突，因此应废除民事抗诉权。来自法院系统的反对者持"法院判决具有不确定性""正确判决的非唯一性""检察监督会破坏诉讼结构""检察监督会损害审判权威""审判独立的内在价值和要求正是排斥外在的监督和干预"等一系列观点。可以说，对民事检察监督民事诉讼活动与民事检察支持起诉提出疑问都集中在一点，即公权力如何介入私权而不干预私权，其实这个问题更多涉及的是检察机关的职能定位问题。

毋庸置疑，检察机关是宪法上的法律监督机关，诉讼监督是法律监督的应有之义，并且检察机关同时也是宪法规定的司法机关，检察权与审判权之间的制衡关系亦是司法权内部相互制约、相互监督的权力运行铁律。但是，应当注意到，随着《民事诉讼法》历经2007年和2012年两次比较大的修改，民事检察监督方向已经悄然发生转变。譬如在理由上，检察机关监督事由与当事人申请再审的理由逐渐暗合，即"抗诉事由当事人化"，使民事抗诉的目的发生了隐形变化，即从"维护国家法制"向"权利救济"变化。为保障当事人的诉权，只要当事人申请符合《民事诉讼法》第220条所规定的形式要件，检察机关即予受理，案件直接进入实质审查程序。可以说，随着法律的修改，民事检察监督权利救济之价值越发清晰，体现了检察机关公权监督和私益救济职能兼顾的定位。我国的民事诉讼司法改革主要内容之一就是摒弃长期奉行的职权主义弊端，充分发挥当事人在诉讼中的主体作用，逐步建立起当事人主义的诉讼模式诉讼结构。由此可见，消除国家干预色彩，强化私法自治意识，这也是民事诉讼今后发展的方向。然而，实践中，我们也应注意，司法改革虽进行多年，但民事诉讼纠纷仍居高不下，审判不公仍是当前司法系统最为人诟病的弊端，完全"一刀切"式地以影响诉讼结构平衡取消法律监督和支持起诉等制度，对于维护实质上的公平正义未必是一件好事。

（四）基本原则间的对立统一问题

民事诉讼的基本原则是贯穿于民事诉讼立法和司法全过程，对整个民事诉讼起指导作用的基本准则。基本原则对民事诉讼制度的设置和整个民事诉讼活动具有普遍的指导意义，在民事诉讼法律体系中居于核心地位。支持起诉能否作为民事诉讼基本原则，实际上也是存在争议的。按照立法学界的观点，成文法，特别是现代成文法，就其内容的结构和安排来说，通常包括总则、分则和附则三个部分。在总则中主要规定制定本法的指导思想，本法的任务、适用范围和基本原则等内容。支持起诉规定于民事诉讼法总则第一章任务、适用范围和基本原则中，其确实具有法的基本原则特征和功能，如概括性，不预设确定的、具体的事实状态，也不赋予明确的、具体的法律后果；如稳定性，从1982年入法至今一直保留。但是，对于法的基本原则更重要的如基础性和指导性等特征明显不足，没有贯穿于民事诉讼法全过程，对审判程序和执行程序也不具有普适性等。更为遗憾的是，虽然从该条规定本身来看还是具有一定实用性和操作性的，作为基本原则，即使没有规定主体对象、具体流程、权利义务等，也无可厚非。但如果没有配套规定，只是口号式的宣言，显然还是不太合适作为基本原则来看待，这也是学界批评支持起诉不是民事诉讼基本原则的主要原因所在。

除支持起诉本身不被学界认可为基本原则之外，与其他民事诉讼基本原则如平等原则、自愿原则、处分原则等不能兼容也是支持起诉被广为诟病之处。在平等原则的理解和认识上，一般认为，在民事诉讼中，无论诉讼地位是原告还是被告或者是第三人，无论代表的利益是国家利益、社会公益还是个人利益，都平等地享有诉讼权利、平等地承担诉讼义务，平等地适用法律，不存在任何地位上的差异和优劣，没有任何一方天生就比另一方优越。此时，如果一方当事人获得了其他单位的支持，尤其是国家强力机关，如检察机关、行政机关，确实容易导致当事人平等地位的失衡。再如处分原则，民事诉讼形式上是法院裁判执行，以公权力对当事人私权进行处理，其实质是以当事人的意思自治为前提。意思自治意味着法无禁止皆可为，除受到法律的限制以外并不受其他任何机关的干涉，当事人可以自主自由地享有和处分自身实体和诉讼权利。在民事诉讼过程中，当事人自主地决定诉权的行使与否，自主地启动诉讼程序，推进诉讼进程的发展，自主地决定是否终结诉讼程序。在当事人没有作出最终抉择之前，其他包括检察支持起诉在内，都有干预当事人处分权的嫌疑。基于对私法自治的尊重，检察机关在开展支持起诉工作时，应当遵循谦抑原则，需要设定必要的条件，遵守特定程序，以防止与法的基本原则相悖。

（五）支持起诉模式多元杂乱问题

2000年之前，支持起诉发挥作用有限，直到检察机关的介入，该条规定终于从"沉睡"中被唤醒被激活。然而，民事检察支持起诉虽然在实践中不断发展，但立法上的不完善和理论上的争议，一定程度上制约了民事检察支持起诉工作的开展。由于《民事诉讼法》第15条规定得宏观而简单，给司法实践带来诸多不确定性，各地的做法也就不尽相同，因而给客观法秩序带来了一定的挑战。譬如检察机关支持起诉的方式千差万别，此处试图列举如下：第一种，全流程深度参与式，即制作支持起诉书，收集整理证据。诉讼过程中直接参加法庭调查、法庭辩论，发表支持起诉意见，体现的是一种全流程深度参与的支持起诉模式。第二种，谦抑原则下的适度参与模式。检察机关则仅在认为必要的情况下方才收集证据，在庭审中出示证据但不参加质证和法庭辩论，但会在法庭辩论技术后发表支持起诉意见。第三种，蜻蜓点水式的参与，即检察机关支持起诉的方式仅限于派检察官出庭宣读支持起诉意书或仅提交书面意见，不派检察官出庭支持起诉。

三、民事检察支持起诉的调整与重塑

存在即有价值，作为相对"坏死"的制度，立法者一直予以保留，且实践也取得了较好成效，虽有种种问题，但可通过制度调整和重塑来达到价值作用最大限度发挥。

（一）民事检察支持起诉基本原则

1. 尊重处分权原则

当事人在不违反法律强行性规定的前提下，依法处分自己的实体权利和程序权利，是《民事诉讼法》的基本原则之一，检察机关支持起诉应坚持尊重当事人处分权原则，不得越俎代庖，更不能为了考核指标的绩效而违背当事人意愿强行支持起诉。对支持起诉中检察机关提供的帮助，当事人也有权自主决定是否接受，接受程度，接受多少。即使是当事人自愿放弃诉讼权利、承认对方诉讼主张或是主动撤回起诉，如果不存在串通损害国家利益、社会利益和他人合法权益的目的和意图，检察机关亦不能过多干涉，以避免主动挑动是非，操控诉讼，这也是检察机关支持起诉应当坚守的底线和红线。

2. 遵循检察权行使的谦抑原则

一般认为，民事检察支持起诉是检察机关主动司法的体现，但同时，检察机关也是司法机关，讲求司法谦抑，故两者之间的矛盾需要检察机关在开展支持起诉工作时保持必要的限度。对于民事诉讼而言，由于是平等主体之间的纠纷解决，作为行使公权力的检察机关介入不可避免会带有公权干涉私益的色彩，更要强调必要有限介入。要以追求实质公正为目标，严守比例原则，在支持起诉程度、手段和方式等方面确保合法、正当、必要和相称。

3. 尊重法院独立审判权

检察机关支持起诉一般限于起诉之前，通过提供法律咨询、代写法律文书、协助调查取证等，为申请人助力，以确保当事人之间的诉讼能力和诉讼地位保持在同一水平线上。只要当事人能够提起诉讼，且相应举证能力、陈述答辩能力等没有行使障碍即可。检察机关不是当事人的代理人，必须保持民事诉讼结构，尊重法院独立审判权，相信审判程序中法律对当事人的平等保护和法院的公平公正审理。如果单纯为了追求支持起诉胜诉，而插手法院审判，不仅不利于制度设计初衷，也会严重损害社会主义法治。

（二）民事检察支持起诉主体地位

检察机关在支持起诉中的具体地位，究竟是以委托代理人身份抑或是证人等其他诉讼参加人身份，还是只是法律上的支持者和道义上的同情者，目前来看，还存在很大争议。诉讼代理人是一方当事人的代言人，在法律规定和当事人授权范围内实施代理行为，与检察机关在支持起诉中的功能和作用有着实质的区别。检察机关应申请为弱势群体调查核实，解决取证难的问题，并不代表检察机关就是当事人一方证人。法律上的支持者和道义上的同情者人人皆可扮演，同事、朋友、亲属、工作单位等都可以提供类似支持，检察机关肯定不能与之对等。共同诉讼人完全不符合民事诉讼规则，必将打破诉讼结构，甚至干预司法之嫌。所以，检察机关在支持起诉中的主体定位尚难以达成共识。但是，检察机关在诉讼中的角色和作用还是可以明确的，那就是作为中立者，要始终保持客观公正立场，不能成为任何一方代言人，也不能代替法院审判。支持起诉意见应当经过被支持的当事人一方认可才能在法庭上提出，否则不能成为人民法院审理的对象。检察机关所收集的证据材料只有经被支持方当事人认可并出示才能作为定案依据；检察机关在诉讼中不享有自己的实体性权利。

（三）民事检察支持起诉对象界定

英明的法律，就其本质来说，是要把幸福普及给所有人的，不让它只为少数人所有；否则，在一边全是实力和幸福，而在另一边只是软弱无力和贫困。因此，民事检察支持起诉目前主要针对弱势群体开展的正当性与证成形即来源于此。通说认为，界定弱势群体要看生理原因，或是经济社会原因，其能否自行行使诉权，并获得法律上实质的平等。前文 G 省检察机关支持起诉对象是否都可以认定为弱势群体，目前还存在争议。一般而言，农民工、老人、被家暴妇女、儿童、残疾人作为弱势群体的界定还是可以理解的，毕竟存在智力、身体、年龄等方面的劣势，但仍要区分案件类型与支持对象的关联。如检察机关在办理民间借贷、买卖合同等非传统支持起诉领域案件时，支持起诉的理由是"申请人系农业户口、家庭收入来源于务农，属于弱势群体"等，只要申请人是农业户口就是弱势群体，这种"脸谱化"的认定失之偏颇。对于法律已进行规定的消费者，以及其他因合同或侵权受到损害的对象如交通事故、医疗事故、保险理赔、产品责任受害人等，并不代表上述人群在经济上一定处于弱势，其本身与对方也不存在任何地位上的差异和优劣，且法律对其起诉并没有设定任何限制，甚至对某些受害人还更加予以特殊保护，故此时适用支持起诉应当稳妥慎重。

（四）民事检察支持起诉参与方式

民事检察支持起诉参与方式较为多元，这里仅就协助收集证据、参与出庭、诉后支持等进行论述。

1. 协助收集证据

举证难往往是造成被支持对象诉讼权利义务不平等的重要原因，基于弱势地位，很多关键性的证据要么没有意识收集，要么没有能力收集。原则上，检察机关应以指导被支持对象收集证据为主要方式。对于当事人自行收集证据确有困难的，检察机关才可以根据案情需要，依照法定程序和法定方式协助收集证据。但是取证手段和证明效力不能存在特权，检察机关调取的证据仍需要经过质证方可作为定案的依据。

2. 出庭支持起诉

实践中，检察机关是否出庭支持起诉在实践中做法并不一致。由于检察机关支持起诉主要是通过诉前对弱势诉讼能力的补足，故原则上无需派员出庭，支持起诉意见庭前提交即可。但是，如果涉及相关检察机关调取的证据，则应当出庭予以出示，并接受当庭质证。但不参与法庭调查和法庭辩论，以保障双方当事人诉讼地位和诉讼权利的平等，维持诉讼结构的均衡性。

3. 诉后支持

诉后支持从字面意思理解，应不属于法律规定的支持起诉范畴，更多体现的是检察机关诉讼监督职能。如对法院执行活动的监督，在被告不及时履行生效判决时，检察机关则依法启动执行监督程序，间接为被支持对象提供帮助，确保支持起诉取得实效。对于个别地区开展的上诉检察支持，也不属于支持起诉，严格意义上如果一审未生效，检察机关是不能参与的。如果生效并经过法院再审，可由当事人申请检察机关启动法律监督程序。

（五）民事检察支持起诉制度衔接

1. 与相关单位履职的衔接

我国社会管理保护制度相对完备，很多弱势群体权益其实都有相应的主管部门负责，如前述提到的工会、妇女组织、消费者协会、环境保护主管部门等。目前，相关法律虽然规定了上述单位作为支持起诉主体，但没有明确支持起诉究竟是权利还是责任，也没有规定这些单位怠于履行的后果，这也导致了实践中这些单位对支持起诉并不关注，参与度不高。参考检察公益诉讼，笔者认为，相关单位与检察机关支持起诉主体顺位，应以相关负有法定义务的单位为第一顺位支持主体，通过其支持起诉或者是履行监管保护职责，实现申请人的合法权益。对此需要对上述单位附之以一定的义务，尽可能约束其随意性。而检察机关作为国家的法律监督机关，则应秉承司法谦抑性，积极促进、协调、支持相关单位履职。只有在上述单位不履行相关支持起诉义务时，及时就当事人的申请予以支持，并规定在符合法定的支持起诉条件时，检察机关不得拒绝提供支持，否则要承担相应的法律责任。

2. 与检察公益诉讼制度的衔接

《民事诉讼法》除15条规定支持起诉外，第58条同样规定了侵害不特定多数消费者合法权益行为。对此，检察机关可以支持起诉。从检察公益诉讼职能拓展来看，目前的民事检察支持弱势群体起诉其实也具有准公益性。这一群体在社会中相对普遍，并且基于各种原因，没有完全被法律充分保护，检察机关开展此类支持起诉一定程度上也是在践行公益代表的职能。从未来发展趋势来看，笔者更认同，民事检察支持起诉制度未来出路必然是民事检察公益诉讼。

3. 与法律援助制度的衔接

支持起诉制度与法律援助制度不仅在目的上具有趋同性，而且在适用条件、具体措施上也基本雷同。如，《法律援助法》第22条规定的法律咨询、代拟法律文书、民事案件的诉讼代理及非诉讼代理、劳动争议调解与仲裁代理等法律援助措施，都普遍适用于支持起诉制度中；再如，《法律援助法》第31规定的经济困难群体与支持起诉对象中的弱势群体几乎一致。有学者指出，两者完全可以合二为一。随着法律援助制度的不断完善，当事人在法律知识以及物质上的困难完全可以通过法律援助制度解决，民事检察支持起诉的空间将越来越小，正如上文所述，向公益诉讼转变才是未来趋势。

量刑建议适用问题研究

——以 G 省 T 市检察机关量刑建议适用情况为例*

2018 年《刑事诉讼法》修正后，量刑建议作为检察机关法定权力正式确立，其定位、价值和性质发生重大变化，具体内容和法律效果在规范层面已然确立。量刑建议具有规范公诉权全面行使、制约法官自由裁量权、保障辩护权全面行使的法律价值，是认罪认罚从宽制度的存续基础，有利于优化资源配置，促进司法公正和效率，保障被告人合法权益。近年来，G 省 T 市检察机关坚决贯彻最高人民检察院推行的量刑建议"精准化、规范化、智能化"要求，高度重视量刑建议工作，推进量刑建议规范化取得成效。为进一步优化量刑建议权的行使，依法履行检察职能，高质效办好每一个案件，促进刑事检察求极致，带头实现检察工作现代化，笔者选择了 2019 年 1 月至 2023 年 9 月 T 市检察机关办案数据、相关已公开法律文书、人民法院判决情况等进行分析研判，并通过和基层 7 个县（区）检察机关刑检部门部分检察官、部分值班律师座谈，就量刑建议基本情况、存在的问题进行了调研分析并形成问题解决思路和对策。

一、基本情况及主要特点分析

（一）量刑建议的采纳率呈高位稳定运行态势

量刑建议的采纳率直接反映量刑建议的质量，G 省 T 市检察机关量刑建议采纳情况总体良好，主要有以下特点：一是认罪认罚从宽制度施行前，量刑建议采纳率相对稳定，维持在 80% 左右。二是

---

* 作者简介：杜彦群、魏秀成、郭宝银，甘肃省天水市人民检察院。

认罪认罚从宽制度适用后，认罪认罚案件量刑建议采纳率显著提高且维持在稳定区间，其中确定刑量刑建议采纳率高于幅度刑量刑建议采纳率，2019年至2022年采纳率依次为79.28%、87.97%、97.37%、99.13%，2023年1月至9月为98.28%，确定刑量刑建议的采纳率2021年为97.91%、2022年为99.39%、2023年1月至9月为98.61%。三是认罪认罚从宽制度适用后，非认罪认罚案件量刑建议采纳率呈提高态势，如下辖的Q区检察机关2020年至2022年，采纳率依次为82.35%、92%、98.79%。笔者认为，量刑建议采纳率高体现出：第一，法检对量刑的认知和评价逐渐趋同，检察官对量刑建议的重视程度和学习效果正在逐渐提升。第二，控辩双方量刑协商的结果得到人民法院的肯定，被告人对量刑的心理预期得以实现，司法机关的公信力持续提高。第三，法检相互配合、相互制约的刑事诉讼机制有效运行。

（二）确定刑量刑建议成为主流

"两高三部"《关于适用认罪认罚从宽制度的指导意见》（以下简称《指导意见》）第33条确定了认罪认罚案件"确定刑量刑为原则，幅度刑量刑为例外"的原则，此规定虽未延伸至非认罪认罚案件中，但其精神影响着非认罪认罚案件的量刑，《指导意见》施行后，确定量刑建议采纳率大幅度提升，2021年为94.42%、2022年为95.05%、2023年1月至9月为92.81%，近几年认罪认罚案件中确定刑量刑建议均在90%以上，2021年至2022年下辖Q区检察机关非认罪认罚案件中确定刑量刑建议均在50%以上。确定刑量刑建议适用率较高，笔者认为：第一，检察机关主导的认罪认罚从宽制度，为确定刑量刑建议的提出给予合理性和正当性。第二，确定刑量刑建议给予被告人明确的心理预期，避免被告人因期望幅度最低刑而不得提起上诉。第三，有助于检察机关量刑协商的高效率达成。第四，有助于减轻法官的量刑负担，实现"简案快办"和"繁简分流"。同时，幅度刑量刑建议具有合理的存续理由，如下辖的Q区检察机关2021年至2022年幅度刑量刑建议在10%以内，其中认罪认罚案件中幅度刑量刑建议小于5%，笔者认为，量刑具有复杂性，幅度刑量刑建议可满足法官在新类型、疑难案件中行使自由裁量权的要求。另外，附条件量刑建议运用较为广泛，主要针对的是量刑情节可能发生变化的案件，明确条件因素和后果，对被告人签署认罪认罚具结书具有明显的激励作用。

（三）量刑建议的适用范围逐渐扩大

在认罪认罚从宽制度适用前，G省T市检察机关行使量刑建议权的积极性和主动性较高，主要是对23种常见罪名提出量刑建议。2018年《刑事诉讼法》修正后，提出量刑建议的主观能动性明显提高，现阶段已不局限于常见罪名，而是辐射到所有公诉案件，如下辖的Q区检察机关2020年至2022年量刑建议提出率维持在95%左右。是否所有提起公诉的案件都必须提出量刑建议，经笔者走访座谈，主流观点是，公诉权的主要内容包括定罪请求权和量刑请求权，二者共同保障国家统一行使刑罚权，量刑建议作为量刑请求权的直接体现，不论被告人认罪认罚与否，检察机关均应当行使量刑建议权。

（四）量刑建议调整率较低，且主要为检察机关自行调整

2023年1月至9月，G省T市检察机关认罪认罚案件提出量刑建议调整率为17.3%，其中法院认为明显不当建议占比13.28%；被告人和辩护人提出异议占比0.15%；被告人撤回具结书占比0%；被告人拒绝认罪认罚占比0.15%；经被告人异议法院建议调整占比2.90%；检察机关根据案件情况自行调整占比65.96%；因其他原因调整占比17.43%。调整率低说明G省T市检察机关整体量刑建议能力逐渐提高，法院高度尊重控辩合意结果和量刑建议的约束力，保障从宽承诺的兑现。

二、存在的问题及原因分析

（一）理念转变不彻底

一是对量刑建议重视不足，走访座谈中，G省T市检察机关部分检察官表示量刑是法院的主要工作，检察机关主责主业是准确把握定罪。二是存在的抵触心理和畏难情绪，有检察官认为量刑建议增加工作量和办案难度，将提出量刑建议视为负担，故在审查起诉

阶段将主要精力放在定罪审查，仅在移送法院时未作深思即提出量刑建议，从而影响量刑建议的准确性和采纳率。三是检察官量刑能力较法官明显不高，如个别检察官在提出量刑建议前会就基本案情和量刑情节提前和法官沟通，咨询法官的意见，按照法官的事先判断提出量刑，不仅影响量刑的公正性和精准化，且使量刑建议流于形式。主要原因是对量刑建议的法律定位认识不深，重视定罪，忽视量刑的传统理念未彻底转变，导致提出量刑建议的内生动力不足，较大程度影响量刑建议权的行使。

（二）法律适用不精准

《关于规范量刑程序若干问题的意见》等法律规范均对量刑建议的适用提出明确的规定，但在实务中由于认识偏差，理解不深等原因，给操作带来障碍，一是对量刑建议的提出时间存在疑问，如《关于规范量刑程序若干问题的意见》第5条规定"检察院提起公诉时可以提出量刑建议"，故通常认为，量刑建议的提出只能在"提起公诉时"，对于在提起公诉时未提出量刑建议的案件，在审判阶段不能提出，而影响量刑建议权的行使，如G省T市检察机关2023年1月至9月提出的1392份量刑建议均是在审查起诉阶段提起公诉时提出。二是对量刑建议的提出方式疏于规范，G省T市检察机关量刑建议均为书面提出，具有书面的形式，《指导意见》第32条规定"量刑建议书可以另行制作，也可以在起诉书中写明"，实际操作中多是根据检察官的个人习惯，有的表现在单独制作量刑建议书，有的则在起诉书中写明，尚未根据罪名、适用程序和案件具体情况，形成统一的规范体系和标准。

（三）量刑程序不规范

一是具结程序不规范，对于被告人当庭才认罪认罚的案件，G省T市检察机关实务中的一些做法是，休庭后在控辩协商一致的前提下，签署认罪认罚具结书，检察机关提出量刑建议，法院采纳量刑建议作出判决，笔者认为，此举属于程序倒流和对司法资源的浪费，不利于司法资源的优化配置。二是控辩协商不规范，首先，认罪认罚案件提出量刑建议多是检察机关单方意志的体现，检察官提前准备好认罪认罚具结书，在律师的见证下签署，犯罪嫌疑人对量刑建议缺少判断力，其同意具有一定的被动性。其次，值班律师主要对认罪认罚自愿性和真实性进行见证，以及给被告人提供法律咨询，极少就量刑适当性发表意见，或者改变检察机关的量刑建议。三是附条件量刑建议适用程序缺少制约，存在滥用的现象，一定程度上影响了被告人对检察机关提出量刑建议的信赖。

（四）证据审查不全面

最高人民检察院《2023—2027年检察改革工作规划》指出，"健全证据为核心的刑事诉讼指控体系"，量刑证据是提出量刑建议的核心和关键，但在调研中发现，一些案件存在检察官对量刑证据的审查存在不全面、不细致、不严谨的问题，如部分案件对自首的认定仅有侦查机关出具的到案经过，缺少其他证据印证，再如在审查逮捕阶段和审查起诉阶段，对一些影响谅解的证据收集固定不全面即移送起诉，影响量刑建议的精准化和采纳率。另外，被害人意见在量刑中的作用不明确，在提出量刑建议时，是否应当听取被害人意见，将其作为是否从宽的依据，G省T市检察机关不同地区甚至不同检察官之间认识不一，影响量刑的均衡性。

三、解决问题的思路及对策

（一）转变检察理念，提高量刑能力

理念是推动检察工作的先导和灵魂，随着检察工作现代化发展和人民群众对司法公正需求提高，检察工作要：第一，切实打破传统思维误区。转变实务中"重视定罪，忽视量刑"的理念，突破"量刑是法官的职责"的思维定式，履行量刑建议权，消除畏难情绪和思想顾虑，将量刑建议权作为"高质效办好每一个案件"的必要环节，量刑建议是检察机关行使量刑请求权的直接手段，定罪是追诉犯罪的基础，量刑是追诉犯罪的目的，二者递进互存，共同维护公诉权完整性，《刑事诉讼法》和《关于规范量刑程序若干问题的意见》，不仅赋予检察机关行使量刑建议权的法定权力，亦属于履职的必要义务，正确行使量刑建议权，是维护公诉权全面行使的直接方式，和法检分工配合的直接表现。

第二，创新形式提高量刑能力。打造智能化辅助工具精准化量刑，将大数据、智能化和检察工作结合，发挥数字检察、智慧检务优势，分析人民法院对个罪和类案的判决，形成模型，在量刑时进行检索辅助参考。学懂、学透、学深量刑规范，分析已生效的裁判文书、典型案例和同级人民法院量刑规律，注重分析未被采纳和通知调整的原因，提炼标准，积累经验。加强法检量刑同堂培训制度，长期以来，关于量刑建议的理论实务之争，主要集中在法检量刑水平差异的问题上，若二者水平共同提高，缩小认识差距，则有利于实现司法案件的公平正义。

（二）把握法律适用，提高量刑质效

第一，正确把握提出量刑建议的时间。非认罪认罚案件可在提起公诉后提出，但最迟应当在法庭辩论开始前，宣读公诉词时。首先，司法解释并未将非认罪认罚案件的量刑建议局限在提起公诉时，非认罪认罚案件量刑建议虽不是量刑协商的结果，但代表检察机关对被告人量刑的态度，对法官的量刑裁判具有参考性和约束力。其次，起诉权的本质在于维护刑罚权的统一行使，量刑建议权作为起诉权的一部分，应当灵活存在于起诉权的行使过程中，案件提起公诉后，法庭判决前，起诉权并未行使结束，量刑建议权具有行使的依据。最后，经过法庭调查，对量刑证据已进行举证质证，此时提出量刑建议立足于客观、全面的证据之上，更有利于检察官对庭审的把握和对量刑证据的判断，对法官更具有说服力，量刑建议在法庭辩论开始前提出，未剥夺被告人和辩护人对量刑的辩护机会。

第二，灵活把握量刑建议的提出方式。拟适用速裁程序审理的案件，因基本案件事实无争议，并有确实充分的证据予以证明，量刑建议应当在起诉书中写明，如此既方便法官审查，亦可节约资源、提高效率。拟适用简易程序和普通程序审理的案件，应当另行制作量刑建议书，一方面，可在量刑建议书中充分写明量刑理由和依据，避免起诉书冗长，尤其是被告人众多的案件，独立的量刑建议更加清晰。另一方面，可避免因个别被告人的量刑建议调整而变更起诉书。非认罪认罚案件量刑建议的提出，应当结合具体案件情形，采用比较灵活的方式行使。

(三)规范量刑程序,推动程序公正

第一,规范量刑具结程序。首先,被告人当庭认罪认罚,检察机关可以在发表公诉词时提出量刑建议,但不需重新具结,人民法院应当将被告人认罪认罚情况记录在案,就定罪和量刑听取控辩双方意见,依法作出裁判。其次,调整量刑建议时,均应当控辩协商,签订认罪认罚具结书,量刑建议作为认罪认罚从宽制度的核心,其提出程序的正当性是维护认罪认罚从宽制度完整性的基础。调整的前提是"明显不当",说明量刑的理由或依据发生变化,控辩协商有利于对量刑理由和依据的准确认定。认罪认罚从宽制度作为协商性的司法制度,若不将从宽处理的结果前置性地告诉被告人,被告人只知"调整"而不知"减轻",会影响认罪认罚的彻底性和自愿性。

第二,规范控辩协商程序。辩护权直接关系到被告人的合法权益,保障认罪认罚案件量刑控辩协商,在认罪认罚具结前,主动向值班律师和被告人释明案件事实、主要证据、量刑情节、拟量刑建议和主要理由,一方面有利于值班律师对案件的判断,为量刑协商提供基础。另一方面,可以让被告人内心接受和认同,更加自愿认罪认罚,以及减少认罪认罚后的反悔情形。同时,增强庭审中关于量刑的辩论实质,强化对量刑证据、情节、理由的全面辩论,即使被告人已签署具结书,辩护人依然可以根据量刑证据和情节提出轻刑辩护,若其辩护理由成立,检察机关可调整量刑建议。

第三,规范附条件量刑建议的适用。附条件量刑建议具有其合理性,其本质也是确定刑量刑建议,能让被告人明确附条件的后果。但是,在实务中应当予以规范限制,首先,条件因素应当限于财产案件和人身损害案件中的退赃、赔偿损失、取得谅解、和解等法益修复性量刑情节。其次,对于此类案件,审查起诉阶段应当借助新时代"枫桥经验",积极促成退赃退赔、谅解和解,化解矛盾纠纷,提出确定刑量刑建议,给予被告人更加明确的心理预期,在切实无法确定时,方可提出附条件量刑建议。

(四)加强全面审查,准确认定证据

第一,加强量刑证据审查力度。强化侦查机关对量刑证据收集的规范监督,在审查逮捕的同时审查量刑证据,对收集不足的提出继续侦查意见,明确侦查方向,引导侦查。在审查起诉阶段,可自行侦查或要求侦查机关侦查,全面收集可能影响量刑的证据。同时,强化对量刑证据的实质性审查,结合证据裁判原则,从证据的合法性、真实性和关键性对量刑证据进行审查,准确适用非法证据排除规则,确保量刑证据客观、全面、真实、合法。

  第二,被害人意见可作为量刑建议的参考。被害人和被告人达成赔偿的调解、和解协议后的谅解,可作为从宽处理的酌定量刑情节。被害人谅解代表了被害人对被告人处理的一种态度,基于化解矛盾纠纷和修复社会生态的考量,其本身就是独立的量刑情节,应当予以尊重。但被害人诉求明显超出正常诉求范围的案件,如被告人具有积极赔偿意愿,被害人赔偿要求明显不合理,量刑意见不应当被被害人意见左右,检察机关应当依法公正提出量刑建议。

我国民事虚假诉讼检察监督现状与对策

摘 要：民事虚假诉讼破坏社会诚信体系建设，侵害国家、社会、他人的合法利益，浪费司法资源，损害司法权威。其具体表现形式是当事人通过"单方故意"或"双方恶意串通"的方式，捏造事实、虚构民事法律关系，向人民法院提起民事诉讼，以达到利用合法诉讼程序来谋取非法利益的目的。检察机关开展了大量的民事虚假诉讼专项监督活动，民事虚假诉讼检察监督案件的数量呈逐年增长的趋势。但是，民事虚假诉讼检察监督制度不健全，表现为案件线索渠道不畅通、检察监督滞后、民刑衔接存在缺口、缺少严格的法律惩戒机制等；检察监督机制影响办案效率，具体表现为检察监督刚性不足、检察机关内部各部门缺乏配合等。因此，要完善民事虚假诉讼法律制度，包括畅通案源渠道、确立民事诉讼全过程的监督机制，明确民刑衔接的部分、加大刑事责任追究的力度等；要加强健全检察监督效能，包括多元化监督弥补刚性不足、构建内部联动的监督机制。

关键词：民事虚假诉讼；检察监督；救济；民刑衔接；联动监督

近年来，民事诉讼领域中频繁出现"民事虚假诉讼"案件。民事虚假诉讼案件是当事人通过虚构民事法律关系，捏造案件事实，进而规避法律上应尽的义务或为自己谋取不当利益的异常诉讼。民

---

* 作者简介：赵恒渌、赵曼彤、何青洲，甘肃政法大学。基金项目：2023年甘肃省人民检察院检察理论研究课题《民事虚假诉讼监督研究》（GSJC2023-25-05）。

事虚假诉讼案件的频繁发生不仅损害了他人的合法权益，同时也损害了国家司法机关的公正形象，浪费司法资源，侵害国家利益和公共利益，具有严重的社会危害性。针对民事虚假诉讼这一问题，法院、检察院对相关民事虚假诉讼问题进行了很多探索和研究，例如，法院定期对民事虚假诉讼案件进行梳理分析，对民事虚假诉讼案件的特点、趋势和发案原因进行归纳整理，并且对法院应当如何防范该类案件总结意见和建议；全国各级检察机关在司法实践中将民事虚假诉讼的检察监督作为民事行政检察工作的一项重要内容，并出台了相关的规范性文件对相应工作进行明确的指示。

国外学者对于防范和制裁恶意诉讼的观点为我国防范和制裁民事虚假诉讼提供了参考。在德国，当事人如果进行恶意诉讼将会被视同侵权。[1]日本学者谷口安平在《程序的争议与诉讼》中提到恶意诉讼的情形："实施伪造证据、恶意诉讼等行为；骗取合法的生效裁判文书；与他人恶意串通；以不当的方式形成有利诉讼状态；当事人反悔及其矛盾举动；故意拖延诉讼等恶意影响诉讼进程的行为。"[2]在英国，法院可以驳回当事人无证据或伪造证据、虚构法律事实或无法律依据的诉讼请求。如果当事人无正当理由，故意迟延行使权利，便会永远丧失本案的诉讼权利。[3]谷口安平认为："原告将骚扰被告作为目的提起民事诉讼的行为将被视为滥用权利，法院可以依据情况将原告的起诉驳回。"[4]

目前，理论界针对民事虚假诉讼的主要观点有"单方故意说"和"双方恶意串通说"两种，主要区别在于是否支持单方故意提起

---

〔1〕[德]罗森贝克、施瓦布、戈特瓦尔德：《德国民事诉讼法》，李大雪译，中国法制出版社2007年版。

〔2〕[日]谷口安平：《程序的正义与诉讼》，王亚新，刘荣军译，中国政法大学出版社2002年版。

〔3〕[德]罗森贝克、施瓦布、戈特瓦尔德：《德国民事诉讼法》，李大雪译，中国法制出版社2007年版。

〔4〕[日]谷口安平：《程序的正义与诉讼》，王亚新，刘荣军译，中国政法大学出版社2002年版。

民事诉讼构成民事虚假诉讼行为。多数学者的观点支持"双方恶意串通说"。"民事虚假诉讼是当事人之间的恶意串通,一般情况下,当事人之间并不存在真实的实体纠纷,所谓的案件事实是双方当事人共同谋划捏造的。"〔1〕"民事虚假诉讼不限于双方恶意串通,还包括一方以损害另一方为目的的单方面民事虚假诉讼。""单方故意说"引入民事虚假诉讼领域,即民事虚假诉讼的主体可以由双方或单方面实施。〔2〕"民事虚假诉讼,是指行为人以虚假的民事纠纷为由提起的民事诉讼,妨害司法秩序,骗取生效裁判以获取不法利益,损害案件对方当事人或者案外人的合法权益,或者损害国家社会公共利益的行为。"〔3〕"民事虚假诉讼的行为和表现方式是多种多样的,其行为主要表现为单方、双方行为,其行为方式主要为虚构民事法律关系、捏造事实、伪造证据。"〔4〕

　　对于检察机关防范与制裁民事虚假诉讼的相关问题。有研究者在《虚假诉讼检察监督》〔5〕和《论虚假诉讼检察监督的必要性存在困难及解决对策》中〔6〕阐明了民事虚假诉讼应由检察机关监督的必要性与正当性问题,并都在以上的基础上对检察机关进行民事虚假诉讼监督相比于法院对民事虚假诉讼进行审判监督以及第三人自行监督的优劣势进行了系统分析。

　　实践中检察机关应当如何防范与制裁民事虚假诉讼?有研究中在《民事虚假诉讼检察监督实务探析——以曾某民与曾某娥房屋租

---

　　〔1〕　张卫平主编:《民事程序法研究》(第11期),厦门大学出版社2013年版。

　　〔2〕　李浩:《虚假诉讼与对调解书的检察监督》,载《法学家》2014年第6期,第66~76页。

　　〔3〕　蔡彦敏:《民事虚假诉讼:概念修正、定义理清和有效治理》,载《人民法院报》2016年9月7日。

　　〔4〕　纪格非:《民事诉讼虚假诉讼治理思路的再思考——基于实证视角的分析与研究》,载《交大法学》2017年第2期,第23页。

　　〔5〕　李文革、罗林:《虚假诉讼检察监督》,载《民事程序法研究》2014年第2期,第157~175页。

　　〔6〕　郭联伟:《论虚假诉讼检察监督的必要性存在困难及解决对策》,载《中国检察官》2014年第19期,第23~24页。

赁合同纠纷案为切入点》[1]和《对虚假民事诉讼的检察监督——以李某某与徐某某民间借贷纠纷案为切入点》中[2],从个案分析的角度分析并针对性地提出了监督虚假诉讼的方法、模式以及制度完善的思路等。在《破解民事诉讼监督四大难题》[3]和《检察机关监督民事虚假诉讼的模型设计》中以部分地区区域为研究对象,分析了检察机关规制虚假诉讼的适用范围、监督重点以及实践困境等问题。对于如何针对民事虚假诉讼进行防范与制裁的问题,有部分学者认为:"在防范与制裁民事虚假诉讼案件时,应当首先建立侵权损害赔偿责任制度并完善第三人撤销之诉在民事虚假诉讼领域的制度运行,在防范与制裁民事虚假诉讼的过程中还要落实诚实信用原则。"[4]民事虚假诉讼对一国的法律尊严、司法权威,案外人的合法权益,社会诚信制度的构建这三个方面造成了严重的侵害,在讨论防范与制裁民事虚假诉讼的问题时,需要从这三个角度进行制度完善。[5]

一、我国民事虚假诉讼检察监督的基本理论

民事虚假诉讼实际上就是早期理论界讨论的"欺诈诉讼"。"欺诈诉讼"是指:"当事人之间恶意串通,捏造事实、虚构民事法律关系,后通过合法程序,致使人民法院作出错误的裁判,从而达到损害他人利益,谋取非法利益的目的。"[6]

(一)民事虚假诉讼概述

民事虚假诉讼从本质上来讲还是民事诉讼,但它是一种非正常

---

[1] 张莉:《民事虚假诉讼检察监督实务探析——以曾某民与曾某娥房屋租赁合同纠纷案为切入点》,载《中国检察官》2014年第18期,第37~39页。

[2] 郭锐、翟锐锋:《对虚假民事诉讼的检察监督——以李某某与徐某某民间借贷纠纷案为切入点》,载《中国检察官》2015年第12期,第47~49页。

[3] 郑新俭:《破解民事诉讼监督四大难题》,载《人民检察》2016年第12期,第110~113页。

[4] 王子涵:《检察机关监督民事虚假诉讼的模型设计》,载《中国检察官》2016年第1期,第68~71页。

[5] 陶涛:《民事虚假诉讼的法律规制探索》,载《法制与经济(中旬刊)》2014年第3期,第16~17页。

[6] 陈桂明、李仕春:《诉讼欺诈及其法律控制》,载《法学研究》1998年第6期,第116~127页。

的民事诉讼。其行为扰乱了正常的司法秩序、损害了司法的公信力。近二十年来，随着经济的快速发展，民事虚假诉讼频发，这给法治社会建设带来了挑战。

1. 民事虚假诉讼的概念

（1）理论界的探讨。在先前的理论研究中，"民事虚假诉讼""诉讼欺诈""滥用诉权""恶意诉讼"并没有太大的区分。近年来，随着理论研究的不断深入，理论界逐渐将民事虚假诉讼与其他的概念区别开来，其概念逐渐清晰。目前主流的学说主要有两种："双方恶意串通说"和"单方故意说"。"双方恶意串通说"的核心观点是：双方当事人需要有共同的故意，单方实施的行为不属于民事虚假诉讼，但可能构成民事欺诈。张卫平认为："所谓民事虚假诉讼，通常是指形式上的诉讼双方当事人共谋，通过虚构实际并不存在的实体纠纷，意图借助国家司法机关对该诉讼行为作出合法生效的判决，以达到损害案外人权利或权益的诉讼。"[1]支持"单方故意说"的学者则指出"双方恶意串通"只是民事虚假诉讼的一种常见情形。"单方故意说"的核心观点是当事人单方实施的，符合除双方恶意串通之外的民事虚假诉讼的其他构成要件，即可构成民事虚假诉讼。对此，蔡彦敏认为："民事虚假诉讼是由虚构虚假民事法律关系的行为人提起并进行的一种异化的民事诉讼，民事虚假诉讼不仅妨碍司法秩序，而且是以欺诈手段取得对自己有利的生效裁判，损害对方当事人或第三人的合法权益、国家利益或社会公共利益。"[2]

（2）实务当中的做法及法律法规的规定。

第一，实务中的具体做法。2016—2017年，重庆市检察机关查办的民事虚假诉讼案件为174件，其中仅单方故意的就有32件。[3]

---

[1] 张卫平：《中国第三人撤销之诉的制度构成与适用》，载《中外法学》2013年第1期，第170~184页。

[2] 蔡彦敏：《民事虚假诉讼：概念修正、定义理清和有效治理》，载《人民法院报》2016年9月7日。

[3] 最高人民检察院第六检察厅编著：《最高人民检察院第十四批指导性案例适用指引：民事虚假诉讼》，中国检察出版社2019年版，第210页。

由此似乎可以说明地方检察机关在司法过程中，已经认为单方故意也是民事虚假诉讼行为的一种。2019年，最高人民检察院发布了《第十四批指导性案例适用指引》，该书所述案例是各地检察机关发现打击的民事虚假诉讼检察监督的典型案件。通过梳理第十四批指导案例的5个案件和27个民间借贷纠纷的民事虚假诉讼相关典型案例，我们不难发现，检例第56号[1]案件，即"张某平、彭某枫、李某雄等民间借贷纠纷民事虚假诉讼监督案"[2]均是由当事人单方虚构民事法律关系或者捏造事实，提起民事诉讼。全过程均独自谋划完成，未与对方当事人或其他案外人恶意串通。因此，从案例上看，最高人民检察院也认为单方虚构民事法律关系或捏造事实提起民事诉讼是可以构成民事虚假诉讼行为的。

第二，从民事法律规范来看。2012年《民事诉讼法》新增了诚实信用这一原则。诚实信用原则就是对如何规制民事虚假诉讼案件这一问题的宏观指导。一方面，诚实信用原则不仅仅是针对实施民事虚假诉讼的行为人，同时也约束诉讼参与人；另一方面，诚实信用原则作为宏观的法律原则，在法律适用的同时也可以发挥填补法律漏洞的作用。为了对违反诚实信用原则的行为进行规制，现行《民事诉讼法》对民事虚假诉讼行为进行了一定程度的说明，第115条和第116条的内容基本界定了什么是民事虚假诉讼。[3]这是我国第一次在法律文件中出现有关民事虚假诉讼的规定。在新《民事诉讼法》施行之前，全国人民代表大会常务委员会法制工作委员会民

---

[1] "江西熊某等交通事故保险理赔民事虚假诉讼监督案"，最高人民检察院指导案例56号（2019年）。

[2] 最高人民检察院第六检察厅编著：《最高人民检察院第十四批指导性案例适用指引：民事虚假诉讼》，中国检察出版社2019年版，第122页。

[3] 2012年《民事诉讼法》第115条第1款规定："当事人之间恶意串通，企图通过诉讼、调解等方式侵害国家利益、社会公共利益或者他人合法权益的，人民法院应当驳回其请求，并根据情节轻重予以罚款、拘留；构成犯罪的，依法追究刑事责任。"《民事诉讼法》第116条规定："被执行人与他人恶意串通，通过诉讼、仲裁、调解等方式逃避履行法律文书确定的义务，人民法院应当根据情节轻重予以罚款、拘留；构成犯罪的，依法追究刑事责任。"

法室在其编著的条文解释中提到:"要构成第112、113条所述的民事虚假诉讼行为需要具备以下几个要件:1.双方当事人存在恶意串通;2.通过合法的民事程序;3.侵害他人合法权益。"[1](需要明确的是,此解释中的《民事诉讼法》第112条和第113条为当前《民事诉讼法》中的第115条和第116条)此解释明确表示民事虚假诉讼应采用"双方恶意串通说"。后为便于《民事诉讼法》的适用,2015年最高人民法院发布了《关于适用〈中华人民共和国民事诉讼法〉的解释》(以下简称《民诉法解释》)。根据《民诉法解释》第112条和第190条的规定,"合法权益"一词应当是国家利益、社会公共利益以及他人的合法权益。《民诉法解释》第191条规定,民事虚假诉讼的主体包括单位。此后,2016年最高人民法院发布的《关于防范和制裁民事虚假诉讼的指导意见》对于识别、防范和制裁民事虚假诉讼作出了相应规定,包括但不限于:①民事虚假诉讼的一般要素。②指出司法实践中需要警惕的一些行为方式。③指出需要提高警惕的案件类型以及发生民事虚假诉讼案件比较高频的领域。④指出民事诉讼制度部分的固有缺陷。⑤提高群众诚信意识。⑥法律职业人员参与民事虚假诉讼的处罚。此指导意见明确了部分民事虚假诉讼的涵义与构成要件,对检察人员甄别民事虚假诉讼具有重要作用。

　　第三,从刑事法律规范来看。虚假诉讼罪在《刑法修正案(九)》中存在较为详细的描述,具体指"以捏造的事实提起民事诉讼,妨害司法秩序或者严重侵害他人合法权益的"。[2]法条中并没有提及双方恶意串通是本罪的客观条件,所以双方是否存在恶意串通行为并不是虚假诉讼罪的认定标准。2018年最高人民法院和最高人民检察院联合发布的《关于办理民事虚假诉讼刑事案件适用法律若干问题的解释》(以下简称《解释》)中也有类似的

---

〔1〕全国人大常委会法制工作委员会民法室编著:《2012民事诉讼法修改决定条文释解》,中国法制出版社2012年版,第152~158页。
〔2〕《刑法修正案(九)》第35条。

描述。[1]所以，单方捏造民事法律关系，虚构民事法律关系提起民事诉讼的行为应当被认定为"以捏造事实提起民事诉讼"，即民事虚假诉讼行为。要构成虚假诉讼罪，首先要在民事诉讼中构成民事虚假诉讼行为，二者之间只有程度上或轻或重的关系，本质上并无其他区别。在民事与刑事的法律规范当中，民事虚假诉讼行为与虚假诉讼罪的行为方式高度重合就说明了这一观点。实务当中，最高人民检察院在第十四批指导性案例中将单方故意捏造事实、虚构民事法律关系的行为认定为虚假诉讼罪，而且刑事法律规范也已经将单方故意这一行为归纳为虚假诉讼罪的一种，那么民事虚假诉讼就更不应该将单方故意这一类型排除在外了。

虽然目前大部分观点还是认为民事虚假诉讼是需要由双方当事人的恶意串通作为客观构成要件的，但这并不代表实务中民事虚假诉讼的行为方式仅仅只有双方当事人恶意串通。这一点还能从《民事诉讼法》第115、116条所处的位置发现，有关民事虚假诉讼的条款位于"对妨碍民事诉讼的强制措施"一章中，故此，立法者在设计法条之初的目的并不在于对民事虚假诉讼行为做一个定性，而是想要说明如果出现这种行为法院应当采取什么样的措施去应对。《关于防范和制裁民事虚假诉讼的指导意见》仅仅是对民商事审判作出

---

[1]《关于办理民事虚假诉讼刑事案件适用法律若干问题的解释》第1条规定："采取伪造证据、虚假陈述等手段，实施下列行为之一，捏造民事法律关系，虚构民事纠纷，向人民法院提起民事诉讼的，应当认定为刑法第三百零七条之一第一款规定的'以捏造的事实提起民事诉讼'：（一）与夫妻一方恶意串通，捏造夫妻共同债务的；（二）与他人恶意串通，捏造债权债务关系和以物抵债协议的；（三）与公司、企业的法定代表人、董事、监事、经理或者其他管理人员恶意串通，捏造公司、企业债务或者担保义务的；（四）捏造知识产权侵权关系或者不正当竞争关系的；（五）在破产案件审理过程中申报捏造的债权的；（六）与被执行人恶意串通，捏造债权或者对查封、扣押、冻结财产的优先权、担保物权的；（七）单方或者与他人恶意串通，捏造身份、合同、侵权、继承等民事法律关系的其他行为。隐瞒债务已经全部清偿的事实，向人民法院提起民事诉讼，要求他人履行债务的，以'以捏造的事实提起民事诉讼'论。向人民法院申请执行基于捏造的事实作出的仲裁裁决、公证债权文书，或者在民事执行过程中以捏造的事实对执行标的提出异议、申请参与执行财产分配的，属于刑法第三百零七条之一第一款规定的'以捏造的事实提起民事诉讼'。"

的具体性规定，告知各级法院针对民事虚假诉讼行为应如何防范、处理。如果仅依据上述法律规范就片面地认为民事虚假诉讼只能够由双方当事人恶意串通构成，那是较为片面的理解。

综上所述，民事虚假诉讼不仅包括"双方恶意串通型"，"单方故意型"也属于民事虚假诉讼的一种。民事虚假诉讼是行为人虚构民事法律关系或捏造事实提起诉讼，骗取法律文书用以谋取非法利益，侵害国家利益、社会公共利益或第三人合法权益的行为。民事虚假诉讼的本质就是一种由民事虚假诉讼行为人提起的异化的民事诉讼。

2. 民事虚假诉讼的认定标准

要认定一个案件是否是民事虚假诉讼行为，一个重要的前提就是客观行为如何认定。在民事虚假诉讼行为中，"恶意串通"和"单方故意"是行为人采用的两种主要手段，所以有必要对这两个概念进行说明，以此明确民事虚假诉讼的客观行为类型。

（1）恶意串通型。"恶意"在民法中的含义是：在行为人于实施某一行为时明知其行为缺乏法律上的依据或行为人明知其没有权利，为恶意。即当事人明知自己的行为会产生使他人合法权益遭受损害的结果，但仍故意积极追求。[1]"串通"在民法中的意义包含两个方面：一方面是主观，双方的意思表示相同，即双方都希望通过这种行为来达到损害国家利益、社会公共利益或第三方合法权益的目的；另一方面是客观，需双方相互配合，共同实施该行为。[2]从民法的角度看，恶意串通既要明知会产生他人受损害的结果且有损害的故意并积极追求，又要双方有共同的意思表示并共同实施该行为，才能被认定为"恶意串通"。因此，在民事虚假诉讼中，如果双方存在"串通"的行为，但并没有损害他人合法权益的故意或者行为人不明知行为会导致他人合法权益受损，则不能认定为"恶意"，即这种行为不属于民事虚假诉讼中的"恶意串通"。

---

[1] 王利明：《合同法研究》（第2版·第3卷），中国人民大学出版社2015年版，第644页。

[2] 王益强：《恶意串通制度中的"串通"分析——以司法审判为视角》，载《昆明学院学报》2016年第4期，第61~65、71页。

(2) 单方故意型。在"张某某等民间借贷纠纷民事虚假诉讼监督系列案"[1]中，以张某某为首的团伙，在发放高利贷之后，以"套路贷""砍头息"等方式签订虚高的借款合同，并隐瞒债务清偿的事实，之后向法院起诉，要求对方偿还本息，抑或单方直接虚构债权债务关系，以伪造的借条提起诉讼，请求清偿债务。这类案件不同于"双方恶意串通说"的突出特点就是，不存在恶意串通，双方当事人之间甚至互不相识，案件自始至终都是一方虚构民事法律关系、捏造事实、隐瞒真相，企图通过合法的方式谋取非法的利益。所以，"单方故意型"的民事虚假诉讼就是虚构一个本不存在的事实，来获取民事案件的诉权，侵害他人合法权益。

(3) 合法的民事程序。民事虚假诉讼是行为人采取欺骗手段提起民事诉讼，致使虚假的民事案件进入人民法院的正常诉讼程序，进而取得具有法律效力的民事判决。当事人必须通过合法的民事程序，例如诉讼、仲裁、调解等方式。本文所指的合法民事程序包括：一审和二审程序；特别程序；督促程序；公示催告程序；反诉；第三人撤销之诉；执行异议之诉；有独立请求权的第三人提出的与本案有关的诉讼；企业破产程序；案外人申请再审以及审判监督程序等。

(4) 侵害他人合法权益。根据《关于防范和制裁民事虚假诉讼的指导意见》与《民事诉讼法司法解释》的相关规定，必须是对国家利益、社会公共利益、他人合法权益造成侵害后，才能认定为民事虚假诉讼。同时，依据《解释》的相关规定，须存在妨害司法秩序或严重侵害另一方当事人或第三人合法权益的行为才能构成民事虚假诉讼，如果虚构的事实未造成对他人合法权益的侵害则不构成。可见，造成一定的损害后果是构成民事虚假诉讼和虚假诉讼罪的必要条件。

---

[1] 最高人民检察院第六检察厅编著：《最高人民检察院第十四批指导性案例适用指引：民事虚假诉讼》，中国检察出版社2019年版，第89页。

3. 民事虚假诉讼的特点

民事虚假诉讼难以规制的原因之一在于司法机关难以识别虚假诉讼。甄别出民事虚假诉讼具有一定的难度,这主要是由民事虚假诉讼案件的集中性、抗辩过程的弱化性、表象的合法性、当事人之间存在特殊关系、案件的隐蔽性造成的。

第一,案由的集中性。民事虚假诉讼案件主要集中于合同纠纷、无因管理纠纷、不当得利纠纷、侵权责任纠纷等民事虚假诉讼的多发、易发领域。这几类领域的法律关系相对简单,虚构民事法律关系,伪造证据证明,捏造事实相对容易。造成了合同纠纷、无因管理纠纷、不当得利纠纷、侵权责任纠纷等领域成了民事虚假诉讼案件的高发、频发地带。

第二,控辩双方的对抗性明显不足。双方恶意串通型民事虚假诉讼与普通诉讼的庭审状态明显不符或明显异于常态,双方当事人的纠纷明确、案件争议焦点明确、证据完整,几乎没有辩诉双方的对抗及辩论就可以迅速结案,或者通过调解、仲裁、公证等方式结案,诉讼完结过程异常快速、顺畅。

第三,表象的合法性。出于共同的利益追求,提起虚假诉讼的当事人一般是串通或故意,通过虚构民事法律关系的方式提起民事诉讼,使得民事虚假诉讼案件能够伪装成普通的民事诉讼案件,让人不易察觉,民事虚假诉讼的要件、内容、构造以及形式,这些都经过层层伪装,使民事虚假诉讼的表象看起来与普通民事诉讼一样。行为人会花费大量心思去掩盖非法事实,从而实施表象合法的违法行为。

第四,案件当事人之间往往存在某些特殊关系。在民事虚假诉讼案件中,当事人之间一般存在某些特殊的关系,例如:亲属、朋友、同事等。与亲属、朋友等恶意串通,虚构民事法律事实,提起虚假诉讼的成本相对较低,操作更加方便、简捷,易于得逞。

第五,案件具有较高的隐蔽性。找熟人造假是进行民事虚假诉讼的常用方式,因为具有相同的利益,所以双方一般不会拆穿,这是具有较高隐蔽性的原因之一。同时,我国《民事诉讼法》规定,允许当事人以自认、调解等形式放弃自己的合法权益或承认对方的诉讼请求。自认制度和调解制度的本意是减轻法官的工作压力，但是却在无形中增加了法官的识别难度，使得当事人伪造的证据或双方恶意串通提起民事虚假诉讼更为隐蔽，不易识破。

4. 民事虚假诉讼的成因

民事虚假诉讼作为民事诉讼的一种异常现象，其形成的原因复杂，主要表现为：社会经济稳步持续上升，追求个人利益的社会风气弥漫，社会信用降低；基于民事虚假诉讼的上述特点，民事虚假诉讼容易实现且不易发现；自认制度的弊端和年轻法官对案件的不敏感，导致当事人违法难度进一步下降，使得民事虚假诉讼大行其道。

（1）社会信用体系的不完善。民事虚假诉讼即当事人提起民事诉讼的基础法律事实具有虚假性。当事人提出民事虚假诉讼的目的显然是追求本就不属于自己的利益。其现象反映出了当今社会中一部分民众在诚信方面存在缺失的问题。2013年《民事诉讼法》加入了诚实守信原则作为基本原则，我们在诉讼过程中就应当遵循这一原则，为查明案件事实和化解矛盾纠纷做出贡献。然而，在实践中，不少当事人为达到其非法目的依然采取捏造事实、伪造证据、滥用诉权等方式阻挠法庭查明真相，导致案件错误判决，不仅会损害对方当事人的合法权益，还会浪费司法资源，损害司法权威。

当事人提起民事虚假诉讼，其主要目的是骗取合法的法律文书以便于谋取不法利益，这种行为的实质是将国家公权力视为其谋取非法利益的工具，这也集中体现了当事人缺乏诚信意识和诚信观念的现实。事实上，参与民事虚假诉讼的当事人均是基于侥幸心理，轻视甚至无视国家的法律规定。在上述举的几个案例中，都有当事人趋利避害、谋取私利，规避国家法律制度的相关描述，其明知违法却依然愿意铤而走险，就体现了这一点。同时，民事虚假诉讼案件需要当事人或者其代理人具备一定的专业知识才能完成，故此有的律师和司法工作人员成了当事人的"智囊"，为民事虚假诉讼的顺利推进出谋划策；有的法官还会收受贿赂，充当民事虚假诉讼的

"保护伞",更有甚者,为了牟私利直接牵头制造这类案件。某些当事人为了某些法律政策之外的利益而进行民事虚假诉讼,而部分法律工作者尤其是司法工作人员参与民事虚假诉讼进行权钱交易、枉法裁判,恰恰反映了其枉顾国家法律制度与职业伦理,违背了诚实守信的原则。

因此,民事虚假诉讼的防治固然需要利益受损的当事人、案外人、检察机关法院以及公安机关等主体的共同努力,但这些努力仅仅是从制度上对民事虚假诉讼进行的防治,想要彻底铲除民事虚假诉讼产生的土壤,就必须纠正社会不良风气和部分民众的不良心态。司法机关应运用多种不同渠道展示民事虚假诉讼的特征、危害,并通过以案说法或者典型案例解读等方式教育、引导社会各界发现、识别、防范民事虚假诉讼,大力弘扬诚实守信、依法维权的意识,形成诚实守信的良好社会氛围才能实现对民事虚假诉讼的有效治理。

(2)违法成本与收益严重失衡。根据我国现行有关立案受理制度的规定,法院受理案件只做形式审查,只要形式上满足立案制度的规定,案件即能为法院所受理,案件受理门槛较低,这也给了不法当事人以可乘之机。案件一旦进入诉讼程序,当事人会通过较为"缜密"的手法获取对其有利的裁判,受损方一般很难及时发现这种民事虚假诉讼案件的发生,这些民事虚假诉讼参与者即便被查处,也只需要承担较轻的民事责任。根据《民事诉讼法》第115条的规定,[1]实践中法官的处理方式有两种:第一种方式是裁定驳回其诉讼请求或经过实体审理后发现涉及刑事犯罪裁定驳回起诉,第二种方式则是罚款。显然,驳回诉讼请求与驳回起诉这二者在严格意义上来说并非对民事虚假诉讼当事人的惩罚,真正涉及对当事人惩罚的只有罚款这一项。就罚款而言,根据现行的《民事诉讼法》中有关民事强制措施的规定,法院可以对个人罚款的上限只有10万元,对单位罚款的上限也仅仅只有100万元。与之前《民事诉讼法》的

---

〔1〕《民事诉讼法》第115条规定:"当事人之间恶意串通、企图通过诉讼、调解等方式侵害他人合法权益的,人民法院应当驳回其请求,并根据情节轻重予以罚款、拘留;构成犯罪的,依法追究刑事责任。"

规定相比，现行法律规定的罚款数额的确有了较大幅度的增加，但事实上与民事虚假诉讼可能获得的动辄上千万甚至上亿元的非法收益相比，10万元、100万元的违法成本显然过低，违法所得远远大于惩罚数额，除非是情节特别严重的情形，会触及刑法罪名，其余案件对当事人来说违法成本都相对较低。即使案件最终败露，最多也就是被驳回诉讼请求、驳回起诉或者罚款，当事人为了巨额收益往往会选择铤而走险。通过上述对特征的描述可知，民事虚假诉讼大都发生在亲戚、朋友或者夫妻等特殊身份人之间，当事人之间的关系比较密切，形成了紧密的利益共同体，其隐蔽性强，被查处的概率比较低，使得这些人敢于冒险，从而抱着侥幸的心理去制造民事虚假诉讼案件。

（3）自认制度的弊端及审判人员的经验缺乏。自认制度即"民事诉讼当事人一方就对方当事人所主张的事实，特别是于己不利的事实，以言辞或者行为表示承认或者视为表示承认，从而使该事实主张者的举证负担转由承认者承受的一种证据制度"。[1]尽管自认规则并未被明文规定于我国《民事诉讼法》中，但在2001年颁布实施的《关于民事诉讼证据的若干规定》（以下简称《证据规定》）中存在对自认规则的明确规定，其内容涉及自认的效力、拟制自认、委托代理人的自认以及自认的撤回等规定。[2]其中，就自认的法律效力而言，《证据规定》规定，除涉及身份关系的案件外，当事人一方在诉讼中对另一方陈述的事实明确表示承认的，另一方则无须承担相应的证明责任。《证据规定》颁行后，自认规则开始在我国民事诉讼司法实践中广泛适用，尤其对诉讼进程的快速推进起到了重要作用，其通过免除当事人对部分事实的证明责任，使主审法官将精力放在案件事实的查明或争议焦点上，进而提升审判效率。

---

〔1〕 朱蕾：《浅议民事诉讼自认规则》，载《法制与社会》2011年第12期，第136～138页。

〔2〕 肖建华：《民事诉讼案件事实发现的路径——评〈关于民事诉讼证据的若干规定〉》，载《证据科学》2020年第3期，第315～328页。

尽管自认制度对诉讼效率的提高和减轻一方当事人的诉累具有积极的意义，但由于自认具有免除对方证明责任的效果，其在司法实践中一旦被不合理地适用，将会损害诉讼程序的严谨性，进而造成最终的实体处理结果不公正。《证据规定》在表示涉及人身关系的案件不适用自认规则外，再没有对该规则的适用进行更为严格的限制。这就使得实践中诸多民事虚假诉讼案件的当事人，尤其是作为被告的一方，往往会利用自认规则的这一漏洞，在诉讼开始前进行恶意串通、共同策划，而在举证、质证环节则通过明示或者默示的方式自认于己不利的证据。对于法院而言，在诉讼中一般不会对当事人这种行使诉讼权利的行为进行严格审查，或者依职权对可能涉及民事虚假诉讼的案件进行调查取证，而是直接适用自认规则采信相关"证据"，从而为当事人伪造诉讼留下了可乘之机。另外，我国法官的年龄普遍较低，缺少丰富的办案经验，这也是造成民事虚假诉讼现象的因素之一。其中，相较于法官，进行民事虚假诉讼的当事人往往更具有信息优势。这就导致在此类案件中当事人更有优势，法官成了当事人谋取不法利益的工具，法院作出的裁判非但没有实现公平正义，反而会损害司法权威，降低公众对法院的信任。所以，自认制度赋予了民事虚假诉讼以正当性，使得民事虚假诉讼可以大行其道。[1]

（二）民事虚假诉讼检察监督概述

1. 民事虚假诉讼检察监督的历史沿革

民事虚假诉讼检察监督是检察机关在行使国家赋予的检察监督权力的过程中，对发现的以虚构民事法律关系、捏造案件事实等方式提起的民事诉讼，侵害了国家利益、社会公共利益或他人合法权益的违法行为进行的监督。检察机关对民事虚假诉讼进行检察监督是其履行检察监督职责的必要体现。

在1990年前后，为发展经济，我国的经济结构逐渐由计划经济

---

〔1〕 刘东：《反思第三人撤销之诉与案外人申请再审的关系——基于立法、司法、法理的多维角度》，载《河南财经政法大学学报》2020年第5期，第143~156页。

转为市场经济。不法分子为了侵吞国有资产，相互之间通过恶意串通的方式签订"合同"，将国有资产低价转让，民事虚假诉讼案件就是从这时候开始发生的。检察机关在这一时期对国有资产流失的案件给予大量关注。1990年至2001年频发的民事虚假诉讼案件使检察机关颇为头疼，现有的法律法规也难以进行有效的防范和规制，山东省人民检察院就"伪造证据骗取法院民事裁判占有财物的行为如何适用法律"这一问题向最高人民检察院请示，得到的批复是"该行为侵害的是人民法院的审判秩序，可由人民法院依照《民事诉讼法》的规定处理，不宜以诈骗罪追究刑事责任"。[1]因此，检察机关对此行为不宜以刑法诈骗罪的名义进行监督。

2003年，河南省人民检察院和郑州市人民检察院举办了一次关于"虚假民事诉讼"的研讨会。此次研讨会使民事虚假诉讼走进大众视野，揭开了我国民事虚假诉讼检察监督的序幕。之后各地的司法机关随即开始探索并制定相关的制度与方案以期对该类型案件进行有效规制。例如，在2008年，浙江省高级人民法院发布了《关于在民事审判中防范和查处虚假诉讼案件的若干意见》[2]，这是我国在实践中对民事虚假诉讼案件作出具体规定的较早的规范性文件。该文件的发布为其他省市的公检法制定防范与查处民事虚假诉讼案件提供了宝贵的制度经验。

2009年，最高人民检察院于当年12月发布了《关于进一步加强诉讼活动法律监督工作的意见》（以下简称《意见》）。《意见》明确指出了各级人民检察院要加强对民事、行政诉讼活动的监督，并对如何开展具体的检察监督工作进行了说明。[3]《意见》正式实施不久，2012年《民事诉讼法》也经历了一次修正。修改后的《民事诉

---

〔1〕 最高人民检察院法律政策研究室：《关于伪造证据骗取法院民事裁判占有他人财物的行为如何适用法律问题的答复》，2002年10月24日。

〔2〕 参见《关于在民事审判中防范和查处虚假诉讼案件的若干意见》（浙高法[2008]362号）。

〔3〕 参见《最高人民检察院关于进一步加强诉讼活动法律监督工作的意见》（高检发[2009]30号）。

讼法》作出了检察机关有权对民事诉讼活动进行检察监督的有关规定。[1]至此，检察机关在法律层面享有对民事虚假诉讼检察监督的权利，民事诉讼的全过程应当被纳入检察监督的范围。在《民事诉讼法》修正之后，各个省份纷纷开始了对民事虚假诉讼案件的检察监督工作，并根据各自的情况出具了相应的工作意见，为当地检察机关民事虚假诉讼检察监督工作的顺利开展提供指引。

2. 民事虚假诉讼检察监督的正当性

我国检察机关监督虚假诉讼已经有十多年的实践，但是由于我国对民事虚假诉讼检察监督方面的立法并不完善，检察机关对民事虚假诉讼是否拥有检察监督的权力并不明确，对此应从法理层面及法律层面上给出合理依据。

（1）法理层面。民事诉讼的作用是解决私权纠纷，其公正性就在于客观维护当事人的合法权益。检察机关的介入并不会打破公正性，相反，恰恰是对诉讼过程加以监督、维护诉讼程序的合法性。检察机关介入民事虚假诉讼的理论依据主要有以下几点：

在履行法律监督职能方面。检察机关是国家法律监督机关，其职责是行使法律监督权保障国家法律能够正常运转，维护国家司法权威和司法公正。民事虚假诉讼本身就是扰乱国家法律正常运转的非正常诉讼，即违法行为，理应属于检察监督的范围。民事虚假诉讼的行为人不仅侵害了对方当事人或第三人的合法权益，还将司法作为谋取不当利益的帮凶，损害了司法权威性和公正性。因此，检察院作为法律监督机关，为促进司法公正以及维护司法权威，应当对民事虚假诉讼进行有效监督。再者，《刑法修正案（九）》第35条在《刑法》第307条增设虚假诉讼罪，作为第307条的内容之一。虚假诉讼入刑意味着检察机关对虚假诉讼行为的监督是履行职权的必要行为，只有这样才能实现民事虚假诉讼检察监督与虚假诉讼罪案件的有效衔接。

---

[1]《民事诉讼法》（2012年修正）第14条规定：人民检察院有权对民事诉讼实行法律监督。

在权力制衡方面。检察院行使法律监督权旨在防止法院行使审判权的放纵与脱序，在一般的民事诉讼审理过程中，是由法官居中审判，当事人双方基于平等的诉讼地位、权利、义务等开展。然而，在民事虚假诉讼中，由于当事人双方或单方的恶意使得庭审过程中缺少了正常民事诉讼庭审过程中应当具有的对抗环节，而呈现更多的是"共谋型合作"，当事人自认或当庭达成调解协议并请求法院出具调解书。这无疑干扰了法院正常行使审判权，损害了司法权威性和司法公信力，也损害了国家、社会公共利益或他人的合法权益。民事诉讼是双方当事人因私权纠纷而向法院提起的诉讼，属于当事人意思自治的范畴，检察院作为行使公权力的机关不应进行干涉，但民事虚假诉讼的上述行为做法已经超出了当事人意思自治的范畴，法院作为居中审判的机关难以及时发现和有效对民事虚假诉讼进行规制，这样就更需要作为第三方的检察机关介入。因此，检察机关介入民事虚假诉讼的目的就是将民事诉讼程序扳回正轨，保障法官依法审判的权力和当事人的诉权。

（2）法律层面。根据《宪法》和《人民检察院组织法》的有关规定，我国的法律监督机关是人民检察院，检察院的这一地位可以得到确认，其当然有权对开展的法律活动进行必要且适当的监督。同时，人民检察院还有维护国家利益、社会公共利益、组织和个人合法权益的职能。在新《民事诉讼法》中，民事检察监督的范围也从之前的"审判活动"拓展至现在的"民事诉讼活动"中，这就意味着检察机关检察监督的范围实现了对民事诉讼环节的全面覆盖，既包括对诉讼程序的监督，也包括对执行程序的监督。民事虚假诉讼作为民事诉讼的一种类型，当然属于民事检察监督的范围。《刑法修正案（九）》新增"虚假诉讼罪"，说明了民事虚假诉讼的检察监督是检察机关在民事诉讼监督活动中应当履行的职权。只有这样才能实现民事虚假诉讼检察监督与虚假诉讼罪处理的有效衔接。

在中国共产党第十八届四中全会上，为了规制民事虚假诉讼这一现象，会上明确提出了"要加大对民事虚假诉讼、恶意诉讼、无理缠诉行为的惩治力度"这一要求。在这之后各地检察机关先后联合当地的法院、公安等部门，通过出台规范性文件的方式为民事虚假诉讼的防范和制裁提供制度方面的支撑。2018年发布的《解释》不仅仅是办理民事虚假诉讼案件的重要指引，也是开展民事虚假诉讼检察监督在制度上的再次确认和强化。

（3）现实层面：

第一，促进司法公正。检察机关监督民事虚假诉讼案件，是其职能所在，也是司法现状决定的。目前，在我国司法实践中，长期存在的现象是案多人少，办案人员紧缺。在此情况下，要求每一位法官对其负责的案件在严格适用诉讼程序规则后作出完美的裁判显然不现实。实践中，不论是在民事案件哪一个环节中，法官都比较偏爱调解结案，这有利于案件的顺利结案，也使双方当事人都能取得一个满意的结果。但是，有些法官为了加快案件的进度，不惜使用不符合法律或程序的方式使案件达成调解，这也为民事虚假诉讼的产生提供了温床。上文也有提到过，实践中民事虚假诉讼不仅是当事人之间恶意串通的行为，有些案件中也表现为法官与不法分子之间的恶意串通。例如，最高人民检察院整理的《第十四批指导性案例》的10件民间借贷类的典型民事虚假诉讼案例中，有7件民事虚假诉讼案件存在法官与当事人之间恶意串通获取不法利益的行为，占典型案例总数的70%，严重抹黑了司法队伍。在此情形下，检察机关监督民事虚假诉讼案件，能够将异化的民事诉讼扳回正轨，促进司法公正。

第二，弥补法院制约的缺陷。对于法院来说，民事虚假诉讼不仅损害了司法公正，同时也使庄严的法庭成了不法分子取得不义之财的工具，严重损害司法的权威性。因此，法院已经启动识别机制对出现概率较高的涉及民事虚假诉讼领域的案件进行审查，以防范和制裁民事虚假诉讼行为。例如，上文提到的《关于在民事审判中防范和查处虚假诉讼案件的若干意见》对此就有明确要求。[1]由于

---

〔1〕 参见《关于在民事审判中防范和查处虚假诉讼案件的若干意见》（浙高法[2008]362号）。

法官在办案经验、对案件的认知程度以及对法律法规理解方面的不同，其对民事虚假诉讼行为的认知存在差异。并且，由于我国目前的司法现状属于案多人少，法官不可能有足够的精力去应对民事虚假诉讼案件，这也使得法院难以进行有效的规制。而检察机关的检察监督就恰恰弥补了这一缺陷。

综上所述，人民检察院是法定的监督机关，对民事虚假诉讼案件的进行监督具有其他部门无可替代的优势。检察机关行使法律监督权可以督促法官正确行使权利，同时检察机关的介入能够有效对民事诉讼的全过程进行监督，保障诉讼过程的合法性。

二、民事虚假诉讼检察监督的现状

为加强对民事虚假诉讼的分析，推动民事虚假诉讼监督的深入开展，更好地发现问题、解决问题，对2017年至2021年6月以来全国民事虚假诉讼监督的工作开展情况进行了梳理。在此应当指出的是，实证研究虽然与法律的应用学科属性相契合，对认识和理解由书面转化而来的裁判规则有一定的帮助作用，但仍然存在一些局限性。第一，案例数量的限制。仅选取了最高人民检察院工作报告及中国裁判文书网中江苏省2017年至2021年6月的相关案例。但是，由于部分案件并未公开以及部分省份的情况并不能代表全国的总体情况，因此可能存在一定的局限性。第二，案例的数据统计逐一统计计算，因此会存在一定不可避免的误差。上述原因都会造成实证研究产生部分误差。

（一）民事虚假诉讼检察监督案件的整体情况分析

1. 2017—2021年民事虚假诉讼检察监督案件数据[1]

2020年7月28日上午，最高人民检察院召开了以"加强民事检察监督，精准服务民企发展"为题的新闻发布会，会上表明全国检察机关办理的民事虚假诉讼案件已呈逐年上升趋势。随着检察监督效果的日渐凸显，民事虚假诉讼监督将逐渐成为民事检察监督工作

---

〔1〕《全国检察机关主要办案数据》，载中华人民共和国最高人民检察院：https://www.spp.gov.cn，最后访问日期：2024年9月4日。

的新增长点。在最高人民检察院发布的 2017 年至 2020 年年报和 2021 年 1 月至 6 月报告中，全国民事虚假诉讼检察监督案件数量上升明显。从案件数量来看，2017 年共办理 1920 件，2018 年共办理 2883 件，同比上升 50.2%；2019 年共办理 7888 件，同比上升 173.6%；2020 年共办理 10 090 件，同比上升 27.92%；2021 年上旬共办理 2920 件，较去年同期有明显上升，其中抗诉案件涉及民事虚假诉讼 126 件，同比上升 93.8%。从抗诉案件来看，2017 年全国检察机关共抗诉案件 3092 件，其中涉及民事虚假诉讼 368 件，占 11.9%；2018 年抗诉案件 3850 件，涉及民事虚假诉讼 652 件，占 16.9%；2019 年抗诉案件 5103 件，涉及民事虚假诉讼 1774 件，占 34.7%；2020 年抗诉案件 4994 件，设计民事虚假诉讼 1785 件，占 35.7%；2021 年上旬抗诉案件 2188 件，涉及民事虚假诉讼 601 件，占 27.4%。涉民事虚假诉讼案件在抗诉案件中的比重逐步上升。

综上所述，无论是案件总量，还是抗诉案件占比，民事虚假诉讼案件均已成为民事检察部门检察工作新的增长点。

2. 民事虚假诉讼检察监督案件各省分布情况

从 2020 年案件地区分布情况来看，工作开展不平衡问题比较突出。江苏、浙江、河南、山东、福建、广东等地的案件数量较多，共办理 44 791 件，占全部案件数的 77.6%。其中，江苏省办理 10 807 件，占全部案件数的 18.72%；浙江办理 5571 件，占全部案件数的 9.6%。也有部分地方的案件数量较少，青海、西藏以及海南均为 200 件以下。数据上的差异实际上反映出了民事虚假诉讼案件基数、当地法院裁判的质量、当地执法司法环境等客观方面的差异，也从侧面反映出了这项工作开展的不平均，检察工作还有进一步提升的空间，有着很大潜力。

3. 民事虚假诉讼案由涉及领域

民事虚假诉讼的涉及面较一般诉讼类型更多，主要包括借贷纠纷、房地产权属纠纷、离婚涉财纠纷、追索劳动报酬等几类。根据中国裁判文书网对案由的分类，笔者统计了 2020 年江苏省民事虚假诉讼的 10 807 件案件的案由，按照占比的多少进行排序。其中以合同、无因管理、不当得利纠纷为案由的案件最多,有9156件,所占比例为85%。其中以合同纠纷为案件的主要类型,有9042件。第二多的案件类型是侵权责任纠纷,有444件,占比4%。第三多的是涉及公司、保险、证券、票据纠纷的案件,有404件。第四多的是物权纠纷,有361件,占比3%。最后,涉及适用特殊程序、人格权纠纷和其他类型的案件数量较低,分别为101件、49件、125件。由图表可知,虽然民事虚假诉讼涉及领域较多,但基本集中于合同、无因管理、不当得利领域。

(二)对典型案例的分析

通过对最高人民检察院第十四批指导性案例、民间借贷纠纷民事虚假诉讼案例、劳动合同纠纷民事虚假诉讼案例的检索和分析,可以发现,民事虚假诉讼案件的当事人大都企图虚构债权债务来逃避真实义务。具体的表现形式是,当事人虚构民事法律关系,从而捏造双方借贷关系和借贷事实,并向人民法院提起诉讼,从而侵害他人合法权益。但通过案例分析,我们可以发现民事虚假诉讼案件存在一定程度的相似性。以下列举了三个有代表性质的案例,通过对以下案例的分析,可以发现民事虚假诉讼普遍存在的一些问题,为接下来更好地提出民事虚假诉讼的相关解决策略提供依据。

1. B公司骗取支付令执行民事虚假诉讼监督案[1]

案件事实:

2003年某国有A公司因未按时偿还贷款被银行诉至法院。A公司领导班子为转移公司资产逃避债务,遂以个人名义出资成立B公司,B公司的董监高均由原A公司领导班子成员担任。2004年,B公司分别与借款人A公司下属的C公司和D果园场签订200余万元和1600万元的借款协议,C公司又以其房产为借款提供担保。B公司出借的资金全部来源于A公司。在借款到期后,B公司向法院申请支付令,请求C公司和D果园场偿还借款。由于法院作出支付令的决定是以形式审查为主,并不进行实质审查,故而法院在形式审

---

[1] 最高人民检察院第十四批指导性案例,检例第52号。

查无误后即作出支付令，责令C公司和D果园场尽快履行付款义务。C公司与D果园场未提出异议，并提出要与B公司调解，后各方迅速达成以房抵债的和解协议。

检察机关监督情况：

2016年，检察机关在审理原A公司某经理涉嫌贪污受贿一案时发现，B公司可能存在侵吞国有资产的行为，检察机关随即启动监督程序。办案组通过查阅法院相关案件材料后发现，B公司和C公司与D果园场在借款合同纠纷案件的庭审过程中对欠款事实部分的问题的陈述高度一致；三方在执行过程中迅速、主动达成和解协议，相较于一般诉讼案件缺乏一般诉讼所具有的对抗性。同时，经审查B公司并不具有自有资金，其资金全部来源于委托代管的A公司。同时，检察机关发现A公司、B公司的领导班子成员存在混同现象，具有合谋串通侵吞国有资产的主观故意。案发后，A公司的上级主管单位委托第三方机构评估，报告显示，以法院裁定作出日为准，涉案房产的价值约为1.09余亿元，比法院裁定抵债的价格高出了9600余万元，国有资产遭受严重损害。

2. 王某晨、唐某杰等民间借贷纠纷虚假诉讼监督案[1]

案件事实：

2012年，赵某峰因借款合同纠纷诉至人民法院，请求法院判决王某晨、唐某杰夫妻二人给付借款，本息共计33.6余万元。案件开庭审理，并有证人王某岐、吴某出庭作证。人民法院认为本案事实清楚，证据充分，遂作出[2014]元民初字第3774号民事判决，判决书中记载的法院查明案件事实如下：王某晨为借款合同纠纷的借款人，其向赵某峰借款30万元，并有内容为"今借给王某晨人民币叁拾万元整，利息为月息两分，借款时间：某年某月某日"的借据。故人民法院认为借款人应负偿还义务。因该借款发生在王某晨、唐某杰夫妻关系存续期间，属于夫妻共同债务。判决王某晨、唐某杰

---

[1] "王某晨、唐某杰等民间借贷纠纷虚假诉讼监督案"，内蒙古自治区高级人民法院民事再审判决书[2018]内0403民再7号。

承担连带责任,还本付息。

检察机关监督情况:

2015年,人民检察院接到王某晨的监督申请,在审查过程中检察机关发现,在赵某峰提供资金来源的证明中,经核实,有20万元并非来自其银行账户,而是来自他人的银行账户。在两次询问案件原告赵某峰原因时,其陈述前后矛盾。在询问两证人王某岐和吴某时,所作证言亦前后矛盾。通过结合王某晨提供的录音证据,检察机关办案人员判断该案可能涉嫌民事虚假诉讼。随后检察机关主动向公安局移送案件线索,提供讯问笔录。在公安机关的协助侦查下,赵某峰最终承认,该案件是其虚构的,向法院提供虚假银行流水,并指使不存在的证人出庭作伪证,目的是骗取生效法律文书,谋取非法利益。人民检察院出具再审检察建议书,认为王某晨与赵某峰间并无借贷关系,原判认定的事实部分系当事人虚构,请求人民法院再审此案。

3. A公司、刘某B等劳务合同纠纷虚假诉讼监督案[1]

案件事实:

2010年刘某B用A公司的名义中标某村组织活动场所的恢复重建项目,与市政府签订了《建设工程施工合同》。同日,A公司与刘某B签订了《建设工程内部承包合同》,合同约定场所恢复重建的工程以内部责任制的形式发包给刘某B,A公司收取2%的管理费,后工程结束。2012年7月,刘某C等8人以拖欠民工工资为由,将A公司、刘某B起诉至人民法院,要求偿还所欠工资。该系列纠纷案件经两级人民法院层层审理过后,于2013年7月15日终审判决。判决如下:刘某B支付8名原告工资款90 910元,A公司承担连带清偿责任。判决生效后,法院执行局从刘某B银行账户执行一小部分案款,其余案款均从A公司银行账户上被强制执行。

---

[1] 详见"广某公司、刘某兰等劳务合同纠纷虚假诉讼监督案",四川省绵阳市人民检察院再审检察建议书[2015]绵检民[行]监31-38号再审检察建议书。

检察机关监督情况：

判决生效后，A 公司于 2015 年向人民检察院控告刘某 C 等人，称这一系列的劳务合同纠纷案件可能为虚假诉讼，申请检察机关依法监督。人民检察院经调查核实后查明案件事实如下：刘某 C 等人均陈述没有务工的事实，与刘某 B、A 公司不存在劳务法律关系。该系列案件系刘某 B 意图向 A 公司讨要所谓"工程款"，从而指使刘某 C 虚构此 8 人曾在其负责的 A 公司项目工地务工的事实，其不但伪造了村委会的工程人工对账单、欠条、工资表等证据，而且在刘某 C 等 8 人并没有起诉 A 公司和刘某 B 的意图的情形下，刘某 B 擅自以刘某 C 等 8 人的名义向人民法院提起的一起"单方故意"的民事虚假诉讼。人民检察院以认定其提起民事诉讼事实的主要证据系伪造，以该案件系民事虚假诉讼为由，向中级人民法院发出再审检察建议书，建议中级人民法院再审。但中级人民法院复函称："涉案嫌疑人刘某 B 虽然已被检察院以涉嫌虚假诉讼的罪名批准逮捕，但本案是已生效的终审判决，犯罪嫌疑人尚未经刑事审判，暂时不符合再审的条件，故不予再审。"后来市人民检察院启动监督程序，将案件提请省人民检察院抗诉。省人民检察院向高级人民法院提出抗诉，后案件经高级人民法院讨论后发回重审。经重审，对刘某 B、刘某 C 涉嫌犯罪事实，人民法院经审判以虚假诉讼罪作出有罪判决：刘某 B 犯虚假诉讼罪，判处有期徒刑 1 年 2 个月并处罚金。刘某 C 犯虚假诉讼罪，判处有期徒刑 6 个月，缓刑 1 年并处罚金。

（三）数据统计与案例分析中发现的问题

综合上述最高人民检察院发布的典型案例、选择的案例中的案件事实和检察机关专项监督活动情况来看，检察机关在监督治理民事虚假诉讼方面目前仍面临着民事虚假诉讼检察监督制度不健全以及工作环境影响办案效率两个方面的问题。

1. 检察监督制度问题

（1）案件线索发现困难。在上述三个案例中检察机关介入案件的时间跨度分别为 13 年、3 年、5 年，从案件的时间跨度上来讲都相对较长，反映出了检察机关难以自行发现民事虚假诉讼的线索问题。结合案例总结了以下几个方面的原因：

首先，由于检察机关并不参与民事诉讼过程，其很难及时发现民事虚假诉讼案件线索，而只能在诉讼结束后通过合法权益受损方提出监督申请的方式介入其中，这导致了检察机关介入民事虚假诉讼的阶段较晚，制约了民事虚假诉讼线索的及时发现与处理。例如，上述一系列案件均为在判决作出后的较长时间，或者在案件的执行阶段以及执行完毕后因其他案件发现的民事虚假诉讼线索。对于像案例一这种侵吞国有资产的民事虚假诉讼案件而言，双方当事人共同参与其中，胜诉后有利可图，形成较为稳定的利益链，检察机关难以在诉后及时发现民事虚假诉讼线索。而且，实践中的民事虚假诉讼有较大比例是通过民事和解或调解书的形式结案，且调解书本身就相对简略，法院卷宗所附证据材料亦相对简略，庭审中呈现的弱对抗性，以及调解过程不正规，这就使得检察机关仅凭当事人提交的文书、证据难以及时、全面地了解案件详情。

其次，民事虚假诉讼检察监督的覆盖面主要为数据统计中的八类案由，这一部分案件繁多，使得民事虚假诉讼案件不易发现，影响案件线索的收集。长期以来，检察机关在民事诉讼监督工作中采用的处理方式较为被动，如果没有上述案件的当事人申诉、控告和检察机关侦办案件时发现的线索，检察机关很少主动介入民事诉讼，主动对其中存在的民事虚假诉讼行为进行监督。人民法院行使审判权应当充分尊重私权纠纷中当事人的处分权。人民法院行使的审判权具有"消极""中立"的特点，这是是为了防止法院滥用司法权力，同时又可以保护当事人的合法权益，但检察权与审判权不同，检察权是法律监督权，具有"积极""主动"的特点。[1]尤其是，民事虚假诉讼本身就具有隐蔽性的特点，如果案件的办理依然是法院自我监督以及当事人申请监督的模式，很难建立完善的民事虚假诉讼防范与治理机制，也难以实现民事虚假诉讼治理的目标。同时，

---

〔1〕 王俊民：《论检察法律监督权的本质》，载《山东社会科学》2011年第4期，第157~160页。

对于涉及国家利益和社会公共利益的民事虚假诉讼案件,检察机关作为法律规定的公益诉讼主体不能被动等待当事人上门提供案件线索,应当积极主动地通过各种渠道去收集线索,否则将难以有效发挥检察机关在维护国家利益和社会公共利益上的职能。

(2)检察监督介入滞后。目前,我国检察机关对法院民事诉讼的监督采取的是事后监督的方式。[1]最高人民检察院研究室认为:"民事检察的事后监督模式是检察机关对诉讼行为进行监督的固有职责所决定的。"[2]事后监督是由民事诉讼监督的特殊性所决定的,民事诉讼主要处理的是当事人之间的私权纠纷,检察机关不是诉讼参与人,同时也没有权利对私权纠纷进行干涉。只有在出现民事虚假诉讼的情况时才能介入到案件之中,此时才能通过申诉等途径对案件事实、审判活动、执行活动等进行了解,是事后性监督。目前存在一种检察机关应从诉讼开始就进行介入的观点,但这并不符合检察监督的一般规律,而且也是不切实际的。[3]然而,由于以上案例中骗取支付令、民间借贷、劳务合同的民事虚假诉讼案件的发生是在诉讼过程之前或当中发生,当事人往往在庭审辩论中会表现出高度的一致性。例如,在B公司骗取支付令执行的民事虚假诉讼监督案中,B公司、C公司与D果园场在诉讼过程中出现了对事实问题陈述高度一致的现象。原告方提出权利主张后,被告方通过"自认"认可诉求,法院对自认行为不会进行核实,但是已经自认的行为会记录在笔录当中,可以当作之后诉讼的证据使用。因此,检察机关对民事诉讼过程监督的缺失可能会造成难以知晓案件真实的庭审情况、难以对民事虚假诉讼行为进行及时规制、事后监督占用大量司法资源等问题。

---

[1] 汤维建:《挑战与应对:民行检察监督制度的新发展》,载《法学家》2010年第3期,第39~47页。

[2] 王利明、王莉:《我国民事检察的功能定位和权力边界》,载《中国检察官》2013年第23期,第120~134页。

[3] 王利明、王莉:《我国民事检察的功能定位和权力边界》,载《中国检察官》2013年第23期,第120~139页。

(3) 民刑衔接存在缺口。

早在 2001 年,就"伪造证据骗取法院民事裁判占有他人财物的行为如何适用法律"这一问题山东省人民检察院曾向最高人民检察院请示,对此,最高人民检察院研究室作出批复。[1]根据批复,检察机关对此行为不宜以刑法诈骗罪的名义进行监督。然而,伴随着民事虚假诉案件讼的增多,其造成的社会危害也愈发突出,有关民事虚假诉讼入刑的呼声开始增多,而"虚假诉讼罪"也最终被纳入我国《刑法修正案(九)》。不过,有学者指出:"尽管诉讼法是公法,但《民事诉讼法》不同于《刑事诉讼法》,而具有私法的性质。民事诉讼制度的主要功能定位首先在于'解决纠纷',其次才是发现真相,实行的是当事人主义,奉行的是自由处分原则。"[2]正是因为民事诉讼具有这种性质,法院在具体的民事案件审理过程中即便怀疑某些案件存在民事虚假诉讼的情形,也很难利用现有制度主动予以查实并进行有效的惩戒,这使得虚假诉讼者更是肆无忌惮。

民事虚假诉讼的民事监督与刑事规制有待协调。尽管我国《民事诉讼法》《刑法》以及《解释》均规定了规制民事虚假诉讼的内容。但民事法律与刑事法律对虚假诉讼的界定存在诸多差别,主要表现为侵犯法益的区别。《民事诉讼法》上界定的民事虚假诉讼,强调的是其对相关主体合法权益的侵犯,尤其是要强调检察机关对侵犯国家利益和社会公共利益的民事虚假诉讼要积极介入;而《刑法》上的虚假诉讼则被规定于"妨害司法秩序"的罪名,其强调的是该诉讼行为对于司法秩序的破坏。因为民事虚假诉讼在民事和刑事上存在诸多区别,检察机关介入时通常是以民事监督为主,而对借助刑事手段打击民事虚假诉讼则表现得较为谨慎。

民事虚假诉讼刑法规制的打击有待加强。截至目前,尽管"虚假诉讼罪"入刑已经 7 年,民事虚假诉讼案件入罪数量连年增多,但入罪比例还是太少。事实上,民事虚假诉讼即便难以构成虚假诉

---

[1] 最高人民检察院法律政策研究室:《关于伪造证据骗取法院民事裁判占有他人财物的行为如何适用法律问题的答复》,2002 年 10 月 24 日。

[2] 刘仁海:《虚假诉讼罪研究》,上海人民出版社 2017 年版,第 56 页。

讼罪，由于民事虚假诉讼往往伴随着伪造证据甚至枉法裁判、行贿受贿等现象，其也符合伪证罪或者行贿受贿等犯罪特征。

（4）民事虚假诉讼的法律惩戒机制不完善。上述三案例的检察监督情况的最后都对民事虚假诉讼行为进行了不同程度上的规制，但除了案例三之外，案例一和案例二并没有判处虚假诉讼罪，而是适用情节调整了基准刑。实践中更多的民事虚假诉讼案件的惩戒方式大多是驳回起诉或是罚款，关于此部分上文已有叙述。此种现象恰恰反映出了我国民事虚假诉讼的法律惩戒机制的不完善。

目前，我国立法对民事虚假诉讼是否属于侵权行为以及相应的损害赔偿责任并未作出明确规定。首先，根据《民事诉讼法》第115条的规定，[1]可以看出《民事诉讼法》并未给出损害赔偿的明确规定。其次，《民法典》第120条仅规定[2]被侵权的一方可以请求侵权一方承担侵权责任。在《民法典》中承担侵权责任需要当事人存在过错、违法行为以及损害结果，并且三者之间具有因果关系。然而，因为民事虚假诉讼是通过欺骗法院作出生效裁判以谋取不法利益的，真正的权利人应当如何救济自己的合法权益并没有明确的答案。

民事虚假诉讼侵权责任制度的建立与完善还会涉及"惩罚性损害赔偿制度"的设置问题。就民事虚假诉讼而言，民事虚假诉讼的行为人属于明知诉讼行为没有法律和事实依据而故意实施民事虚假诉讼并希望法院作出对其有利的裁决，且对真正权利人造成了损害。因而，民事虚假诉讼实际上符合"惩罚性赔偿"所设置的适用条件，我国应当在民事虚假诉讼的侵权责任制度设置上引入惩罚性赔偿制度。不过，也有学者指出："为了避免不当得利的道德风险，在虚假民事诉讼中，我们应该将惩罚性赔偿的范围仅仅限于虚假民事诉讼

---

[1]《民事诉讼法》第115条规定：当事人之间恶意串通，企图通过诉讼、调解等方式侵害他人合法权益的，人民法院应当驳回其请求，并根据情节轻重予以罚款、拘留；构成犯罪的，依法追究刑事责任。

[2]《民法典》第120条规定：民事权益受到侵害的，被侵权人有权请求侵权人承担侵权责任。

情节严重，如导致受害人权益严重受损或严重扰乱司法机关的审判秩序的情形才能有限适用。"[1]

2. 检察监督工作环境问题

（1）检察建议缺乏刚性。实践中，检察机关监督民事虚假诉讼的主要形式为抗诉与检察建议。检察机关对某一案件提出抗诉，法院就必然需要启动再审程序。相比较而言，对于检察机关以检察建议的形式进行监督的案件，法院在是否进行再审上有较大的自由裁量权或者对部分检察机关的检察建议并没有给予应有的重视。例如，在案例三中，检察机关向法院提交了检察建议书。法院复函称："涉案嫌疑人刘某B虽然已被检察院以涉嫌虚假诉讼的罪名批准逮捕，但本案是已生效的终审判决，犯罪嫌疑人尚未经刑事审判，暂时不符合再审的条件，故不予再审。"基于此，对于存在虚假诉讼情形的，以判决方式结案的民事诉讼，检察机关有权以抗诉的方式进行监督，而再审程序也必然启动，对于再审检察建议，人民法院未必当然采取措施，导致了检察建议这种相对"柔性监督"的方式显然难以取得相应的监督效果。

检察建议在实践中"柔性"监督的弊端也受到了检察机关的关注。最高人民检察院原民事行政检察厅负责人就表示，由于最高人民法院与最高人民检察院对《民事诉讼法》规定的检察建议的适用问题没有达成一致意见，而地方法院与检察院对检察建议的适用也存在诸多分歧，使得该监督形式在实践中运行得并不顺畅。在司法实践中，检察机关作出的检察建议能否得到法院的采纳与回复，在很大程度上有赖于法检两家的关系，而非其本身的效力。对此，2018年，最高人民检察院检察长张军明确要求："把检察建议做成刚性、做到刚性。"[2]不过，就目前的司法实践与观点而言，检察建议的刚性主要体现在参与社会治理层面，至于其能否应用于监督民

---

[1] 周虹、罗恬漩主编：《虚假诉讼防控与治理研究》，中国检察出版社2017年版，第76页。

[2] 董超凡：《检察建议如何落地落实富有刚性》，载《法制日报》2018年8月22日。

事虚假诉讼案件以及如何保证其刚性还有待探讨。

（2）检察机关与其他司法机关间缺乏配合。在民事虚假诉讼案件中，符合虚假诉讼罪的构成要件的应当由民事诉讼转为刑事诉讼，由公安机关、法院、检察院共同配合完成案件的办理。这样检察院和人民法院才能更加有效率地查明虚假诉讼的案件事实，从而尽早惩治违法犯罪活动。但在司法实践中，由于尚未建立完善的信息共享机制，司法机关之间信息不能共通，加上各司法机关之间工作性质不同，技术、硬件等条件也不同，一直存在着各办各的案件的情况，造成了办案进度、办案结果的不统一。因此，虽然在法院审理案件的过程中，部分民事案件中明显存在着虚假诉讼的现象，但由于法院工作量大，检察机关并不知情。如果能够及时发现，及时有效地进行监控，就能及时制止当事人谋取非法收益。同时，在民事诉讼案件的处理上，法院一般前期单方面处理，检察机关进行事后监督即可，不需要公安机关干预。与刑事诉讼的办案流程相比，民事案件办理过程中，司法机关之间缺乏合作与配合。即使在各级法院之间，在法院内的各个法庭之间也很难相互了解案件及其相关情况，从而为想以民事虚假诉讼为手段谋取非法利益的当事人提供了机会。例如，在上述案件中，如果法院与检察机关之间建立了沟通机制，则可以在审理过程中或审理后及时发现案件中存在虚假诉讼，从而节省司法资源，节省当事人的合法权益。因此，司法机关之间的办案信息能否共享，能否相互配合，在一定程度上决定了司法机关防范与制裁民事虚假诉讼的能力。

三、加强民事虚假诉讼检察监督的对策

检察机关在民事虚假诉讼检察监督的实践操作中，存在民事虚假诉讼检察监督制度的问题、检察监督工作环境的问题这两个方面的问题。应当从畅通案源渠道扩大监督、对民事诉讼进行诉中监督、采取多元化监督措施提高监督"刚性"、构建外部联动的检察监督机制、扩大调解案件监督范围、完善第三人诉讼制度、合理设定民事与刑事责任、建立民事虚假诉讼侵权责任制度等方面来完善民事虚假诉讼检察监督。

(一) 完善相关监督制度

尽管我国法律法规及司法解释等为民事虚假诉讼的展开提供了法律依据，但就具体实践操作来说，我国法律对民事虚假诉讼检察监督并没有相对明确的操作规则，全国各级检察机关在监督范围、监督方式以及监督阶段等方面还存在诸多差异，不利于监督工作的合理开展。鉴于此，建议从以下四个方面来完善我国民事虚假诉讼检察监督的法律制度。

1. 畅通案源渠道

实践中，检察机关办理的民事虚假诉讼案件数量远远少于实际发生的民事虚假诉讼案件的数量，造成这种现象的主要原因是检察机关一般收集民事虚假诉讼线索的方法是依职权收集，案源发现的渠道单一，检察机关需要积极拓展案件监督范围。

首先，采取个案监督与类案监督结合的办法。所谓类案监督，是指检察机关对当事人申诉的某一类案件，就"裁判中不合法、不一致、不规范、自相矛盾之处，向人民法院提出抗诉或发出检察建议，以纠正其不正确裁判的行为，保障法律正确统一实施的检察监督制度"。[1]检察机关通过长期对具体个案进行监督，能够不断总结和发现某一类型案件所存在的问题，为类案监督规则的制定及具体实施提供丰富的案例素材；而检察机关通过类案监督工作的开展，能够为具体案件办理的工作方向、工作重点等提供明确的规则指引和经验指导，提升案件监督的质量。就民事虚假诉讼案件而言，检察机关不能仅仅监督具体的案件，还应当发掘和总结存在于案件背后涉及的法律制度不完善、程序运作不规范问题以及其中涉及的违纪、违法和犯罪线索，及时发现特定时期内民事虚假诉讼的发案原因以及发展趋势，进而通过更新办案方向、提升工作技巧以提高发现案件线索的效率。

其次，利用互联网进行案件线索的筛查。目前，最高人民法院已经建成庭审公开网、中国裁判文书网和执行信息公开网三大平台，

---

[1] 范卫国：《虚假诉讼检察监督实践问题研究》，厦门大学出版社2020年版。

而最高人民检察院也建立了人民检察院案件信息公开网，为社会各界了解和监督司法文书、司法工作提供了便利的平台。对于检察机关而言，在民事虚假诉讼监督工作中，应当结合办案经验，对当地法院发布的裁判文书进行分类筛查，尤其是对民事虚假诉讼多发领域的裁判文书进行重点关注，及时发现其中存在的异常情形。增强主动发现和收集民事虚假诉讼案件线索的意识与能力。与此同时，检察机关还应对全国检察机关发布的终结性法律文书进行综合研判，总结各地检察机关查办民事虚假诉讼案件的规律，确保自身的监督依法有效进行。此外，在信息飞速发展的今天，检察机关还应当对报纸、电视等传统媒体以及新媒体发布的有关民事虚假诉讼的具体案件、调研报告以及理论文章等保持密切关注，尤其是要从中了解与掌握特定时期内民事虚假诉讼案件的新特点与新趋势，适时调整检察监督工作重点与工作方法，确保监督工作有的放矢。

此外，检察机关还应当积极利用现代技术手段甄别和发现民事虚假诉讼线索。2018年10月最高人民检察院发布的《加强对民事诉讼和执行活动法律监督工作情况的报告》表示将"研发民事虚假诉讼案件、刑事案件牵连产权保护民事案件线索智能发现技术，拓展案件线索来源"。[1]这既是新时代科技强检的必经之路，同时也为各地民行检察部门通过科技手段收集案件线索提供了便利。实践中，各地检察机关也遵循相关的工作要求，将新科技手段运用到民事虚假诉讼监督工作中，以提升监督工作的精度。例如，浙江省绍兴市人民检察院积极探索"大数据+"的检察工作新模式，借助自行研发的智慧民行检察工作系统，探索实施"人工审查+智能排查+深入调查+移送侦查"的四步民事虚假诉讼检察监督模式，实现了民事虚假诉讼监督工作的有序开展。其中，智能排查工作以中国裁判文书网等司法信息发布平台为基础数据库，根据案件需要设定筛选条件，

---

〔1〕张军：《最高人民检察院关于人民检察院加强对民事诉讼和执行活动法律监督工作情况的报告——2018年10月24日在第十三届全国人民代表大会常务委员会第六次会议上》，载《中华人民共和国最高人民检察院公报》2018年第6期，第6~12页。

运用专门软件与相关算法对基础案件的海量数据进行高速搜索，筛选出符合条件的案件信息并列表展示，进行对疑似民事虚假诉讼案件线索进行全面收集。

如果通过以上述方式拓宽案源发现的渠道，类似于案例一中的执行过程中迅速、主动地达成和解协议，案例三中单方故意虚构民事法律关系、伪造证据进行的民事虚假诉讼系列案件就可以快速、准确地进行识别。在今后的民事虚假诉讼监督工作中，检察机关应从新兴科技方面打开突破口，强化软硬件设施的建设，培训民事检察司法工作人员尽快掌握新技术，及时收集、研判民事虚假诉讼案件的线索，总结发展规律，为民事虚假诉讼检察监督工作的有效开展提供技术保障。

2. 进行诉中监督

就检察机关的工作职能而言，检察监督一方面是防止错误的发生，另一方面是对已经发生的错误及时予以纠正。[1]鉴于民事虚假诉讼的隐蔽性特点，大量民事虚假诉讼通过调解结案，权益受损的当事人和案外人往往难以及时发现民事虚假诉讼的线索，或者即使发现，也往往会因为调解书中没有具体的证据内容，导致相关证据不足以让检察机关对其提供的线索不予采信。因此，如何及时发现民事虚假诉讼的线索，对防范与制裁民事虚假诉讼而言具有重要意义。

2012年新修改施行的《民事诉讼法》的重要变化之一，就是将检察机关对于民事案件的检察监督范围由原来的"审判阶段"延伸至民事诉讼的全过程。据此，检察机关不仅可以跟之前一样进行"诉后监督"，还可以对民事诉讼进行"诉中监督"。不过，遗憾的是，对于怎样进行检察监督，现行《民事诉讼法》并未作出明确规定。

理论界对如何进行诉中监督有以下看法：第一，监督范围应更

---

〔1〕 邢和平：《浅议虚假诉讼中检察监督的完善》，载《中国检察官》2014年第17期，第61~63页。

加广泛。有人认为:"对诉中监督的案件类型和范围加以限定显然是背反的。"[1]因为我国相关法律文件并未限制诉讼监督的范围,诉讼监督的范围应广泛化,其职能应多元化,限制范围显然与之是矛盾的。此外,从检察监督的性质来看,其是对民事诉讼的合法性与正当性进行的监督,因此"主动将某一个或某一类案件划定为应当诉中监督的范围,而将另一部分案件从这里面排除,显然是一种不恰当的行为"。[2]所以,检察监督对于民事诉讼而言应进行诉中监督,应当在事后监督与诉中监督的基础上进行合并,将监督范围的扩大。第二,方式应更加灵活。有观点认为,检察机关对民事诉讼的监督包括监与督两个层面的内容。其中,监是指检察机关了解与掌握被监督对象信息的过程;督是指检察官通过特定方式就诉讼活动中存在的违法行为提出纠正意见或者督促相关主体予以纠正。基于此,检察机关在开展诉中监督时,可根据诉讼中违法行为的不同表现以及不同的案件类型,综合采用检察建议、纠正违法通知书、法律意见书等方式进行。唯有如此,才能够保障民事虚假诉讼的检察监督取得良好效果。

3. 合理设定民事与刑事责任

就民事虚假诉讼的民事与刑事责任的设定问题,理论界存在不同的观点。有观点认为,民事虚假诉讼行为均构成刑法范畴的虚假诉讼罪。原因在于:"虚假诉讼罪是一种行为犯,只要当事人提出的民事诉讼为法院立案受理,则其实质上就已经构成了对国家正常司法秩序的侵犯。"[3]不过,也有学者提出相反的观点:"并非所有的民事虚假诉讼行为都构成犯罪,对于一般性的民事虚假诉讼只需要追究行为人的侵权责任,通过民事强制措施予以惩戒即可。"[4]民

---

[1] 许尚豪:《法治视角下的民事检察诉中监督》,载《兰州学刊》2017年第1期,第137~144页。

[2] 许尚豪:《法治视角下的民事检察诉中监督》,载《兰州学刊》2017年第1期,第137~144页。

[3] 曾粤兴、卢义颖:《罪与非罪及其关系——刑民意义上的虚假诉讼》,载《学术探索》2018年第5期,第91~101页。

[4] 范卫国:《虚假诉讼检察监督实践问题研究》,厦门大学出版社2020年版。

事虚假诉讼行为人侵犯的是一个复杂的客体，在上述案例中，行为人捏造事实、隐瞒真相、骗取调解书或判决书、侵犯他人合法权益或减少自己应尽的义务。而且，民事虚假诉讼骗取法院民事判决，已经浪费了司法资源，扰乱了正常的审判秩序，严重损害司法公正及权威。

《〈关于办理虚假诉讼刑事案件适用法律若干问题的解释〉重点难点解读》界定了虚假诉讼罪，行为人"无中生有"提起的民事虚假诉讼。[1]同时明确了，刑法规定的"以捏造的事实提起民事诉讼"是指："捏造民事法律关系，虚构民事纠纷，向人民法院提起民事诉讼的行为。"[2]其本质上是捏造事实、虚构民事法律关系，二者缺一不可。另外，"事实"应当是对案件基本民事法律关系有影响的"要件事实"，对于不影响民事法律关系的"非要件事实"的虚构不构成"虚假诉讼罪"中的"捏造事实"。例如，在案例三中，赵某峰伪造借款凭证的行为属于捏造要件事实，之后提交的银行流水凭证因对民事法律关系的产生、变更、消灭没有影响属于非要件事实，对此行为就不应当纳入刑法评价的范围。

所以，综上所述，只要当事人提起民事虚假诉讼，就应该追究其责任。但是，民事虚假诉讼是否构成犯罪，应从行为人的行为以及涉案金额来综合考虑，一律将民事虚假诉讼案件归为虚假诉讼罪显然并不符合虚假诉讼罪的立法目的。

4. 建立民事虚假诉讼侵权责任制度

为提升民事虚假诉讼参与者的违法成本，在对民事虚假诉讼参与者进行司法惩戒的同时，还应考虑对于因民事虚假诉讼而权益受损的当事人或者案外人寻求损害赔偿的权利。建立民事虚假诉讼侵权责任制度的主要原因是在上述三例案例中，三名民事虚假诉讼的行为人只有一名受到了虚假诉讼罪的制裁。参考上述案例中行为人

---

[1] 缐杰、吴峤滨：《关于办理虚假诉讼刑事案件适用法律若干问题的解释重点难点解读》，载《检察日报》2018年9月27日。

[2] 缐杰、吴峤滨：《关于办理虚假诉讼刑事案件适用法律若干问题的解释重点难点解读》，载《检察日报》2018年9月27日。

的违法所得，不难发现其收益堪称恐怖，仅仅是民事规制并不能使其违法行为和受到的制裁相适应，用刑法的描述即罪责刑不相适应，所以建立民事虚假诉讼侵权责任制度是完善民事虚假诉讼检察监督所必须要经历的一个环节。具体应在《民法典》的第一编总则和第七编侵权责任编中以法条的形式明确民事虚假诉讼行为为侵权行为并设置相应的侵权责任，同时对有证据证明诉讼正在或将要损害其合法利益的案外人，赋予其提起诉讼或参加诉讼的权利。事实上，因为民事虚假诉讼造成的损害后果具有多元性，对该行为进行惩戒与要求行为人赔偿损失并不冲突，具体理由包括：

第一，民事虚假诉讼参与者并不具有实际的诉权。以双方串通型民事虚假诉讼为例，其在诉之利益上通常有两种情况：一是原告要么并不享有真实的利益，要么其利益并未受到损害；二是诉讼双方虽然存在真实的利益纠纷但其主张的利益部分涉及第三人的合法权益。但无论属于哪种形式民事虚假诉讼，其中的"当事人"实质上是以当事人名义参与诉讼的恶意违法甚至犯罪行为，其并不属于诉讼法意义上的"适格当事人"，即不属于程序法意义上的利害关系人，主张的诉讼权益并无实体法上的权益保护依据，因而民事虚假诉讼参与者实际上并不享有诉权。

第二，增设损害赔偿制度能加大侵权人的违法成本。民事虚假诉讼者之所以敢于实施民事虚假诉讼，其中最主要的原因就是民事虚假诉讼的违法成本与违法所得的收益之间的比例失衡严重，侵权者可能仅需要支付诉讼费就有可能获得一笔不菲的违法所得。同时，还表现为以下几个方面：实践中，由于民事虚假诉讼通常是以民事调解书的方式结案，被真正利害关系人发现并最终为法院所纠正的案件数量相对较小，其被发现的可能性较低。其次，民事虚假诉讼即使最终为法院所纠正，但现行《民事诉讼法》规定的妨碍民事诉讼强制措施最高罚款可达自然人10万元或者单位100万元，与上述案例中的违法所得数额比起来，提起民事虚假诉讼而获得利益的成本过低。而赋予权益受损方提出损害赔偿的权利，将更有助于对民事虚假诉讼参与者形成震慑。

第三，民事虚假诉讼本质上是对利益受损害人的侵权。既然民事虚假诉讼参与者并不具备真实的权利外观，也并不真正享有相应的实体权利，因而其提出的诉讼本质上是对真实权利人的侵权。因此，尽管《民法典》第一编总则和第七编侵权责任编并未明确规定民事虚假诉讼的行为属于侵权的一种形式，但无论是从法学理论的角度上来讲还是从案件本身的行为特征上来看这种行为都属于侵权行为。基于此，无论民事虚假诉讼侵犯的是何种利益，其本质上均属侵权行为。所以，自身合法权益遭受损害的受害者当然有权要求民事虚假诉讼案件的施行者给予由实施这一侵权行为造成的实际损失。

（二）加强检察监督效能

1. 采取多元化监督措施提高监督"刚性"

鉴于民事虚假诉讼可能侵害权益的复杂性，检察机关在办理民事虚假诉讼案件时应当结合具体案件的办理情况，综合采取出具再审检察建议、提起抗诉、支持起诉、纠正审理违法通知、调查核实等更加多元化的监督方式，切实保证监督工作取得实效。具体而言：第一，对于符合抗诉条件的，应当以抗诉的方式进行监督，对于损害国家利益或者社会公共利益相关案件，应当依照《民事诉讼法》的规定，以抗诉的方式启动监督程序，进而通过再审程序的启动，实现对民事虚假诉讼案件的再次审理。第二，对于主要涉及当事人或者案外人的合法权益但社会影响较大的民事虚假诉讼案件，检察机关可依当事人、案外人的申请向法院提出再审检察建议，要求法院对相关案件进行审查并持续跟进审查进程。第三，对于主要侵害当事人或者案外人诉讼权益的案件，如果当事人或者案外人因难以收集证据等原因而无法或者难以维护自身权益，检察机关可对符合条件的当事人支持起诉，通过当事人申请将调查核实的相关证据进行移交，为其维护自身权益提供法律服务。第四，对于在查办民事虚假诉讼案件中，发现涉及法院具有受贿、枉法裁判等问题的，应当依法将案件线索移交监察委员会等相关职能部门，如果仅涉及案件办理的程序瑕疵等问题，应当依法向法院提出纠正审理违法通知。

第五，在案件办理过程中发现企业法人、社会组织以及个人等存在违法违规行为的，在追究其相应的法律责任后，还应当通过检察建议的方式，督促相关单位积极堵漏建制，防范民事虚假诉讼案件再次发生。

而在监督的具体形式方面，长期以来，检察机关对民事申诉案件的审查主要采用书面审查的方式，由于民事虚假诉讼往往涉及伪造证据、恶意串通等方式影响事实的认定，仅仅依靠书面审查显然无法查清事实，采取类似法院证据交换、双方质证的过程成为必要。因此，检察机关有必要在民事虚假诉讼监督的具体办案过程中创新工作方式，积极吸纳无利害关系的第三人主体参与民事虚假诉讼案件的审查，此种方法可以通过公开审查听证的方式进行。公开审查首次出现于最高人民检察院发布于2001年制定的《人民检察院办理不起诉案件公开审查规则（试行）》。此后，在检察实践中，公开审查听证应用于作出不起诉决定的案件、羁押必要性审查等工作中为检察机关的公诉部门、侦查部门、监督部门等广泛采用，但在民事检察工作中的应用相对较少。民事申诉案件公开审查听证制度是指："人民检察院审查民事行政抗诉案件按照公开、公正原则，在审查案件的各个阶段公开民行检察职责、公开办案流程、公开办案人员、公开处理结果，将办案活动全方位地置于社会监督之下的制度。"[1]通过公开听证组织申诉人与被申诉人全面展示证据，互相质证，可以更加客观地对证据的真实性进行判断，亦可以充分听取申诉方与被申诉方的抗辩理由，保障双方当事人的主张权、知情权和申辩权。参加公开听证的人员一般包括案件的承办人员、案件的当事人、申诉人以及与案件无利害关系的第三人代表等。无利害关系的第三方加入，一方面有助于保障监督听证的公正性；另一方面有助于检察机关承办人确认申诉案件是否构成民事虚假诉讼。

---

[1] 张冬喜、董春：《民行检察中的公开审查听证制度》，载《人民检察》2001年第1期，第30~32页。

2. 构建外部联动的检察监督机制

在发挥检察机关监督整体优势的同时，检察机关应当及时与公安机关、法院等司法部门及其下属单位建立联系，解决案件办理中遇到的困难。办案过程中发现的其他犯罪线索，应当通过定期工作联席会议等方式，就类似民事虚假诉讼的案件及时进行沟通，加强防范，并制定相应的惩戒措施，搭建民事虚假诉讼的信息共享平台，形成合力，共同打击民事虚假诉讼。

（1）加强与公安机关的配合。

虽然《刑法修正案（九）》增设了虚假诉讼罪，且"两高"颁布实施了《解释》，但检察机关在查办刑事案件的过程中对案件虽然有侦查权和调查核实权，但是检察机关并没有公安机关专业。所以，在查处虚假诉讼罪的案件中，检察机关的民事检察业务部门缺乏相应的权利，也没有刑事案件的办理经验，仅靠民事检察部门自行查处是极为困难的。这就要求检察机关与公安机关对接，借助公安机关查处犯罪的经验来突破案件的壁垒。同时，在开展一般民事虚假诉讼检察监督工作中，如果发现相关行为已经上升至刑事范畴，民事检察部门应当将与刑事相关的部分在线索发现后及时将犯罪线索移交相应的公安机关，以确保对虚假诉讼罪的不间断打击。

（2）积极探索与法院建立审查防范机制。

法律的尊严需要全体公民的维护，尤其是在经济发展日益迅速的当下，应对民事虚假诉讼更需要司法机关之间积极联动。法院和检察院之间应建立民事虚假诉讼案件的互通联络机制。实践中，法院、检察院的沟通与协调通常发生在刑事犯罪案件查办领域，而有关民事行政案件以及民刑交叉案件办理的协调相对较少。针对司法实践中民事虚假诉讼案件易发、多发的发展态势，法院与检察院应当对此专门建立沟通协调的工作机制，充分发挥两家单位的不同职能，对申诉中或审理中的案件情况加强沟通。例如，呼伦贝尔市某检察院，在2019年与12个基层法院联合召开法检工作座谈会，就民事虚假诉讼案件应如何查办达成共识；巴彦淖尔市法检两院就民事虚假诉讼相关业务多次交换意见，对民事案件的审理程序、法律适用等问题达成一致；兴安盟检察机关主动与法院民事诉讼的相关部门取得联系，调取法院民庭涉及民间借贷纠纷、婚姻家庭纠纷、建设工程施工合同纠纷等民事虚假诉讼高发领域的案件卷宗240余册，依法开展监督工作。同时，对于已经查证确系民事虚假诉讼的案件，法检双方应就案件特点等相关情况作出归纳总结，在不违反法律法规的前提下与其他司法部门共享信息，为防范和制裁同类案件提供经验。建立起合作共识之后，检察机关还可以协助法院强化在审判过程中对民事虚假诉讼案件的防范。目前，多地检察机关部门已经在民事虚假诉讼的防范与规制方面开展了较有成效的改革并与法院达成共识，人民法院对于发现符合民事虚假诉讼特点的案件应予以仔细审查，并采取积极措施。具体措施包括：第一，对诉讼参与人进行诉讼风险警示教育，要求诉讼参与人签署告知书和保证书。第二，协助法院核实民事虚假诉讼案件线索，充分运用调查核实权对案件线索进行调查核实，并将调查核实材料交由法院。第三，对于非讼程序或者执行阶段存在民事虚假诉讼情形的，检察机关应依法行使监督权利，并依照法定程序及时予以规制。此外，法院可根据民事虚假诉讼的性质，对相关案件进行区别处理。具体而言：民事虚假诉讼当事人或者其他诉讼参与人，其行为尚不构成犯罪的，法院应依照《民事诉讼法》第115条、第116条和第117条之规定，依法予以罚款、拘留等处罚；如涉嫌犯罪，应当依照管辖范围将犯罪线索及材料移送相应公安机关、检察机关。长此以往，构建的外部联动机制即可有效防范案例一中因信息无法知悉和共享而出现的错误裁判。

结　语

目前民事虚假诉讼案件仍存在部分困境，在案件预防与识别制度方面，具体表现为案件线索渠道不畅通、检察监督滞后等；在检察监督的效能方面，具体表现为检察监督刚性不足、检察机关内部各部门缺乏配合等；在民事虚假诉讼的法律制度方面，具体表现为民刑衔接存在缺口、缺少严格的法律惩戒机制等。为此，针对民事虚假诉讼的概念、特征、成因和实践现状，有必要对民事虚假诉讼防范和制裁进行更深入的基础理论研究并在此基础上总结实践探索。

从民事虚假诉讼基础理论的研究出发，综合民事虚假诉讼检察监督实证研究来找寻相应问题的完善建议。首先对民事虚假诉讼的基础理论进行归纳总结，对近几年民事虚假诉讼案件的案件数量、频发领域，以及各省份的分布情况进行数据统计并分类研究，意在为司法机关识别民事诉讼案件中的虚假诉讼情形提供参考，帮助提高司法机关对民事虚假诉讼的识别效率。在此基础上对指导案例及典型案例进行分析，提出防范和制裁民事虚假诉讼违法行为的对策和建议。针对上述民事虚假诉讼检察监督存在的缺陷，首先需要扩大检察监督的范围，具体包括畅通案源渠道、确立民事诉讼全过程的监督机制；其次要完善民事虚假诉讼法律制度，具体包括明确民刑衔接的部分、加大当前刑事责任追究的力度；最后要健全检察监督效能，具体包括多元化监督弥补刚性不足、构建内部联动的监督机制等。

检察提前介入监察机制研究*

摘　要： 我国监察体制改革后，检监衔接问题成了理论界和实务界共同关注的课题。检监衔接既是检察机关和监察机关"互相配合、互相制约"原则的基本要求，也是形成反腐合力、落实法律监督、保障被调查人合法权益等的现实需要。检察提前介入监察具有制度保障、实践支撑、检监衔接职能定位的基础。但检察机关提前介入的衔接、检监留置与强制措施的衔接、检监证据的衔接等方面存在较多需要研究的问题。推进法治反腐，完善国家权力法律监督体制，检察机关与监察机关有效衔接的重要性突显。检察和监察两大机关在独立行使职权的同时，需要互相配合、互相制约。为构建有效的检监衔接机制，首先要明确检察机关与监察机关之间的关系，并清晰地界定检察权与监察权的属性及其各自的职权范围。在实践中，检察机关和监察机关在办理职务案件衔接时出现案件范围不明确、介入时间不清晰、监督体系不健全、检察取证能力不足等问题，应完善检察提前介入监察的机制，明确限定提前介入的案件范围，严格规范提前介入的时间节点，改进提前介入的工作方式；完善立案前商请检察机关提前介入机制；明确检察官和监察官工作职责衔接，完善检察机关监督方式，建立检察机关提前介入反馈机制，提高检察官调查取证的能力，加强检察提前介入监察的监督能力建设。

---

* 作者简介：马广年，甘肃政法大学。巩亚荣，甘肃省庆阳市人民检察院。何青洲，甘肃政法大学。基金项目：2024年甘肃省人民检察院检察理论研究课题《检察提前介入监察机制研究》（GSJC2024-11-03）。

关键词：检察权；监察权；检监衔接；配合与制约；检察介入

2013年11月12日，党的十八届三中全会通过了《关于全面深化改革若干重大问题的决定》，该决定明确要求"推进反腐败体制机制创新和制度保障"，同时提出了"深化党的纪律检查体制改革"的重要任务。这是党中央为了加强党风廉政建设、推动反腐败斗争深入发展而作出的重大决策。2015年1月，习近平在第十八届中央纪委会议第五次会议上指出，反腐败体制机制要进一步完善，并明确要求修改原《行政监察法》。2017年，全国人民代表大会常务委员会决定在部分省市开展监察试点准备工作，标志着我国监察体制改革工作不断完善。2018年3月《宪法（修正案）》及《监察法》的出台标志着我国反腐败和监察体制改革取得了显著的成果，为全面从严治党、推进国家治理体系和治理能力现代化提供了坚实的法治保障。

《监察法》在监察体制改革的背景下，对监察机关的基本职能进行了明确规定，确保了对行使公权力的公职人员监察的全面覆盖。通过构建集中统一、权威高效的监察体系，切实履行反腐败职责，深入推进党风廉政建设和反腐败斗争，为构建不敢腐、不能腐、不想腐的有效机制提供了有力保障。经过监察体制改革，我国已建立起一种新型权力架构，即"一府一委两院"的权力配置模式。在监察体制改革背景下，检察机关反贪污渎职职能转隶由监察机关行使。在监察机关处理职务犯罪案件的过程中，关于检察机关是否能够像提前介入侦查那样介入监察调查，目前尚存在不同观点。检察机关和监察机关的沟通协作直接关系我国反腐机制的运行。因此，检察权与监察权衔接问题日益重要，需要深入研究、完善有效的衔接机制，强化检察提前介入监察机制，深化国家监察体制改革，提高监察工作法治化水平，更好地推进国家治理体系和治理能力现代化。

尽管各国在构建反腐败模式时采取了不同的方式，如议会主导、行政主导或相对独立的司法机关反腐机制等，但一个强大的反腐机构成了他们共同的选择。这一机构通常具备权威性,通过其统筹协调,能够有效推动反腐败工作的深入开展,从而解决反腐败机制运转不畅、效率低下的问题。这一制度的实施,对于提高反腐败工作的整体效果而言具有重要的作用。[1]权力导致腐败,绝对权力导致绝对腐败。对监察机关赋予独立的调查权和独立性,有利于反腐败工作的顺利进行。在我国,检察机关提前介入监察机关对证据、法律的适用等审查集中体现了监督制约机制。

我国的监察体制是基于我国的实际国情而建立的,是一种具有创新性的制度。我国与国外的政体、国情不同,我国的国家监察体制与西方的国家监察制度存在较大差异。

自《监察法》正式施行以来,随着《刑事诉讼法》的修订,检察权与监察权的衔接问题已经成为热点问题。目前,对检察提前介入监察衔接问题的研究在实务界与理论界存在较大争议。检察提前介入侦查制度和理论已经相当成熟,检察提前介入侦查的主要目的是提高办案效率、保证办案质量。对于该制度的理论基础,学界存在观点分歧,其中包括"法律监督说""诉讼职能说"和"综合说"等。[2]关于检察提前介入监察与检察提前介入侦查是否拥有共同的理论基础,学界同样存在争议。主要观点包括"法律监督说""监察独立说"和"公诉准备说"等。[3]这些观点反映了学界对该问题进行深入研究和探讨的现状,主要针对检监两机关的属性、职能、介入机制和证据衔接等方面。

检察提前介入监察的必要性和可行性。关于检察提前介入监察,理论界有不同的学说观点,研究方向和侧重点也有不同。主要有两种观点:一种认为监察权具有政治属性,检察机关不应过度介入,

---

[1] 李秋芳、孙壮志主编:《反腐败体制机制国际比较研究》,中国社会科学出版社2015年版,第8~9页。

[2] 吕晓刚:《监察调查提前介入实践完善研究》,载《法学杂志》2020年第1期,第52页。

[3] 封利强:《检察机关提前介入监察调查之检讨——兼论完善监检衔接机制的另一种思路》,载《浙江社会科学》2020年第9期,第41~42页。

从而影响监察机关对办理职务犯罪案件的独立性；一种认为检察机关作为我国的法律监督机关，提前介入监察机关办案是行使法律监督职责，有其介入的法理基础和正当性。监察机关权力过大，有必要对其进行监督。[1]对于职务犯罪调查过程，公诉机关提前参与可以为调查行为提供明确的规范和法律指导，进而在某种程度上解决侦检双方在证据采纳方面的分歧。[2]检监衔接的案件管辖、调查措施、案件移送等关键问题需要通过法规范为实践提供支持。[3]纪委合署办公的监察机关具有政治属性，[4]政治领导应贯穿于纪检监察工作的各个环节，同时监察权应保持其独立地位。[5]

监察权有政治性、法治性和有效性，并且是监察机构未来持续加强的核心领域。[6]我们对监察对象的界定、对监察权的制约监督、对被监察对象的权利保障以及对调查权的定位等问题进行了深入研究，针对各个具体问题，我们提出了具有针对性的调整建议，并且认为国家监察权是一种不同权力吸收整合形成的全新的国家权力。[7]监察体制改革实质上是国家政治资源的重新调整与分配，是对既有政治资源的再整合和再分配。[8]

---

[1] 唐珍名、周朕可：《论权力机关监督监察机关的路径完善——兼论监督法的修改》，载《湖南大学学报（社会科学版）》2024年第2期，第127页。

[2] 江国华：《国家监察与刑事司法的衔接机制研究》，载《当代法学》2019年第2期，第25~33页。

[3] 龙宗智：《监察与司法协调衔接的法规范分析》，载《政治与法律》2018年第1期，第3~4页。

[4] 王若磊：《论监察体制的制度逻辑》，载《法学评论》2021年第4期，第75页。

[5] 王若磊：《论监察体制的制度逻辑》，载《法学评论》2021年第4期，第74页。

[6] 庄德水：《结构改革与职能发展：我国监察机构的治理》，载《中共天津市委党校学报》2018年第5期，第55页。

[7] 龙太江、牛欢：《监察委员会监察权配置研究》，载《长白学刊》2019年第3期，第17页。

[8] 徐汉明：《国家监察权的属性探究》，载《法学评论》2018年第1期，第19页。

关于监察机关监督权。监察体制改革后，监察委员会权力过度集中，为了保障被调查人的合法权益，有必要对监察权加以限制。[1]监察机关和检察机关各司其职，监察机关拥有专属的监察权，但不应干预检察机关的法律监督权。[2]

检察机关介入监察机关的主体正当性。第一，根据《宪法》的规定，检察机关拥有法律监督地位，并有权对监察机关的办案过程进行监督。检察机关具有法律监督属性，对侦查和审判活动具有制约性，检察机关对监察机关的外部监督不仅具有合法性，而且法律程序上也存在紧密的衔接性。[3]检察机关提前介入监察机关职务犯罪案件办案，发挥其司法审查功能，为监察机关办案提供专业的法律意见。这些措施有助于确保监察机关依法行使职权，维护法律的公正和权威。[4]第二，检察机关法律监督职能未变。在宪法框架下，检察机关是我国的法律监督机关，其职责是以国家的名义监督法律的实施。如果发生侵害国家利益的行为，检察机关应迅速介入，以专业的监督方式对公权力形成制约。[5]监察机关的职权无法取代检察机关的法律监督职能，从国家监察机制改革后监察权和检察权的关系及宗旨和目的来看，这一改革并未改变检察机关在宪法中的定位。[6]因此，检察机关依据法律授权监督国家机关权力在法治轨道上运行。[7]

---

[1] 魏昌东：《国家监察委员会改革方案之辩正：属性、职能与职责定位》，载《社会科学文摘》2017年第6期，第73页。

[2] 秦前红、石泽华：《论监察权的独立行使及其外部衔接》，载《法治现代化研究》2017年第6期，第56页。

[3] 朱福慧：《论检察机关对监察机关职务犯罪调查的制约》，载《法学论坛》2018年第3期，第14页。

[4] 周长军：《监察委员会调查职务犯罪的程序构造研究》，载《法学论坛》2018年第2期，第135页。

[5] 韩大元：《论国家监察体制改革中的若干宪法问题》，载《法学评论》2017年第3期，第14页。

[6] 朱孝清：《国家监察体制改革后检察制度的巩固与发展》，载《法学研究》2018年第4期，第4页。

[7] 付盾、张义清：《中国式现代化视域下法律监督体系化的问题与进路》，载《广西社会科学》2023年第7期，第41页。

第三，检察提前介入监察，互相监督制约，提高办案效率。检察提前介入监察可以互相制约、互相监督，提高办案质量。合宪性原则要求检察机关的权能定位围绕法律监督职能进行。[1]监察监督和检察监督具有差异性和互补性，具体表现在监督对象、范围、方式等方面，两者各自承担着不同的职责，共同丰富了权力制约体系。[2]检察机关通过行使侦查监督权和逮捕批准权，对监察机关实施有效的监督。[3]调查权与起诉权的分离构成了有效的外部监督机制，这符合权力制约的基本法律原则。[4]检察提前介入监察可以实现对监察权的程序约束，[5]从而更有利于实现人权保障。

一、检察提前介入监察概述

检察提前介入机制在监察调查程序中发挥着重要作用。这种机制不仅继承了过去实践中检察提前介入的主要特点，还充分考虑了监察调查程序的政治性、封闭性和反腐治理等特殊属性。检察提前介入机制在监察调查程序中的运用，是对我国反腐败工作的一次重要创新。这一机制在充分发挥检察职能的同时，有力地支持了监察机关依法履行职责，为打击腐败犯罪提供了有力的法律保障。

检察权和监察权来源于权力机关，我国是人民当家作主的国家，国家的一切权力来源于人民，检察权提前介入监察权具有正当的法

---

〔1〕 侯跃伟、李嘉：《论检察机关法律监督职能的宪法回归》，载《盐城工学院学报（社会科学版）》2022年第4期，第20页。

〔2〕 夏金莱：《论监察体制改革背景下的监察权与检察权》，载《政治与法律》2017年第8期，第56页。

〔3〕 秦前红：《监察机关依法开展自我监督之路径研究》，载《深圳社会科学》2018年第1期，第147页。

〔4〕 高一飞：《国家监察体制改革背景下人民监督员制度的出路》，载《中州学刊》2018年第2期，第63页。

〔5〕 李少文：《从政治实践中理解和创新中国宪法——评秦前红教授〈监察改革中的法治工程〉》，载《中国法律评论》2020年第6期，第162页。

理基础。提前介入监察的法律依据主要源自宪法、[1]监察法[2]以及相关的法律法规。[3]宪法作为国家的根本大法,明确了检察机关和监察机关的职责与权力,为提前介入监察提供了根本遵循。监察法则具体规定了监察机关的职责、权限和程序,包括提前介入监察的条件、程序和效果等。同时,相关的司法解释进一步细化了提前介入监察的具体操作,为检察机关和监察机关提供了明确的指导。

在实践中,"检察机关提前介入职务犯罪调查是监检衔接关系中的重点与难点问题"。[4]检察提前介入监察已经取得了一些显著的成效,同时在司法实践中已经得到了广泛运用。我国的《刑事诉讼法》没有对检察机关提前介入机制作出系统、完善的规定,对提前介入的主体、时间、程序、方式、范围等重要问题没有作出具体规定。

一方面,由于检察机关和监察机关在职责和权力上存在一定的差异,双方在协作过程中可能会出现沟通不畅、配合不力的情况。

---

[1] 《宪法》第 127 条规定:"监察委员会依照法律规定独立行使监察权,不受行政机关、社会团体和个人的干涉。监察机关办理职务违法和职务犯罪案件,应当与审判机关、检察机关、执法部门互相配合,互相制约。"

[2] 《监察法》第 11 条规定:"监察委员会依照本法和有关法律规定履行监督、调查、处置职责:(一)对公职人员开展廉政教育,对其依法履职、秉公用权、廉洁从政从业以及道德操守情况进行监督检查;(二)对涉嫌贪污贿赂、滥用职权、玩忽职守、权力寻租、利益输送、徇私舞弊以及浪费国家资财等职务违法和职务犯罪进行调查;(三)对违法的公职人员依法作出政务处分决定;对履行职责不力、失职失责的领导人员进行问责;对涉嫌职务犯罪的,将调查结果移送人民检察院依法审查、提起公诉;向监察对象所在单位提出监察建议。"

[3] 《监察法实施条例》第 26 条规定:"监察机关依法调查涉嫌贪污贿赂犯罪,包括贪污罪、挪用公款罪、受贿罪、单位受贿罪、利用影响力受贿罪、行贿罪、对有影响力的人行贿罪、对单位行贿罪、介绍贿赂罪、单位行贿罪、巨额财产来源不明罪、隐瞒境外存款罪、私分国有资产罪、私分罚没财物罪,以及公职人员在行使公权力过程中实施的职务侵占罪、挪用资金罪,对外国公职人员、国际公共组织官员行贿罪,非国家工作人员受贿罪和相关联的对非国家工作人员行贿罪。"

[4] 周新:《论检察机关提前介入职务犯罪案件调查活动》,载《法学》2021 年第 9 期,第 72 页。

另一方面，提前介入监察需要检察机关具备较高的专业素质和业务能力，而目前一些地区的检察机关在这方面还存在一定的不足。为了解决这些问题，检察机关和监察机关需要进一步加强沟通与协作，完善协作机制。"检察机关可以参照提前介入侦查的方式，在监察机关的部分案件中提前介入调查活动"，[1]检察提前介入监察的时间和范围应当适时，不能过早或过迟。在提前介入的案件范围上并非提前介入的案件越多越好，而是应当严格限定提前介入的案件范围，不能扩大化。同时，检察机关也需要不断提升自身的监察能力和水平。

（一）检察权与监察权属性

我国在监察委员会成立之前，检察机关拥有对职务犯罪的侦查权，而监察委员会成立后，这一权力被转隶至监察机关。监察体制改革后，我国的国家机构由"一府两院"变为"一府一委两院"，根据我国《宪法》的规定，监察机关和国家行政机关、审判机关和检察机关都是平行机关。改革后的检察机关和监察机关，在构建检察提前介入监察衔接机制时，需要明确两者的权力属性和职能定位。厘清监察权和检察权的界定和职能定位，是构建检察提前介入监察衔接机制的必要前提，可以更高效地实现检监衔接工作的进行。

1. 检察权的属性

在国家监察体制改革后，检察机关职务犯罪的侦防部门整合后转至监察机关，检察机关的职能结构和工作格局发生了变化，检察权的内涵与权力属性随之发生了变化，找准检察权的定位，按照检察权的特征科学配置权力，建立符合规律要求的权力运行机制，成了新时代检察工作的核心命题。[2]因此，学术界对检察权的定位和性质是否已经发生转变进行了广泛的探讨。

（1）检察权的性质。关于我国检察权的性质，存在多种观点，

---

〔1〕 左卫民、唐清宇：《制约模式：监察机关与检察机关的关系模式思考》，载《现代法学》2018年第4期，第26页。

〔2〕 苗生明：《新时代检察权的定位、特征与发展趋向》，载《中国法学》2019年第6期，第240页。

包括"行政权""司法权""法律监督权"以及"兼具行政权和司法权"等。[1]这些观点从不同角度对检察权进行了考量,得出了不同结论。[2]在监察体制改革之前,检察权涵盖了五项基本职能,职务犯罪侦查权、批准与决定逮捕权、诉讼活动监督、刑事公诉权以及其他相关权能。这些职能共同构成了检察权的核心内容。[3]监察委员会成立后,检察机关的反贪污和反渎职职能发生了改变,该职能由监察委员会统一行使,检察机关工作重点逐步转移法法衔接机制、提前介入机制、公诉与司法领域的监督方面。对于检察机关而言,职务犯罪侦查权受到了限制,并未完全被剥离。[4]在监察体制改革后,大量职务案件由监察机关侦查办理,因此,有学者指出,职务犯罪侦查权的转隶会导致检察机关在法律监督方面出现部分职能的缺失,限制检察机关的侦查权,从而导致检察权的属性改变。[5]

国家监察体制改革后,办理职务犯罪案件虽由检察机关转隶至监察机关,但是检察机关所承担的法律监督职责仍然保持不变。根据《宪法》及《人民检察院组织法》的相关规定,人民检察院作为国家的法律监督机关,其检察权的性质与职能均在于执行法律监督。[6]法律监督作为一个专业术语,主要指的是国家为确保法制统一和法律的正确实施,特别授权的国家机关根据法律的授权,对法律实施的具体情况开展检查、督促工作,并产生法定效力的专门性工作。[7]《宪

---

[1] 万毅:《检察权若干基本理论问题研究——返回检察理论研究的始点》,载《政法论坛》2008年第3期,第92页。

[2] 张智辉主编:《检察权优化配置研究》,中国检察出版社2014年版。

[3] 孙谦:《中国特色社会主义检察制度》,中国检察出版社2009年版。

[4] 《刑事诉讼法》(2018年修正)第19条规定:"人民检察院在对诉讼活动实行法律监督中发现的司法工作人员利用职权实施的非法拘禁、刑讯逼供、非法搜查等侵犯公民权利、损害司法公正的犯罪,可以由人民检察院立案侦查。保留了检察机关部分的侦查权。"

[5] 卞建林:《刑事诉讼法再修改面面观》,载《法治研究》2019年第1期,第6页。

[6] 谭宗泽、张震、褚宸舸主编:《监察法学》(第2版),高等教育出版社2023年版,第63页。

[7] 张智辉:《检察权研究》,中国检察出版社2007年版,第66页。

法》第134条规定:"中华人民共和国人民检察院是国家的法律监督机关。"我国检察机关的法律监督职能未改变。

(2)检察权的定位。检察院作为我国宪法所确立的专门法律监督机关,其存在与我国的宪制结构紧密相连。因此,要全面而准确地解析我国当前的检察制度,就必须深入探究这一制度在中国特色宪制结构中的具体表现。[1]在国家监察体制改革实施之前,依据2004年修订的《宪法》第3条第3款的规定,我国确立了"一府两院"的体制框架。在这一框架下,检察权与行政权、审判权被赋予了平等的地位,彼此之间不存在隶属关系。

经过国家监察体制的全面改革,并依据新修订的《宪法》第3条第3款,我国已正式确立了"一府一委两院"的体制架构。在此架构中,政府承载着国家行政管理的核心职责,监察委员会则负责对国家公职人员实施监察工作,法院作为国家审判机关行使审判权,而检察机关则履行法律监督的职能,共同维护国家法治的统一与尊严。因此,我国检察机关性质未改变,检察机关、监察机关、行政机关、司法机关都是平行机关且由人大产生并对人大负责。

(3)检察机关的职权范围。国家监察体制改革后,检察权得到了重新配置,检察权的反贪污、反渎职职能由国家监察委员会行使。检察权是国家赋予检察机关监督国家宪法、法制的统一及正确行使的权力,[2]检察权是国家权力的重要组成部分。《宪法》规定检察机关行使职权,不受行政机关、社会团体和个人的干涉。[3]检察机关作为国家的法律监督机关,其职权范围广泛且十分重要。改革后的检察机关主要负责公诉、批捕、监督刑事侦查活动,确保法律的公正实施。同时,检察机关还承担着对民事、行政诉讼活动的监督

---

[1] 秦前红:《全面深化改革背景下检察机关的宪法定位》,载《中国法律评论》2017年第5期,第64页。

[2] 赵晓光:《监察留置的属性与制约体系研究》,载《中国社会科学院研究生院学报》2018年第2期,第120页。

[3]《宪法》第136条规定:"人民检察院依照法律规定独立行使检察权,不受行政机关、社会团体和个人的干涉。"

职责,保障公民、法人和其他组织的合法权益。

检察机关作为法律监督机关,不仅拥有对职务犯罪案件的监督权,还拥有刑事案件公诉职能和民事、行政、刑事案件监督职能。在公诉方面,检察机关负责对刑事犯罪案件、监察机关调查结束移送的职务犯罪案件进行审查起诉,对符合条件的案件提起公诉,并出席法庭支持公诉。通过公诉活动,检察机关能够有效地打击犯罪,维护社会秩序和公共安全。在批捕方面,检察机关对公安机关提请批准逮捕的案件进行审查,决定是否批准逮捕犯罪嫌疑人。这一职权的行使,有助于防止滥用逮捕措施,保障公民的合法权益。

检察机关在职务犯罪案件中,对监察机关调查的证据材料,监察机关移送检察机关后,有权对证据材料进行审查并提出意见。经监察机关商请,检察机关可以提前介入监察机关参与职务案件的办理,主要是对证据的合法性、事实认定、法律适用提出意见。

检察机关对公安机关的侦查活动进行监督,确保侦查活动依法进行,防止刑讯逼供、超期羁押等侵犯人权的行为发生。同时,检察机关还负责对监狱、看守所等刑事执行机关的活动进行监督,保障被羁押人员的合法权益。在民事、行政诉讼监督方面,检察机关对民事、行政诉讼活动进行法律监督,对违法行为进行调查取证,并提出抗诉、再审检察建议等。[1]

总之,检察机关的职权范围涵盖了公诉、批捕、监督刑事侦查活动以及民事、行政诉讼监督等多个方面。这些职权的行使,不仅有助于打击犯罪、维护社会秩序和公共安全,还能够保障公民的合法权益,促进司法公正和法治建设。

(4)职能整合后的检察院与检察权。职能整合后的检察院与检

---

〔1〕《人民检察院组织法》第20条规定:"人民检察院行使下列职权:(一)依照法律规定对有关刑事案件行使侦查权;(二)对刑事案件进行审查,批准或者决定是否逮捕犯罪嫌疑人;(三)对刑事案件进行审查,决定是否提起公诉,对决定提起公诉的案件支持公诉;(四)依照法律规定提起公益诉讼;(五)对诉讼活动实行法律监督;(六)对判决、裁定等生效法律文书的执行工作实行法律监督;(七)对监狱、看守所的执法活动实行法律监督;(八)法律规定的其他职权。包括了侦查权、批捕权、公诉权、提起公益诉讼权、诉讼监督权、执行监督权、法律规定的其他职权等。"

察权在新的司法体系架构中扮演着至关重要的作用。随着监察委员会的成立和职能的划分，检察院的职责也相应进行了调整和优化，以更好地适应反腐斗争和法治建设的需要。职能整合后的检察院在维护国家法治和公共利益方面发挥着更加突出的作用。检察院作为国家的法律监督机关，负责对刑事犯罪进行公诉、批捕、监督刑事侦查活动等工作，保障法律的公正实施和司法公正。在职能整合后，检察院更加注重与监察委员会的协作与配合，共同打击腐败和犯罪行为，维护社会秩序和公共安全。

职能整合后的检察院在行使检察权方面更加注重对权力的制约与监督。监察权作为一种独立的国家权力，具有监督、调查、处置等职能。在职能整合后，检察院更加注重对权力的制约与监督，确保权力的合法行使，防止权力滥用和侵犯公民合法权益的行为发生。同时，检察院也更加注重与其他国家机关的沟通与协作，共同防范和纠正违法行为，保障公民的合法权益。职能整合后的检察院在推动法治建设方面发挥着更加积极的作用。在新的司法体系架构中，检察院与监察委员会共同构成了全面、有效的监督体系，有助于推动法治建设的不断深入。检察院通过依法行使职权、加强内部监督、提高司法公信力等措施，不断推动法治建设的进程，为社会的和谐稳定和持续发展提供坚实的法治保障。

职能整合后的检察院还需要在实践中不断完善和优化自身的工作机制和制度。随着社会的发展和法治的进步，检察院的职责和行使权力的方式也需要不断调整和完善。这需要检察院在实践中不断探索和创新，加强自身建设，提高司法能力和水平，以更好地服务于国家法治建设和反腐斗争的需要。

2. 监察权的属性

党的十八大以来，习近平新时代中国特色社会主义理论作为主要指导思想，坚持全面从严治党，加大反腐力度，完善中国特色社会主义法律体系，完善党内法规制度体系，实现依规治党和依法治国的有机统一。国家治理现代化的实现要依托国家公权力的有效运行，而保障公职人员依法用"权"，则是监察权的关键。

（1）监察权的概念。监察权的属性定位关系着我国监察制度的发展以及监察体制机制的完善，对进一步建立反腐败体系具有重要意义。监察权，是指国家为保障法律的正确实施，维护国家和社会公共利益，预防和纠正公共权力的滥用和腐败行为，赋予特定机关或组织的一种独立的、专门的权力。

自监察委员会创立以来，学术界和实务界对监察权的属性便有不同的观点。代表性的观点主要有：①"中央事权说"。认为监察权属于中央事权，应当适用全国统一标准，禁止省级以下监察机关制定监察法规或监察规章。[1]②"独立说"。认为监察权国家监察权是一种高位阶独立性的复合性权力，其权源的生发性使其具有天然的行政属性，但又脱胎于行政权具有相对独立性。[2]③"专门性监督权说"。认为监察机关对全体公职人员行使监察权，属于国家专门监督体系的组成部分，服从并从属于人民代表大会的宪法监督。[3]④"复合权说"。强调监察权由监督权、调查权、处置权三种权能组成，其中监督权具有监督属性，调查权具有部分司法属性、党纪审查属性和行政属性，处置权具有行政属性，三种权能构成具有多重属性的监察权。[4]⑤还有学者从权力外观与生成逻辑的双重视角阐释监察权的定性。[5]监察权的属性理论界和实务界随着《监察法》的实施仍未形成共识和定论，我国推进国家监察体制改革的根本宗旨在于强化党对反腐败斗争的全面领导，构建集中统一、权威高效的国家监察体系，推动党和国家治理体系和治理能力不断向现代化迈进，是中国特色社会主义监督理论和实践的重大创新。笔者认为，我国监察权属于"专门性监督权说"，即监察机关对所有行使公权力

---

〔1〕 郭文涛：《论监察权属于中央事权》，载《太原理工大学学报（社会科学版）》2022年第3期，第7页。

〔2〕 徐汉明：《国家监察权的属性探究》，载《法学评论》2018年第1期，第9页。

〔3〕 陈瑞华：《论国家监察权的性质》，载《比较法研究》2019年第1期，第4页。

〔4〕 郭世杰：《监察权的权能划分与性质界定》，载《观察与思考》2022年第11期，第48~49页。

〔5〕 刘卓：《监察权定性的双重视角：权力外观与生成逻辑》，载《湖北经济学院学报（人文社会科学版）》2022年第10期，第60页。

的公职人员违纪、违法和职务犯罪行为进行监督,并接受人民代表大会的监督。

(2)监察权的法律性质。监察权的法律性质,可以从多个维度进行深入探讨。监察权在法律体系中的地位是独特的,它不同于立法权、行政权和司法权,而是一种专门用于监督权力运行的权力。监察权具有独立性,这种独立性表现为其在行使过程中不受其他权力的干涉,从而确保其能够公正、客观地履行监督职责。

监察权与其他法律权力相比,具有其独特的性质和功能。监察权的核心在于对公共权力的监督,其目标是防止权力滥用和腐败,维护法律的正确实施。这与立法权、行政权和司法权的功能形成了互补,共同构成了一个完整的法律体系。

监察权在法律实施中的独立性是其法律性质的重要体现。监察机关在行使监察权时,应依法独立行使职权,不受任何机关、团体和个人的干涉。这种独立性确保了监察权的有效性,使其能够真正发挥监督作用。监察权对公民权利与义务的影响也是其法律性质的重要方面。监察权的行使旨在维护公共利益,预防和处置职务犯罪,打击腐败犯罪,构建不敢腐、不能腐、不想腐的监督机制。同时,公民也有义务配合监察机关的工作,提供必要的信息和协助。这种权利义务关系体现了监察权的民主性和人民性。

国家监察委员会作为最高监察机关,依法行使国家监察权,负责全国的监察工作。监察体制改革之前,我国的权力制约体系主要是在纪委主导下,由检察监督、行政监督和司法监督三部分构成,"以保证国家监察机关既有效行使反腐败职能,又防止其滥用权力"。[1]

国家监察委员会是国家权力机关的重要组成部分,是独立于行政机关和司法机关之外的专门监察机关。其设立体现了国家对于监察工作的重视和对于公权力的有效监督,体现了权力分立与制衡的

---

〔1〕 姜明安:《国家监察法立法的若干问题探讨》,载《法学杂志》2017年第3期,第1页。

法治原则。监察权是一种独立的国家权力,具有鲜明的政治性和法律性。监察权旨在监督所有行使公权力的公职人员,确保他们依法履职、廉洁从政,维护国家安全和公共利益。监察权的行使不受其他任何机关、团体和个人的干涉,具有高度的独立性和权威性。

监察权具有监督、调查、处置等职能。国家监察体制改革的价值基础是构建高效、权威的反腐败国家监察体系。[1]监察委员会可以通过监督、调查等方式,发现和纠正公职人员的违法违纪行为,维护国家法治和公共利益。同时,监察委员会还可以对涉嫌犯罪的公职人员进行处置,包括给予政务处分、移送检察机关提起公诉等。这些职能的行使体现了监察权的全面性和综合性。

监察权的行使必须遵循法治原则,依法行使、依法监督。监察委员会在行使监察权时,必须遵守宪法和法律的规定,尊重和保护公民、法人和其他组织的合法权益。同时,监察委员会也必须接受国家权力机关的监督,确保其依法行使职权,防止权力滥用和侵犯公民合法权益的行为发生。

国家监察委员会作为最高监察机关,依法行使国家监察权,具有独立的法律地位和政治地位。国家监察体制重构是反腐工作法治化的基本要求。[2]监察权是一种独立的国家权力,具有鲜明的政治性和法律性,旨在监督公职人员依法履职、廉洁从政,维护国家安全和公共利益。监察权的行使必须遵循法治原则,依法行使、依法监督,确保权力不被滥用,保障公民的合法权益。

监察权的法律性质是独特而复杂的。国家监察权是一种高位阶独立性的复合性权力,[3]它既具有独立性、专业性和民主性等特点,又面临着诸多挑战和要求。只有深入理解和把握监察权的法律性质,

---

〔1〕 杨建顺:《国家监察体制改革十大课题》,载《中国法律评论》2017年第6期,第53页。

〔2〕 刘振洋:《论国家监察体制重构的基本问题与具体路径》,载《法学》2017年第5期,第120页。

〔3〕 徐汉明:《国家监察权的属性探究》,载《法学评论》2018年第1期,第13页。

才能更好地发挥其作用，维护法律的正确实施和公共利益。

（3）监察权与其他权力的关系。"监察机关对全体公职人员行使监察权，这是我国监督体系的有机组成部分，是通过预防和惩治腐败来对公职人员实施的专门性监督。"[1]监察权与其他权力的关系，涉及权力分配、权力制约和权力平衡等多个方面。在任何一个法治社会中，各种权力之间都需要保持一定的平衡和制约，以确保国家的正常运行和社会的稳定。

监察权与行政权的关系。行政权是执行法律的权力，它负责管理和运作国家的各项事务。监察权对行政权的监督是全方位的，包括对行政决策的合法性、行政行为的公正性、行政效率的高低等方面进行监督。监察机关在行使监察权时，需要与行政机关保持沟通和协作，共同推动国家的发展和进步。

监察权还需要与其他社会监督力量保持密切的联系和合作。这些社会监督力量包括媒体、公众、社会组织等，它们通过各自的方式和渠道对公共权力进行监督。监察机关应当积极与社会监督力量进行沟通和协作，共同构建一个多元化、全方位的监督体系。

"制定《国家监察法》，应当将建立集中统一、权威高效的监察体系作为立法的核心目标，对监察权力进行重新定位。"[2]在处理监察权与其他权力的关系时，应当遵循法治原则、权力分立原则和权力制约原则。这些原则确保了各种权力之间的平衡和制约，防止了权力的滥用和腐败。同时，这些原则也为监察权的行使提供了明确的指导和规范，确保了监察权的有效性和公正性。

纵观世界各国反腐败模式，构建一个强有力的反腐机构成了大多数国家的选择，通过反腐败机构来解决反腐败机制运转不灵与效率低下的问题。[3]总之，在处理这些关系时，应当遵循法治原则、

---

〔1〕 陈瑞华：《论国家监察权的性质》，载《比较法研究》2019年第1期，第1页。

〔2〕 马怀德：《〈国家监察法〉的立法思路与立法重点》，载《环球法律评论》2017年第2期，第8页。

〔3〕 李秋芳、孙壮志主编：《反腐败体制机制国际化比较研究》，中国社会科学出版社2015年版，第8~9页。

权力分立原则和权力制约原则,确保各种权力之间的平衡和制约。

3. 检察权与监察权的关系

监察权的本质是国家监察制度的本源和核心问题,检察权与监察权在国家权力体系中各自扮演着重要的角色。恩格斯说:"国家的本质特征,是和人民大众分离的公共权力。"[1]监察权主要由监察委员会行使,监察权的核心主要是监督制约公权力,职责是监督所有行使公权力的公职人员,督促它们依法行使职权。

从职能上看,"我国检察机关的职权应当包括侦查过程监督权、自侦权、公侦案件批捕权、起诉裁量权和刑罚执行监督权"。[2]监察权和检察权都具有监督的性质,但监督的对象和方式有所不同。监察委员会的监督是对公职人员个人行为的监督,主要目的是防止腐败和滥用职权。而检察机关的监督则更侧重于对法律实施过程的监督,旨在确保法律的公正实施和司法公正。

(1) 相互配合、相互制约。习近平法治思想中的权力监督理论内容丰富,它主要由加强党的全面领导、以人民为中心、权力配置法治化、权力的监督与制约并行、反腐防腐五个主要部分组成。[3]在实践中,监察权和检察权相互配合、相互制约。监察委员会在调查过程中,若发现职务犯罪行为,可以在案件调查结束后,由检察机关提起公诉。检察机关在审查起诉过程中,若发现监察官存在违法行为,可以提出纠正意见。这种相互配合和相互制约的关系,有助于形成全面、有效的监督体系,防止权力滥用和腐败现象的发生。

我国现行《宪法》第 129 条明确了检察院的法律定位是"国家的法律监督机关",检察权属于法律监督权。监察权和检察权的关系也体现了法治精神。在法治国家中,任何权力都必须在法律框架内行使,受到法律的制约和监督。监察权和检察权作为国家的重要权

---

〔1〕《马克思恩格斯文集》(第 4 卷),人民出版社 2009 年版,第 135 页。

〔2〕柯葛壮、魏韧斯:《拓展与被监督:中国特色检察监督制度之修构》,载《社会科学》2011 年第 11 期,第 99 页。

〔3〕张文显:《习近平法治思想的理论体系》,载《法制与社会发展》2021 年第 1 期,第 5 页。

力之一,同样必须依法行使,受到法律的制约和监督。这种制约和监督不仅有助于保护公民的合法权益,还能够促进国家机关的廉洁高效运行,推动法治建设不断向前发展。当然,我们可以进一步探讨检察权与监察权之间的关系,特别是在实践中的互动与协作。

马克思认为一切公职人员都必须接受监督。他说:"总之,一切社会公职,甚至原应属于中央政府的为数不多的几项职能,都要由公社的勤务员执行,从而也就处在公社的监督之下。"[1]监察权的行使不能不受监督。习近平总书记进一步强调:"权力不论大小,只要不受制约和监督,都可能被滥用。"[2]检察权和监察权的正确行使可以更好地形成反腐合力,推进"不敢腐、不能腐、不想腐"体制机制建设。

检察权与监察权在维护国家法治和反腐斗争中具有密切的关系。两者在实践中需要密切协作、相互制约,并在法治的框架内不断完善和优化。只有这样才能更好地保障国家的法治秩序和公共利益,推动社会的和谐稳定和持续健康发展。

(2)监察监督与检察监督的关系。监察监督与检察监督,在维护法治建设中各自担当着重要的角色,两者在实践中密切协作、相互制约,确保了公权力的规范运行,为国家监察体制改革不断完善和构建反腐败体制机制运行提供了坚实的基础。监察监督作为全面、有效地对公职人员行使公权力的监督方式,具有鲜明的政治性和法律性。监察委员会作为最高监察机关,以高度的独立性和权威性,通过对公职人员的日常行为进行全面监督,及时发现和纠正违法违纪行为,确保公职人员依法履职、廉洁从政。这种监督不仅是对公职人员的约束,更是对国家安全和公共利益的维护。

而检察监督则以其独特的法律性和公正性,为社会的法治建设提供了坚实的支撑。检察院通过行使检察权对监察机关办理职务犯罪案件提前介入监督,监督监察机关依法行使职权,确保法律的公

---

[1]《马克思恩格斯选集》(第3卷),人民出版社2012年版,第167页。
[2] 中共中央文献研究室编:《习近平关于全面依法治国论述摘编》,中央文献出版社2015版,第146页。

正实施和司法公正。在这个过程中，检察院以高度的责任感和使命感严格依法履行监督职责，对职务犯罪行为进行打击，对监察活动进行监督，维护了社会的法治秩序和公平正义。

监察监督与检察监督虽然在职能上有所分工，但在实践中却形成了紧密的合作关系。监察委员会在发现公职人员涉嫌违法违纪行为时，可以依法进行调查和处置。根据《监察法》的有关规定，监察适用对象主要是涉嫌职务违法、职务犯罪的公职人员，相对应的责任承担方式主要是政务处分、刑事处罚。[1]

检察院则可以对监察委员会移送的涉嫌职务犯罪案件进行公诉和审判监督。这种协作与制约的关系，不仅增强了监督的全面性和有效性，也防止了权力的滥用和侵犯公民合法权益的行为发生。同时，监察监督与检察监督在推动法治建设方面也发挥着不可替代的作用。检察权和监察权互相监督、互相制约，两机关形成衔接监督机制，有效促进监察体制不断深化改革，共同推动法治建设进程。

监察体制改革后，对涉嫌职务犯罪的监察调查实质上替代了以往由检察机关实施的职务犯罪侦查程序。[2] 它们以高度的政治担当和法律责任，共同维护着法治的庄严与公正，守护着社会的和谐稳定与持续发展。在未来，随着法治建设的不断深入和反腐斗争的持续推进，监察监督与检察监督将继续发挥重要作用，为国家的繁荣富强和人民的幸福生活贡献力量。

（二）检察提前介入监察基础

检察提前介入监察基础是司法体制改革中的一个重要环节，它有助于提升司法效率，确保案件的公正审理。在传统的监察模式下，检察机关往往是在案件调查结束后才介入，这时案件已经基本定型，检察机关的审查和监督作用有限。而检察提前介入监察基础，则意味着检察机关在案件调查初期就参与其中，对案件的调查取证、定

---

[1] 卢志军、杨宗辉：《我国〈监察法〉实施中的"法法衔接"问题及其应对》，载《中州学刊》2022 年第 3 期，第 55 页。

[2] 陈卫东、聂友伦：《职务犯罪监察证据若干问题研究——以〈监察法〉第 33 条为中心》，载《中国人民大学学报》2018 年第 4 期，第 2 页。

性分析等方面进行全面监督，从而确保案件的合法性和公正性。

检察提前介入监察基础有多方面的优势。首先，它可以及时发现和纠正调查过程中存在的问题，监督工作人员认真履行职责。检察机关在调查初期就介入，可以对案件进行全面的审查和监督，确保调查过程的合法性和规范性。其次，它可以提高案件的质量和效率。监察机关收集的证据作为证据资料可以提交法庭，而不是直接作为定案根据。[1]检察机关在介入过程中，可以利用其专业知识和经验对案件进行深入分析和研究，提出有针对性的意见和建议，帮助监察机关更好地完成调查任务。最后，它可以加强检察机关和监察机关的沟通与协作，形成办案合力，共同推动司法体制的改革和发展。

为了实现检察提前介入监察基础的目标，我们需要采取一系列措施，完善相关法律法规，明确检察机关在监察过程中的职责和权限，为检察机关的介入提供法律依据。加强检察机关和监察机关之间的沟通与协作，建立有效的工作机制，确保双方能够及时交流信息、共享资源、协调行动。加强对检察机关和监察机关的监督和管理，确保它们能够依法履行职责，维护司法公正和效率。

1. 制度保障

（1）检察提前介入监察的法律依据。检察介入监察实践的法律依据主要源自《宪法》《刑事诉讼法》《监察法》等法律法规。这些法律为检察机关介入监察实践提供了明确的授权和指引。监察权由监察委员会统一行使，其他任何机关都无权行使。[2]例如，《宪法》明确规定检察机关是国家的法律监督机关，负责监督法律的正确实施。《刑事诉讼法》则进一步规定了检察机关在刑事诉讼中的职责和权力，包括审查起诉、提起公诉、监督侦查等。《监察法》作为新时代反腐败工作的重要法律，也赋予了检察机关在监察工作中的重要

---

〔1〕陆而启：《我国监察证据规则的构造解析》，载《证据科学》2018年第4期，第391页。

〔2〕汪江连：《论监察机关依法独立行使监察权》，载《法治研究》2018年第6期，第5页。

角色。

以某地区检察机关介入监察实践为例,该地区监察机关商请检察机关提前介入,检察机关介入后,审查了该案的相关证据材料,对案件定性、法律适用发表意见,对存在证据不足的地方提出了补正意见。通过依法行使检察权,检察机关不仅查清了案件事实,还为法院审理阶段工作的有序进行做好了铺垫,保证了职务犯罪案件程序公正公平,充分展示了检察介入监察实践的法律依据和实际效果。

此外,检察介入监察实践还需要遵循一定的法律程序和原则。例如,检察机关在介入监察实践时,必须依法保障被调查对象的合法权益,确保调查工作的公正性和合法性。同时,检察机关还需要与监察机关、审判机关等密切协作,形成合力,共同推动监察工作的深入开展。

(2)检察提前介入监察制度支撑。检察介入监察实践的理论支撑主要源于宪法和法律赋予检察机关的职能,以及监察权与检察权之间的相互关系。国家监察委员会之建构是我国国家机关体系创新的体现,形成了一种新的国家监察制度。[1]在我国宪法中,检察机关被赋予了法律监督的职能,负责对所有刑事案件提起公诉、对行政和民事案件进行法律监督等,而监察机关则负责对公职人员的纪律监察和反腐败工作。两者在职能上虽有交叉,但各有侧重。检察介入监察实践,就是在这种职能分工的基础上,通过检察机关对监察工作的参与进行监督,实现权力的有效制约和平衡。

以某地区检察机关介入监察实践为例,该地区检察机关通过提前介入分析监察人员工作中存在的问题,可以提出针对性改进建议。检察机关通过介入监察实践,可以及时发现和纠正监察工作中的不规范行为,防止权力滥用和腐败现象的发生。同时,检察机关还可以利用自身的法律专业知识和实践经验,为监察工作人员提供法律

---

〔1〕 朱福惠:《国家监察体制之宪法史观察——兼论监察委员会制度的时代特征》,载《武汉大学学报(哲学社会科学版)》2017年第3期,第32页。

支持和指导，推动监察工作的规范化、法治化。检察介入监察实践的理论支撑不仅源于宪法和法律的明确规定，还得到了实践案例的验证和理论研究的支持。通过检察介入监察实践，可以实现检察机关和监察机关的有效制约和协调，提升监察工作的质量和效率，推动监察监督体系的完善和发展。

2. 实践支撑

实践是检验真理的唯一标准，监察法学在研究的初期阶段，致力于确保监察改革的正当性与合宪性，为《监察法》的制定提供坚实的理论基础与智力支持，[1]从而为实践提供理论基础。自从我国监察体制改革以来，检察机关和监察机关在办理职务犯罪案件实践中不断完善检察提前介入监察机制，从《监察法》颁布到《监察法实施条例》再到《国家监察委员会与最高人民检察院办理职务犯罪案件工作衔接办法》，检察机关提前介入机制从无到有，不断完善，为我国反腐败提供了法律依据和制度保障。

（1）检察提前介入监察实践的机制与模式。《监察法》的出台标志着"我国的新监察体制正式步入了正轨，国家的监察工作实现了有法可依，为监察机关和监察人员行使监察权提供了基本的法律保障"。[2]检察介入监察实践的工作机制是确保检察权与监察权有效结合、协同发力的关键所在。在实践中，这一机制的运行需要遵循法治原则，确保提前介入工作的合法性和正当性。同时，它也需要具备灵活性和创新性，以适应不断变化的社会环境和监察工作需求。

霍姆斯指出："法律的生命不在于逻辑，而在于经验。"监察法规的完善以及检察提前介入监察机制的完善都源于我国检察机关和监察机关的实务办案经验。[3]以某地区检察机关介入监察实践为例，

---

〔1〕 秦前红：《监察法学的研究方法刍议》，载《河北法学》2019年第4期，第14页。

〔2〕 江国华：《中国监察法学》，中国政法大学出版社2018年版，第1页。

〔3〕 [美]小奥利弗·温德尔·霍姆斯：《普通法》，冉昊、姚中秋译，中国政法大学出版社2006年版，第1页。

该地区建立了以检察长为主导的检察工作领导小组，负责统筹协调检察介入监察的各项工作。该小组通过定期召开会议、听取汇报、研究问题等方式确保检察介入监察工作的有序开展。在此基础上，检察机关与监察机关建立了信息共享、线索移送、联合调查等机制，形成了工作合力。该地区检察机关还积极探索了"大数据+监察"的模式，利用大数据分析技术，对监察对象的行为轨迹、资金流动等数据进行深入挖掘和分析，为监察工作提供了有力支持。这种模式不仅提高了监察工作的效率和准确性，还有助于发现隐蔽性强的违法违纪行为。检察介入监察实践的工作机制是一项复杂而重要的任务。它需要我们在法治原则的指导下，不断创新和完善工作机制，提高监察工作的质量和效率。同时，我们也需要保持对监察工作的持续关注和研究，以应对不断变化的社会环境和监察需求。

（2）检察提前介入监察实践的模式创新。检察介入监察实践的模式创新是提升监察效能、优化治理体系的关键环节。传统的监察模式往往依赖于事后追责，而检察介入则强调前置监督，通过实时跟踪、数据分析等手段，实现对权力运行的全面监督。例如，在某地区检察机关介入的监察实践中，他们采用了"大数据+监察"的模式，通过构建数据分析平台，对公职人员的履职行为进行实时监控和预警。这种模式不仅提高了监察的精准性，还大大降低了监察成本。

检察介入监察实践还推动了跨部门、跨领域的协同合作。传统的监察模式往往局限于单一部门或领域，而如今监察体制改革后，国家监察委员会有权对所有行使公权力的公职人员进行监督、调查、处置，改革后的监察机关形成了强有力的反腐机构。监察机关在办理职务犯罪案件的过程中，可以实现跨部门的信息共享和资源整合。监察机关与税务、审计等部门建立了联合工作机制，通过信息共享和协同办案，有效打击了腐败行为。这种跨部门合作模式不仅提高了监察效率，还增强了监察的威慑力。

检察机关介入的监察实践中，监察机关转换办案思路，即多部门协同办案，商请检察机关及时介入，不仅提高了监察工作的质量和效率，还增强了监察工作的前瞻性和主动性。检察介入监察实践的模式创新正是为了防范和纠正权力滥用而进行的探索与实践。通过不断创新监察模式、完善监察机制、提高监察效能，我们才能够更好地实现权力监督与制约的平衡，推动国家治理体系和治理能力现代化。

（3）检察提前介入监察实践的制度建设。中国优秀的传统监察文化与制度历史悠久、内涵丰富、形式多样，为当今进一步深化监察体制改革提供了宝贵的参考与启示。[1]因此，检察提前介入监察立足当下，从实践中寻找经验和解决路径。在检察介入监察实践的制度建设方面，我们首先需要明确检察权与监察权的界定与关系。根据《宪法》和相关法律之明文规定，检察机关作为国家的法律监督机关，肩负着确保法律得到正确实施、维护社会公平正义的重要职责。而监察机关则是国家的政治监督机关，负责监督公职人员的廉洁从政行为。两者在职能上有所交叉，但各有侧重。因此，在制度建设上，需要明确各自的职责边界，避免职能重叠和冲突。

为了保障检察介入监察实践的有效性，我们需要建立健全的工作机制。这包括建立信息共享机制，确保检察机关和监察机关能够及时获取相关信息，共同分析研判；建立联合办案机制，对于涉及公职人员违法违纪的案件，检察机关和监察机关可以联合开展调查取证工作，形成合力；建立案件移送机制，对于不属于自身职责范围的案件，应当及时移送对方处理，确保案件得到妥善处理。

在制度建设过程中，我们还需要注重模式创新。例如，可以探索建立"检察+监察"的联合监督模式，通过检察机关的法律监督职能和监察机关的政治监督职能的有机结合，实现对公职人员廉洁从政行为的全面监督。同时，我们还可以借鉴其他国家和地区的成功经验，结合本国实际，不断完善和创新监督模式。

3. 检监衔接职能定位

检监衔接，即检察机关与监察机关之间的协作与配合是确保监

---

[1] 彭新林：《国家监察体制改革：历史借鉴与现实动因》，载《法学杂志》2019年第1期，第44页。

察工作顺利进行的关键环节。在职能定位上,检察机关和监察机关各有侧重,但又相互关联,共同构成了反腐败工作的重要力量。检察机关主要负责公诉、法律监督等职能,而监察机关则主要负责监督公职人员的职务行为,查处腐败案件。二者在职能上既有交叉,又有区别,需要在实践中明确各自的职责边界,确保不越权、不干预,实现权力的有效制衡。

职务犯罪的介入程序应当与普通案件一样,既要有被动介入,也要有主动介入,只有这样才能充分发挥检察机关的监督职权,在衔接中才能构建既有配合又有制约的监检关系。[1]在合法性方面,检监衔接的职能定位必须遵循宪法和法律的规定。《宪法》是国家的根本大法,规定了国家的基本制度和公民的基本权利与义务。检察机关和监察机关作为国家机关的重要组成部分,其职能定位必须符合宪法的规定。同时,相关的法律法规也为检监衔接提供了具体的操作规范和指导。例如,《监察法》明确了监察机关的职责和权限,为检察机关介入监察实践提供了法律依据。

此外,检监衔接的合法性还体现在程序的正当性上。在介入监察实践时,检察机关必须遵循法定程序,确保介入的合法性和有效性。这包括立案、调查、审查起诉等各个环节的规范操作,以及对被调查对象合法权益的保护。只有在程序上做到公正、公开、透明才能确保检监衔接的职能定位符合法律的要求。检监衔接的职能定位必须遵循宪法和法律的规定,确保权力的合法性和正当性。同时,在实践中还需要不断完善相关制度和机制,加强检察机关和监察机关的沟通与协作,共同推进反腐败斗争的深入开展。

检监衔接职能定位合法性的研究意义深远且重大。在当前的法治社会建设背景下,检监衔接职能定位的合法性不仅关系到检察机关和监察机关职能的有效发挥,更关系到国家法治建设的整体推进。通过深入研究检监衔接职能定位的合法性,可以明确检察机关和监

---

[1] 陈国庆主编:《职务犯罪监察调查与审查起诉衔接工作指引》,中国检察出版社2019年版,第39~55页。

察机关在职能行使过程中的权力边界，确保二者在各自职责范围内依法行使权力，避免权力滥用和职能冲突。

监察权表现的党法、国法结合性，必定要落脚到中国政党制度下的优化衔接。[1]对检监衔接职能定位合法性的研究还有助于完善我国的法律体系。通过对检监衔接职能定位的深入研究，可以发现现行法律体系中存在的漏洞和不足，为法律制度的完善提供有力支持。同时，借鉴国内外相关领域的先进经验和做法可以为我国法律体系的完善提供有益参考。

检监衔接职能定位的法律基础是确保检监机关在履行职责时，检察机关和监察机关能够依法、有效地进行协调与配合，从而维护社会秩序和公平正义。这一法律基础不仅体现在《宪法》《刑法》《刑事诉讼法》等基本法律中，还贯穿于各类司法解释和行政规章中。

以《宪法》为例，我国《宪法》明确规定了检察机关和监察机关的职责与权限，为检监衔接职能定位提供了根本遵循。同时，《刑法》和《刑事诉讼法》等法律则进一步细化了检监机关在刑事司法活动中的协作要求，如证据的收集、审查与运用，案件的移送与起诉等。随着法治建设的深入推进，检监衔接职能定位的法律基础也在不断完善。例如，近年来，我国相继出台了《监察法》《刑事诉讼法修正案》等法律法规，对检监机关的协作配合提出了更高要求，进一步强化了检监衔接职能定位的法律保障。

在实践中，检监衔接职能定位的法律基础仍面临一些挑战。一方面，由于法律法规的滞后性和不完善性，检监机关在协作配合过程中可能会存在一些法律空白和模糊地带，导致工作难以顺利开展。另一方面，一些地方和部门在执行法律法规时存在偏差或不当行为，也可能影响检监衔接职能定位的有效实施。

因此，我们需要进一步加强检监衔接职能定位的法律基础研究和实践探索，不断完善相关法律法规和制度机制，提高检监机关的协作配合能力和工作效率。同时，还需要加强对检监机关工作人员

---

[1] 秦前红等：《国家监察制度改革研究》，法律出版社2017年版，第21~22页。

的法律培训和教育，提高他们的法律素养和业务能力，确保检监衔接职能定位的法律基础得到全面、有效的贯彻和落实。

二、检察提前介入监察的现状与问题

国家监察体制改革后，随着反腐败斗争的深入推进，"检察机关提前介入监察机关办理的职务犯罪案件已经成为监检两机关办案的常态"。[1]在监察机关开展调查的过程中，检察机关被商请提前介入，对调查过程进行法律监督，确保调查活动的合法性。这种介入方式有助于及时发现和纠正调查过程中的违法行为，保障被调查人的合法权益，同时也有助于提高调查工作的质量和效率。

尽管检察提前介入监察的工作取得了一定的成效，但因检监机关地位不相等[2]以及衔接法律依据不足，导致实际操作中存在检察机关介入时机不明确、介入范围有限、监督方式单一、协作机制不畅等问题。目前，对于检察提前介入监察的具体时机并没有明确的法律规定，实践中存在介入过早或过晚的情况。过早介入可能会影响监察机关的正常工作，而过晚介入则可能无法及时发现问题。

介入范围有限。检察提前介入监察的范围主要局限于一些重大、复杂的案件，对于一般性的案件则介入较少。这导致一些轻微违法行为可能无法及时得到纠正。

监督方式单一。检察提前介入监察的监督方式主要是通过查阅案卷、询问相关人员等方式进行，缺乏有效的现场监督手段。这种单一的监督方式可能无法全面、深入地了解调查过程的具体情况。

协作机制不畅。在实践中，检察机关和监察机关之间的协作机制还不够完善，存在沟通不畅、配合不力等问题。这可能导致两机关在工作中产生矛盾或冲突，影响工作效率和效果。

《宪法》规定监察机关在办理职务犯罪案件的过程中，应当与审判机关、检察机关、执法部门互相配合，互相制约。在现代检察工

---

〔1〕 蔡健等：《检察机关提前介入职务犯罪案件问题研究》，载《汉江师范学院学报》2019年第4期，第106页。

〔2〕 卞建林：《监察机关办案程序初探》，载《法律科学（西北政法大学学报）》2017年第6期，第50页。

作中,检察提前介入作为一种新型的检察配合方式,其配合现状呈现出积极的态势。但检察提前介入监察同时面临现实困境,根据《监察法》的理论框架,监察机关并非刑事诉讼的主体,其对职务犯罪的调查行为亦不等同于刑事侦查。同时,留置措施亦未被归类为侦查强制措施。在脱离诉讼程序的背景下所形成的"调查-公诉"模式在运行过程中遭遇了阻碍,这主要表现为检察提前介入与监察独立原则之间存在明显的冲突。[1]

就监察权和司法权的定位而言,监察的性质属于司法,但监察权又高于司法权。[2]目前,由于监察机关与检察机关在职能定位、工作程序等方面存在差异,导致检察机关提前介入深度不够,缺乏主动性和创造性,加之检察提前介入的法律依据尚不完善,缺乏统一的操作规范和评估标准,也制约了其配合效果的提升。

(一)检察提前介入监察相互配合现状

检监两机关有效衔接是提高办理职务犯罪案件的前提基础,检察提前介入监察是办理职务犯罪案件的有效联络机制,体现了检监相互配合原则,[3]有助于提高监察工作效率和提高职务犯罪案件办理质量。作为强化程序衔接的一项重要措施,"基于监察运行的司法衔接,监察委员会应与检察机关、审判机关实现法律协同和程序衔接"。[4]检察机关提前介入监察调查的根本目的在于追求"配合"与"制约"的协调统一。实现检察提前介入监察机制下"配合"与"制约"两种功能的平衡,必须明确检察机关提前介入的职责范围。界定案件范围、提前时间节点和介入权限范围,以细化检察机关提前介入的操作规程。

───────

〔1〕 姚莉:《监检衔接视野下的检察提前介入监察机制研究》,载《当代法学》2022年第4期,第45页。

〔2〕 艾永明:《中国古代监察与司法的关系——兼议对当代监察体制改革的启示》,载《法治研究》2018年第5期,第4页。

〔3〕 王琦:《检察提前介入监察的正当性及限度》,载《江西社会科学》2023年第7期,第56页。

〔4〕 庄德水:《监察委员会有效运行的结构化逻辑分析》,载《理论与改革》2019年第1期,第44页。

1. 检察机关转换强制措施

《监察法》第4条第2款明确规定，监察机关在办理涉及职务违法与职务犯罪案件时，必须与审判机关、检察机关及执法部门保持密切的配合与制约关系。这就要求各级检察机关与监察机关之间依法履行法律赋予的各自职责，对群众反映的问题线索予以及时处置，提升反腐实效。转换强制措施是检察机关的一项重要职责，也是保障人权和司法公正的重要体现。对被调查人采取留置措施的，监察委应在正式移送10日前书面通知检察院，检察院受理案件后立即决定采取强制措施（一般为刑事拘留），此时留置措施自动解除。检察机关在决定转换强制措施时，应当充分考虑案件的性质、证据的充分性、嫌疑人的社会危险性等因素，确保所采取的强制措施既符合法律规定，又能有效保障诉讼的顺利进行。

在监察机关将已采取留置措施的案件移送起诉后，人民检察院应当按照法律规定对犯罪嫌疑人实施先行拘留，此时，原留置措施将自动解除。[1]《刑事诉讼法》第3条规定，在刑事诉讼过程中，人民法院、人民检察院和公安机关应各自履行其职责，彼此协作，相互制衡，以确保法律的正确与高效实施。检察机关在刑事司法过程中，有权根据案件的具体情况，对犯罪嫌疑人或被告人采取适当的强制措施，以确保诉讼的顺利进行。在《刑事诉讼法》中，对于强制措施的种类、适用条件及其程序均设有明确且详尽的法律规定。然而，随着案件的进展和证据的变化，原先适用的强制措施可能不再适宜，这时检察机关就需要根据新的情况及时转换强制措施。在转换强制措施的过程中，检察机关应当加强与监察机关的沟通协调，确保各项工作的衔接顺畅。同时，检察机关还应当充分听取犯罪嫌

---

[1]《刑事诉讼法》第170条规定："人民检察院对于监察机关移送起诉的案件，依照本法和监察法的有关规定进行审查。人民检察院经审查，认为需要补充核实的，应当退回监察机关补充调查，必要时可以自行补充侦查。对于监察机关移送起诉的已采取留置措施的案件，人民检察院应当对犯罪嫌疑人先行拘留，留置措施自动解除。人民检察院应当在拘留后的十日以内作出是否逮捕、取保候审或者监视居住的决定。在特殊情况下，决定的时间可以延长一日至四日。人民检察院决定采取强制措施的期间不计入审查起诉期限。"

疑人及其辩护人的意见，保障其合法权益不受侵犯。

（1）检察机关转换强制措施的必要性与重要性。检察机关转换强制措施的必要性与重要性不容忽视。随着监察体制改革不断发展和全面依法治国的深入推进，检察机关在维护社会公正、保障人权、促进司法文明方面扮演着越来越重要的角色。而强制措施作为检察机关履行职责的重要手段之一，其合理、有效的运用直接关系到司法公正和效率。因此，检察机关转换强制措施不仅是对法律精神的遵循，更是对司法实践的创新和发展。

《监察法》规定，对涉及职务犯罪案件的被调查人，可以对其采取合理的留置措施。[1]检察机关转换强制措施是保证司法公正、节约司法资源的必然要求。监察机关办理职务犯罪案件后，根据其调查结果作出处理。对监察机关移送的案件，检察机关依照《刑事诉讼法》对被调查人采取强制措施。检察机关根据案件情况作出起诉、退回补充侦查、不起诉决定。通过灵活运用各种强制措施、创新司法实践、提高司法效率，检察机关可以更好地履行职责、维护社会公正、保障人权、促进司法文明的发展。

（2）检察机关转换强制措施的法律依据。在探讨检察机关转换强制措施的实践、挑战与前景时，《宪法》与《刑事诉讼法》的相关规定为我们提供了根本的法律依据。《宪法》作为国家的根本大法，明确了公民的基本权利与义务，为检察机关在行使强制措施时设定了不可逾越的界限。《刑事诉讼法》则进一步细化了检察机关在刑事司法活动中的具体操作规范，确保了强制措施的合法性与正当性。

以《宪法》为例，其第 37 条规定明确了检察机关在采取强制措

---

〔1〕《监察法》第 22 条规定："被调查人涉嫌贪污贿赂、失职渎职等严重职务违法或者职务犯罪，监察机关已经掌握其部分违法犯罪事实及证据，仍有重要问题需要进一步调查，并有下列情形之一的，经监察机关依法审批，可以将其留置在特定场所：（一）涉及案情重大、复杂的；（二）可能逃跑、自杀的；（三）可能串供或者伪造、隐匿、毁灭证据的；（四）可能有其他妨碍调查行为的。对涉嫌行贿犯罪或者共同职务犯罪的涉案人员，监察机关可以依照前款规定采取留置措施。留置场所的设置、管理和监督依照国家有关规定执行。"

施时必须遵循的基本原则,即保障公民的人身自由不受侵犯。[1]《刑事诉讼法》则对检察机关转换强制措施的具体操作进行了详细规定。例如,《刑事诉讼法》第91条规定了检察机关转换强制措施的程序和方式,以及转换后采取的强制措施。[2]

在实践中,检察机关在转换强制措施时必须严格遵循《宪法》与《刑事诉讼法》的相关规定,确保强制措施的合法性与正当性。例如,在涉及重大复杂案件时,检察机关可以通过依法延长拘留期限、提请批准逮捕等措施来加强对犯罪嫌疑人的控制力,以确保案件的顺利侦破。同时,检察机关在采取强制措施时也必须充分保障犯罪嫌疑人的人权,避免出现非法拘禁、刑讯逼供等侵犯人权的行为。《宪法》与《刑事诉讼法》的相关规定为检察机关转换强制措施提供了根本性的法律依据和操作规范。检察机关在实践中必须严格遵循这些规定,确保强制措施的合法性与正当性,同时充分保障犯罪嫌疑人的人权,实现司法公正与效率的有机统一。

(3)检察机关转换强制措施中的权力监督与制约。《监察法》推动了国家权力体系的完善,推进了我国监察工作的进展,改变了权力配置模式,使得监察权作为一项新型国家权力,与行政权、检察权、审判权相互合作又彼此制约。[3]检察机关在转换强制措施的过程中,权力监督与制约显得尤为重要。这不仅关系到检察机关自

---

[1]《宪法》第37条规定:"中华人民共和国公民的人身自由不受侵犯。任何公民,非经人民检察院批准或者决定或者人民法院决定,并由公安机关执行,不受逮捕。禁止非法拘禁和以其他方法非法剥夺或者限制公民的人身自由,禁止非法搜查公民的身体。"

[2]《刑事诉讼法》第91条规定:"公安机关对被拘留的人,认为需要逮捕的,应当在拘留后的三日以内,提请人民检察院审查批准。在特殊情况下,提请审查批准的时间可以延长一日至四日。对于流窜作案、多次作案、结伙作案的重大嫌疑分子,提请审查批准的时间可以延长至三十日。人民检察院应当自接到公安机关提请批准逮捕书后的七日以内,作出批准逮捕或者不批准逮捕的决定。人民检察院不批准逮捕的,公安机关应当在接到通知后立即释放,并且将执行情况及时通知人民检察院。对于需要继续侦查,并且符合取保候审、监视居住条件的,依法取保候审或者监视居住。"

[3] 江国华:《中国监察法学》,中国政法大学出版社2018年版,第24页。

身的公正性和权威性,更直接关系到犯罪嫌疑人权利的保障和司法公正的实现。在实践中,检察机关在转换强制措施时,必须受到来自立法、行政和司法等多方面的监督与制约。检察机关在决定是否转换强制措施时,需要综合考虑犯罪嫌疑人的社会危害性、再犯可能性等因素。在这一过程中,检察机关不仅要受到来自上级检察机关的监督,还要接受来自监察机关、法院等其他司法机关的监督制约。这种多层次的监督与制约机制确保了检察机关在转换强制措施时的公正性和合理性。

《宪法》和《监察法》规定监察机关独立行使职权,不受行政机关、社会团体和个人的干涉,监察机关办理职务犯罪案件应当与审判机关、检察机关、执法部门互相配合、互相制约。检察机关在转换强制措施时,还需要遵循严格的法律程序和证据标准。例如,在涉及人身自由的强制措施转换中,检察机关必须依法进行审查,确保转换措施的合法性和必要性。同时,检察机关还需要对转换措施的执行情况进行监督,确保措施的执行符合法律规定,不侵犯公民的合法权益。

在检察机关转换强制措施的过程中,人权保障与程序公正无疑是两大核心原则。这不仅仅是因为它们体现了法治精神,更是因为它们直接关系到公民的基本权利和社会的公平正义。人权保障要求检察机关在采取强制措施时必须尊重并保护被采取强制措施者的合法权益,避免任何形式的侵犯。程序公正则强调在转换强制措施的过程中,必须遵循正当的法律程序,确保决策的公正性和透明度。只有这样才能真正实现法治社会的目标,让每一个人都能够在法律的庇护下享有平等、公正的权利。

2. 监察机关移送起诉

监察机关在办理职务犯罪中将案件调查终结后,将案件移送检察机关,由检察机关提起公诉。这一制度在反腐败斗争中具有重要作用,能够确保监察机关与检察机关之间的有效衔接,实现对职务犯罪的精准打击和有力惩治。

监察机关移送起诉的过程是追究腐败分子责任的基础,体现了对法治精神和程序正义的尊重。根据《国家监察委员会与最高人民检察院办理职务犯罪案件工作衔接办法》的规定，案件进入审理阶段后，案件审理部门才能商请检察机关派员介入。[1]在移送起诉前，需按照法定程序，将案件材料、证据等一并移送检察机关，为检察机关的审查起诉工作提供充分支持。

检察机关在收到监察机关移送的案件后，应依法进行审查起诉工作。审查起诉的过程，既是对监察机关工作的检验，也是对案件质量的把关。检察机关应当对案件进行全面审查，包括对案件事实、证据、法律适用等方面进行核实和评估，确保案件符合起诉条件。

监察机关移送起诉制度的实施，有助于推动反腐败斗争的深入发展。通过加强监察机关与检察机关之间的协作配合，实现信息共享、资源整合，从而提高反腐败工作的整体效能和水平。同时，这一制度也能够促进监察机关和检察机关的规范化、法治化建设，提升执法能力和监督水平。

（1）监察机关移送起诉的法律依据。在梳理相关法律法规时，可以发现监察机关移送起诉的程序与实践受到多部法律的共同规范。其中，《监察法》作为监察机关的基本法，对移送起诉的条件、程序、监督等方面进行了明确规定。例如，该法规定监察机关在收集到足够的证据后，认为被监察对象涉嫌职务犯罪的，应当移送人民检察院审查起诉。

此外，《刑事诉讼法》也对监察机关移送起诉的程序进行了详细规定。该法明确了移送起诉的具体步骤和环节，如监察机关应当向人民检察院提交移送起诉意见书、证据材料等相关文件，并规定了移送起诉的时限。这些规定确保了移送起诉的及时性和有效性。在实践中，一些典型案例为我们提供了宝贵的经验教训。例如，某市监察机关在移送一起贪污案件时，由于证据不足，被人民检察院退回补充调查。这一案例表明，监察机关在移送起诉前必须确保证据

---

[1]《国家监察委员会与最高人民检察院办理职务犯罪案件工作衔接办法》第12条规定："国家监察委员会办理的重大、疑难、复杂案件在进入案件审理阶段后，可以书面商请最高人民检察院派员介入。"

的充分性和确凿性,避免因为证据不足而导致移送失败。

在监察机关移送起诉的过程中,我们必须加强对权力的监督和制约,确保权力的合法性和正当性。相关法律法规的梳理对于监察机关移送起诉的程序与实践具有重要意义。我们必须深入学习和理解相关法律法规的精神和要求,确保监察机关移送起诉的合法性和正当性。同时,要不断总结经验教训,完善相关制度和机制,推动监察机关移送起诉工作的规范化、法治化。

（2）监察机关移送起诉的程序流程。监察机关移送起诉的启动条件,是确保案件质量和法律程序正当性的重要环节。根据相关法律法规对移送案件的规定,移送起诉的启动条件主要包括查清案件事实、审查证据确实充分、案件事实情节清楚等以及符合起诉标准。在实践中,监察机关在移送起诉前,必须对案件进行深入的调查和审查。例如,对于涉及贪污受贿的案件,监察机关需要收集足够的证据,包括银行转账记录、证人证言等,以证明犯罪嫌疑人的犯罪事实。同时,监察机关还需要对案件进行法律分析,确保案件符合起诉标准。

以近年来备受关注的"沈某某、郑某某贪污案"[1]为例,监察机关在移送起诉前,对该案进行了长达数月的深入调查。通过收集大量的银行转账记录、证人证言等证据,监察机关成功查清了犯罪嫌疑人的犯罪事实。同时,监察机关还对该案进行了深入的法律分析,确保案件符合起诉标准。最终该案移送起诉成功,为打击职务腐败行为、保障公务员队伍纯洁清廉发挥了重要作用。

在监察委调查结束,案件移送审理部门后,对于重大疑难案件,一般会邀请检察院派员提前介入案件。监察机关移送起诉的启动条件是确保案件质量和法律程序正当性的重要保障。人民检察院对于监察机关移送起诉的案件,应当在1个月以内作出决定,重大、复杂的案件,可以延长15日。实践中,监察机关必须严格按照法律法规的要求,对案件进行深入调查和审查,确保案件符合起诉

---

[1] "沈某某、郑某某贪污案",最高人民检察院指导案例187号（2023年）。

标准。

（3）监察机关移送起诉的实践。在监察机关移送起诉的实践中，典型案例的深入剖析对于理解提前介入运作机制具有重要意义。以"陈某某行贿、对有影响力的人行贿、对非国家工作人员行贿案"[1]为例，该案影响重大且性质恶劣，由异地监察机关调查处理，为了保证案件程序有效进行，监察机关与检察机关及时沟通，相互配合、协调工作，做好案件移送起诉前的准备工作。在起诉过程中做好检监配合，补充完善证据及确定起诉罪名。经过检监两机关的沟通，将陈某某涉嫌行贿罪、对非国家工作人员行贿罪改变定性为对有影响力的人行贿罪，起诉后得到审判机关的确认。该案体现了检察机关与监察机关办案高效的协作和互动沟通机制，监察机关与司法机关紧密配合，形成了强大的反腐合力，确保了案件的顺利推进。

监察机关在移送起诉过程中，应更加注重法律法规的完善与更新，以适应复杂多变的案件形势。"移送审查起诉属于监察机关的法定处置措施，具有程序性权力属性"，[2]优化移送起诉的程序流程与机制，提高监察机关与司法机关的协作效率是确保案件质量和效率的关键。加强监察机关与司法机关的沟通与协作，形成更加紧密的合力，对于打击腐败行为、维护社会公平正义具有重要意义。

3. 检察机关作出起诉决定

检察机关在接收到监察机关移送的案件后，必须严格遵循法律程序和规定对案件材料进行全面审查，确保案件的质量和公正性，确保起诉决定的合法性和合理性。在审查过程中，检察机关还会与监察机关保持密切的沟通和协作，共同研究案件中的疑点和难点，以确保案件得到妥善处理。这种协作机制不仅提高了案件处理的效率，也增强了法律的严肃性和公正性。

（1）检察机关作出起诉决定的内涵。起诉决定作为检察机关的

---

[1] 参见最高人民检察院网站：https://www.spp.gov.cn/spp/xwfbh/wsfbt，2024年4月1日访问。

[2] 喻少如、褚宸舸主编：《纪检监察学原论》，高等教育出版社2023年版，第256页。

核心职责之一,是指检察机关在审查案件后,依法决定是否将犯罪嫌疑人提起公诉的司法活动。这一决定不仅直接关系到案件的走向和犯罪嫌疑人的命运,更是维护社会公正、保障人民权益的重要体现。

起诉决定的重要性不言而喻。它是连接调查与审判的桥梁,确保了刑事司法程序的顺畅进行。起诉决定的正确与否直接关系到这些案件能否顺利进入审判阶段。在这个过程中,检察机关需要全面调查案件事实、收集审查证据、准确适用法律,并最终作出合法的起诉决定。这一流程体现了检察机关对法律责任的担当和对社会公正的维护,是确保案件公正处理的重要保障。因此,检察机关在作出起诉决定时,必须严格依法行事,确保每一起案件都能得到公正、公平的对待。

(2)检察机关在起诉决定中的角色与职责。检察权是指检察机关是一个国家机关,并代表国家行使权力这一事实。[1]检察机关作为国家的法律监督机关,在起诉决定中扮演着至关重要的角色。其法律地位决定了其在刑事诉讼中的权威性和独立性。检察机关的职责不仅限于起诉决定,更包括了对侦查活动的监督。

我国《宪法》规定了检察机关的法律监督机关地位,符合我国社会主义政体的内在要求,在社会主义政治体制中具有独立的宪法地位。[2]在起诉决定中,检察机关需要依据事实和法律对案件进行全面、客观、公正的审查。这要求检察机关不仅要对案件的证据进行严格的审查,还要对案件的法律适用进行深入的探讨。这种审查不仅是对案件本身的负责,更是对法律尊严的维护,有利于为社会的和谐稳定提供坚实的法治保障。

(3)检察机关作出起诉决定的法律依据与原则。检察权的权力来源于人民、服务于人民,作为具有一定强制性的国家权力还具有

---

〔1〕万毅:《检察权若干基本理论问题研究——返回检察理论研究的始点》,载《政法论坛》2008年第3期,第100~101页。

〔2〕童建明、孙谦、万春主编:《中国特色社会主义检察制度》(第2版),中国检察出版社2022年版,第6~8页。

公共性。[1]起诉决定的法律依据是检察机关在行使起诉权时必须遵循的法律准则。这些法律依据主要包括《宪法》《刑事诉讼法》以及其他法律法规。检察机关在作出起诉决定时，必须严格遵循这些法律规定，确保起诉决定的合法性和公正性。

以《刑事诉讼法》为例，该法明确规定了检察机关在起诉决定中的职责和权力。检察机关在审查案件时必须依据《刑事诉讼法》的规定，对案件进行全面、客观的审查，确保案件事实清楚、证据确实充分。同时，检察机关还必须遵循《刑事诉讼法》的程序规定，确保起诉决定的合法性和公正性。

总之，起诉决定的法律依据是检察机关行使起诉权的重要保障。检察机关必须严格遵循这些法律依据，确保起诉决定的合法性和公正性。同时，检察机关还需要不断学习和掌握新的法律依据，不断提高自身的法律素养和专业水平，以更好地履行其职责和使命。

（4）起诉决定的证据要求与审查标准。起诉决定的证据要求，是检察机关在作出起诉决定时必须遵循的重要准则。根据相关法律规定，检察机关在起诉时必须确保所依据的证据充分、确凿、合法。这意味着，检察机关在收集、审查、认定证据时，必须遵循严格的法律程序和标准，确保每一份证据都经得起法律的检验。

监察机关依照《监察法》规定收集的证据材料，在刑事诉讼中可以作为证据使用。在实践中，对于监察机关移送的案件证据材料，能否作为定案的根据提起公诉，需要根据《刑事诉讼法》的规定由检察机关进行审查判断。以一起受贿案为例，检察机关在起诉前会对受贿事实进行深入调查，收集相关证据。这些证据可能包括行贿人的供述、受贿人的辩解、银行转账记录、证人证言等。检察机关会对这些证据进行逐一审查，排除虚假证据和矛盾证据，确保所依据的证据真实可信。信息交流涉及多方面的内容，包括有关反腐败法治、制度及运行经验方面的信息交流。[2]

---

〔1〕 最高人民检察院法律政策研究室编：《检察权要论》，中国检察出版社2006年版，第9页。

〔2〕 姜明安：《监察工作理论与实务》，中国法制出版社2018年版，第86~87页。

总之，起诉决定的证据要求是检察机关在作出起诉决定时必须遵循的重要准则。检察机关必须严格遵循法律规定，确保所依据的证据充分、确凿、合法。同时，检察机关还要不断提高证据审查、认定的能力和水平，为我国反腐败提供规范具体的法律指引，为维护社会公正提供有力保障。

（二）检察提前介入监察相互制约现状

在现代法治社会中，检察机关与监察机关之间的相互制约关系对于确保公正、廉洁的公共权力运行具有重要意义。近年来，随着反腐败斗争的深入推进和监察体制改革的逐步实施，检察机关提前介入监察工作已经成为一种常态化的做法。为节约司法资源，应仅对职务犯罪调查权实行司法监督。[1]目前，检察机关提前介入监察的工作已经取得了一定的成效。在实践中，检察机关通过提前介入监察工作，对监察对象的行为进行法律监督，对监察机关的工作进行指导和协调，有效地促进了监察工作的规范化和法治化。检察机关通过加强与监察机关的沟通与协作，共同打击腐败行为，推进国家法治体系建设。

根据《监察法》第2条，监察机关具有很强的政治性，政治性是监察权的根本属性。[2]就监察权和司法权的定位而言，监察的性质属于司法，但监察权又高于司法权。因此，在职务犯罪案件中检察机关在制约监察机关明显不足，如检察机关提前介入监察的工作还存在一些问题：检察机关与监察机关之间的职责衔接不够明确。检察机关在提前介入监察过程中，如何确保自身的独立性和公正性是一个需要关注的问题。此外，检察机关提前介入监察的法律依据和程序规范还有待进一步完善。

---

〔1〕屈新、张淇：《对监察机关实行司法监督与制约的法理逻辑》，载《中共青岛市委党校青岛行政学院学报》2023年第6期，第112页。

〔2〕《监察法》第2条规定："坚持中国共产党对国家监察工作的领导，以马克思列宁主义、毛泽东思想、邓小平理论、'三个代表'重要思想、科学发展观、习近平新时代中国特色社会主义思想为指导，构建集中统一、权威高效的中国特色国家监察体制。"

1. 检察机关退回补充调查与自行补充侦查

《刑事诉讼法》[1]、《人民检察院刑事诉讼规则》[2]都明确规定了检察机关可以自行补充侦查。建立和完善监察机关与检察机关协调衔接机制，既是权力相互制约与监督的需要，也是尊重和保障人权的需要，是反腐败工作的客观之需，是建设法治国家的必然选择。[3]

检察机关有权退回补充调查或自行补充侦查，在案件证据不足或需要进一步查清事实的情况下，采取的不同措施。检察机关自行补充侦查只是在特定情况下的一种补充手段，旨在确保案件质量和司法公正，对维护司法公正具有重要意义。

（1）检察机关退回补充调查的内涵。检察机关退回补充调查，是指在办理职务犯罪案件过程中，当检察机关认为案件证据不足或者存在其他需要补充调查的情况时，将案件退回监察机关，要求其补充收集证据或进行进一步调查的一种诉讼活动。这一制度的设立，旨在确保案件质量的提升和司法公正的实现，同时也体现了检察机关对监察机关办理职务犯罪案件的监督。

退回补充调查的性质，既体现了检察机关对案件质量的严格把控，也反映了刑事诉讼活动对证据充分性、合法性的高度要求。通过法律程序控制国家权力则可"保证国家机关及其公务员的行为符合法律规范"。[4]在实践中，检察机关通过退回补充调查，能够有效地引导监察机关更加精准地收集证据，避免证据瑕疵或遗漏，同时对监察机关办案过程中存在的问题提出检察建议，从而确保案件

---

〔1〕《刑事诉讼法》第175条第2款规定："人民检察院审查案件，对于需要补充侦查的，可以退回公安机关补充侦查，也可以自行侦查。"

〔2〕《人民检察院刑事诉讼规则》第341条规定："人民检察院在审查起诉中发现有应当排除的非法证据，应当依法排除，同时可以要求监察机关或者公安机关另行指派调查人员或者侦查人员重新取证。必要时，人民检察院也可以自行调查取证。"

〔3〕李猛：《刑事诉讼中监、检运行机制的协调衔接研究》，南京工业大学2019年硕士学位论文。

〔4〕丘川颖：《赋权与规制：国家监察体制改革之法治路径》，载《法治社会》2017年第1期，第19页。

在后续的审查起诉和审判环节能够顺利进行。加强对退回补充调查制度的实施和监督，对于提升刑事司法整体效能具有重要意义。它不仅有助于案件的顺利推进，更能够保障被告人的合法权益，实现司法公正。

检察机关退回补充调查作为刑事诉讼活动中的重要环节，其定义与性质体现了对案件质量和证据充分性的高度要求，更体现了检察机关对监察机关的监督制约机制。加强对退回补充调查制度的实施和监督，更有利于检察机关和监察机关有效衔接办案，完善提前介入机制，保障被调查人的合法权益，提升办案效率和办案质量。

（2）自行补充侦查的内涵。自行补充侦查，作为检察机关在刑事诉讼中的一项重要职权，其定义与性质具有独特的法律内涵和实践意义。依法自行进行的侦查活动旨在补充和完善案件证据，确保案件事实的准确性和完整性。自行补充侦查的性质决定了其在刑事诉讼中的独特地位。检察机关作为法律监督机关，其自行补充侦查的职权体现了对刑事诉讼活动的全面监督，确保了刑事诉讼的公正和效率。

自行补充侦查还体现了检察机关对案件质量的严格要求。检察机关在审查监察机关移送的证据材料，发现证据不足，认为有必要的情况下，可以自行补充侦查。在自行补充侦查过程中，检察机关需要对案件事实和证据进行深入的分析和判断，确保案件事实的准确性和完整性。这种对案件质量的严格要求，有助于提升检察机关的执法水平和公信力，维护社会公平正义。

（3）检察机关退回补充调查与自行补充侦查的比较。检察机关退回补充调查与自行补充侦查在司法实践中各具特色，其异同点不仅体现在程序上，更体现在实质效果上。从程序上看，退回补充调查通常发生在检察机关认为案件证据不足或需要进一步调查时，将案件退回监察机关。从实质效果上看，退回补充调查更多地依赖于监察机关的调查能力，而自行补充侦查则能够更直接地体现检察机关对案件的把控和调查取证的能力。

案件在审查起诉阶段，检察机关根据案件需要可以自行补充侦查。这两种方式的主要区别在于执行主体和程序流程。两者的异同点还体现在法律规制和实践挑战上。在法律规定方面，监察机关调查取证依据的是《监察法》《监察法实施条例》等有关法律，既可以调查被调查人的违纪、违法行为，也可以调查职务犯罪行为。而检察机关仅针对被调查人的职务犯罪案件存在证据不足，必要时可以自行补充侦查。

（4）检察机关退回补充调查与自行补充侦查的法律规制。检察机关退回补充调查与自行补充侦查作为刑事诉讼中的两种重要手段，其法律规制对于保障司法公正和效率而言具有重要意义。根据《监察法》中的相关法律规定，检察机关在退回补充调查时，必须遵循法定程序和条件，确保退回的理由充分、合理，并保障被调查人的合法权益。同时，自行补充侦查也需遵循严格的程序要求，确保侦查活动的合法性、公正性和有效性。退回补充侦查，同时也是检察机关对监察机关办案的一种监督和制约。

根据《刑事诉讼法》第169条的规定，凡是需要提起公诉的案件，一律由人民检察院审查决定。在办理职务犯罪案件时，监察机关调查结束，案件移送审理部门后，对于重大疑难案件，一般会邀请检察机关派员提前介入案件。检察机关收到监察机关移送案件后，经审查符合提起公诉条件的，提起公诉，不符合提起公诉条件的，决定不予提起诉讼。对案件证据问题可以退回监察机关调查，必要时检察机关可以自行侦查。

2. 监察机关申请复议

司法是人权保护的最后一道防线。[1]《监察法》规定人民检察院对有《刑事诉讼法》规定的不起诉情形，经上一级检察院批准，依法不作出起诉的决定。监察机关对检察机关不起诉决定有异议的，有权向上一级人民检察院提请复议。监察机关复议权是指监察机关在履行职责过程中，检察机关对移送职务犯罪案件作出不起诉决定的，监察机关有权向作出不起诉决定的上一级检察机关申请复议。

---

〔1〕 广州大学人权理论研究课题组，李步云：《中国特色社会主义人权理论体系论纲》，载《法学研究》2015年第2期，第74页。

监察机关复议权的设立,旨在保障监察机关对检察机关的决定不起诉是否正确,从而进行依法监督,确保检察机关决定的合法性和公正性,同时也有助于提高检察工作的质量和效率。

监察机关复议权的行使应遵循一定的原则和程序。首先,复议申请应在法定期限内提出,并提供充分的证据和理由支持其异议。监察机关收到不起诉决定后,应及时进行审查,并在法定期限内提请。在复议过程中,检察机关应充分听取被监察机关的陈述和申辩,保障其合法权益。同时,检察机关还应加强内部监督,确保复议工作的公正性和透明度。

监察机关复议权的设立和行使,对于推动检察工作的规范化、法治化具有重要意义。通过复议权的行使,可以及时发现和纠正检察机关工作中的问题和不足,提高检察机关工作的质量和效率。同时,复议权的行使有助于加强检察机关和监察机关工作衔接,更能在实践中实现检监两机关互相配合、互相制约机制。

(1) 监察机关复议权的内涵。监察机关复议权,作为监察制度中的一项重要权力,在惩治腐败工作中发挥着至关重要的作用。《监察法》规定了检察机关对监察机关移送的案件,作出不起诉决定,监察机关认为不起诉有错误的,可以向上一级人民检察院提请复议。[1] 监察机关复议权的行使应遵循一定的程序和规则。这些程序和规则不仅是监察机关对检察机关权力的制约和监督,也是保障复议权有效行使的重要保障。例如,在复议过程中,检察机关必须依照法定程序规定对监察机关办案过程、调查取得的证据材料进行审查。

监察机关复议权的行使程序和规则需要进一步完善,保证检察机关和监察机关在办理职务犯罪过程中,做到有法必依、违法必究、执法必严。在司法实践中,做好检监两机关的有效衔接,这就要求检察官和监察官严格依法办案,认真履行职责,使得检察机关和监察机关在司法实务中,不断完善和改进工作方式,实现两机关的互

---

[1]《监察法》第47条第4款规定:"人民检察院对于有《刑事诉讼法》规定的不起诉的情形的,经上一级人民检察院批准,依法作出不起诉的决定。监察机关认为不起诉的决定有错误的,可以向上一级人民检察院提请复议。"

相制约，共同推进检察权提前介入监察权机制有效运行。

（2）监察机关复议权的理论基础。监察机关复议权作为监督检察机关作出不起诉决定是否正确的救济途径，在宪法与法律的保障下发挥着至关重要的作用。宪法作为国家的根本大法，为监察机关复议权提供了坚实的法律基础。党的十八大以来，习近平多次重申党的全面领导，强调"要发挥依法治国和依规治党的互补性作用，确保党既依据宪法法律治国理政，又依据党内法规管党治党、从严治党"。[1] 监察机关复议权正是对国家反腐败的制度保障，这一制度主要是为了防止任何一个贪污腐败分子逃脱法律的制裁，同时也是对被调查人的权利保障。《监察法》第47条第4款规定，[2] 监察机关对检察机关作出不起诉决定，认为有错误的，可以向上一级检察院提请复议。反映了检察机关对监察机关调查活动的事后监督。另外，基于查办职务犯罪案件的特殊性，依法作出不起诉决定上提一级作出批准，可以避免检察机关受到不当干扰，保持检察机关的独立性。

监察机关在接到群众举报后，依法依规开展调查，对涉及违纪违法的公职人员进行严肃处理。在这一过程中，监察机关复议权的行使发挥了关键作用。当检察机关对监察机关移送的案件作出不起诉决定时，监察机关会依据法律规定进行复议，确保检察机关作出不起诉结果的公正性和合法性。这不仅维护了被调查人的合法权益，也增强了监察机关对检察机关工作的制约。

（3）监察机关复议权的实践。在司法实践中，检察机关对监察机关移送的案件进行审查，并根据审查结果有权作出起诉或不起诉决定。例如，在"陈某甲贪污案"中，[3] 内蒙古自治区敖汉旗人民检察院认为犯罪嫌疑人陈某甲的贪污行为于2012年12月23日完成，

---

〔1〕习近平：《习近平谈治国理政》（第3卷），外文出版社2020年版，第286页。

〔2〕《监察法》第47条第4款规定："人民检察院对于有《刑事诉讼法》规定的不起诉的情形的，经上一级人民检察院批准，依法作出不起诉的决定。监察机关认为不起诉的决定有错误的，可以向上一级人民检察院提请复议。"

〔3〕"陈某甲贪污案"，内蒙古自治区敖汉旗人民检察院敖检公诉刑不诉〔2020〕6号。

敖汉旗纪委监委于2019年7月5日立案调查,已过追诉时效,不应再追究陈某甲的刑事责任。经敖汉旗人民检察院检察委员会决定,拟作不起诉处理。在"高某某涉嫌国有公司人员滥用职权案"中,[1]内蒙古自治区杭锦旗人民检察院认为,该案事实不清、证据不足。首先,主体方面,犯罪嫌疑人是否属于国有公司的工作人员的事实不清、证据不足,目前法律和司法解释尚无明确规定,犯罪嫌疑人的主体身份存疑;其次,客观方面,犯罪嫌疑人的行为是否造成国有公司破产或者严重损失,致使国家利益遭受重大损失的事实不清、证据不足,不符合起诉条件。

上述案件均体现了检察机关对监察机关移送的职务犯罪案件,提起公诉前检察机关审查完证据材料后作出不起诉决定,监察机关对检察机关作出不起诉决定认为错误,向上一级检察院提请复议,经检监两机关严格审查后,依然作出了不起诉决定。虽然监察机关移送案件未能提起公诉,但是正是由于检察机关的严格审查,依法作出不起诉决定,进而监察机关提请复议,进一步体现了检监两机关在办理职务犯罪案件中互相监督、互相制约的重要作用。

3. 监察机关对检察机关工作人员监督

监察机关对检察机关工作人员的监督是确保司法公正、维护法治秩序的重要环节。改革后的监察机关有权对所有行使公权力的公职人员进行监督,可以说监督全覆盖。检察机关作为国家的法律监督机关,其工作人员的职责是依法行使检察权,检察机关有权对监察机关办理职务犯罪案件违法行为进行监督,以防止滥用和腐败现象的发生。监察机关有权对检察机关工作人员的违法行为进行监督,检察机关有权对监察机关办案中证据合法性有权进行监督。这就要求监察机关在办理职务案件中调取证据,应当要求其与刑事诉讼要求一致,即程序二元、证据一体的办案模式,[2]根据《刑事诉讼

---

[1]"高某某涉嫌国有公司人员滥用职权案",内蒙古自治区杭锦旗人民检察院不起诉决定书杭检一部刑不诉[2020]2号。

[2] 朱孝清:《刑事诉讼法与监察法衔接中的若干争议问题》,载《中国刑事法杂志》2021年第1期,第4页。

法》的规定由检察机关、审判机关进行审查确定。

（1）监督检察机关工作人员的必要性。监督检察机关工作人员的必要性在于确保司法公正和效率，维护社会公平正义。检察机关是我国的法律监督机关，若检察机关工作人员不依法履行监督职责，不仅会损害司法公正和效率，还会破坏社会信任和法治形象。因此，对检察机关工作人员进行有效的监督至关重要。

监督检察机关工作人员也是提高司法透明度和公众参与度的重要途径。监察机关有权对所有行使公权力的公职人员进行监督，检察机关当然属于公职人员，监察机关有权对检察机关工作人员不依法履行职责的行为进行监督。检察权和监察权是互相配合、互相制约的关系。在司法实践中，检察机关和监察机关实现互相制约机制，需要健全完善的监察监督体制，加强监察机关对检察机关工作人员的监督。

（2）监察机关对检察机关工作人员监督的法律依据。在监察机关对检察机关工作人员监督的过程中，法律法规不仅为监察机关提供了明确的监督依据，也确保了检察机关工作人员依法履行职责。通过对相关法律法规的梳理，可以发现，监察机关对检察机关工作人员的监督主要依据《监察法》等法律法规。这些法律法规明确了监察机关的职责、权限和监督方式，为监察机关提供了有力的法律支撑。

以《监察法》为例，该法规定了监察机关对公职人员依法履职、廉洁从政以及道德操守等方面进行监督的职责。为监察机关提供了明确的监督标准和依据，确保了检察机关工作人员的廉洁从政和依法履职。近年来，随着反腐败斗争的深入推进，检察机关工作人员作为法律监督的重要力量，其廉洁从政和依法履职的重要性愈发凸显。

（三）检察提前介入监察亟待解决的问题

检察提前介入监察是确保监察工作有效性和公正性的重要环节，但在实际操作中，也存在一些亟待解决的问题。如检察提前介入案件范围不明确、介入时间不清晰、检察取证能力不足、检察提前介入监察监督体系不健全。提前介入要明确四个定位：一是审理工作的重要组成部分；二是审查调查部门工作的重要助力；三是合力构建案件质量共同体的重要举措；四是证据衔接以及证据收集合法性和重要性，即"在刑事诉讼中使用的监察证据应当包括监察机关对涉嫌职务犯罪的被调查人立案调查后，依法收集的八类、共十种证据材料"。[1]

1. 提前介入案件范围不明确

现有法律规定，检察机关对监察机关办理的职务犯罪案件，涉及重大、疑难、复杂案件是可以被监察机关商请介入的。何谓重大、疑难、复杂案件，相关法律未能明确细化，因此，检察机关提前介入案件的范围不明确。在实践中，检察提前介入监察案件的范围不明确的问题，影响了监察工作的效率和效果，在一定程度上制约了反腐败斗争的工作开展。明确界定案件范围、完善法律法规，可以为反腐败斗争的深入推进提供有力保障。

（1）介入案件范围规定不明确。当前，监察案件范围不明确的表现主要体现在以下几个方面。从法律层面来看，监察法等相关法律法规对于监察案件的范围界定相对模糊，导致在实际操作中容易出现争议和分歧。《国家监察委员会与最高人民检察院办理职务犯罪案件工作衔接办法》规定，监察机关可以邀请检察机关介入，但是实践中何时邀请介入，介入的具体方式未能明确规定。例如，对于某些涉及公职人员职务违法行为的案件，往往难以准确判断其是否属于监察机关的管辖范围。

"党纪监督与国法监察之'合'主要体现在腐败的事前预防与事中监督阶段，需要强调'纪挺法前'"，优先发挥党纪监督作用。[2]从实践层面来看，监察机关与检察机关之间职能衔接划分不够清晰，容易导致案件管辖权的冲突和重叠。此外，监察案件范围不明确还

---

[1] 兰跃军：《论监察证据在刑事诉讼中使用》，载《证据科学》2018年第6期，第744页。

[2] 刘艳红：《〈监察法〉与其他规范衔接的基本问题研究》，载《法学论坛》2019年第1期，第15页。

表现在对新兴领域和新型违法行为的监管上。随着社会的快速发展，新型经济形态和新型违法行为不断涌现。当前，监察机关在应对这些新兴领域和新型违法行为时，往往缺乏明确的法律依据，导致监察效果不佳。我们需要进一步完善相关法律法规、明确职能划分、加强对新兴领域和新型违法行为的监管等措施，以确保监察机关能够依法、有效地履行职责。

（2）实践中介入的案件范围不确定。在检察提前介入监察案件范围的具体操作实践中，首先要明确的是介入的时机。这通常发生在监察机关初步调查阶段，当发现案件可能涉及职务犯罪或其他重大违法行为时，检察机关应及时介入。介入的方式同样重要。检察机关可以通过调阅案卷、参与询问、组织听证等多种方式，全面了解案情，确保介入工作的深入和有效。以某省一起涉及公职人员滥用职权案为例，检察机关在介入后，调阅了全部案卷材料，与监察人员沟通分析案情，成功突破了案件的关键点。

在介入过程中，检察机关还需要与监察机关保持密切沟通，确保双方工作的协同和配合。实践中，检察机关都是被动邀请介入，介入时案件基本调查终结，检察机关只是对监察机关调查的证据进行审查，难以发挥其真正的法律监督职能。在办理职务犯罪案件的过程中，检察机关未能全程参与监察机关的调查活动，导致检察机关行使法律监督职能受限，检察机关对监察机关的法律监督职能未能予以有效落实。

2. 提前介入时间不清晰

在检察提前介入监察案件的范围问题中，介入时间不清晰。在监察工作中，何时介入、如何介入依赖于监察机关的书面商请，这种模糊性规定将导致检察机关介入不及时。虽然宪法和相关法律为检察机关介入监察案件提供了依据，但对于具体的介入时机和条件却鲜有明确规定。这使得检察机关在实践中难以准确把握介入的时机，往往需要根据具体情况进行灵活判断。

（1）检察机关介入程序时间不确定。在司法实践中，检察机关对监察机关何时启动立案程序尚不清楚，只有监察机关前期调查结束，案件进入审理阶段移送检察机关、监察机关商请检察机关介入，检察机关才有权对职务犯罪案件事实认定、证据、法律适用发表意见，因此介入能力不足和介入时间不清晰。

在改革后的监察权，具有集纪委调查权、行政调查权、职务犯罪刑事侦查权于一体，融合形成"行纪检一体化"的特殊调查权，负责统筹调查违纪、行政违法、职务犯罪行为。[1]检察机关被商请介入后，可以带队介入并成立工作小组。在检察提前介入配合的过程中，"检察引导调查，既可以是监察机关邀请检察机关派员介入，也可以是检察机关认为确有必要时主动介入调查、引导取证"。[2]

介入程序时间不清晰，造成检监配合机制不健全，介入过程中存在沟通不畅、协调不力的情况。2018年，刘某因涉嫌玩忽职守罪一案，在检察院正式起诉前的三天，相关部门才邀请检察院提前介入。由于介入时间紧迫，参与调查的人员无法全面、有效地引导取证工作。因此，在审查起诉阶段，由于部分事实未能查清、证据不足，该案件被退回以进行进一步的补充调查。[3]检察机关与监察机关之间的信息共享不及时，检察机关无法及时获取关键证据，影响了案件的办理效率和质量。

（2）提前介入时间不清晰原因分析。《宪法》《监察法》的规定为提前介入机制提供了充分的法律依据。检察机关应邀介入重大、疑难、复杂案件是其法定义务，各地检监机关在提前介入制度上，逐渐实现了较为顺畅的纪法贯通和法法衔接。检察机关提前介入具有法律正当性，并未违背监察独立性原则。[4]检察机关提前介入监

---

［1］ 刘艳红：《监察委员会调查权运作的双重困境及其法治路径》，载《法学论坛》2017年第6期，第15页。

［2］ 李奋飞：《职务犯罪调查中的检察引导问题研究》，载《比较法研究》2019年第1期，第30页。

［3］ 孙长国、张天麟：《程序衔接+实体配合：监察机关与检察机关办案中沟通机制研究——基于M市的实证分析》，载《黑龙江省政法管理干部学院学报》2020年第3期，第84页。

［4］ 余兴涛：《监检衔接视角下的检察提前介入：法理依据与机制构建》，载《南方论刊》2023年第1期，第67页。

察机关有利于形成反腐合力，推动我国全面依法治国建设，实现国家治理能力现代化。

实践中，监察机关前期对职务犯罪案件调查是秘密进行的、不公开的，检察机关只有在监察机关将案件调查到一定程度之后，认为重大、疑难、复杂案件有必要商请检察机关介入，才有权介入，法律规定是可以商请而不是应当商请。《国家监察委员会与最高人民检察院办理职务犯罪案件工作衔接办法》第12条规定，国家监察委员会办理的重大、疑难、复杂案件在进入案件审理阶段后，可以书面商请最高人民检察院派员介入。目前，检察机关在办理职务案件进入审理阶段后，才可能被商请介入，即在案件已经调查终结，但尚未移送审查起诉，仍处于监察调查阶段时提出。这一规定明确了检察机关无权参与监察案件的调查活动。同时，为保障检察机关有充足时间了解案情、提出意见，监察机关应在案件调查终结移送审查起诉15日前商请。监察机关针对检察机关的检察建议，如何进行反馈和后续进行落实，尚未有法律明确规定。

3. 提前介入检察取证能力不足

习近平总书记强调："领导干部不仅要有担当的宽肩膀，还得有成事的真本领。"检察取证能力对于维护司法公正、保障当事人合法权益具有重要意义。在涉及职务犯罪案件的司法程序中，依据《国家监察委员会与最高人民检察院办理职务犯罪案件工作衔接办法》的相关规定，检察机关在审查起诉环节若认为监察机关移送的案件材料需要补充证据，应明确列出所需补充的证据清单及其合理依据，并由最高人民检察院与国家监察委员会进行正式沟通协商，以确保案件处理的严谨性、稳重性和合理性。相关法律未规定检察机关直接调取核实相关证据，检察机关对职务犯罪案件的调查取证能力明显不足。

（1）检察取证能力的现状。检察取证能力，是指检察机关在司法活动中，依法收集、固定、保全和审查证据的能力。它是确保司法公正、提高案件处理效率以及维护社会信任度的基石。从司法公正的角度来看，检察取证能力是确保案件事实得以查清、证据确凿的关键。在司法实践中，证据是判断案件事实的唯一依据。如果检察机关的取证能力不足，就可能导致关键证据的遗漏或失真，从而影响案件的正确处理。

职务犯罪案件普遍存在难发现、难取证、难突破的困境，随着信息技术的不断发展，检察机关在职务犯罪办案过程中在自行补充侦查能力方面还比较薄弱。在办理具体职务犯罪案件的过程中，需要借助专业技术和专业人才进行取证。例如，某起职务侵占案件中，涉案人员利用职务便利多次非法占有其所在单位的货款和货物，并多次修改单位的"资源管理系统"中的相关数据，导致犯罪金额以及给所在单位造成的财产损失短时间内无法算清。为查清案情，检察机关委托专业的司法会计进行数据方面的认定，案件最终顺利破案。运用技术手段破解调查取证难题，检察取证能力对于提高案件处理效率而言也至关重要。

（2）加强检察取证能力必要性。提升检察取证能力不仅是司法体系自我完善的重要环节，更是确保司法公正的关键所在。在现代法治社会中，司法公正被视为社会公正的最后一道防线，而检察取证作为司法程序中的关键环节。只有确保检察取证的合法性、准确性和公正性，才能为后续的司法审判提供坚实的基础，从而维护整个司法体系的公正性和权威性。

检察机关取证能力不足，可能导致监察机关移送的案件、检察机关审查起诉流于形式，未能真正发挥其法律监督职能。监察机关收集的证据可以在刑事诉讼中被作为证据使用。监察机关在收集、固定、审查、运用证据时，应当与刑事审判关于证据的要求和标准相一致。提升检察取证能力是司法公正的保障。只有不断提高检察取证能力，才能确保司法程序的公正性和权威性。

（3）检察提前介入取证的成功实践。在实践中，检察提前介入的案例屡见不鲜，主要以监察机关商请检察机关介入为主。在"桑某受贿、国有公司人员滥用职权、利用未公开信息交易案"中，[1]

---

[1] "桑某受贿、国有公司人员滥用职权、利用未公开信息交易案"，最高人民检察院指导案例188号（2023年）。

监察机关商请检察机关提前介入审查，根据桑某的主观故意等案件材料，检察机关提出补正意见。检察机关调取了涉案公司的交易指令及证监会专业认定意见，证实了桑某利用职务便利实施犯罪的行为。渎职犯罪造成公共财产的损失，比如介入交易规则变化、收益分配方式调整因素，造成国有单位预期利益受损。检察机关提前介入应当主要审查造成损失的原因。是市场行为还是渎职行为，对渎职行为造成的损失一般应当在公共财产损失的范围内。这一案例充分展示了检察提前介入在打击金融犯罪中的重要作用。

检察提前介入的实践案例不仅体现了其在打击犯罪中的积极作用，还揭示了其在提升司法效率、保障司法公正方面的重要作用。在"李某等人挪用公款案"中，[1]针对本案检察机关被监察机关商请介入，主要围绕案件事实认定、证据补足、法律适用和调查证据开展工作。检察机关对案件定性及提出补正意见发挥了重要作用。在"宋某某违规出具金融票证、违法发放贷款、非国家工作人员受贿案"中，[2]监察机关商请检察机关介入，查阅全部案卷材料、调取了相关证据、听取了调查人员对案件的介绍，检察机关发表了对案件定性、法律适用的意见。

通过提前介入，检察机关能够更早地了解案件情况，对案件进行更全面、深入的分析，从而提出更有针对性的建议和意见。未来，随着监察体制改革的不断完善和进步，检察提前介入制度将在办理职务犯罪领域发挥更大的作用，为国家反腐倡廉和法治建设作出更大的贡献。

三、完善检察提前介入监察路径

为了促进职务犯罪案件监察与司法的有序协作，确保两者之间的顺畅沟通，国家监察委员会与最高人民检察院联合制定了《国家监察委员会与最高人民检察院办理职务犯罪案件工作衔接办法》和《监察机关监督执法工作规定》。这两份规定均明确提出了检察提前

---

[1] "李某等人挪用公款案"，最高人民检察院指导案例189号（2023年）。

[2] "宋某某违规出具金融票证、违法发放贷款、非国家工作人员受贿案"，最高人民检察院指导案例190号（2023年）。

介入监察工作机制的具体要求，旨在加强双方的合作，提高职务犯罪案件办理的效率和质量。监察权是一种国家反腐败权力，也是一项公权力的权力，对所有行使公权力的公职人员进行监察。[1]中国共产党作为执政党，历来高度重视权力运行的制约和监督。2013年11月，党的十八届三中全会指出："坚持用制度管权管事管人，让人民监督权力，让权力在阳光下运行，是把权力关进制度笼子的根本之策。"[2]检察机关提前介入对监察职务犯罪案件的处置，有助于监察机构更有效地执行其职责，并促进双方之间的协同合作与相互制衡。

完善提前介入机制，有必要厘清检察提前介入监察的法理依据，探析提前介入制度运行存在的问题。进一步落实检察机关、监察机关、司法机关三机关互相配合和互相制约，健全权威高效、衔接顺畅的检察提前介入机制，将反腐败权力置于现代法治的框架内，将反贪腐工作纳入现代法治原则、精神的轨道，[3]推动国家反腐败工作的高质量发展。

强化提前介入，做优检监衔接。通过提前介入监察调查，对证据标准、事实认定、案件定性及法律适用提出书面意见，以保证办案质量。强化协作会商，确保衔接质效。《监察法》第11条规定，监察机关有监督、调查、处置职责，"从法理基础上看，该三项职权都是行动性的权力"，[4]腐败是危害党的生命力和战斗力的最大毒瘤，反腐败是最彻底的自我革命。腐败一般被定义为"利用公权力不合道德地或非法地谋取私人利益的行为"。[5]规范检察提前介入

---

〔1〕 王希鹏：《国家监察权的属性》，载《求索》2018年第4期，第130页。

〔2〕《中国共产党第十八届中央委员会第三次全体会议公报》（2013年11月12日中国共产党第十八届中央委员会第三次全体会议通过），载 https://www.gov.cn/jrzg/2013-11/12/content_2525960.htm，最后访问日期：2024年4月3日。

〔3〕 张建伟：《监察至上还是三察鼎立——新监察权在国家权力体系中的配置分析》，载《中国政法大学学报》2018年第1期，第172页。

〔4〕 李森：《国家监察委员会职权的立法配置与逻辑思考》，载《首都师范大学学报（社会科学版）》2017年第5期，第70页。

〔5〕 D. Treisman, "The Cause of Corruption: A Cross-national Study", *Journal of Public Economics*, Vol. 76, No. 3, 2000.

制度，不断探索检监衔接工作机制，严格规范案件介入范围、介入时间，加强取证能力，完善检察提前介入监察机制。

（一）明确限定提前介入案件范围

国家监察体制改革以来，各级监察委员会立案调查职务犯罪案件并陆续移送检察机关审查起诉。同时，各地监察委员会商请检察机关提前介入其办案活动的情况也不断增加，提前介入工作已经成了检察机关一项新的工作实践。为规范检察院提前介入监察委员会办理职务犯罪案件工作，应当加强与监察委员会在办案过程中的互相配合、互相制约，提高职务犯罪案件办理质量和效率，充分发挥检察职能，推进监察体制改革。监察委员会办理的以下三类情形的职务犯罪案件检察机关可以提前介入：一是在当地有重大影响的案件；二是在事实认定、证据采信、案件定性以及法律适用等方面存在分歧的疑难、复杂案件；三是其他需要提前介入的案件。需要特别指出的是，检察机关提前介入职务犯罪案件，需要以监察委员会"书面商请"为前提，而非检察机关主动提前介入。

针对重大、疑难、复杂案件，监察机关商请检察机关提前介入，共同研究分析案情，帮助调查人员确定调查方向，及时发现和纠正不规范调查行为。我们要区分职务违法和职务犯罪案件，有学者认为，在职务违法案件的调查过程中，取证措施和印证证据证明力的手段相较于职务犯罪案件调查显得不足。因此，对于职务违法案件，不应设定过高的证明标准。[1]目前仅对职务案件规定了检察提前介入商请制度，法律法规对重大、疑难、复杂案件提前介入的规定尚未有统一的标准。明确限定提前介入案件范围，进一步规范细化检察提前介入案件标准，对保障涉案人员权利和督促办案人员依法办案、公平办案具有重要意义。司法是维护公平正义的最后一道防线，要让每一个人都在司法案件中感受到公平正义。

---

[1] 李太斌：《如何把握监察法实施条例对职务违法、职务犯罪案件证据标准的细化要求——既要体现差异化也要确保案件质量》，载《中国纪检监察》2022年第7期，第49页。

1. 必须是涉嫌职务犯罪的案件

检察机关提前介入监察机关办理的职务犯罪案件是有一定的法律支撑的。首先,《宪法》明确了检察机关作为法律监督机关的职能定位。检察机关提前介入监委办理的职务犯罪案件,符合《宪法》对其法律监督机关的定性。其次,《监察法》《人民检察院刑事诉讼规则》等法律法规、司法解释等也有相关的原则性规定。《监察法》第 4 条规定,检察机关在参与监察委员会办理的职务犯罪案件时,既要与监察机关、审判机关协同合作,又要相互制约,确保司法公正。同时,《人民检察院刑事诉讼规则》第 256 条明确了检察机关有权提前介入监察委员会办理的职务犯罪案件。此外,为了规范检察机关与监察委员会在办理职务犯罪案件中的工作衔接,还制定了《国家监察委员会与最高人民检察院办理职务犯罪案件工作衔接办法》和《监察机关监督执法工作规定》等相关规定,为检察机关提前介入监察委员会办理的职务犯罪案件提供了明确的法律基础和指导原则。这些规定共同构成了检察机关参与监察委员会办理职务犯罪案件的法律框架,有助于保障司法公正和效率。

在司法实务中,对于重大、疑难、复杂案件监察机关认定为主,未能有具体的法律规定。因此,制定相应的法律规范细化检察机关介入监察机关的案件范围,甚至在有必要的情况下,规定检察机关可以主动介入监察机关。

(1) 提前介入案件范围的司法实践。根据《监察法》第 11 条第 2 项的规定,可以将监察机关的调查权区分为对职务违法的调查和对职务犯罪的调查。根据该条第 3 项的规定,监察机关所调查事项中涉嫌职务犯罪的,将调查结果移送人民检察院依法审查、提起公诉。职务犯罪案件提前介入的时间节点应当在监察机关确定调查事项的性质,在案件进入审理阶段、调查终结移送审查起诉 15 日以前,检察机关提前介入的范围仅限于职务犯罪,职务违法的处置,并不属于检察机关介入的范畴。但需要注意的是,监察机关在调查过程中就行为属于职务违法,还是职务犯罪定性方面认为需要检察机关予以协助提供意见的,也可以商请检察机关派员对相关问题进行论证,就法律适用和行为定性提意见和建议。

在职务违法与职务犯罪的处理过程中,证明标准被明确地区分为客观性与主观性两类。对于职务违法案件,监察机关在最终处理时不再采用"涉嫌"这一表述,这体现出职务违法处理的证明标准具有客观性。然而,在监察机关将职务犯罪案件移送检察机关时,仍使用"涉嫌"一词,并且移送审查公诉的证明标准还包括"认为犯罪事实清楚"的表述,这显示出了较强的主观性。[1]实践中,监察机关只有在主动商请检察机关的情况下,检察机关才有权介入,职务犯罪案件由监察机关移送至检察机关审查起诉时,对被采取留置人员的留置措施时间不多,检察机关审查案件材料时间不充足,[2]导致检察机关法律监督权未能真正发挥效能。

因此,制定具体的法律规范,明确检察机关介入案件范围,对于监察机关办理职务犯罪案件而言至关重要,不仅可以提高检监两机关协调办案的质量,更能保障被调查人的人权,促进司法公平公正。除监察机关商请检察机关介入方式之外,可以探索规定检察机关主动介入和书面申请介入的方式。

(2)赋予检察机关提前介入主动权。提前介入案件范围的难点,法律对于提前介入案件范围的界定并不明确,导致在实践中介入时间不清晰。由于法律规范不具体,是否商请检察机关提前介入、何时商请加入,都取决于监察机关,检察机关未能掌握主动权。实践中,如何掌握介入时间点至关重要,如果过度介入,即逢案必介入,将会导致监察机关办理职务犯罪的独立性,甚至会干扰监察机关依法独立办案和影响办案效率。如果介入不足,又可能无法及时保护被调查人的合法权益,可能导致司法不公,无法保障人权。

因此,如何在司法实践中合理有效地规范检察机关提前介入监察机关,既能保障司法公正和提高办案效率,又能更好地保障人权。

---

[1] 梁坤:《论监察案件证明标准的三大特征》,载《地方立法研究》2020年第1期,第20页。

[2] 蔡健等:《检察机关提前介入职务犯罪案件问题研究》,载《汉江师范学院学报》2019年第4期,第108页。

一是要在实践中不断总结办案经验,制定相应的法律法规;二是监察机关调查人员和审查案卷人员分开制度,同时赋予检察机关一定的法律监督权,对监察机关不规范的办案行为,有权提出法律监督,并提出检察建议,监察机关必须建立反馈机制,形成两机关互相配合、互相制约机制。

(3) 完善提前介入案件范围的法律依据。目前,检察机关提前介入监察机关的法律依据仅有《国家监察委员会与最高人民检察院办理职务犯罪案件工作衔接办法》第 12 条、第 13 条、第 14 条规定了检监衔接问题,而且规定得较为模糊,在实践中监察机关很难把握重大、疑难、复杂的案件标准,可能不同的监察官会对同一案件有不同认知,这就导致此规定在实践中缺乏实践操作性,不利于检察机关发挥检察监督职能。

国家监察体制改革后,监察官、检察官在具体的职务犯罪案件中,针对两机关的协调衔接存在的问题,习近平强调"要制定同监察法配套的法律法规,将监察法中原则性、概括性的规定具体化","形成系统完备、运行有效的法规体系"。[1] 制定相应的法律规范,以法律的形式赋予检察机关介入权,确保检察机关介入的合法性和正当性。随着社会的发展和检察介入司法实践的不断深入,我们应继续完善相关法律规定,以适应新的社会形势和司法需求。

2. 明确重大、疑难、复杂案件认定标准

根据法律法规及监察机关的内部规定,监察机关有权对所有公职人员的违纪、违法、职务犯罪行为进行调查。监察机关的这三种行为可以根据被调查人的涉案情况进行切换,而检察机关仅对职务犯罪行为享有公诉权,对被调查人的违纪、违法行为检察机关无权介入,甚至是无权进行法律监督,后者不是一种司法行为。重大、疑难、复杂案件尚未有统一标准,但是我们可以按照涉案金额、涉案人员级别、涉案行为造成后果、涉案行为造成的社会影响等标准予以确定。

---

[1] 习近平:《论坚持全面依法治国》,中央文献出版社 2020 年版,第 243 页。

(1) 明确职务犯罪重大案件的范围。监检衔接是否顺畅关系着职务犯罪案件的办理质量和效果,"检察机关提前介入职务犯罪监察调查是监察机关与检察机关互相配合、互相制约原则的实现机制"。[1] 从涉案金额多少确定案件是否属于重大,这一标准主要针对贪污、受贿等涉财类职务犯罪案件。关于金额重大的具体认定,借鉴此前检察机关对于特别重大贿赂案件的认定标准,可以将涉案金额50万元作为判断涉案金额是否重大的标准。为了进一步完善职务犯罪案件重大标准的制定,有必要了解提前介入制度的来源。提前介入制度是在1982年整顿社会治安的过程中总结出来的一条经验,有助于提前熟悉案情,保证侦查活动依法进行,更好地行使检察权。[2] 在国家监察体制完成改革后,职务犯罪的调查与处理职责已由检察机关转移至监察机关。为确保工作的顺畅与高效,国家监察委员会与最高人民检察院联合制定了《国家监察委员会与最高人民检察院办理职务犯罪案件工作衔接办法》。该办法的第二章对最高人民检察院提前参与职务犯罪调查工作的具体事宜作出了详细规定。具体来说,第12条至第15条分别明确了检察机关介入的条件、介入的范围,以及在介入后所需承担的工作职责。为了进一步规范监察机关的执法行为,2019年7月,中央纪委国家监委颁布了《监察机关监督执法工作规定》,其中进一步强调了检察机关在职务犯罪调查阶段提前介入的重要性和具体制度安排。

(2) 明确疑难案件的认定标准。目前,现有法律法规及司法解释虽然规定了检察机关提前介入监察机关的相关制度,但是对疑难案件的认定标准未能作出明确细化,实务中操作性不强,如涉案行为事实认定存在困难,涉案行为法律适用存在困难。对检察机关在何时何地、以何种方式介入未能具体细化,检察机关只能以被动方式商请介入,未能规定检察机关主动介入,这就导致实践中检察机

---

[1] 吕晓刚:《监察调查提前介入实践完善研究》,载《法学杂志》2020年第1期,第50页。

[2] 李志华:《人民检查院的"提前介入"应在法律中明确规定》,载《法学评论》1988年第3期,第74页。

关对监察机关的制约机制不够。《宪法》和《监察法》明确规定，监察机关在办理职务违法和职务犯罪案件时，应与审判机关、检察机关、执法部门保持密切的配合与制约关系。然而，当前情况显示，这一重要原则并未得到切实有效的执行和落实。为确保法治精神和宪法法律的严肃性，相关部门必须严格遵循法律规定，确保监察工作的规范、公正和高效。因此，明确检察机关提前介入疑难案件认定标准，更有利于提高办案效率和质量，保障人权。

完善的法律法规是保证正当程序实施的基础，"检察制度是中国政治体制的重要组成部分，体现中国司法制度的特色"。[1]严格规范提前介入的案件范围及疑难案件的认定标准，能够有效提高工作效率。检察机关对于移送起诉的职务犯罪案件，对案卷材料证据的证明力、是否需要补充等方面提出建议或意见。严格规范提前介入案件的范围、疑难复杂案件的认定标准，检察机关据此可以认为涉案职务案件疑难，可以主动书面申请提前介入，为案件的起诉做好前期准备。监察机关主动商请检察机关介入，做好协调联络，在案件移送起诉之前做好沟通工作，避免案件移送起诉后因证据不足退回或由检察机关作出不起诉决定。

3. 严格限定检察机关提前介入与审查起诉案件范围

检察机关依据法律法规的规定，可以在监察机关的商请下提前介入重大、疑难、复杂的职务犯罪案件。检察机关作为国家法律监督机关，在履行法律监督职责方面发挥了重要作用。尤其是针对重大、疑难、复杂问题，社会关注高、影响较大，对案件事实认定、定性处理存在重大分歧的案件，检察机关提前介入更有利于综合考虑案件的性质、影响等因素，界定案件审理部门提前介入的案件范围，更好地解决分歧。

检察机关对所有监察机关调查结束后移送的职务犯罪案件有权审查起诉，检察机关针对简单职务犯罪案件，未在监察调查阶段提

---

〔1〕 韩大元：《论国家监察体制改革中的若干宪法问题》，载《法学评论》2017年第3期，第18页。

前介入，这类案件可以由检察机关的审查起诉部门审查是否具备公诉条件。而针对一些重大、疑难、复杂的职务犯罪案件，检察机关已经在监察调查阶段提前介入了，但是仍由检察机关提前介入人员或者检察机关直接公诉，一是不利于对案件作出客观、公正的处理，二是遵守审查分离原则，更有利于在实践中对重大、疑难、复杂案件标准的把握和运用。

（二）严格规范提前介入的时间节点

在提前介入过程中，检监两机关应注重加强沟通协调，用实、用好联席协商会议机制，及时召开协调会，就提前介入中发现的重大复杂问题和机制性难题、个案办案程序、证据采集等问题进行及时沟通，切实提升提前介入效果，提高引导调查的效果。有效解决工作难点，创新建立边办边补的提前介入模式，对重大疑难复杂案件，承办检察官进驻监察机关办案组，第一时间分析讨论证据，第一时间明确取证重点，第一时间提出调查建议，引导监察机关及时固定犯罪证据，佐证犯罪事实。通过提前介入，及时掌握、了解案件的基本情况，熟悉案情，就调查方向、证据要求等提出意见，把大量的工作做在监察机关移送案件之前，指导监察机关把疑难问题解决在首办环节。在案件移送受理后，由办理提前介入原案的检察官进行办理，从而大幅缩短审查时限，提高办案效率，监督职能有效发挥。通过对调查活动的提前介入，可以直接、及时地发现调查活动中存在的问题，提出检察建议和纠正违法行为。

在司法机关改革中，地方各级法院积极响应"让审理者裁判、让裁判者负责"的理念，法官是审判权力的行使者，也是责任的承担者。[1]因此，提前介入监察机关，督促监察机关严格落实调查人员终身负责制，对调查结果审查人员分离制度，更能保证案件的公平公正性。

根据法律法规及监察机关的内部规定，监察机关有权对所有公

---

〔1〕赵世霖：《司法改革背景下主审法官责任制问题研究》，辽宁师范大学2020年硕士学位论文。

职人员的违纪、违法、职务犯罪行为进行调查。监察机关的这三种行为可以根据被调查人的涉案情况进行切换，而检察机关仅对职务犯罪行为享有公诉权，对被调查人的违纪、违法行为无权介入，甚至是无权进行法律监督，后者不是一种司法行为。因此，严格规范提前介入的时间点非常重要，如果介入得过早，检察机关可能会干预监察机关依法独立办案，如果介入时间过迟，则无法发挥检察机关的法律监督职能。

1. 提前介入时间节点的重要性

监检衔接是否顺畅关系着职务犯罪案件的办理质量和效果，"检察机关提前介入职务犯罪监察调查是监察机关与检察机关互相配合、互相制约原则的实现机制"。[1]提前介入制度是在1982年整顿社会治安中总结出来的一条经验，有助于提前熟悉案情，保证侦查活动依法进行，更好地行使检察权。[2]在国家监察体制完成改革后，职务犯罪的调查与处理职责已由检察机关负责转移至由监察机关负责。为确保工作的顺畅与高效，国家监察委员会与最高人民检察院联合制定了《国家监察委员会与最高人民检察院办理职务犯罪案件工作衔接办法》。该办法的第二章对最高人民检察院提前参与职务犯罪调查工作的具体事宜作出了详细规定。具体来说，第12条至第15条分别明确了检察机关介入的条件、介入的时限，以及在介入后所需承担的工作职责。为了进一步规范监察机关的执法行为，2019年7月，中央纪委国家监委颁布了《监察机关监督执法工作规定》，其中进一步强调了检察机关在职务犯罪调查阶段提前介入的重要性和具体制度安排。

2. 明确监察机关调查立案后提前介入时间节点

监察机关立案后职务案件调查结束，移送检察机关审查起诉这段期间，检察机关何时被商请介入？目前现有法律法规及司法解释

---

〔1〕 吕晓刚：《监察调查提前介入实践完善研究》，载《法学杂志》2020年第1期，第50页。

〔2〕 李志华：《人民检查院的"提前介入"应在法律中明确规定》，载《法学评论》1988年第3期，第74页。

虽然规定了检察机关提前介入监察机关的相关制度，但是对检察机关在何时何地，以何种方式介入未能具体细化，具体实践操作性不强，检察机关只能以被动方式商请介入，未能规定检察机关主动介入，这就导致实践中检察机关对监察机关的制约机制不够。《宪法》和《监察法》明确规定，监察机关在办理职务违法和职务犯罪案件时，应与审判机关、检察机关、执法部门保持密切的配合与制约关系。然而，当前情况显示，这一重要原则并未得到切实有效的执行和落实。为确保法治精神和宪法法律的严肃性，相关部门必须严格遵循法律规定，确保监察工作的规范、公正和高效。因此，明确检察机关提前介入时间节点，更有利于提高办案效率和质量，保障人权。

完善的法律法规是保证正当程序实施的基础，"检察制度是中国政治体制的重要组成部分，体现中国司法制度的特色"。[1]严格规范提前介入的时间节点能够有效提高工作效率。检察机关对于移送起诉的职务犯罪案件，在案卷材料证据的证明力、是否需要补充等方面提出建议或意见。严格规范提前介入的时间节点，检察机关可以主动书面申请提前介入，为案件的起诉做好前期准备。监察机关主动商请检察机关介入，做好协调联络机制，关于案件移送起诉之前做好沟通工作，避免案件移送起诉后因证据不足退回或检察机关作出不起诉决定。

3. 完善提前介入时间节点的法律规定

在完善提前介入的法律规定时，法律应明确规定哪些类型的案件检察机关可以提前介入调查活动。检察机关提前介入监察机关参与办案，在程序弥补、权力制约上发挥重要作用。[2]例如，涉及重大、疑难、复杂或社会影响广泛的案件时，检察机关可以提前介入以提供法律监督和指导。规范提前介入的程序，法律应详细规定提前介入的程序，包括介入的时机、方式、参与人员及其职责等。例

---

[1] 韩大元：《论国家监察体制改革中的若干宪法问题》，载《法学评论》2017年第3期，第18页。

[2] 周新：《论检察机关提前介入职务犯罪案件调查活动》，载《法学》2021年第9期，第79页。

如，可以规定在监察机关认为需要检察机关介入时，应如何提出申请；检察机关在接到申请后，应如何审查并决定是否介入；介入后，检察机关应如何履行其职责等。

为确保提前介入活动的合法性和有效性，法律应建立相应的监督与制约机制。例如，可以设立专门的监督机构或人员，对提前介入活动进行监督和检查。同时，对于违法或不当的提前介入行为，应明确相应的法律责任和处罚措施。在完善提前介入的法律规定时，应充分保障当事人的合法权益。例如，在提前介入过程中，应确保当事人的知情权、辩护权等得到充分保障。同时，对于因提前介入可能给当事人带来的不利影响，应规定相应的补救措施。对检察提前监察时间节点予以具体细化，如监察机关对被调查人采取留置措施时介入、或监察机关对被调查人员第一次谈话介入，法律法规应当予以规范化、具体化，使之在实践中具有可操作性。

（三）提高检察调查取证能力

2019年12月，最高人民检察院颁布的《人民检察院刑事诉讼规则》是公开的法律文件首次提及检察机关提前介入的相关内容，标志着该机制已被正式确立为我国的法律制度。有效规范工作细节，[1]提高检察取证能力对于确保司法公正、提高职务犯罪案件办案质效，维护社会稳定而言具有重要意义。

1. 加强检察人员取证意识与能力培训

提高检察人员的取证意识，使他们充分认识到取证工作的重要性，确保在办案过程中始终将取证作为关键环节。使检察人员了解电子数据取证的方法、技巧、程序，提高了检察机关技术人员对电子数据取证、检验的认识和了解，使他们掌握了电子数据取证终端设备的使用方法，同时加深了对利用信息化手段提升工作效率和精准取证的理解，为今后办理职务犯罪案件奠定了坚实基础。

强化取证意识，提高侦查能力。检察人员应当树立证明案件事

---

[1] 左卫民、刘帅：《监察案件提前介入：基于356份调查问卷的实证研究》，载《法学评论》2021年第5期，第129页。

实的办案观，将自己作为证明案件事实的第一责任主体，提高取证的积极性、主动性，正确掌握、熟练运用取证工作的策略和方法，尽可能地发现、提取、固定和保管各类证据。强化程序意识，规范侦查执法。只有来源合法的证据才会被法律所认可，在收集、固定证据时必须严格按照程序规定的方式、步骤进行，如果因减少必要环节而造成证据来源不合法，那么证据将丧失证明力。强化补查意识，提升补查质效。随着刑事诉讼的向前推进，原有的证据可能发生一定变化甚至被破坏、灭失，新的证据（即再生证据）也可能产生。因此，必须要不断提取并固定原有但尚未调取到的证据，而且还要适时提取再生证据。强化责任意识，提升办案效果。在取证过程中，侦查人员应当谨慎小心，不能放过任何疑点或者线索，要严格把关各类证据，甄别证据真伪，从而使所办的每一宗案件实体和程序都合法合规，经得起历史检验。

2. 完善检察取证程序与制度

建立科学、规范的调查取证流程对于提升检察官调查取证能力而言至关重要。监察机关在办理职务犯罪案件的过程中，规范检察机关的调查取证流程，对于提升检察官的调查取证能力具有重要意义。建立科学、规范的调查取证流程，通过明确职责和权限、加强协作和监督确保调查取证工作的规范性和严谨性。

新时代检察教育培训只有坚持高质量、高水平的工作标准，才能更好地服务和保障检察工作现代化。要在守正创新中提升培训质量，持续推进检察教育培训体系建设，健全完善制度机制，规范培训机构建设，加强师资队伍建设，强化课程教材建设，不断创新培训方式方法，丰富培训载体，提升教育培训数字化水平，不断增强检察教育培训的时代性、系统性、针对性、有效性。[1]完善和加强检察官职务案件取证能力，对于提升检察官办案质效而言具有重要意义。

---

[1] 参见最高人民检察院网站：https://www.spp.gov.cn/zdgz，2024年6月10日访问。

3. 加强检察取证能力监督与考核

检察机关可以充分利用现代科技手段，如大数据、人工智能等，提高取证工作的效率和质量。加强信息化建设，建立统一的检察办案信息系统，实现案件信息共享和快速查询，为取证工作提供便利。构建科学有效的提前介入机制是检察机关提升司法效率与公正性的关键所在。这一机制需要明确检察机关在司法体系中的角色与定位，确保其在法律框架内行使职权，同时避免对监察机关办案独立性的干扰。检察机关和监察机关应建立定期沟通机制，确保在职务犯罪案件调查过程中能够及时介入，为监察机关办案提供法律指导和监督，通过信息共享和协同工作提高司法效率、保证办案质量。

加强对检察官和监察官对提前介入工作的培训和指导，提升检察人员的专业素养和业务能力。检察机关可以定期组织法律知识讲座、案例分析会等活动，邀请法律专家、资深检察官、监察官等授课，让检察人员和监察人员深入了解法律条文、司法解释和司法实践中的热点问题，提升自己的业务水平。同时，建立健全取证工作的监督机制，对取证过程进行全程跟踪和监管，确保取证工作的规范性和合法性。制定科学的考核体系，对检察人员的取证能力进行定期考核和评估，激励他们不断提升取证水平。通过以上措施的实施，检察机关的取证能力将得到进一步提升，为司法公正和社会稳定提供更加坚实的保障。

（四）完善检察提前介入监察的保障措施

明确检察机关提前介入监察具体案件的保障措施。这需要根据案件的性质、复杂程度、社会影响等因素进行综合判断，确保介入的针对性和有效性。同时，应建立检察机关和监察机关之间的双向启动机制，确保在需要时能够及时启动介入程序。检察机关应配备足够数量、具备专业能力的检察官参与提前介入工作。此外，还应加强对介入人员的专业培训，提高其法律素养、业务能力和职业道德水平，确保介入工作的质量和效果。为了保障介入工作的公正性和合法性，应加强对介入工作的监督制约。检察机关在介入过程中应严格遵守法律规定,不得干预监察机关的正常工作。同时,应建立责任追究机制,对介入工作中出现的违法违规行为进行严肃处理,确保介入工作的严肃性和权威性。

1. 明确检察官和监察官工作职责衔接

根据《检察官法》的相关规定,检察官需在检察长的领导下执行职务,对于涉及重大办案事项的决策,应由检察长负责作出。《法官法》第 8 条规定,法官在职权范围内对所办理的案件负责。而制定《监察官法》的法律渊源是《监察法》。有观点认为,检察机关的提前介入应提前至监察调查实施阶段。原因在于部分调查活动对时效性的要求极高,若未能及时提出补充证据的意见,可能引发证据灭失的风险。因此,为确保调查活动的顺利进行和证据的真实完整,检察机关的提前介入尤为必要。

《监察法》既是监察程序法,同时也是监察组织法,是目前制定监察法规的重要法律渊源。《监察法》明确指出,针对调查过程中的关键事项,必须经过集体深入研讨,并严格遵循既定程序进行请示和报告。明确检察官和监察官工作职责衔接,规范检察机关提前介入监察机关为检察官和监察官提供了具体指引。

(1) 明确检察官和监察官的工作职责。刑事案件的审查起诉是检察官职责中的核心环节,它要求检察官对案件进行深入的审查,确保案件事实清晰、证据确凿,从而维护司法公正。在这一过程中,检察官不仅要对案件进行法律上的判断,还要对证据进行全面的审查与判断。检察机关提前介入正是对监察机关的调查证据的合法性、合理性、完整性进行审查,为提起公诉做好前期准备工作。对案件材料存在的问题及时提出补正意见,对监察官的违法行为提出纠正意见。检察官和监察官虽然其职责法律已有明确规定,但是在办理职务犯罪案件中,两种不同身份不同职责的人,如何做好互相衔接工作十分重要,关系着案件是否符合起诉条件,控告是否成功等问题。

明确两机关工作人员的衔接职责,做好审查起诉前的衔接工作,是宪法赋予的互相配合、互相制约的职责所在,也是作为司法工作者的光荣使命。在审查起诉前，检察官需要运用丰富的法律知识和实践经验，对案件进行全面的分析和判断、逐一审查，确保证据的真实性和合法性。检察官还需要对案件涉及的事实问题和法律问题进行深入研究，确保案件的处理符合法律规定。

（2）检察官与监察官协同工作。国家监察体制改革后的检察院，"在继续行使其保留权限的同时，与监察委员会进行办案衔接，负责审查监察委员会调查后移送的案件，协调对接刑事诉讼程序"。[1]在办理职务犯罪案件的过程中，检察官与监察官协同工作对保证案件质量、保障人权具有十分重要的意义。在检察官与监察官的协同工作中，完善检察机关提前介入监察机关机制，实现案件移送检察机关之前的信息互通机制，不仅有助于双方及时了解彼此的工作进展，还能够促进双方之间的深度合作，共同维护司法公正和廉政建设。

检察官与监察官可以通过共享案件信息，共同分析案情，制定调查策略，从而提高案件处理的效率和质量。例如，在某起涉及公职人员贪污受贿的案件中，检察官和监察官通过互通信息，检察官的办案思路和法律意见为监察官提供借鉴，最终成功将犯罪嫌疑人绳之以法。这一案例充分说明了案件信息互通与共享在打击腐败犯罪中的重要作用。

案件信息的互通与共享还有助于双方在工作动态上的交流与沟通。检察官和监察官可以通过定期召开联席会议，及时交流工作进展、探讨疑难问题，共同推动法治建设与反腐败斗争的深入发展。这种沟通与交流不仅能够增进双方之间的了解与信任，还能够促进双方之间的知识互补与学习，提高各自的工作能力和水平。

2. 改进提前介入的工作方式

在提前介入的过程中，检监两机关应注重加强沟通协调，用实、用好联席协商会议机制，及时召开协调会，就提前介入中发现的重

---

[1] 马怀德：《〈国家监察法〉的立法思路与立法重点》，载《环球法律评论》2017年第2期，第16页。

大复杂问题和机制性难题、个案办案程序、证据采集等问题进行及时沟通，切实提升提前介入效果，提高引导调查的效果。有效解决工作难点，创新建立边办边补的提前介入模式，对重大疑难复杂案件，承办检察官进驻监察机关办案组，第一时间分析讨论证据，第一时间明确取证重点，第一时间提出调查建议，引导监察机关及时固定犯罪证据，佐证犯罪事实。通过提前介入，及时掌握了解案件的基本情况，熟悉案情，就调查方向、证据要求等提出意见，把大量的工作做在监察机关移送案件之前，指导监察机关把疑难问题解决在首办环节。在案件移送受理后，由办理提前介入原案的检察官进行办理，从而大幅缩短审查时限，提高办案效率，促进监督职能的有效发挥。通过对调查活动的提前介入，可以直接、及时地发现调查活动中存在的问题，提出检察建议和纠正违法行为。

在司法机关改革中，地方各级法院积极响应"让审理者裁判、让裁判者负责"的理念，法官是审判权力的行使者，也是责任的承担者。[1]因此，提前介入监察机关，督促监察机关严格落实调查人员终身负责制，设置调查结果审查人员分离制度，更能保证案件的公平公正性。

（1）提前介入方式的实践。

国家监察体制改革后，检察机关的处理职务犯罪职能转隶至监察机关，监察处置与检察权的衔接机制，是国家监察权的组成部分，国家监察权是我国监察体制改革中整合形成的新型国家权力，在国家监察、司法和行政领域，对保证正当程序发挥了重要作用。"正当程序原则是国家监察的基本原则之一，即监察权的运行应体现与适用正当程序的原理，在理论研究中，正当法律程序原理往往与法律的正当程序、程序正义等概念近似或发生替换。"[2]英国普通法中的"自然正义"理念，随着几个世纪的不断丰富发展，其作用领域

---

[1] 赵世霖：《司法改革背景下主审法官责任制问题研究》，辽宁师范大学2020年硕士学位论文。

[2] 李龙、徐亚文：《正当程序与宪法权威》，载《武汉大学学报（人文社会科学版）》2000年第5期，第20页。

从司法领域渗透扩张到了行政及其他公权力领域。[1]正如博登海默所说："正义具有一张普洛透斯似的脸变幻无常，随时可呈不同形状并具有极不相同的面貌。当我们仔细查看这张脸并试图解开隐藏其表面之后的秘密时，我们往往会深感迷惑。"[2]

在司法实践中，检察提前介入机制运行缺少一定的具体操作细则，导致各地在介入范围、介入时间、介入程度上的实践存在差异。《国家监察委员会与最高人民检察院办理职务犯罪案件工作衔接办法》第12条规定了介入监察案件范围，即"重大、疑难、复杂"，但是相关法律并未对"重大、疑难、复杂"案件作出解释，实践中仍有各监察机关自由裁量的空间。因此，介入范围不清。

在介入时间上，各地监察机关做法各异，实践中也未得到遵循。例如上海市检察机关介入时间提前到调查阶段，深圳市检察机关介入时间为案件移送之前，北京市检察机关将介入时间提前到监察初核阶段。[3]各地在介入时间上存在较大的认识偏差。在介入程度上，检察机关是被动介入，监察机关书面商请，检察机关可以派员介入，但是目前未有法律明确规定检察机关主动介入的情形及相关规定。

（2）改进提前介入方式的策略。检察机关提前介入监察制度的创新与实践是对人权的保障。"人权是指作为一个人所应该享有的权利，是一个人为满足其生存和发展需要而应当享有的权利。"[4]完善制约机制，保障提前介入的有效性，细化提前介入制度的运行方式，实现对监察调查过程内外部监督，是对人权的进一步保障。洛克认为，在自然状态下，人们只受到自然法的支配，"人们在自然法的范围内，按照他们认为合适的办法，决定他们的行动和处理他们的财产

---

〔1〕章剑生：《从自然正义到正当法律程序——兼论我国行政程序立法中的"法律思想移植"》，载《法学论坛》2006年第5期，第95页。

〔2〕[美] E. 博登海默：《法理学——法哲学及其方法》，邓正来、姬敬武译，华夏出版社1987年版，第243页。

〔3〕虞浔：《职务犯罪案件中监检衔接的主要障碍及其疏解》，载《政治与法律》2021年第2期，第152页。

〔4〕周叶中主编：《宪法》（第4版），高等教育出版社2016年版，第85页。

和人身，而无须得到任何人的许可或听命于任何人的意志"。[1]完善检察机关提前介入制度，保障人的权利是公权力运行的基本原则。

我国是人民民主专政的社会主义国家，在政治体制上实行的是人民代表大会制度，不同于西方的资本主义人权。马克思认为，"平等的剥削劳动力，是资本主义的首要的人权"，这种人权本质上是资产阶级的特权。[2]《监察法》第4条第2款规定了监察机关在办理职务犯罪案件中与检察机关互相配合、互相制约，体现了司法机关对监察委员会的监督。检察机关提前介入监察机关调查程序是监察机关的调查权和检察机关起诉权的配合和制约，集中体现两机关的关系。"提前介入"并未改变检察机关和监察机关的宪法定位。[3]

《国家监察委员会与最高人民检察院办理职务犯罪案件工作衔接办法》对检察机关提前介入的工作方式做了规定，但是实践中各地监察机关商请检察机关介入的做法各不相同。检察机关以监察机关介绍案情和案卷证据相结合作为主要的介入方式。有的针对性地提出案件事实、证据上存在的问题，再提出补证意见和建议。[4]在司法实务中，对于职务犯罪案件证据，检察机关提前介入通过审查案件材料可以全面了解。可以指定检察机关列席监察机关对重大案件的讨论，提出相关的证据要求，并交换意见建议。[5]改进提前介入方式的策略，最重要的是检察官和监察官转换工作思路，转换工作方式、从司法实务中总结办案经验，更不能被动介入办案，被动履行职责，被动地为办案而办案。检察机关和监察机关应改进工作方

---

[1] [英]洛克：《政府论》（下篇），叶启芳、瞿菊农译，商务印书馆1964年版，第5页。

[2] 《马克思恩格斯全集》（第3卷），人民出版社1972年版，第229页。

[3] 黄奕恺：《检察机关提前介入监察调查的必要性及其限度》，载《太原理工大学学报（社会科学版）》2021年第6期，第39页。

[4] 刘航：《公诉部门提前介入侦查程序机制探讨——以贪污贿赂案件为切入点》，载《山西省政法管理干部学院学报》2015年第1期，第110页。

[5] 蔡健等：《检察机关提前介入职务犯罪案件问题研究》，载《汉江师范学院学报》2019年第4期，第110页。

式：首先，检监两机关工作人员要有扎实的理论功底和正确的思想意识；其次，具备高素质，业务能力过硬，不办"糊涂案"。最后，要树立为党、为国家、为人民服务的意识。

3. 建立检察提前介入反馈机制

检察提前介入监察是我国独有的法律制度，建立检察机关提前介入反馈机制，需要明确反馈主体和反馈内容。监察机关在调查职务犯罪案件的过程中，应当实行调查人员和案件审查人员回避制度，即对该被调查人采取留置措施和实施承办案件监察官回避。对被调查人是否移送检察机关起诉的审批监察官，同时也应当予以回避，实行调查和审理分离制度，更有利于保证案件公平公正，保障被调查人的合法权益。

在实践中，根据《国家监察委员会与最高人民检察院办理职务犯罪案件工作衔接办法》的规定，检察机关对监察机关移送的证据，认为可能存在非法取证行为，需要调查核实的，应当报最高人民检察院批准。检察机关根据案件需要，需要调取录音录像等证据材料的，向监察机关申请后，经审查与案件有关联的，应当同国家监察委员会沟通协商，认为与证明证据收集的合法性没有联系的，应当决定不予调取。因此，建立检察机关提前介入反馈机制很有必要，不仅可以制约监督监察机关依法行使职权，还可以保障被调查人的合法权利，对于我国进一步反腐败具有重要意义。

4. 加强人大代表监督制度

人民代表大会制度作为我国的根本政治制度，是我国的宪制核心。[1]根据《宪法》《监察法》和《人民检察院组织法》的规定，检察机关和监察机关由人民代表大会产生并受其监督。国家监察机关对所有行使公权力的人员进行监督、调查、处置。人民检察院是国家的法律监督机关，人民检察院享有的检察权的性质和职能就是进行法律监督。法律监督是指为了维护国家法制的统一和法律的正

---

[1] 周维栋、汪进元：《监察建议的双重功能及其宪法边界》，载《法学评论》2021年第5期，第147页。

确实施,专门的国家机关根据法律的授权,运用法律规定的手段对法律实施情况进行检查督促并产生法定效力的专门工作。[1]

人民代表大会可以对检察机关和监察机关履职情况进行监督,甚至可以构建协调检察机关和监察机关制度,制定法律规定解决在具体职务案件中出现的检监衔接问题,更好地实现检监两机关职能衔接、互相配合、互相制约的作用。

人民检察院通过行使检察权,对各级国家机关及其工作人员、公民或组织是否遵守宪法和法律实行监督。在监察体制改革后,检察机关不仅承担着公诉、侦查、监督等多项职能,还是维护法治统一、保障法律正确实施的重要力量,其工作质量和效率直接关系到社会公正和人民福祉。

提前介入监督的理论依据主要源于检察机关的职能定位以及司法公正与效率的追求。由于改革后的监察机关对违纪、违法、犯罪都有调查权,因缺乏刑事立案程序,当被调查人同时出现违纪、违法、犯罪三种情况时,同一调查主体在不同程序间随意切换,造成不同程序混同,显现出调查工作不规范的问题。[2]检察机关作为国家的法律监督机关,其职责不仅限于对犯罪行为的追诉,更包括对法律实施过程的全面监督。目前,实务界主要以监察机关商请检察机关介入为主,检察机关主动介入尚未有明确的法律规定,相关法律规定有待进一步完善。提前介入监督,即在案件立案前,检察机关即开始介入,对案件进行初步审查和监督,有助于及时发现和纠正可能存在的违法行为,保障法律的正确实施。加强人大代表监督制度,建立相关法律规定,加强对检监两机关的职能监督,更好地落实制度设计的初衷,即检察机关和监察机关在办理职务案件中真正实现互相配合、互相制约,使人民代表大会监督制度得到贯彻落实。

---

〔1〕 张智辉:《检察权研究》,中国检察出版社2007年版,第66页。
〔2〕 袁曙光、李戈:《监察调查与刑事诉讼的衔接与协调》,载《济南大学学报(社会科学版)》2019年第6期,第122页。